Comment le duc aymon presenta ses quatre filz au roy charlemaigne po' les faire chevaliers

Comment berthelot donna ung soufflet a regnault en jouant aux eschez.

Commēt regnault occist berthelot le nepveu du roy charlemaigne dung eschequier d'or

Cōmēt les quatre filz aymon se cōbatirēt au palais a paris apres la mort de berthelot.

a.ij.

Comment les quatre filz aymon furent chasses hors de paris par charlemaigne roy de france.

Quicunques vouldra scauoir listoire des quatre no-
bles et vaillans cheualliers nommes les quatre filz
ymon dont le premier sappelloit Regnault laultre
Alart laultre Guichart et laultre Richart Si lise
premierement ceste presente table en la quelle on trou
uera que ce present liure contient vigt et huit chapi
tres lesquelz chapittres parlent de plusieurs belles

et diuerses matieres lesquelles pourront voir ceulx qui liront ce premier chapitre tout a long. Et verrez par le premier chapitre comment aps ce q̃ le roy charlemaigne fust venu des parties de lombardie la ou Jl auoit eu grãde et merueilleuse Journee a lencontre des sarrazis Jl tint par vne feste de penthecostes court planiere a paris la ou Jl eust moult belle copaignie de princes et barons comẽt verrez aps au long Et en ce mesme chapitre pourrez voir comẽt celluy Jo͛ le duc aymon de dordone amẽa e court ses quatre filz Regnault Alart Guichart et Richart. Et comẽt le roy les fist cheualliers de sa ppre mai aussi comẽt le duc benes daigremõt occist lohyer le filz heyne du roy charlemaigne le q̃l duc benes estoit oncle des quatre filz aymõ. En aps comẽt le duc benes daigremõt fust occis venãt a paris par le mãdemẽt du roy charlemaigne apres q̃l auoit apointe de la mort son filz.

Au p̃mier chapitre lon pourra voir plusieurs aultres belles matieres lesq̃lles seroiẽt trop lõgues a racõter en ce pãbulle de liure.

E secõd chapitre parle cõmẽt griffõ de haulte fueille et guenes aps ce q̃lz eurẽt tue le duc benes daigremõt Jlz sen tournerẽt a paris et cõpterẽt au roy la mortelle trahisõ q̃lz auoiẽt cõmise dõt le roy en fust moult Joyeux et puis aps en fust marry et doullãt Car puis apres luy firẽt moult grãt guerre les deux freres du duc daigremõt girad de rossillo et dron de nãtuel et aussi maugis le filz du duc benes et puis firent paix et acort mais le roy napointa point aux quatre filz aymõ ne a maugis le² cousin. Item parle cõmẽt regnault tua le nepueu du roy charlemaigne dug escheq̃er ainsi q̃lz Jouoient eulx deux aux eschez dõt la guerre cõmeca la q̃lle fust si mortelle et dura si lõguemẽt q̃l pourta grant dõmaige au reaulme de france

D tiers chapitre parle cõmẽt aps ce q̃ le roy eust fait foriuter a to9 ses barõs les quatre filz aymõ et mesmemẽt au duc aymõ le² pere Jl les ala assiger a montefort ou charlemaigne fut desconfist par deux fois mais puis le chastel de montefort par trahisõ

.a.iii.

fust ars et pris. Et apres coment regnault et ses freres se vengeret des traictres qui les auoiet trahiz et puis apres se sauluerent en la forest dardeynne la ou leur pere les trouua ainsi q̃l sen aloit du siege en son pais de dordonne et coment pour garder son serement q̃l auoit fait a charlemaigne Il assaillist ses enfans tellement que de cinq cens homes quilz estoient Il nen demoura de vifz a ses enfans q̃.v.vii. mais regnault ne ses freres neurent point de mal mais occirent grant nobre des gens de leur pere.

¶E quart chapitre parle comēt apres ce que le viel aymon eut desconfiz ses enfans Ilz alerent demourer au plus perfond de la forest dardeyne et y demouretēt tant q̃lz furent tous contrefaitz noers et velluz comme bestes pour la grant famine q̃lz auoient soufferte puis sen alerent a dordone voir lẽ mere qui les fostoya grandemēt et sẽ dona tant dauoir quilz peurent bien maitenir guerre cōtre charlemaigne et coment maugis lẽ coust arriua ainsi quilz sen voloient partir le q̃l sen ala auecq̃s eulx au reaulme de gascōgne a tout cincq cens cheualliers. Quant leur mere les vist departir elle fust moult dulsante.

¶D.v. chapitre parle coment aps ce q̃ regnault et leur cousi maugis furent departiz de leur mere pour trouuer leur auenture Ilz alerent tant quilz arriuerent au royaulme de gascongne et coment en alant Ilz firent plusieurs maulx en france et quant Ilz furent Illecques comment le roy de gascongne les retiēt en son seruice moust dulcement a bourdeaux sus gironde p̃r ce que a lors Icelluy roy de gascongne qui se nōmoit yon auoit guerre contre ug roy sarrazin qui estoit entre en gascōgne qui auoit nom portus qui tenoit tolouze et tout le pais

¶L cc.vi. chapitre parle coment regnault et ses freres et maugis destrousserent bourgons le sarrazi qui auoit destruit le reaulme de gascongne et chasse le roy yon a bourdeaulx sus gironde q̃ dillec nosoit partir pour doubtance des sarrazis et coment le roy yon donna dame clere sa seur p̃r feme a regnault p̃r le grant seruice q̃ regnault luy auoit fait et luy fist faire le chastel de montauban.

Ⅱ ce.vii.chapitre parle cõment charlemaigne pᵒ ũg voea
ge quil fist a sait Iaques en gastice en reuenant Il sceut com
ment regnault et ses freres qui estoiẽt ses mortelz ennemis
estoient en gascongne en ũg fort chastel appelle montauban et com
ment charlemaigne manda au roy yon quil luy rendist regnault et
ses freres et en cas de reffuz quil se viendroit assiger auant dix ou
douze moys en son pais dont le roy yon luy respondit quil nen feroit
riens et comment aps ce que charlemaigne fust retourne a paris ro
lant son nepueu arriua a paris le quel le roy fist cheuallier et puis
luy enuoya leuer ũg siege deuant coulsongne que ũg sarrazin auoit
assige qui se nommoit escorfault le quel rolant conquist puis apres
parle comment regnault gaigna la cceuronne du roy charles
maigne pᵒ le bien courir que fist son cheual baiart a paris.

Y parle au.viii. chapitre cõment charlemaigne vit en gas
congne a tout son ost et commẽt Il assiga regnault et ses fre
res dedens montauban et comment regnault gaigna la premiere ba
taille de charlemaigne la quelle conduisoit rolant et oliuier et larce
uesque turpin dont charlemaigne fust si dolant quil cuyda
enrager tout vifz de soncte quil en eut.

Out apres au au.ix.chapitre parle cõment regnault et ses
freres furent trahiz et venduz a charlemaigne pour le roy
yon de gascongne qui les enuoya es plais de vaulx couleurs toᵘˢ des
armez fors que de leurs espees dessus mulles vestuz de mãteaulx de
carlate fourrez darmines du quel val Ilz eschapperent pour le vou
loir de dieu mais Ilz furent grantement naures et de la par
tie de charlemaigne y demoura fouques de morillon et plusi
eurs aultres barons dont le roy fust moult dolant.

Y parle au.x.chapitre cõment apres ce que gondart le secre
taire du roy yon eut reuelle toute la trahisõ amaugis que le
roy yon auoit faicte de ses cousins la quelle Il scauoit bien au long
car Il auoit veues ses lectres du roy charlemaigne et escripte la res
ponce que le roy yen leur auoit faicte maugis mena a regnault et a
ses freres ũg tel secours qlses garentit de mort par son sens.

Ommēt au .vi. chapitre par le secours q̄ maugis amena a regnault et a ses freres es plains de vaulx coulleurs Ilz descōfirēt les gēs du roy dont ogier en eust mais repuches de rolāt pour aucune bonte q̄l auoit faicte a regnault et a ses freres en la roche momkaun et en fust Ogier appelle traictre dont grāt Inconuenient en vint apres deuāt charlemaigne de france.

Nce douziesme chapitre parle comment aps ce q̄ regnault et ses freres furēt gueriz des plaies q̄lz auoiēt eues es plais de vaulx coulleurs Ilz sen tournerēt a mōtaubā mais quant le roy yon sceut les retors Il sen fouist et sen ala rēdre moyne en ug monastere qui estoit dedēs le bois de la serpente la ou rolant et oliuier et ogier le dannois se trouuerēt et le voulurent faire pēdre pour la trahison quil auoit faicte de regnault et de ses freres mais regnault le recourust des mains des gens de rolant.

Nce .viii. chapitre parle cōmēt aps ce q̄ regnault eut recoutu le roy yon celle mesme heure Il y eust vne merueilleuse Journee entre regnault et les frācois car rolāt y fust biē batu et plusieurs aultres dōt ogier fust bien Joyeux a cause q̄ rolāt lauoit appelle traictre et aussi Il cōgneut q̄ les quatre filz aymō nestoient mye si legiers a descōfire cōmēt par auāt on disoit et pour celle cause Il cuyda auoir meslee entre rolāt et ogier mais les aultres barōs les departirēt en celluy recōtre richart le frere de regnault demoura par prisōnier a rolāt.

Ey au .viiii. chapitre parle cōmēt aps ce que regnault alart et guichart sen furēt tournez a mōtaubā aps la bataille et q̄lz eurent demene grant dueil pour lamour de richart qui estoit entre les mains de charlemaigne dist comment Il fust deliure par la sagesse de maugis.

Out aps au .v v. chapitre parle cōmēt aps ce q̄ regnault et ses freres et maugis eurēt descōfist charlemaigne au reuenir de secourir richart que son estoit ale pēdre de rechief Ilz luy vindrēt abattre son pauillon et empourterēt laigle dor q̄ estoit au dessus dōt le roy fust moult dolant tant qͥl voulsist rēdre sa corōne a ses barōs disāt qͥl ne voloit plus estre roy car Ilz luy auoiēt failly et habādōnne pour ses quatre filz aymon et leur dist quilz en corōnassēt regnault si seroit leur roy car Ilz lamoiēt beaulcoup plus que luy. Lors oliuier dist au roy quil reprist sa courōne et qͥl luy rendroit maugis qͥl auoit prins ainsi quil pilloit se pauillon car Il demoura tout seul. Quant charlemaigne ouyst ce Il reprit sa couronne et fust moult Joyeuх de la prise de maugis.

Le .v vi. chapitre parle comment le roy charlemaigne de france voulust faire pēdre maugis Incontinēt q oliuier de vienne se luy eust baille mais par le moyē des douze pers de france qui a la reqͥste de maugis se plegerēt pour vne nuyt tant seullemēt Il fist tant qͥl eschappa a lonneur et quitance de ses pleges et de luy et empourta a mōtauban la couronne et lespee du roy charlemaigne celle mesme nuyt et aussi celles des douze pers dont le roy fust moult dolant. Et pour ce manda le roy a regnault quil luy renuoyast sa corōne et son espee et tout ce que maugis auoit empourte et Il luy dōroit treues deuх ans a la qͥle chose regnault sacorda dont Il luy en vit tantost apres moult grans maulх.

Le .v vii. chapitre parle cōmēt regnault se combactist a rolant se qͥl Il cōqͥst par la volēte de dieu et lemena a mōtauban dont charlemaigne fust moult dolāt et aussi parle cōmēt maugis apourta le roy charlemaigne a montauban dessus baiart tout endormy puis le rendist a regnault dedens vng lict et puis sen ala en guise de hermite poureremēt habitue et laissa tous ses parēs et amis pour ce quil ne voloit poit destourner la paiх de regnault enuers charlemaigne car la guerre auoit trop longuement dure.

Le ce .v viii. chapitre parle commēt apres ce que maugis eut rendu Charlemaigne es mains de regnault son bon cousin

Il sen ala sans son congé a montaubã en vng bois de la la riuiere de dozdõne en vng hermitaige la ou Il demoura cõme ung hermite des quãt pouurement pour son ame sauluer.

Le pix chapitre parle comment les barons de france qui estoient a montauban se guementoient pour ce quilz ne pouuoient esueiller le roy Charlemaigne que maugis auoit endormy par son art et apourte a montaubã mais quãt leure de lechantemẽt de maugis fust passee le roy sesueilla. Quant Il se vist a montaubã Il Jura quil ne feroit Jamais paix a regnault tant quil seroit prisõnier Si le rẽuoya regnault tout quicte sus son cheual bayart dont puis regnault se repentist moult grandement car tantost apres charlemaigne fist assiger montauban & si pres quil affama regnault et ses freres et sa femme et enfans et tout le peuple tant que chescun mouroit de faim

Le vpy chapitre parle cõment apres ce que charlemaigne eut assige montauban & si pres quil affama tous ceulx qui estoient dẽns Il sceust comment regnault sen estoit ale et auoit habandonne montauban et sen estoit ale luy et ses freres sa femme et enfans par dessoubz terre et estoient alez adordonne la ou le roy charlemaigne les ala de rechief assiger mais auant quil pousast son siege regnault et ses freres luy firent vne saillie sus dont plusieurs gens en perdirent la vie dune part et daultre. Et a celle saillie fust retenu le duc richart de normandie le ql estoit lung des pers de france et moult noble et vaillant cheuallier preux et hardy dont le roy charlemaigne fust moult dolant et marry.

En ce xvi. chapitre parle cõmẽt maugis luy estant en son hermitaige Il luy vit dlete par vne aduision ql eut la nupt en son dormãt daler ẘir regnault et ses freres lors au matĩ se mist ẽ son chemĩ et trouua deux marchãs q sept larrõs auoiẽt destroussés ẽ ung bois et quelz sept larrons maugis en tua et son bourdon les cinq et rendist aux marchans tout leur auoir puis sen ala a dor٬ donne voir regnault et ses freres ses cousins.

¶ .xxii. chapitre parle comment regnault volust faire pendre Richart de normandie pour ce qͥl ne pouuoit auoir paix au roy charlemaigne. Et quāt les duze pers de frāce sceurēt ce cōmēt Ilz vindrēt a charlemaigne et luy prierēt de faire paix a regnault poꝰ auoir leur compaignon le duc richart de normandie. A la qͭle chose charlemaigne respondist quil nen feroit riens dōt Ilz furēt si cour roucez qͥlz se laisserēt mais charlemaigne enuoya apres et leur mā da qͥlz tournassēt arriere et qͥl feroit paix a regnault par ce meyen que regnault Iroit oultre mer son pain querant.

¶ .xxiii. chapitre parle comment apres ce q̄ regnault se fust party de dordōne pour faire son viage oultre mer pourement habitue en guise de pellerin querāt son pain pour dieu richart de nor mādie prist baiart et emena alart guichart et richart freres de reg nault et les presenta a charlemaigne les quelz Il recent moult hon٬ norablement par bonne amour. Puis apres fist leuer son siege et se partist pour aler a paris mais quant Il fust en la cite du liege sus le pont de meuse Il fist Iecter baiart dedens vne pierre de moulin au col mais lon dist que baiart eschappa et quil est encores en vie en la forest dardaine comment lon dist.

¶ En ce xxiiii chapitre parle commēt apres ce que regnault se fust party de dordonne de ses freres et de sa feme et de ses en٬ fans poꝰ aler oultre mer acōplir son viage au saīt sepulcre Il trou ua en cōstātinoble maugis son cousin et sen alerēt ensēble Iusqs de uant Iherusalem le qͥl auoit p̄s lamiral de perse vng roy sarrazī par trahyson mais regnault et maugis firent tant auecques les gens du pais que la cite de Iherusalem fust reprise par les crestiens.

Le xxv chapitre parle comment apres ce q̃ regnault fust reuenu doultre mer la ou il auoit fait merueilles. Il enuoya ay monet et yonet ses deux enfans au roy charlemaigne moult honnorablement pour estre cheualliers car il les auoit moult bien instruitz en armes et en toutes bonnes meurs et leur bailla cinq cens hommes bien montes pour les conduire deuers le roy a paris.

Le xxvi chapitre parle comment apres ce que le roy Charlemaigne eust moult doulcement receus les filz de Regnault et faitz cheualliers ilz se combatirent aux filz de Fouques de morillon et les desconfirent en champ a paris en lisle nostre dame pour ce qu'ilz auoient chargé leur pere regnault de trahyson pour ce quil auoit occis leur pere fougs de morillon es plains de vaulx coulleurs.

Il ce xxvii chapitre parle comment apres ce que regnault sen fust alé de montauban en guise de pellerin pour non jamais tourner apres ce quil eut departy tous ses biens a ses enfans ses freres et son filz aymonnet firent grant dueil quant ilz sceurent quil se estoit party sans leur sceu tout nudz piedz a tout ung baston.

Y parle au xxviii chapitre comment apres ce que regnault sen fust party de montauban pour son ame sauluer il sen ala a coullongne sus le rin et trouua que lon massonnoit le moustier saint pierre et illecques luy prist volente et deuocion de seruir les ouuriers pour amour de nostre seigneur et ainsi le fist mais a la fin les aultres maneuures eurent si grant enuie sur luy de ce quil estoit mieulx aymé que eulx de tous les maistres pour le bon seruice quil faisoit quilz le occirent puis le mirent dedens ung sac et le jecterent dedens le rin mais par la volete de dieu son corps appareust sus leauue faisant tant de beaulx miracles guerissant de toutes maladies tellement quil fust nomme corps saint le jour de son enterrement.

Veritablement nous trouuons es faitz du bon roy charlemaigne que vne fois a vne feste de penthecoste le dit charlemaigne tint vne moult grant et solennelle court a paris apres ce quil fut reuenu des parties de lombardie ou Il auoit eu vne moult grande et merueilleuse Journee a lencontre des sarrasins et mescreans dont le chief desditz sarrasins estoit nomme guitelin le sesne lequel ledit roy charlemaigne auoit desconfit et vaincu. A la quelle Journee et desconfiture morut grant noblesse de roys: ducz: contes: princes: barons et cheualiers. Comme salemon de bretaigne: Huon coste dumas. Messire yues. Messire yuoire de rengier et haton. Messire arnault de beaulande. Messire galleraut de busson. Et moult dautres vaillans cheualiers. Les pti. pers de France estoient venus et plusieurs alemans: et anglois: normans: poiteuins: lombars: et bretuers. Et entre les aultres ducz et prices Il estoit venu le bon et vaillāt duc aymes de dordon et en sa copaignie ses quatre beaulx filz. Cest assauoir. Regnault. Alart. Guichart et Richart qui a merueilles estoient beaulx saiges grans puissans et vaillans. Espicialement regnault le quel estoit le plus grant qui alors se trouua au monde. Car Il auoit v vi piedz de long saulue le plus. Lors en Icelle feste et assemblee se dressa empiedz le dit roy charlemaigne entre ses prices et barons disant en ceste maniere. Barons mes freres et amys vous scaues comēt Jay tāt grādes terres par vostre ayde et secours. Tāt de sarrasins et mescreans mys a mort et en ma subiection coment naguers aues veu du mescreant guitelin le quel Jay vaincu et descōfit et remis a la foy crestienne. Nonobstant que moult y aye perdu grande cheualerie et noblesse. Et ce par faulte de plusieurs de noz vassaulx et subietz que a nous ne daignerent venir Jacoit ce que mā de les eussions. Comēt le duc richart de rossillon. Le duc dron de nā tuel. Et le duc benes daigremōt q̄ sont tous trois freres germains Dont a tous vous me complains. et vous dy que ce ne fust messire salemon qui vaillamment nous vint secourir a tout trente mille cō

b. i.

bactās. Et messire labert ker ruier: et messire goffroy de bourdelle auec
ques galleraut de bilion qui nostre enseigne portoit nous estions to9
perduz et desconfitz comme tous bien scaues. Et ce par le deffault
desditz troys freres qui ne daignerent oncques a noz mandemans
venir ne obeir. Et sur tous le duc kenes daigremont: Jacoit ce que to9
sont mes hommes lieges qui tousiours me diuent fidelite et seruir
A present luy manderay que me viengne seruir a ce premier este ve
nant a toute sa puissance. Et en cas quil sera reffusant de noz mā
demans obeir par saint denis de france Je manderay tous mes amys
et subietz et le Jray assiger a aigremont. Et si le pouons tenir Je le
feray pendre honteusement. Et son filz maugis vif escorchier. Et
si feray ardoir sa courtoise mulier. Et mectray a feu et a flambe tou
te sa terre. Lors le bon duc naymes de bauieres diligemmēt se leua
et dist au roy en ceste maniere. Sire roy Il me semble que vous ne
vous deues ainsi Jrer ne courroucer. Mais se mon conseil voules croi
re vous enuoyerez vng messaige au duc daigremont: le quel messai
ge soit bien et honnorablement acompaigne et quil soit saige et pru
dent pour bien remonstrer au duc daigremont tout ce que luy ordon
neres. Et puis quant aurez sceu sa responce et vouloir vous aduise
res que doures faire. En verite dist le roy bien me conseilles et sai
gement. Lors pensa charlemaigne le quel messaige Il luy pourroit
enuoyer. Puis dist hault deuant tous en soy complaignāt qui seroit
celluy qui pourroit faire le messaige. Et q pour doubte de mort ne laij
sast riens a dire de son messaige au duc kenes daigremōt. Si ny eut
hōme q riens respondit: car plusieurs estoient du parente du dit ke
nes daigremōt. Comme le duc aymes de dordon qui estoit son frere
germain ainsi estoient quatre freres dung pere et dune mere. Lors
fut le roy moult dolent et courrouce et Jura saint denis que le duc ke
nes seroit gaste et destruit. Et au monde nauroit homme que de ce se
peust garentir. Si appella haultement lohyer son aisne filz en disāt
par ceste maniere. Il fault q vous facez ce messaige mon chier filz
Et manrez auecques vous pour conduite garde et seurte cent vail

fans cheualiers armez et honnorablement ornez. Si dirrez au dit benes daigremont que si ne nous vient seruir a ceste saint Jehan prochainemēt venant en cest este comme Jay dessus dit que Je assiegeray aigremont et destruiray toute sa terre: et luy et son filz seront pēduz ou eschorchiez tous vifz: et sa femme arse et bruslee. Sire ce dist lohyer tout a vostre plaisir feray. Et saichez que Il ne tiendra pas pour doubte de mourir que bien au long ne luy dye ce de quoy en charge maues. Et partiray demain au plus matin a layde de dieu. Lors vissiez le roy plourer de pitie de son filz lohyer: car Il se repētoit de luy auoir dōne charge de ce messaige faire. Mais puis q̄ dit lauoit ainsi luy couenoit faire. Et quāt ce vint au matin si se abilla lohyer et sa noble compaignie puis monterent sur leurs cheuaulx et vindrent dē uant le roy. Lors dist lohyer au roy son pere. Sire oyez moy: aussi mes gēs tous prestz de vostre vouloir faire. Beau filz dist le roy charlemaigne Je te recommāde a dieu qui en la croix souffrit mort et passion, et quil garde et garentisse toy et toute ta cōpaignie de mal et de encombrement. Lors si cest departi lohyer et sa cōpaignie dont puis mena le roy grande lamentacion de son chier filz lohyer et non sans cause: car Jamais vif ne le verra comme ores si escouter le voules. Or sen vont les gentilz messagiers tout droit vers aigremont fort menassant le duc benes daigremōt disant quilz luy touldrōt la teste si leur fait riens oultre deuoir: mais aultrement en Ira. Car Il aduint tout au contraire dont puis apres maintes dames en demourerent vefues sans mary et damoiselles sans amy. Et tant de gglises destruictes et tant de terres arces et gastees dont est encores pitie a veoir. Et en ce point en cheuauchant et menassant benes daigremōt vne espie ouyt tout ce quilz disoient. Si sen vint moult hastiuemēt a benes en aigremont qui estoit en son palays et luy compta commē a luy venoient messaiges de la part du roy charlemaigne qui fort le menassoient et que le filz dudit charlemaigne y estoit en personne. Lors dist le duc a ses gens et barons dont Il auoit a celle heure foison auecques luy au palays a loccasion des festes de penthecostes.

b.ii.

Seigneurs fait Il.le roy charlemaigne me tient bien vil et peu me prise q̃ veult que Je le aille seruir a tout mon pouoir et ma puissance Et que pis est Il menuoye son aisne filz par deca pour me dire aul-cun messaige en moy menassant grandement. Que men conseilles mes freres et amys. Lors parla vng bon cheualier q̃ sappelloit mes-sire symon et dist. Monseigneur Je vous conseilleray loyaument si ouyr et croire me voulés. Recepues honnorablement les messaiges du roy charlemaigne:car bien scaues q̃l est vostre droicturier seigneur Et saiches que qui guerroye contre son souuerain seigneur quil fait contre dieu et raison. Et si nayes pas regard a vostre parente ne a ce que voz freres. Giras de rossillon. Et le duc de natuel ne luy ont voulu obeir. Car Je vous aduise bien que charlemaigne est puissant et vous destruira de corps et de biens si ne luy obeisses. Et si amyable-ment venez a luy Il aura mercy de vous. Lors respondit le duc que point ainsi ne le feroit. Et que mauluais conseil luy donnoit ledit che-ualier. Car encores ne suis Je mye si au bas que naye troys freres q̃ bien me aideront a soustenir et a supporter ma guerre contre charle-maigne. Et aussi mes quatre nepueuz filz de mon frere. Aymes de dordon qui a merueilles sont beaulx cheualiers escuiers et vaillans en fait de guerre. Helas se dist la duchesse mon bon seigneur croyez vostre bon conseil. Car Ja preudome ne vous louera que faciez guer-re contre vostre droicturier seigneur. Et bien saiches que cest contre les commandemens de dieu et contre bonne equite. Pource si vous luy aues meffait si faictes tant que a luy soyes accorde. Et ne pre-nez garde a voz freres comment vous conseille messire symon. Car Jamais bien nen peut venir destre en la malle grace de son souuerai seigneur. Lors regarde le duc la duchesse par grant Ire. Et luy dit que se taisast de par le deable. Et que Jamais ne luy parlast de ceste matiere. Car en verite Il ne feroit pour le roy charlemaigne la mon-tance dung denier. Si se taist la duchesse a tãt. Et dist que Jamais ne luy en parleroit.

Grande fut la noise et bruit qui fut au palays daigremont. Car les vngs conseilloient au duc que ainsi que la duchesse disoit ce fist: et plusieurs aultres disoient que non. Lors dist le duc a ceulx qui le conseilloient de non faire paix et acord auecques charlemaigne qui leur en scauoit bon gre. Moult longuement parlerent de ceste matiere. Et les messagiers du roy charlemaigne se pendant ont tant cheuauche quilz sont venuz a aigremont. Et le chasteau estoit assis sur vne roche moult haulte et bien euironee de fors murs haulx et espes et hors de schiesir: et bien garny de grosses tours. Tellement que pour la force et situacion du dit chastel Il estoit Imprenable si non par famine. Lors dist lohier aux seigneurs qui auecques luy estoient. Seigneurs or regardes quelle forteresse: quelz murs: quel fleuue passe au pie. Je croy certainement que en la crestiente na sa pareille. Jamais par force ne sera prinse: si ce nest par famine. Lors parla vng cheualier qui auoit nom. Sauary. Et dist a. Lohier. Sire dist Il Il me semble parlant soubz correction q̃ le roy charlemaigne vostre pere a entrepris vne grant folie quant Il cuide venir a chief de ce duc daigremont: car en verite Il est trespuissant. Et si aura bien autant de gens a guerroier comme vostre pere. Si seroit belle chose si Ilz pouoient estre dacord. Mais bien scay que si le roy vostre pere le tenoit que tout lor de paris ne se garderoit quil ne le fist pendre ou tout vif escorcher. Si vous supply treschier sire que parles humblement au duc Benes daigremont: car en verite Il est moult fier et oultrageux. Et Incontinent Il y pouroit auoir vne moult grant meslee entre vous et luy dont la perte tourneroit sur nous. Car nous sommes trop peu de gens. Lors luy respondit lohier et dist quil disoit bien et saigement. Mais touteffois dist Il nous ne le doubtons de riens. Ja sommes nous cent cheualiers bien en point. En verite sil nous dit chose qui nous desplaise Il en sera le premier courrouce et marry. Adonc dist le cheualier sauary tout coyement en luy mesmes quil ne sera pas fait saigement: car bien Je Jure sur ma foy que se Il vous aduient en aulcune maniere de luy dire chose qui luy desplaise Il vous fera marry et courrouce du corps. Et par aduenture nous serons tous en voye de mourir. Sire vueillez bien aduiser et prudemmēt proceder a vostre messaige. Car bien vous diz q̄l est moult cruel et de grant vaillance acomply.

En ce point parlent dune chose et daultre cheuauchent tant les messagiers que venus sont a la porte du chastel daigremont laquelle porte dudit chastel fut tantost close par le portier. Lors hurterent lesditz cheualiers. Et le portier leur respond. Seigneurs qui estes vous. Amys respond lohier. Ouures nous ceste porte p̄sentement. Car nous voulons parler au duc benes daigremont de par le roy charlemaigne. Or actendez vng peu et ne vous hastes dist le portier. Et Je voys parler prestement a monseigneur le duc. Si monta le dit portier Jusques au palays. Et la ou Il vit le duc son seigneur Si sagenoilla Incontinent et luy dist comment embas a la porte auoit vne grant compaignie de gens darmes. Et quilz estoient bien Jusques a cent et plus a merueilles bien montes et bien armes. Et auecques eulx estoit le propre filz aisne du roy charlemaigne. Qui fort vous menasse. Et aussi voz gens. Monseigneur fait le portier leur ouuriray Je. Ouy dist le duc car Je ne les doubte riēs. Car no⁹ sommes assez gens pour eulx. Et de moult vaillans cheualiers et escuiers pour nous deffendre et y fust charlemaigne mesmes a toute sa puissance. Si leur courut ouurir le portier Incontinent. Et lohier et ses compaignons entrerent dedens et monterent Jusques au donion du chastel ou quel estoit le duc qui disoit a ses barons. Seigneurs dist Il vecy venir lohier le filz aisne du roy charlemaigne et vient pour me dire et compter son messaige. Mais par celluy dieu qui souffrit mort et passion si parle saigement a nous Il fera que saige. Et sil dit chose quil nous desplaise tantost et sans delay en prendrons cruelle vengance. Si estoit le duc benes moult noblement acōpaigne de bien deux cēs cheualiers et plus. Ce fut au moys de may que toutes creatures humaines se resioyssent. Et que gens preux et vaillans en armes prennent cueur et hardement & bien culx deffendre et guerroier contre leur ennemys. Ce pendaint Lohyer le filz charlemaigne entra en la salle du palays daigremont moult noblement arme et aussi ses gens. Et vit la salle moult bien garnie & belles gens richemēt aornes. Et le duc assis moult orguilleusemēt entre ses barons. Et au pres de luy la duchesse sa femme. Et devant luy son filz maugis maistre nygromācien qui Jouoit devant son pere de son art dingromāce. Ou les seigneurs qui Illec estoient prenoient grant plaisir. Et bien saiches que en tout le mōde nauoit plus vaillant crestien ne pl? abille en tous faiz que estoit le dit maugis. Excepte seullemēt son cousin. Regnault lung des filz aymon dont especialement traicte a present ceste presente Jstoire. Lors marcha lohier et vint tout le premier. Et apres luy ses gens par bonne conduite. Et salua le duc benes daigremont en ceste maniere. Dont moult grant mal suy en prist a la fin. Celuz dieu qui crea le firmament et fist toutes choses de neant pour le peuple substenter. Et en la croix souffrit mort et passion pour toutes ames rachepter des paines denfer sauf et gard le roy charlemaigne empereut dalmaigne et roy de france et toute sa noble lignee. Et confonde toy duc benes daigremont. Mon pere roy par moy expressement te mande que viengnes Incontinent a paris auecques cinq cens cheualiers pour le seruir la ou Il luy plaira toy emploier. Et aussi pour luy faire droit et raison de ce que tu ne fuz auecques luy en armes es parties de lombardie bataillier contre ses ennemis de la foy crestienne. Ou par ton deffault furent mors. Baudoin seigneur de melant. Geffroy de bourdelle. et plusieurs aultres grans ducz: princes: cheualiers: et barons. Et se tu ne le veulx faire Je te diz duc benes que le roy viendra sur toy a tout cent mille hommes darmes si seras prins et mene en france. Et la seras Juge comme larron: faulx: traictre: et desloyal a ton seigneur Escorche seras et pendu tout vif. Ta femme arse et tes enfans destruitz et euillez. Si faiz ce que le roy te mande si feras que saige. Car tu ses bien que tu es son homme: vassal: et subiect.

b. iiii.

Quant le duc benes daigremont eut ainsi ouy parler lohyer se filz du roy charlemaigne lors leussiez veu muer coleur transir et romfler comme homme felon cruel et oultraigeup. Et dist a lohier par ceste maniere. Que Ja ne daigneroit aler au roy ne faire pour luy oultre son vouloir ne de luy ne tenoit chastel ne forteresse Ains sen Iroit sur luy a toute sa puissance et destruiroit tout le pais de france Jusques a paris. Lors dist lohier au duc benes. Vassal fait Il comment oses tu ainsi respondre. Et Ja si le roy scauoit que tu le menassasses ainsi Il viendroit Incontinent sur toy et entierement te destruiroit. Bien sces que tu es son homme liege et ne le peulx de soire. Si viens prestement seruir le roy et me croys: car si tu ne le faiz bien te dis que sil te peult prendre a force q Il te fera pendre et encroyer au vent. Quant le duc eut aisi ouy parler lohier si se feua en estat Et dist que mal luy estoit venu compter son messaige. Lors se trait auant vng cheualier nomme messire gaultier qui estoit homme au duc benes daigremont. Et dist au duc mon seigneur gardez pour dieu que ne commencez folie: laissez dire a lohyer toute sa volente car de ce ne valez ne plus ne moins. Et come bien scauez charlemaigne est trespuissant et tant quil nest chastel ville ne fermete qui tiengne contre luy. Si alez a luy par mon conseil: car son homme vassal et subiect estes. Et de luy tenez vostre chastel aigremont et toute vostre terre. Et se ainsi le faictes vous ferez que saige et sera vostre prouffit et de vostre terre. Car de guerroyer vostre droicturier seigneur ne vous en peult que mal venir. Quant le duc eut ainsi oy parler le saige cheuallier si luy en sceut tresbon gre. Toutesfois luy dist tout Ire Taisez vous car Je ne tiendray riens de luy tant comme Je puisse porter armes ne monter sur cheual. Si manderay mes chiers freres. Girard de rossillon. Et dron de nantuel. Et garnier son filz. Et puis Irons sur le roy charlemaigne. Et si le puis rencontrer en lieu ne en place Je le destruiray et si feray de luy ce quil cuide faire de moy Cuide Il que Je soye ainsi couart. Nenny par ma foy: car Je ne prendroie pas tout lor de paris que le messagier ne tue. Et fusse en pie ces & scouppe. Mal fut pour luy quant ainsi me ousa menasser. Et par dieu dist lohier Je ne vous prise ne doubte. Quant le duc bénes daigremont sentent si rougit tout dire et de mal talant. Et commenca a se lever sus et a crier. Or sus barons tost prenes le moy car ja ne sera garenti que ne le face villainement mourir. Et les barōs qui noserent contredire a leur seigneur. Si tirerent leurs espees Et Incontinent saillirent sur ses gens de charlemaigne. Et lohier crie son enseigne. Et commenca luy et ses gens durement a eulx deffendre. Et dieu scet quans piedz quans testes Il eut ce Jour couppees. Car a ceste heure commenca chose dont apres tant de dames furent sans amy. Tant denfans orphelins. Et tant deglises gastees et destruictes qui depuis ne furent relevees. Que vous diray Je plus. Saiches que tant se combatirent leans en la salle du palays que le bruit ala par toute la ville. Lors veissiez les bourgeoys marchans: et gens de mestier a tout haches: espees: et Instrumens. Et vindrent celle part environ sept mille et plus. Mais lentree du palays daigremont estoit estroicte. Et les francoys estoient dedens q̄ bien ses gardoient de entrer a leur aise. Helas et quelle malheureuse et terrible Journee y eut ce Jour. Car les gens du roy charlemaigne estoient bien peu envers ses aultres. Et comme vous poues scavoir malle est tieulle assemblee. Si se deffendirent moult noblement les gens au roy charlemaigne. Et tant que lohier voyant que luy et ses gens avoient du pis Il frappa a vng chevalier devant le duc benes daigremont tellement quil se gecta mort a terre. Oultre fait Il dieu te mauldie. Puis dist piteusement en soy guementant. Sire dieu qui en la saincte vierge prins ton abregement et souffris mort et passion pour racheter humain lignaige vueille moy auiourduy garentir de mort villaine et de tourment. Car Je scay bien que si ce nest par vostre haulte divinite que auiourduy soye secouru Jamais le roy mō pere ne verray. Lors luy escria haultement le duc. Lohier se maist dieu huy est vostre deffinemēt. Non fera dist lohier. Lors Il prit son brāc dassier et frappa le duc sur son heaulme: mais le coup devalla pour le heaulme qui se saulsa et puis luy descendit le coup dessus le talon tellement que le sang en courut parmy la salle. Par dieu dist lohier vous nen eschapperez Ja. Lors vint a luy le duc tout comme enraige en disant. Peu me puis priser si ne me puis de toy venger. Si leua le duc son branc dassier et frappa lohier si durement sur son heaulme luysant tant quil le fendit Jusques aux dens. Et tomba mort lohier deuant luy sur le pauement de la salle. He dieu quel grât dommaige a fait le duc benes daigremont dauoir ainsi occis le filz aisne au grant roy charlemaigne. Car depuis en fut tout lost de frâce en moult grant et Innumerable tourment et en moult grande paine. Et le duc mesmes en mourut mauluaisement. Ce fut le paiement quil en eust. Comment cy apres bien au long orres si paisiblement me voulez escouter.

¶ Cest oultrageusemêt tue le bon lohier filz aisne du roy chatlemaigne. Et le duc benes daigremôt plain de cruaulte luy osta la teste. Et apres que les gens dudit lohier virent leur seigneur mort pensez quilz ne firent pas grant deffence. Toutesfois de cent quilz estoient entrez dedens le palays nen estoit demoure que vingt dont les dix le duc benes fist Incontinent occire et tuer. Et les aultres dix Jl retint en vie et leur dist. Si vous me voulez promettre et Jurer sur vostre serment et foy de cheualerie que vous emporteres vostre seigneur lohier a son pere le roy charlemaigne en luy disant que Je luy enuoye son filz lohier en bon conroy. Et que en malle heure se me enuoya pour moy dire telles nouuelles. Et luy dires que pour luy ne feroye sa moutance dung seul denier aincoys men Jray sur luy en ce premier este venant a tout trente mille combactans. Et destruiray luy et tout son pays. Sire respondirent Jlz nous ferons ce quil vo9 plaira nous commander. Adonc fist faire le duc prestement vne biere et fist mectre le corps de lohier dedens sa dicte biere. Et puis le deliura a ses dix cheualiers qui estoient demourez en vie et se mirêt sur vne charrecte a deux cheuaulx. Et les conuoya le duc Jusques hors la ville. Et quant Ilz furent aux champs lors se prindrent les cheualiers francoys a plourer et a lamēter pour leur seigneur sohier En disant. Helas monseigneur sohier que pourons nous pour v9 dire au roy charlemaigne vostre pere qui tant de dueil aura quāt vo stre cruelle mort saura. Bien deuons estre certains que tous mou rir nous fera. En ce point eulx plorant et lamentant pour lamour de leur seigneur sohier cheuaucherent leur voye vers paris. Mais or vous lairons des messagiers et vous dirons du roy charlemaigne qui est a paris auecques grant multitude de seigneurie qui la estoi ent assemblez. Se dist le roy charlemaigne vng Jour a ses barons Seigneurs Je suis moult courrouce et dolent de mon filz sohier que Jay enuoye en aigremont. Et moult ay grant peur quil naye prins debat auecques le duc benes daigremont qui est fier et oultrageux. Et me doubte quil nait occis mon filz sohier. Mais par ma coronne ne se ainsi le fait ne chose qui tourne a desplaisir ne dommaige de mō dit filz Je Iray sur luy a tout cent mille hommes. Et le feray aux fourches pendre. Sire dist le bon duc aymes de dordon. Je vous sa uray bon gre sil vous a meffait et si bien en faictes pugnicio. Et de luy prenes bonne vengance. Il est vostre homme liege si vous doit ser uir priser et honnorer. Et de vous tenir toute sa terre. Touteffois sil vous a meffait en aulcune maniere ce poyse a moy et moult men des plaist. Si fault que ayes courrcup enuers luy. Jay Jcy mes quatre filz cest assauoir. Regnault. Alart. Guichart. Et richart. Qui sōt moult vaillans comme sire bien scaues qui bien vous seruiront a vo stre volente. Aymes dist le roy charlemaigne moult vous scay bon gre de loffre que maintenant presente maues. Si est mon vouloir q̄ presentement les faciez venir Jcy affin que Je les face cheualiers. Et leur donray assez chasteaulx: villes: et cites. Lors manda Jn continent le duc aymes querir ses enfans et ses fist venir deuant le roy charlemaigne. Et quant le roy ses vit si luy pleurēt moult grā dement. Le premier parle regnault et dist. Sire se vostre plaisir est de nous faire cheualiers a tousiours mais no9 seruirons vous et vo pour le heaulme qui se faulsa et puis luy descendit le coup dessus le talon tellement que le sang en courut parmy la salle. Par dieu dist lohier vous nen eschapperez ia. Lors vint a luy le duc tout comme enraige en disant. Peu me puis priser si ne me puis de toy venger. Si leua le duc son branc dassier et frappa lohier si durement sur son heaulme luysant tant quil le fendit Jusques aux dens. Et tomba mort lohier deuant luy sur le pauement de la salle. He dieu quel grant dommaige a fait le duc benes daigremont dauoir ainsi occis le filz aisne au grant roy charlemaigne. Car depuis en fut tout lost de france en moult grant et Innumerable tourment et en moult grande paine. Et le duc mesmes en mourut mauluaisement. Ce fut le paiement quil en eust. Comment cy apres bien au long orres si paisiblement me voulez escouter.

C'est oultrageusemēt tue le bon lohier filz aisne du roy charlemaigne. Et le duc benes daigremōt plain de cruaulte luy osta la teste. Et apres que les gens dudit lohier virent leur seigneur mort pensez quilz ne firent pas grant deffence. Touteffois de cent quilz estoient entrez deens le palays nen estoit demoure que vingt dont les dix le duc benes fist Incontinent occire et tuer. Et les aultres dix Il retint en vie et leur dist. Si vous me voulez promectre et Jurer sur vostre serment et foy de cheualerie que vous emporteres vostre seigneur lohier a son pere le roy charlemaigne en luy disant que Je luy enuoye son filz lohier en bon conroy. Et que en malle heure se me enuoya pour moy dire telles nouuelles. Et luy direz que pour luy ne feroye la moutance dung seul denier aincoys men Jray sur luy en ce premier este venant a tout trente mille combatans. Et destruiray luy et tout son pays. Sire respondirent Ilz nous ferons ce quil vo' plaira nous commander. Adonc fist faire le duc prestement vne biere et fist mectre le corps de lohier dedens sa dicte biere. Et puis le deliura a ses dix cheualiers qui estoient demourez en vie et le mirēt sur vne charrecte a deux cheuaulx. Et les conuoya le duc Jusques hors la ville. Et quant Ilz furent aux champs lors se prindrent les cheualiers francoys a plourer et a lamēter pour leur seigneur sohier En disant. Helas monseigneur sohier que pourons nous pour vꝰ dire au roy charlemaigne vostre pere qui tant de dueil aura quāt vostre cruelle mort saura. Bien deuons estre certains que tous mourir nous fera. En ce point eulx plorant et lamentant pour lamour de leur seigneur sohier cheuaucherent leur voye vers paris. Mais or vous lairons des messagiers et vous dirons du roy charlemaigne qui est a paris auecques grant multitude de seigneurie qui la estoient assemblez. Se dist le roy charlemaigne vng Jour a ses Barons Seigneurs Je suis moult courrouce et dolent de mon filz sohier que Jay enuoye en aigremont. Et moult ay grant peur quil naye prins debat auecques le duc benes daigremont qui est fier et oultrageux. Et me doubte quil nait occis mon filz sohier. Mais par ma contron ne se ainsi le fait ne chose qui tourne a desplaisir ne dommaige demō dit filz Je Iray sur luy a tout cent mille hommes. Et le feray aux fourches pendre. Sire dist le bon duc aymes de dordon. Je vous sauray bon gre sil vous a meffait et si bien en faictes pugniciō. Et de luy prenes bonne vengance. Il est vostre homme liege si vous doit seruir priser et honnorer. Et de vous tenir toute sa terre. Touteffois sil vous a meffait en aulcune maniere ce poyse a moy et moult men desplaist. Si fault que ayes courroup enuers luy. Jay Jcy mes quatre filz cest assauoir. Regnault. Alart. Guichart. Et richart. Qui sōt moult vaillans comme sire bien scaues qui bien vous seruiront a vostre volente. Aymes dist le roy charlemaigne moult vous scay bon gre de loffre que maintenant presente maues. Si est mon vouloir q̄ presentement les faciez venir Jcy affin que Je les face cheualiers. Et leur donray assez chasteaulx: villes: et cites. Lors manda Incontinent le duc aymes querir ses enfans et ses fist venir deuant le roy charlemaigne. Et quant le roy ses vit si luy pleurēt moult grādement. Le premier parle regnault et dist. Sire se vostre plaisir est de nous faire cheualiers a tousiours mais noꝰ seruirons vous et vo

ſtre noble ſeignourie. Lors le roy charlemaigne appella ſon ſeneſ-
chal et luy diſt. Apportez moy les armes qui furent au roy cedre le
quel Jay a mon eſpee occis en la bataille deuant pampelonne ſi les don
ray au gentil regnault. Comme a celluy que Je cuide qui eſt le plus
vaillant de tous. Et daultres bonnes armez dontray aux aultres
trois freres. Si apporta le ſeneſchal les armes mouſt belles et ri-
ches. Et lors furent armez les quatre gentilz enfans du bon duc
aymes de dordon. Et ogier de dennemarche qui eſtoit de leur parente
chauſſa les eſperons au nouueau cheualier regnault. Et le roy char
lemaigne luy ſeignit ſon eſpee. Et puis luy donna lacollee en diſant
dieu te croiſſe bonte honneur et vaillance. Et puis monta regnault
a cheual ſur bayard vng tel cheual que oncques mais ne fut veu ſon
pareil ne Jamais ne ſera apres bucifal le cheual au roy aliwandre le
grant. Car pour auoir couru dix lieux Ja ne treſſuaſt poil ledit bai
ard. Celluy cheual fut nourry en liſle de bruſcan. Et maugis le filz
au duc benes daigremont lauoit donne a ſon couſin regnault
qui & puis fiſt le roy charlemaigne mouſt Ire et dolent com-
ment ouyr pourres cy apres.

Cheual fuſt Regnault a ſon col vng eſcu paingt. Si brandit
ſon eſpee par grant fierte. Et bien ſaichez quil eſtoit mouſt beau che
ualier grant a merueilles et bien fonde. Et mouſt belle choſe eſtoit a
le veoir. Car bien ſembloit vng des plus vaillans cheualiers du mon
de. Si diſoient ſes barons qui Illecques eſtoient. He dieu quel beau
cheualier. Jamais ne fut ne ſera veu vng ſi bel homme darmes
comme regnault. Dieu luy croiſſe honneur vaillance bonte et pris
Puis furent mouſt honnorablement et richement abillez et armez
les aultres trois freres & regnault. Si monterent tous a cheual
pres ſoubz ſaint victor pres paris. Lors fiſt le roy dreſſer vne quin
taine a la quelle Il fiſt Jouſter les nouueaulx cheualiers. Si Jou-
ſterent mouſt vaillamment. Mais ſur tous les aultres regnault Jouſta
le mieulx ſur ſon cheual baiard le faye. Et mouſt merueilleuſement

pleut et fut agreable a charlemaigne les faitz du vaillāt cheualier regnault. Et puis luy dist le roy. Regnault dozesenauāt vous viendres auecques nous en bataille. Si luy respond. Regnault en ceste maniere. Cent mille mercy vous en rens sire Et Je vous prometz en bonne foy de vous obeir et seruir loyaument: ne Jamais ne me trouueray en forfait si de vous ne vient.

Empereur charlemaigne apres les Joustes faictes si sen tourna a son palays a paris. Alors Il araisonna ses princes et barons et y estoit le duc naymes de bauieres. Ogier le dannois. Et larceuesque turpin. En disant barons fait Il trop ne me puis merueillier de lohier mon aisne filz qui tant demeure en son messaige. Jay grāt peur que aulcun Inconuenient luy soit aduenu. Car anuyt songeay en mon dorment que fouldre du ciel tomba dessus mon filz lohier si que Il estoit tout pasme. Et lors venoit le duc benes daigremōt sur luy et luy couppoit la teste. Mais par ma barbe se ainsi le fait Jamais Jour de ma vie acord a moy naura. Ne Jamais au cueur na uray Joye. Car cestoit celluy que Jamoye plus en ce monde. Sire se dist le duc naymes Je ne croy point telle chose. Ne a telz songes ne adioustes aulcune creance deuant quil aduiengne. Toutesfois dist le roy se ainsi le fait Jamais ne luy laitay la valeur dung seul denier. Car Je manderay normans. Bertuiers. Flamans. Champaygnoys. Alemans. Bauiers. Et angloys: Si Jray sur luy et entierement le destruiray. Et naymes de bauieres tousiours luy disoit quil ne se effreast de riens Jusques a ce que aulcun en fust retourne Ainsi quilz parloient et vecy venir vng messagier venāt tout droit sur vng cheual fauuel q mou lt estoit recreu et las. Et estoit naure a mort. Si vit a paris deuāt le palays et le roy estoit aux fenestres Et quant Il vit venir le messagier. Si descendit moult prestement en bas du palays et auecqs luy. Naymes de bauieres. Ogier le dannois. Et quāt le messagier fut deuāt le roy Il le salua moult bassement comme celuy qui terriblemēt courrouce et naure estoit. Et qui a paine pouoit parler. Et dist en ceste maniere. Grant folie fistes quant enuoyastes monseigneur vostre filz demander truaige et obeissance au duc bènès daigremont. Lequel moult villainement luy demanda. Mais le duc qui est fier et oultrageux quant il ouyt parler monsit seigneur vostre filz si commanda a plusieurs cheualiers qui illecques estoient quil fust pris. Et que iamais ne vous retourneroit compter son messaige ne responce quil eust trouuee: a laquelle prise fut moult grande la meslee tant quil y est mort vostre chier filz lohyer. Et la occis le duc bènès daigremont et toutes voz gens excepte moy et neuf aultres qui apportent et conduisent vostre filz en vne biere. Moy aussi suis naure comme veoir pouues. Et alors plus ne peut parler le messagier. Si se pasma du grant mal et de la douleur quil sentoit acause de ses playes. Et quant le roy eut ouy ses paroles si tomba a terre du grant dueil quil en eut. Et destort ses mains et tire sa barbe. Et dessire ses cheueulx disant He dieu qui formas ciel et terre moult maues mys en grant douleur et torment Innumerable qui iamais ne me cessera. Si vous requiers humblement la mort: car iamais iour plus viure ne pouroye. Le bon duc de bauieres si le prist a reconforter en disant. Pour dieu sire ne vous tormentes mais ayez bon cueur et esperance en dieu et reconfortes voz hommes. Et ce vouloit dire le duc naymes pour ceulx que illecques veoit plourer et regretoient leurs parens et amys qui mors estoient a la desconfiture de lohyer. Si faictes dist il au roy que vostre filz soit moult honnorablement enterre a saint germain des prez. Et puis ires sus le duc bènès daigremont a toute vostre puissance et destruites luy et tout son pays a vostre plaisir. Lors se reconforta le roy charlemaigne. Et bien congneust que naymes se conseilloit loyaument. Lors dist le roy. Barons sus et vous aprestez si irons au deuant de feu mon chier filz lohyer. Et incontinent tous les princes et barons se misdrent en conroy pour faire le commandement du roy charlemaigne. Et quant ilz furent hors de paris a deux lieux pres ilz rencontrerent le corps de lohyer. Et estoit auec le roy. Naymes. Ogier. Sanpon

& bourgoigne. Et plusieurs aultres grans seigneurs. Lors dist le roy quant il vit son filz. Helas comment suis villainement traicté Si se descendit a pic et leua le tapis qui estoit sur la biere et regarda son filz. Si vit la teste couppee et le visaige tout detranché. He dieu fait il comment puis ores bien enrager tout vif. Bien doiz hair ce duc daigremont qui ainsi mon filz ma murtri. Adonc son enfāt baise tout sanglant menu et souuent. He beau filz dist le roy mout esties puissant et gentil cheualier. Or prie au puissant roy de gloire quil ait vostre ame et la mecte auiourduy si cest son plaisir en son roy aulme de paradis. Grant dueil mena le roy de la mort de son filz Mais tousiours le reconfortoit le bon duc naymes. Et lors se prist par dessoubz le braz thiery le dannoys et sanson de bourgoigne qui le emmenerent Jusques a saint germain des pres. Et la fut le corps enterre oingt en basme comme appartient a tous filz de roys. Ainsi fut faicte sa sepulture. Dieu ait son ame.

Et nous lairons cy apparler du bon roy charlemaigne q̄ moult dolent fut de son filz comme ouy aues. Et vous dirons du bon duc aymon de regnault son filz et de ses trois freres qui estoient a paris Mes enfans dist aymon vous scaues comment charlemaigne est moult fort ire et non sans cause pource que mon frere vostre oncle a occis lohyer son filz Si scay bien quil Ira sur luy a toute sa puissāce. Mais veritablement nous nyrons pas amcoys nous en Irons a dordon. Et si le roy luy fait guerre de nostre puissance nous luy ayderons. Si monterent tost a cheual le bon duc aymon et ses quatre cheualiers ses enfans et ne se arresterent aulcunement Jusques a ce quilz furent a laon. Et de la firēt tant par moult grandes Journees quilz arriuerent a dordon. Et quant la dame vit son seigneur et ses quatre enfans si fut moult Joyeuse et sen va au deuant demandant des nouuelles. Et si regnault et ses aultres enfans estoient cheualiers. Et lors respondit le bon duc aymon q̄ ouy. Puis demanda pourquoy Ilz cestoiēt despartiz dauecq̄s le roy charlemaigne. Et lors luy compta de mot a mot comment son frere le duc bues auoit occis lohyer le filz aisne du roy charlemaigne et la cause pour quoy la dame marguerite a merueilles fut courroucee et dolente de ce quelle eust ouy de la mort de lohyer. Car bien sçauoit q̃ cestoit la destruction totalle du duc son mary delle et de ses enfans et de toute leur terre. Et ouyt regnault son filz q̃ fort menassoit le roy charlemaigne. Adonc luy dist la dame mon filz regnault Je te prie que tu mentendes vng peu. Ayme doubte et crains ton souuerain et naturel seigneur sur toutes riés. Et luy porte honneur et reuerẽce et de dieu en seras trop ayme. Et vous monseigneur aymon moult me merueille de vous qui vous en estes parti de charlemaigne sans prendre congie de luy. Ja vo⁹ a il tant fait de bien et donneur q̃ a donne a voz enfans si nobles et si riches armeures. Et si les a fait cheualiers de sa main propre: plus grãt honneur ne pouoit Il faire a vo⁹ne a eulx. Dame dist le duc ainsi nous sommes partis pource que mon frere beues a occis le filz au roy comme vous ay dessus compte. He dieu dist la dame qui de la saincte vierge nasquit en bethleem comment auiourduy le mal a surmonte le bien. Pour dieu monseigneur fait la dame de cest affaire ne vous meslés: car a ce premier este verrez que le roy ira sur vostre frere. Et par mon conseil serues le roy vostre droicturier seigneur ne ne luy failles pour riens. Car si aultrement le faictes vous serez desloyal et faulx enuers vostre souuerain et droicturier seig². Dame par dieu omnipotent dist le duc Jaymasse mieulx auoir perdu mon chastel et la moictie de toute ma terre q̃ Jamais mon frere tua lohyer. Or en face dieu ainsi quil luy plaira et non aultrement

Parler nous vous lairons du bon duc aymon de dordon de la duchesse et de ses enfans: et retournerons au roy charlemaigne qui fut retourne a paris menant moult grant dueil pleurs et lamentacione de son filz lohyer. Lors eussiez veu tant de belles robbes derompre tant de mains destordre: et tant de cheueulx de teste tirer et arracher que cestoit grant pitie et merueille. Et le roy demenoit le roy qui bous a ainsi cruellement occis ne me aymoit gueres. Jamais ne seray a repos jusques a ce que jauray prins vengence de vostre mort. Sire pour dieu mercy fait le duc de bauieres. Certes Il nafflert point a si hault seigneur come vo⁹ estes de demener si grāt dueil come vous faictes. Ce pendant vint vng messagier deuant le roy et si luy compta comment aymon de dordon et ses quatre filz sen estoient alez en leur pays. Dont le roy fut moult formēt courrouce. Si Jura dieu et saint denis que aincoys quil meure que aymō et ses enfans le compareroient chier. Et que le duc benes daigremōt ne ses freres ne ses enfās ne les en sauroiēt garder. Si fut le disner prest et lauerent les mains puis sassirent a table. Mais saichez q̄ peu mengea le roy comme celuy qui estoit en grant merencolie. Et le beau salemon seruit ce jour de coupe deuant luy. Moult estoit grāt le peuple qui la estoit. Apres disner lempereur de france arraisonna ses barons et leur dist. Seigneurs fait Il grant oultraige ma fait le duc benes daigremōt qui si villainemēt ma ainsi occis mon chier filz lohier. Mais se dieu plaist Je Iray sur luy ace premier este venant. Et si destruiray toute sa terre. Et si Je le puis tenir Je ne le laisseray pas pour le duc aymon qui sen est asi villainement ne pour ses quatre filz que Jay faitz cheualiers dont formēt me repens: que ne le face pendre et hault au vent encroyer. Sire dist le duc naymes or oyez ce que dire vous vueil. Vostre filz est mort par maleur bien est mort de malle heure. Car Jamays mort ne fut si chier vendue que ceste cy sera. Si madēs voz hommes par toutes voz terres. Et puis dicy en aigremōt prenes vostre voye. Et si le duc benes tenes la mort de vostre chier filz lohier luy soit cherement cōparee.

Aymes dist le roy. Moult estes preudoms saige courtoys et vaillant et ainsi le feray car bien saigement conseille maues. Lors donna congie a plusieurs de ses barons et gentilz hommes qui po⁹ lors a sa court estoient. Et leur dist quilz sen alassent chescun appareiller en son pays puis retournassent au premier este venāt. Si fut

c.i

fait ainsi que le roy lauoit deuise. Et ainsi sen alerent ses barons et
gentilz hommes. Et par eulx fut la renommee par toutes les terres
Jusques a romme que charlemaigne faisoit amas de gensdarmes.
Et tant que les nouuelles en vindrent au duc benes daigremont le
quel d'aultre part māda tout son pouoir et amis. Et par especial mā
da ses freres. Girad de rossillon et. Dron de nantuel. Tant quilz
furent quant tous furent bien assemblez bien quatre vingtz mille
combatās sauf le plus. Que oncques plus belles gens ne furent ve
uz. Dont Je croy que si le roy assige le chastel q le pis en tournera sur
luy. Or dist le duc benes a. Girad son frere Frere dist Il ne vous es
mayez. Car Jespere si biē greuer le roy sil vient sur nous quil scaura
bien a quoy sen tenir. Mais or nous en alons vers troye. Et la no9
combactōs auecques le roy moult vigoreusemēt. Car bien scay que
dieu nous aidera. Ce fust au commencement du moys de may que
charlemaigne estoit a paris qui acten doit ses gens qui deuoient ve
nir pour aler a grant puissance sur le duc benes daigremont. Et ne
demoura pas longuement que richard de normandie vint a tout trē
te mille hommes combatās. Et daultre part le conte guy qui auoit
auecques luy moult noble et grāde compaignie. Et apres luy. Sa
lemon de bretaigne et le conte huon. Et daultre part tant y veissiez
venir:poiteuins gascons: normans: flamans: berruyers: bourguig-
nens. Et tāt daultre grāde seigneurie q cestoit merueilles
a veoir. Et se vindrent tous loger es pres de saint germain.

Ors quant le roy charlemaigne sceut que ses gens estoient
tous armez Il en eut moult grant Joye. Et fist Incontinant depar
tir ses batailles pour aler a son entreprise. Et fist richart de normā
die galerant de bullon de guiuellon de bauyer & Jzacar de nemour de
ogier le dannoys. Et de escouf le filz oedon auecques eulx quarante
Mille combatans son auangarde. La veissez moult noble compai
gnie et mains hardiz hommes. Si sen departirent dampres paris.
Et se misdrent a chemin tout droit vers aigremont. Et en ce point

eulx cheuauchant apres plusieurs Journees que nommer ne vous sau
roye vint tout droit a· Ogier le dannois qui estoit a lauangarde
vng messagier moult hastiuement cheuauchant. Si demanda a q̃
estoit celle belle compaignie. Et Ilz luy respondirent quelle estoit au
roy charlemaigne. Lors Il dist quil vouloit bien parler a luy. Si le
mena· Richart de normandie et luy moustra le roy. Et si tost que le
messagier le vit Il se salua. Et le roy luy rendit son salut et luy dema
da quil estoit. Et le messagier luy dist quil estoit de troye. Et que a
luy senuoit. Aubery seigneur de troye qui estoit son homme liege: car
Il tenoit de luy troye. Et luy supplioit ledit aubery quil luy pleust de
luy donner secours: car le duc benes daigremont: ses deux freres. Gi
rart de rossillon. Et dron de nantuel auecques eulx cent mille com
batans sauoient assige a troye. Et que si le roy ne luy venoit au se
cours quil luy fauldroit rendre troye. Et la belle tour que fist faire
Julius cesar.

Uant charlemaigne lempereur entendit que troye estoit as
sigee par le duc benes et ses freres si en fut moult dolant
Et Jura lors par saint denis de france que Il Iroit celle part a toute
son armee et que sil puoit tenir le duc daigremont que villainemẽt
le feroit mourir. Si apella le duc naymes de baui̇eres. Godeleu de
frise. Et le duc gallerant et leur dist. Barons or oyes: cheuauchons
hastiuement vers troye auant quelle soit prise. Et Ilz luy respondi
rent tous que tresvolentiers. Si cheuaucherẽt tant quilz furẽt pres
de troye. Et tout premier vint lauangarde a tout floriflan de la q̃lle
estoiẽt gouuerneurs. Ogier le dannoys. Richart de normandie et
le duc. Gallerant. Et auecques eulx trente mille combatans. Et
le messagier de troye qui les conduisoit. Et quant Ilz furent si pres
quilz virent troye deuant eulx vng messagier vint a. Girart de ros
sillon qui estoit deuant troye luy disant. que le roy charlemaigne ve
noit sur eulx pour secourir aubery a moult grande compaignie. Si
dist. Girart a ses freres le duc. Benes daigremõt et le conte. Dron

c ii.

& naturel si dirent entre eulx q̃ seroit bon daller contre luy a toute sa puissance et que chescun se mostrast bon homme. Si le firent ainsi q̃lz seurent de mise et. Girart de rossillon estoit tout le premier a lauãgar de. Et tant cheuaucherent que lune auangarde vit lautre. Si dist Ogier le dannois a Richart de normandie quãt vit venir. Girart de rossillon. Voyes fait Il comment. Girart de rossillon nous cuide mal mener: mais or pensons tous de nous bien deffendre tant que lonneur en soit au roy et a nous. Et adoncques laisserent courir les cheuaulx dune part et daultre et. Girart de rossillõ va ferir vng alemant de sa lance tellement quil luy mist parmy le corps. Et celluy tomba tout mort a terre et. Girart prent son enseigne et crie a haulte voix rossillon.

Et cõmance forte terrible et cruelle la bataille. Et quãt. Ogier voit ainsi mourir ses gens Il cuida tout vif enrager. Si va ferir vng cheualier nõme ponson tellemẽt que sa lance parmy le corps luy bouta. Et Icelluy tõba mort deuãt luy. Et quãt. Girart eut ce veu Il va frapper vng des gẽs de Ogier tellemẽt q̃ mort se jecta deuãt luy oultre fait Il ce aues p[r] vostre maistre ogier. Moult fut grãt et merueilleux lestour et la bataille fiere. Car la puissez veoir tãt descuz p[er]ciez: tant de targes froissees: et tant daubert desmaillés: et tant de mors lung sur lautre gesir sur lerbe q̃ toute rouge estoit du sang des mors et naures q̃ Illecques estoient tellement que cestoit grãt pitie a veoir. Et vecy venir le duc Benes daigremõt poignãt terriblemẽt son destrier et va frapper enguerrãt seigne[r] de peronne et de fait quãtin si durement q̃ deuãt luy labactit mort a terre Oultre dist Il dieu te mauldie. Lors cria a haulte voix aigremont. Et adonc vint a luy son frere le duc de nantuel a toutes ses gens et sen vont tous ensemble sur les gens de charlemaigne. Et daultre part vindrent a grant puissãce poicteuins et alemans. Et daultre part lõbars qui estoient du parti du roy charlemaigne. Si se mesleret les vngs entre les aultres. Et la eut moult dure et terrible assemblee. Car la furent mors moult de puissans et vaillans cheualiers et Richart de normandie moult bien Illec mostra sa grāt prouesse et valeur. Si va ferir lors ledit Richart de normandie vng cheualier q̄ Girart de rossillon moult amoit si q̄ mort le tresbucha deuant ledit girart. Adonc dist girart de rossillon Or suis maintenant bien dolant et courrouce: car celluy est mort q̄ tant chieremēt Jamoye: certes Jamais nauray Joye au cueur si briefuement ne men puis venger. Adonc espoigna son enseigne rossillon Et son frere de nantuel moult promptemēt vint a luy et luy dist. Frere Je vous conseille que vo⁹ retournes arriere: car vecy venir charlemaigne a toute ses gents et bien vous diz que se nous lactendons que la perte tournera sur nous. Et en ce point eulx parlant galserant de Buisson frappa deuant eulx vng nepueu de Girart de rossillon tellemēt q̄l luy bouta lespee tout oustre par my le corps et cheut mort a terre. Lors cuida Girart Issir hors du sens. Si enuoya querir le duc benes son frere q̄l luy venist tost au secours. Et celluy fist cōme preulx et vaillant q̄l estoit. Et daultre part assēbla le roy auecques ses gens Si or tes maintenāt dire chose de tant grant noblesse q̄ a celuy estour fut cruellemēt occise. Ce fut au moys de may a vne matinee que le roy charlemaigne assēbla ses gēs auecques ceulx du duc daigremōt et de ses freres. A la quelle assēblee vissiez reluire mais beaulx harnois po² le soleil qui beau et cler luisoit celuy Jour: la q̄lle assēblee fut forte et merueilleuse: car tant Il y eut de piedz et de testes couppees et tant de bons cheuaulx tuez: et les aultres courir parmy ses prez dont les maistres gisoient mors par deffus lerbe. Et saichez pour vray q̄ ce Jour Il y eut tāt de mors dung coste et daultre plus de lv. mille. He dieu quelle occisiō Il y eut de moult grāt noblesse le duc benes bien Ite va frapper messire gaultier seigneu² de pierre see en son escu tellemēt que sa lance luy mist parmy le corps et tōba mort deuant luy. Puis escria a haulte voix son enseigne aigremont

Iere fut la presse grant et merueilleuse la bataille. Et la demostra Richart de normādie moult vaillammēt sa prouesse: car Il Jousta cōtre le duc daigremōt tellemēt q̄ son

c.iii.

escu le persa et moult teriblement le naura et luy dist: Par dieu vo{us} ne seres huy garenti de mort mal fut par vo{us} la Journee que oncques occistes mons{ieur} lohier. Puis tira son espee et va ferir de rechief le duc sur son heaulme tellement que ce neust este la coyffe dassier q{ue} le coup fist Jus de ualler ledit benes estoit mort a celle heure et le coup tom- ba sur le cheual qui tout oultre le trensonna et passa come ce riens ne fust et le cheual tomba mort dessoubz son maistre. Adonc fut moult esbahy le duc benes quat ainsi par terre se vit. Si se redressa moult appertement come celuy q{ui} preup et vaillant estoit tenant son espee en sa main si va frapper vng cheualier nome messire symon si que tout mort labactit en la place puis escria a haulte voix aigremont son en- seigne. Lors vindrent aluy ses deux freres le duc de rossillon et de nan tuel. Et de la part de charlemaigne vint Ogier Naymes Galleran de bullon Huon seigneur du mans. Le cote salemon Leon de frise. Larceuesq{ue} turpin et Escouf le filz oedon. Et lors eut a celle assemblee moult grat et merueilleuse noblesse de cheualiers gesir mors a la terre les vngs sur les aultres que cestoit moult piteuse chose a regarder.

Ceste Inhumaine occision va venir lepereur charlemaigne de france criant. Baros silz nous eschappent Jamais honne{ur} nauros Lors seua sa lance en larrest et va frapper en lescu Girart de rossi lon tellemet que son cheual abactit Jus ou sablon. Et la eut este son definemet ce neust este ses freres le duc benes et de nantuel q{ue} moult vaillament et a grant diligence le secoururent. Daultre part vint Ogier le dannois sur son bon destrier broifort q{ue} frappa vng cheuali er des gens de girart conte de rossillon appelle messire Fouquet telle ment q{ue} le parfodit Jusques aux dens et toba mort a terre. Et quat Girart de rossillon vit ainsi son cheuallier occis. Si reclama dieu et sainte marie en disat. Bien ay auiourduy perdu moult belle et no ble cheualerie et le duc daigremont fut moult esbahy aussi si reclama et pria dieu moult piteusement q{ui}l luy pleust de le garentir de mort et de cheoir es mains de charlemaigne. Pres estoit le soleil de coucher et estoit bien enuiron heure de complie. Et les combactans dune part et daultre furent moult las et bien eschauffes si se tetrahirent arriere ses troys freres a leurs tētes moult courroucez et en espicial. Girart de rossillon q̄ a ce Jour auoit perdu emanoy son cousin et aultre cent des meilleurs cheualiers de sa cōpaignie. Si dist par ceste maniere malle fut leure que le filz charlemaigne fut occis. Lors vint a luy le duc benes daigremōt tout sanglāt cōme cestuy q̄ estoit hori blemēt naure. Quant girart le vit si se prent a souspirer tendremēt disant. Beau frere vous estes naure a mort. Non suis dist Il tost seray guery. Adonc Jura le duc Girart de rossillon que au matin a soleil leuant Il cōmenceroit tielle meslee auecques charlemaigne et ses gens dont trente mille en perdront la vie. Helas pour dieu non dist son frere le duc de nantuel mais si mon cōseil voules croire nous enuoyerōs trēte des plus saiges de noz cheualiers au roy charlemaigne et par noz ditz cheualiers luy ferons dire et dēmōstrer humblement q̄l ait pitie et mercy de no9 et q̄ nostre frere le duc benes luy amēdera la mort de son filz lohier tout ainsi q̄ sera aduise par les princes et barōs de sa cōpaignie et de la nostre. Et Ja scaues vous bien q̄ nous sōmes ses hōmes et que de le guerroyer faisons cruelle desloyaulte. Et encores est Il plus que sil auoit perdu toutes ses gens quil a amene sur nous auant que fust vng moys passe Il en auroit recouure deux fois autant si ne pouōs nullemēt cōtre luy. Et po2 ce v9 supplie mes freres que en ce point le vueillez faire. Si luy respondirēt ses deux freres q̄lz en estoiēt dacord puis que ainsi les cōseilloit Lors cōcluēt ētre eulx de y enuoyer au plus matin que Jour seroit Si firēt faire celle nuyt gros guet Jusques au matin. Et lors firēt apprester leurs messagiers po2 enuoyer au roy charlemaigne. Et quāt Ilz furēt prestz Girart de rossillon leur dist. Seigneurs remōstrez bien au roy q̄l nous desplaist moult de la mort de son chier filz lohier Et que nostre frere le duc benes fort sen repent et que si luy plaist dauoir mercy de nous q̄ nous seJrōs seruir la ou Il luy plaira nous enuoyer a tout p. mille cōbactans. Et aussi dires a Naymes de bauie res que nous luy prions que pour cest acord faire se vueille enuers le roy emploier.

Puis quant les messagiers eurent bien au long entendu ce quilz deuoient dire et exposer au roy charlemaigne de par les trois ducz freres. Si monterent a cheual chescun deulx portant rames doliuiers en leur mains en signe de paix. Et ne cesseret de cheuaucher iusques a ce qlz furet deuant le tref du roy charlemaigne. Lors parla vng cheualier nome messire estienne saluat le roy par ceste maniere. Cestuy dieu q forma noz pere et mere adam et eue createur de toutes choses benoise vous roy charlemaigne. Saiches que de par le duc Girart de rossillon Benes duc daigremot et Dron denatuel q sont cy venus lesquelz sire vous criet mercy et requeret pardo de par nous por la mort de vostre filz lohier de la qlle sont moult dolans et coutroucez et tresgrandement seur en prise. Et vous fait dire le duc daigremot de par nous que si vostre vouloir et plaisir est de luy pardonner la mort de vostre dit filz lohier ql deuiedra vostre homme liege. Et luy et ses freres Girart de rossillon et Dron de natuel lesquelz vous viedrot seruir a tout dix mille cobactans en quesque lieu ql vous plaira les emploier. Sire por dieu ayez souuenace que dieu pardonna sa mort: et a longis qui cruelsemet le naura et frappa au coste destre de sa lance et qui vous plaise leur pardonner vostre mal talant. Car de ce treshumblement vous supplient.

Quant le roy charlemaigne a ainsi ouy parler les messagiers des trois freres Il fronca le front et embroucha ses yeulx et tout le visaige. Et a celle heure ne leur respondit aulcune chose. Puis vng peu apres começa a parler en ceste maniere. Par ma foy dist il messire estienne bien eut perdu le sens le duc benes quat si vilainement occist mon chier filz lohier q tat iamoye. Or est il mon home vueille il ou non. Sire dist estienne ie suis certain ql vous fera toute raison au dit de vostre bon conseil. Adonc dist le roy de ce nous

cōseilleros. Si se rettrait vng peu arriere et appella Naymes son cō
seiller Ogier le dānois Messire salemon Huon de maine Galleran
de buillon. Odet de langres et. Leon de frise. Seigneurs dist le roy
charlemaigne vecy les messagiers du duc benes daigremōt et de ses
freres q̄ psentement me mādent q̄lz me viēdrōt seruir la ou bon me sē
blera a tout p. mille cōbactans si la mort de nostre filz lohier luy vou
lons pardōner. Et si deuiendrōt noz hommes lieges et vassaulx et
de nous tiēdrōt toutes leurs terres et seigneuries. Sire respond le
duc naymes en ce na que tout bien. Si vous cōseille que leur pardōn
nes: car les troys ducz sont moult vaillans et de grāt renō-
mee. Et pource sire pardōnnez leur.

Ors par le cōseil du duc naymes de bauieres pardōna le roy
aux trois freres. Si appella le roy les cheualiers et leur dist cōmēt
Il pardōnoit aux trois ducz la mort de son chier filz lohier par tel cō
uenāt que le duc benes dagremōt se viēdroit seruir a la saint Jehā
baptiste prochainemēt venāt a tout dix mille cōbactans bien en poit
Et leꝰ direz q̄lz viēnēt a moy psētemēt seuremēt por prēdre deulx leꝰ
foy et serment de bien et loyaulmēt doresnauāt moy obeir et seruir et
que de moy tiēdrōt toutes leurs terres. Adōc se partirēt les cheualī
ers de deuāt le roy charlemaigne et vindrent aux ducz et leur cōpte
rent cōme Ilz auoiēt exploicte et besorigne auecques charlemaigne
dont les trois freres remercierent moult hūblement nostre seigneur
Lors dist le duc. Girart de rossillon a ses freres. Seigneurs fait
Il raison est que nous nous despoillons de noz bonnes robbes et alōs
au roy tous nudz et luy crions mercy de ce quauōs ainsi offence cō
tre luy et sa haulte puissāce et seigneurie. Et les aultres freres respō
dirent que ainsi bien le deuoient faire. Si se despoillerent les nobles
cheualliers et tous nudz piedz et en poure estat se despartirēt de lʒ
logis et bien auecq̄s eulx quatre mille cheualiers tous nudz piedz
et en chemise en ce point comme leurs maistres. Et en ce point sen
vidrēt deuāt le roy charlemaigne. Et bien saiches q̄ en moult grant

humilite cestoient mis lesditz troys freres pour auoir paix et accord
auecqs le roy charlemaigne q̃ peu le valut especialemẽt au
dit duc daigremont comme plus aplain cy apres orres.

Quant le roy chrlemaigne vit ainsi venir les trois freres
auecqs leurs barõs et cheualiers si appella le duc nay
mes et plusieurs aultres barõs et leur dist. Ne me scauriez võ dire qlz
gẽs Je voy cy venir. Sire dist le duc naymes cest le duc benes dai
gremõt auecqs ses gẽs q̃ tous vient reqrir mercy. Ce pendant le duc
benes daigremõt vint deuant le roy et se Jecta a ses piedz tout a ge
noulx et luy dist. Sire pour dieu mercy vous crye nous sõmes cy ve
nuz par vostre cõmãdemẽt. SiJay occis vostre filz par ma folie ou
oultrecuidãce. Moy cõme vostre homme a vous me rẽs et mes freres
aussi Girart de rossillon et Dzon de natuel si vulõs estre voz hom
mes lieges et vous Irons seruir a toute nostre puissance la ou bon
vous sẽblera de nous emploier ne Jamais Jour de nostre vie ne vous
fauldrõs si a vous ne tient. Lors quãt le roy les vit tout ainsi hum
blemẽt estre vers luy venuz en chemise et nudz piedz et eut ouy ce q̃
luy eut dit le duc benes daigremont. Si en eut moult grant pitie et
leur pardõna la mort de son filz et tout son mal talãt. Lors vissiez
dune part et daultre chescun baiser et embrasser ses parens. Et les
vngs pleuroient de Joye et les aultres de pitie

E furẽt apaisez les barõs auecques le roy charlemaigne par
le cõseil du bon duc naymes. Lors Jurerẽt et promirẽt les trois fre
res bonne loyaute et qlz se Irõt seruir toutes les fois quil les mãdera
Si prirẽt en ce poit Joyeulx cõgte du roy charlemaigne: mais le roy
enchargia au duc benes daigremõt qĩl le viensist seruir a la sai nt Je
han prochainemẽt venãt. Or sen retourne le roy charlemaigne vers
paris. Et les trois freres sen retournent moult liez et Joyeulx ches
cun en son hostel. Car bien cuidoient auoir acorde le duc benes dai
gremont leur frere enuers le roy charlemaigne. Mais aultrement

en alant et bien peu valut leur acord: car puis en mourut le duc benes daigremont par trahison et soubz le sauconduit du roy comēt ortes si me voules escouter. Vous deues scauoir que ung peu deuant la sait Jehan baptiste que le roy charlemaigne tenoit grāt court a paris. Et le duc benes ne ce fut pas oublie dy aler comment promis auoit. Si partit daigremont a tout deux cens cheualiers et se mist a la voye de venir a paris deuers le roy pour le seruir la ou Il le vuldroit employer. Or ortes comment le roy estant a paris vindrent deuers luy le conte guenes son nepueu a lorry Fouquet de mortillon Hardrez et berengier Si luy dirent comēt le duc benes daigremont le venoit seruir a tout bien deux cens cheualliers disant par ceste maniere. Sire comment poues vous amer ne voules estre seruy de celluy q si cruellement vostre filz nostre cousin a occis. Si vostre plaisir estoit nous vous en vengerions bien: car en verite nous locciros. Guenes dist le roy ce seroit trahison car nous luy auōs donne treues toutesfois faictes en a vostre volente: mais que sur moy ne tourne le pechie et vous gardes: car en verite le duc daigremont est moult puissāt et de grāt parēte et bien en pourres auoir affaire si ainsi le faictes. Sire respond guenes ne vous chaille car Il ny a si riche homme au monde q rien osast entreprendre contre moy ne mon lignaige. Sire dist guenes lon demain partirons au plus matin a tout quatre mille cobactans et ne vous esmayes car nous en deliueros ce monde. Certes dist le roy se seroit trahison. Ne vous chaille dist guenes Il occist bien vostre filz lohyer par trahison le q lestoit mō parāt. Et pour ce me veulx venger. Or en faictes a vostre plaisir dist le roy protestant que Je nen suis point consentent.

Dant vit lendemain bien matin partirēt de paris ledit guenes et ses cōpaignōs. Et auecques eulx bien quatre mille combactans. Et oncques ne sarresterent Jusques quilz furent en la vallee de soyson. Et la rēcōtrerēt le duc benes daigremont a toute sa puissance. Et quāt le duc benes voit venir si noble cōpaignie si dist a ses gēs. Barōs fait Il Je croy vecy les gēs de charlemaigne q reuiēnēt

& sa court. Ne peut chaloir dist vng cheualier des siens. Ne scay q̃ ce peut estre dist le duc: car le roy charlemaigne est moult vindicatif a soy veger et si a auecques luy vng lignaige de gẽs moult felõs cest Guenes fouquet de morillon et certains aultres de sa court. Et en verite: anuyt a mon dormant songeay que vnx griffon venoit du ciel q̃ me prenoit mon escu et toutes mes armes tellemẽt q̃ les ongles me pignoiẽt au faye et au polmon et tous mes hommes en estoient a grant tormẽt et tous ses mẽgerẽt ses ours et les lios et nen eschappoit que vng tout seul: et aussi me sembloit que de ma bouche sailloit vng colomb blanc. Lors dist vng de ses cheualiers que ce nestoit q̃ tout bien. et que a cause de se songe ne se deuoit nullemẽt esmayer. Je ne scay dist le duc que dieu me donnera: mais de ce ay au cueur grant frisson. Si commãda le duc benes que chescun appertemẽt sarmast Et ses cheualiers luy respondirẽt que tresvõlẽtiers se feroiẽt. Si cõmenca chescun a chercher ses armes et habillemens. Si orres huy mays dure chaplaison et dure chose a racõpter de la grãt occision que fist le traictre guenes du bon duc benes daigremõt.

E conte guenes cheuaucha a grãt force qui estoit a merueilles vertueux et fier et bien acõpaigne. Si ala encontrer le duc benes tout le premier Fouquet de morillon se q̃l luy va dire que mal auoit fait de occire sohier le filz aisne du roy charlemaigne: mais auãt q̃l fust vespres Il en auroit chier guerdon. Quãt le duc sentẽdit si se pẽst fort a merueiller disãt. He dieu fait il q̃ se pourroit garder de traictres Helas Je tenoie le roy charlemaigne a loyal p̃ce et Je voy maintenãt le cõtraire: mais auãt q̃ Je meure vendray bien chier ma mort. Lors se vont entreferir dune part et daustre moult Ireusemẽt en tant que guenes frappa deuant le duc son cousin Regnier tellement que mort le tõba. dõnt luy puis cria a haulte voix ferez cheualiers: car mal ocirent mõ cousin le bon sohier. Le duc benes daigremont nen deigna a moy accorder. Mais ores le luy vendray chier. Si coururent guenes et ses gens tous a grant force sur le duc benes daigremont

Et le duc moult vaillâmet se deffend et frappa vng cheualier nome messire faucō tellemēt qł luy mist lespee dedēs le corps et celluy tōba mort deuāt luy Puis se pst le duc daigremōt piteusemēt a soy gueme ter sameter ou regretāt. Et moult tēdremēt desirāt ses freres et ses nepueuz. Helas dist Il chier filz maugis ou estes vous a present q̄ nestes vous Jcy pour me secourir car bien scay certainement q̄ si sauiez ceste entreprise bien me secourries. He mes chiers freres le duc de dordon et de natuel et tossillon bien scay q̄ Jamais vif ne me verrez Helas que ne scaues vous la traistresse entreprise de charlemaigne et du cōte gueues q̄ si cruellemēt et par grant traison auiourduy me feront Jnhumainemēt mourir. Bien scay que moult vaillāmēt me viendries secourir. He meschiers nepueuz. Regnault. Alart. Guichart et Richart tant ay de vous auiourduy grant besoing. He mon chier nepueu. Regnault vaillant cheualier que tu es se a dieu plaisoit par sa benigne grace que tu puisses scauoir le grief tourment et le doloreux martire a quoy par traison suis auiourduy liure moult pour toy auroye secours car en tout le monde na ton pareil de beaulte de bonte: de vaillance ne de prouesse. Or ne me peut auiourduy secou rir tout mō noble et vaillāt parēte q̄ cruellemēt et soubz le sauconduit de charlemaigne ne me faille piteusemēt mourir.

Tere fut la bataille et moult dure a souffrir. Mais cōment bien poues scauoir le duc daigremōt ne pouoit pas resister a tant de gēs. Car Il nauoit auecqs luy q̄ deux cēs cheualiers Et les traictres estoiēt plus de quatre mille. Ainsi estoiēt mal partiz. Lors eussiez veu ce Jour tant de ceruelles rōpues tāt de piedz et de testes couppees q̄ cestoit piteuse chose a regarder. Depuis reuīt de rechief guenes et frappa Josseaulme de Bloys tellemēt qł le Jecta mort sur terre Et tātost fist reculer les gēs du duc Benes daigremōt Lors fut moult esbahy le duc daigremōt et bien cōgneut q̄ sās mourir ne pouoit eschapper si va frapper ūg des gēs de guenes tellemēt qł labactit car aultre chose ne pouoit il faire fors ce de effēdre au mieux qł pouoit pour plus alonger sa vie. He dieu quel grant dommaige fut de ainsi villainement lauoir trahy. Car depuis maintes esglises, maintes villes et chasteaulx en furent mis a feu et a flambe. Et tant de grã de noblesse piteusement morte. Tant exploicta le traistre guenes contre le bon duc daigremont que les gens du duc furent grandemēt affoibliz. Car de deux cens quil auoit amene Il ny en auoit plus que cinquante. Barons dist le duc benes vous voyez que nous sommes pres que tous mors. Si de grant cueur et vaillance ne nous deffendons. Et pour dieu que chescun de vous vueille valoir troys tant q̃ pourrons estre en vie car vous voyez que Jcy piteusement nous fault despartir et rompre compaignie. Lors va frapper le duc vng cheualier nomme. Messire helye tellement que tout le parfondit puis crya a haulte voix ferez bien barons. La vallee estoit belle si ouysses clerement retonter des coups quilz donnoient sur les heaulmes. Et a celle heure vng nomme. Griffon de haulte feulle va frapper de sa lance a la poictrine du cheual au duc tellement que soubz luy se trebucha. Et le duc en estant moult vaillammēt se redressa et prist son espee cuidāt frapper le dit griffon. Mais le coup tōba sur le cheual tellemēt q̃ tout oultre le tracha cōme se riens ne fust.

Quant le duc daigremōt se vit ainsi par terre bien cōgneust que de luy estoit fait. Mais bien Jure que moult chier vendra sa mort Lors vit sur le duc daigremōt le cōte guenes. Si le va si durement frapper tāt q̃ sa lace luy mist parmy le corps et tōba mort le duc daigremōt. Et adōc descendit le duc griffon pere dudit guenes q̃ luy sablōna le Jaserant et parmy le fōdemēt luy mist son espee Ainsi luy est lame du corps despartie. Puis dist le duc griffon Or as tu ton loyer pour monseigneur lohier que tu as na gueres occis villainement. Or est le bon et vaillant duc benes daigremont trespasse dieu en ait lame. Si remonta le traictre guenes a cheual luy et le seigneur de haulte feulle et vont apres le residu des gens du duc benes. Mais ceulx tantost se rendirent. Car Il ney estoit demoure q̃ dip. Lors les firent les traictres Jurer et promectre q̃ le corps du feu duc leur maistre porteroiẽt a aigremõt ainsi q̃l auoit fait porter lohier a paris en vne biere. Et lesditz cheualiers leur promirẽt ainsi Si prirent le corps et lenleuerẽt daucecques les aultres mors dõt Jl y auoit grant nombre et le mirent en vne biere et puis se mirent a la voye. Et quant Jlz furent a chemin dieu scet quelz regretz lamẽtacions et piteulx pleurs firent lesditz cheualiers pour la mort de leur maistre disans. He dieux franc duc comment ores pour vous sommes courroucez qui tant vaillant esties. En verite mal a fait charlemaigne quant ainsi soubz son sauconduit vous a fait mourir par traison. Ainsi sen aloient les poures cheualiers en grans pleurs et gemissemens en portant le corps du duc beues leur maistre sur vne charrecte a deux palle froys que oncques de quatre lieux ne cessa de seigner. Lors les Journees que firent les cheualiers auecques le corps ne vous sauroye compter. Mais tant alerent quilz vindrent au pres daigremont. Et tant approucherent que la nouuelle vint a la ville et a la duchesse que son seigneur auoit este ainsi vilainement occis. Si ne fault point a demander du grant dueil que mena la duchesse et son filz maugis. Puis saillirent hors de la ville auecques les gents desglise au deuant du corps. Et ne fault demander se a ce Jour Jl y eust des pleurs et lamentacions. Car quant la duchesse vit son seigneur et les playes quil auoit sur luy plus de troys fois se pasma sur luy. Et en ce point emporterent le corps en la maistresse esglise. Et leuesque de la ville fist le seruice et puis fut mis en vng cieruel moult reueramment ensepulture et ensepuely Lors se print a dire maugis son filz. Beau sire dieu quel dommaige a Jcy de se vaillant seigneur auoir ainsi par faulce traison cruellement occis. Mais se Je viz longuemẽt charlemaigne et les traictres qont ce fait lachetront chierement. Sa dame de mere recõforta et luy dist. Ma chiere mere ayez vng peu de paciẽce: car mon oncle. Girard de rossillon. Dron de nãtuel. Et mes cousis. Regnault Alart. Guichart. Et richart me aideront bien a venger la mort de mon feu pere. Maintenant nous laisserons a parler de ceulx daigremont qui sont en grande lamentacion et pleur pour la mort de leseigneur. Et retournerons au traictre griffon et a son filz guenes q aueqcs leurs gens sen furet retournez a paris

Omment griffon & haulte fueille. Et guenes. Apres ce quilz eurent tue le duc benes daigremont Jlz sen retournerent a paris et conterent au roy charlemaigne la mort et la traison quilz auoient commise. Dont le roy en fut moult Joyeulx Mais puis apres Jl en fut marry et dolant. Car apres luy firent moult grant guerre les deux freres du duc benes daigremont Girart de rossillon. Et don de nantuel. Et aussi maugis son filz. Et puis firent paix et acord Mais le roy nappointa point aux quatre filz aymon. Ne a maugis leur cousin. Item parle ledit chappitre comment regnault tua le nepueu du roy charlemaigne dung eschacquier ainsi quilz Jouoient aux esches eulx deux dont la guerre commeça. La quelle fut si mortelle comment verrez apres. Et dura si longuement quil porta grant dommaige au royaulme de france perpetuellement.

Ourres oyez desormais terrible et piteuse chancon si escouter le vulez. Ce fut a la feste de penthecoste apres lascencion que le roy charlemaigne tint grant court a paris apres ce quil eut acorde auecques les freres dudit benes daigremont. Et a la dicte feste furent venuz. Guillaume langloys. Galleran de boullon quize roys et trente ducz et bien lv. contes y eust ce Jour pour charlemaigne couronner. Et aussi y estoit venu le duc aymon de dordon auecques ses quatre beaulx filz. Regnault. Alart. Guischart. Et richart. Auquel duc aymon dist le roy. Aymon dist Jl Jayme bien vous et voz enfans. Saiches que Je veulx fere du beau cheualier. Regnault mon seneschal. Et les aultres me seruirot de pourter mes faulcons. Et daler en gibier auecques moy. Sire dist le bon aymon moult grant mercy du bel office que vous me faictes a moy et a mes enfans. Et

saichez que loyaulment vous seruiront comme voz hommes. Mais
bien vous diz franc roy que forment mespristes quant mon frere le
duc bènes daigremõt soubz vostre saufcõduit en trahison fistes si vil
lainemēt mourir. Et croyes q̃ moult durement me poise. Et si tãt ne
vous doubtissions certes vengence en prenissions. Mais puis q̃ mõ
frere Girat le vo9 a pardonne et Je le vous pardonne. Aymon dist le
roy vous scaues mieulx que vous ne dictes: car vous scaues loffen-
ce que vostre frere mauoit faicte dauoir si cruellemēt occis lohier mõ
filz aisne que tant Jamoye or est lung pour lautre. Si nen parlons
plus. Non ferons nous dist le duc aymon: mais bien prie a dieu qui
vueille auoir son ame car mõlt estoit vaillãt cheualier Lors vindrēt
auant. Regnault. Alart. Guichart et Richart. Si arraisonnerēt
le roy par ceste maniere disãt. Sire dist Regnault le plus belē to9
cheualiers en cheualerie nous aues fait moy et mes freres qui Jcy
sont deuãt vo9. Mais saichiez q̃ pas ne vo9 aymõs mais auõs enuers
vous grant et mortelle hayne pour la mort de nostre oncle le duc be-
nes daigremõt. De la quelle mort a nous naues pas acordé. Quãt
le roy lentend si rougist de mal talent et deuint noir comme cherbon
Et se fiert au front cõme courrouce et puis dist a Regnault. Filz
de putain garson fuytan de deuant moy. Car Je te Jure saint symon
que si ne fust pour lamour de la compaignie et des barõs qui Jcy sont
Je te fisse mectre en tielle prison q̃ tu ne verras de ce moys piedz ne
mains q̃ tu ayez. Sire dist. Regnault ce ne seroit pas rai
son. Mas puis q̃ a tant est que ne vulez ouyr parler ne en-
tendre nous en tairons

Tent laissēt les quatre filz aymon le debat q̃ plus a celle heu
re nen parlerent au roy Charlemaigne de ceste matiere. Belle fut la
court. Le Jour fut bel et cler et belle estoit la compaignie. Comme
de quinze rois. xxx. ducz et lx contes. Ilz sen alerent au moustier
ouyr la belle messe qui fut chantee. Et moult fut riche loffrende sen
reuindrent au palays et demanderent leaue a lauer les mains. Et le

d.i.

disner fust prest si se lauerent et sasirent au disner. Et les quinze roys furēt to[us] assis excepte le roy salomon que ce Jour seruit auecq[ues] le duc Godefroy Mais a ce disner ne peut oncq[ue]s mēger Regnault pource que le roy Charlemaigne lauoit ainsi Iniurie. He dist Regnault a soy mesmes. Helas comment pourray Je tantfaire que Je puisse pren dre vengence de Charlemaigne pour la mort de son oncle qui tant estoit ayme qui si villainement a este occis. Si Je nen pres vengence Je suis pres de forcene. En ce point se guemētoit le bon Regnault et ses freres le reconfortoient. Apres disner saillirent les barons la pour leur esbatre et de pourter. Et Berthelot le nepueu du roy Charlemaigne apella Regnault pour Jouer aux esches dōt Il y ala dont a grant martire luy conuint departir. Et tant de bons cheualiers et vaillans en conuint apres mourir. Et tant de beaulx enfans demourerent sans pere et orphelins comme cy apres ores si escouter voules.

E fut assis Berthelot et le vaillant Regnault pour Jouer aux esches lesquelz estoient diuoire dont leschaquier estoit dor massis. Et tant ont Joue que debat cest meu entre eulx deux par telle maniere que Berthelot appella Regnault filz de putain. Et haulce la main et frappa regnault au visaige tellement que le sang cler en saillit a terre. Et quant regnault se vit ainsi villainement oultrage si en fut moult dolant et courrouce. Et Jura dieu que mal luy en viēdroit si prēt adoncq[ue]s ledit eschaqer q[ui] dor massis estoit et en frappa berthelot sur la teste si durement quil la luy fendit Jusques aux sens. Et adoncques berthelot tomba mort a terre deuant luy. Si cōmenca le cry a leure moult fort aual la salle du palys que Regnault le filz aymon auoit tue Berthelot le nepueu au roy Charlemaigne Quant le roy lentendit a peu que soudainement ne sortit de son sens Adoncques cria haultement barons gardez bien que Regnault ne vous eschappe. Car par saint denis de france Ja neschappera vif si le pouons tenir. Car Il a occis nostre nepueu Berthelot. Lors cou

rent sur les cheualiers a Regnault. Et ses parens noblemēt se def
fendirent. Et ainsi Il y eut moult grant meslee. Et assez y eut che
ueulx rompuz et maintes robbes desfirees. Car oncques tielle mes
lee ne fut veue comme ce Jour au palais a paris. Mains coups y dō
na maugis le cousin de Regnault filz au duc Benes daigremont
Et entre tant que la meslee estoit au palays. Regnault. Et ses
trois freres et. Maugis leur cousin sen saillirent prestement hors
du palays et vindrent a leurs cheuaulx qui tantost furent prestz si
monterent a cheual et sen Issirent hors de paris et sen fouirent droit
a dordonne vers leur dame & mere.

Et quāt lempereur sceut que Regnault et ses freres et Mau
gis sen estoiēt partiz de paris. Si fist appareiller et armer bien deux
mille cheualiers pour les suiure. Or les garentisse nostre seigneur q̃
en la croix fut mis car si le roy les tient Ilz mourrōt Car Ilz nautōt
Ja garant quil ne les face tous mourir. Mais Regnault na
garde: car Il est sur son bayart qui va comme le vent. Si ne se ar
resterent les quatre freres et leur cousin Jusques a tant quilz furēt
a sanlue. Et la repreurēt leurs cheuaulx de Alart & Guichart et de
Richart. Si se commance Regnault a guementer en disant. Beau
sire dieu qui souffrites mort et passion gardez huy moy mes freres
et mon cousin de mort et Encombrier et de cheoir es mains de charle
maigne le cruel. Et daultre part les chassoient les francoys a poin
te desperon. Tant que vng cheualier qui estoit mieulx monté que les
aultres acōceut Regnault et luy dist. Vous demourrez desloyal che
ualier et vous rendray au roy charlemaigne. Et quant Regnault
louyt si tourna vers luy et va frapper le cheualier de sa lance parmy
son escu et lateignit si bien q̃mort a terre labactit. Si saisit regnault
le cheual et le bailla a son frere Alart qui monta dessus ledit cheual
Et apres ce quil fut monte ledit Alart frappa vng aultre cheua
lier de son espee tellement que mort labactit deuant luy. Puis bailla
le cheual oudit cheualier a son frere Guichart qui moult sen merciā

d.ii.

Si vint a eulx vng aultre cheualier des gés de charlemaigne. Glotons dist le cheualier. Vous viendres au roy qui tous vous fera pēdre. Ha par ma foy dist Regnault tu en mentiras. Si haulce son espee et tieul coup luy donna ledit regnault que mort labactit a terre Puis prent le cheual par la regne et le donna a son frere Richart q̄ bien mestier en auoit. Or sont les trois freres nouuellement mōtes Et Regnault est sur bayart et son cousin Maugis qui tāt jl amoit derriere luy. Si sen vont dieu les vueille conduire et garder de mal. Et charlemaigne les persuiuoit apres. Mais pour neant se trauaille car Ja pour luy ne seront prins. Lors le souleil fut couche et la nuyt cōmenca a obscursir Et les quatre freres et leur cousin furent en la ville de saison.

Tant sen va regnault par nuyt et par Journees sur bayard q̄ pourtoit luy et Maugis son cousin. Peu lon trouueroit auiourduy de tieulx cheuaulx par le mōde. Et tant ont cheuauche q̄lz sont arriuez a dordon. Et la encontrerent la duchesse leur mere qui les courut acoller et baiser. Puis leur demanda quilz auoient fait & leur pere et se Jl estoit party de la court en courroux. Dame dist Jl ouy Car Jay occis berthelot le nepueu au roy Charlemaigne. La raiso si est pource que Jl me appella filz de putain Et me donna du poing sur le visaige tellement que le sang en sortit. Et quant la dame len tendit si tomba toute pasmee. Et Regnault prestement la redressa La bonne dame estre reuenue de pamaison si dist. Beau filz comment osastes vous ce faire. Car Je vous prometz que vne fois vous en repentirez. Et vostre pere en sera destruit et de son pays exillé et se Jl en eschappe se sera grant merueilles. Si vous prie a tous vous mes aultres enfans que vous vous en fuyez. Mais auant prenez tout mon tresor. Car si vostre pere reuient de court Jl vous vouldra rendre au roy Charlemaigne. Dame dist Regnault cuidez vous q̄ nostre pere soit si cruel et si Jre contre nous quil nous voulsist rendre es mains de nostre ennemy mortel.

Egnault ses trois freres et Maugis ne voulsirent faire aultre seiour. Lors prindrent tant de tresour de lauoir de leur pere et mere tant que assez en eurent. Puis demanderent congie a leur seur mere. Dont sa eut grant pitie a la despartie. Car enfans ploutoient tendrement et la mere daultre part. Quant elle voit ses enfans qui sen aloient ainsi et ne scauoit si Jamais les verroit en bien. Si sont despartiz les nouueaulx cheualiers auecques leur cousin maugis. Si sen Issirent hors de la ville et sen entrerent en la grant forest darceyne droit par la vallee aux fees. Et tant cheuaucherent quilz vindrent et se trouuerent sur la riuiere de muse. Et la esleurent vne belle place en la quelle Ilz firent bastir vng beau chasteau sur vne belle roche et moult forte. Et au pie pas soit ladicte riuiere de muse. Puis quant le chasteau fut basty Il fut montenfort par eulx appelle. Je croy quil ny auoit si forte place Jusques a montpelier de gros murs foussez parfons moult estoit em pareil. Or ne doubtent les nouueaulx cheualiers Charlemaigne vng denier si trahison ny passe. Charlemaigne lempereur estoit a paris moult dolent pour la mort de son nepueu berthelot. Lors fait venir deuant luy le duc aymon de dordon pere des quatre cheualiers Et la le fist Jurer que Jamais aide ne donroit a ses enfans. Ne que de luy ne vauldroit myeulx dung denier et que part quil les trouueroit quil les prendroit et quil les luy ameneroit. Le ql Aymo ne luy osast contredire que ainsi ne le fist. Tout ce Il Jura dont apres fut moult repris. Et apres quil eut ainsi Jure de mal talant et moult courrouce de ce que ainsi luy couenoit dechasser ses enfans. Il se departit de paris et sen vint a dordon. Et quant la duchesse le vit si commenca forment a plourer. Et le duc cogneut bien quelle auoit. Dame dist le duc ou sont mes filz alez. Sire dist la dame Je ne scay quelle part Ilz sont tirez. Mais pour quoy souffristes vous que nostre filz Vegnault occist Berthelot le nepueu du roy Charlemaigne. Dame dist Il Je nen puis mais. Saiches que nostre filz Regnault est de si grant force que oncques depuis lincarnacion de nostre seigneur ne

d.iii.

fut veu si fort ne si vaillant cheualier comme Jl est. Ne en toute lasˢ
semblee qui lors estoit au palays a paris ne le sceurēt garder quil ne
tuast Berthelot deuant toute la seigneurie. Par auant nostredit filz
Regnault demanda au roy Charlemaigne droit et raison luy estre
faicte de la mort de mon frere son oncle le duc Benes daigremont.
A quoy le roy villainement et oultraigeusement respondit dont Re
gnault fut moult felon et courrouce. Et cest la raison pour quoy.
Regnault occist Berthelot. Si fut pour soy venger du roy Charle-
maigne Non obstant que aux Jeuz des esches ledit berthelot eut
grandement Iniurie nostre filz Regnault et si le frappa oultrai-
geusement Jusques a effusion de sang. Si que Regnault par son
grant cueur et vaillant ne le peust nullement endurer. Et pource
ma fait le roy Jurer et faire serement que si Je puis tenir mes en-
fans que Je les luy meneray a paris et que de moy nauront Jamais
ayde ne secours ne de ma cheuance ne vauldroit Jamais mieulx vng
denier. Dont forment suis dolant et courrouce. Mais or vous lair-
rons a parler du duc aymon et de la duchesse qui moult sont desplai
sans de leurs enfans. Et parlerons du roy Charlemaigne q auoit
fait querre les quatre filz aymon partout son royaulme mais point
nen peut apprendre nouuelles Jusqs a ce que vng Jour de nouueau
vng messagier luy compta quil les auoit trouuez en la forest dar-
deyne. En la quelle Jlz auoient edifie vng moult bel et fort chastel
Et quant le roy eut entendu ses nouuelles si manda Incontinent
tous ses gens et son armee quilz souffissent tous eulx appre
ster et ceulx ainsi le firent.

Omment apres ce que le roy charlemaigne eu fait suyuir
a tous ses barons ses quatre filz aymon. Et mesmement au duc ay
mon leur pere Jlz ala assiger montenfort ou charlemaigne fut des
confit par deux fois. Mais puis le chastel de montenfort par traiso
fut ars et pris. En apres comment Regnault et ses freres se venge
rent des traistres qui les auoient trahiz. Et puis apres se saunerēt

en la forest dardeyne la ou Aymon leur pere les trouua ainsi quil
sen aloit du siege en son pays de dordonne. Comment pour garder
son serment quil auoit fait a Charlemaigne Il assaillit ses enfãs
tellemẽt que de cinq cens hommes quilz estoiẽt Il nen laissa de vifz
a ses enfans que dix et sept. Mais regnault et ses freres neurent
point de mal. Mais occirent grant nombre des gens de leur
pere aymon. Chapitre troyzieme

Il dist listoire que du tẽps du roy alixãdre ne fut nulle histo
re qui vaulsist ceste. Et pourtant beaulx seigneurs plaise vous de
ouyr et entendre comment Il aduint des quatre filz aymon qui estoi
ent ennemys de lempereur Charlemaigne roy de frãce. Car en cestuy
temps Charlemaigne les auoit banniz hors du royaulme de france
Et a tous ses barons Jeunes et vieulx les faisoit chercher et Iurer
de non Jamais leur ayder conforter ne soustenir en nul lieu que ce
fust en maniere que ce soit. Et cestuy serement auoit fait auecques
plusieurs aultres le viel aymon leur pere dont puis apres Il fut do
lent et courrouce. Or aduint que lempereur tint vne grant court a
paris moult planiere. Et ainsi que la court estoit moult amassee.
Car tous les barons de france y estoient. Et atant vint vng mes
sagier deuant lempereur Charlemaigne et sagenoilla deuãt luy et luy
dist. Sire Je vous apporte nouuelles de ce pour quoy vous me enuoy
astes. Or saiches sire que Je viens dung grant boys dardeyne ou
Jay trouue les quatre filz aymon qui demourent en vng moult fort
chastel bien assis. Si vous les voules trouuer et venger deulx sai
ches que vous le pourres bien faire si comme Je croy. Quant Char
lemaigne lentendit si se commenca fort esmerueiller. Et appella
ses barons et leur dist. Beaulx seigneurs. Quant Il est ainsi que
vous estes seans Il ne appartient point que Je vous muce en voz mai
sons. Si vous prie et requiers que ainsi que a mes hommes lieges
que vous me ayez a venger des quatre filz aymon qui si grant dom
maige mont fait si comme vous scaues. Et quant Il eust ce dit Il
d. iiii

se leua en piedz.

Quant les barons ouyrent la priere que charlemaigne leur faisoit. Si respondirent a vne voix. Sire nous ferons vostre commandement sans doubte. Donnez nous congie se il vo⁹ plaist que nous puissons aler en nostre pays pour nous appareiller darmes et de cheuaulx. La quelle chose le roy leur octroya. Et sen partirent tous les barons et sen vont en leur pays. Lesquelz ne demourerent gueres quilz ne retournassent tous a paris a toute leur armee. Et quant le roy les vit si les receut moult ioyeusement. In continent le roy Charlemaigne sans faire demeure se partit de paris et sen vint a tout son ost a montlion vne cite q estoit sienne et y coucha ceste nuyt. Et lendemain si tost que le iour apparut le roy Charlemaigne se partit de montlion et se mist a la voye. Et ordonna lauangarde au conte guy de montpelier qui vouloit moult grãt mal a Regnault. Et quant Ilz se furent mys a la voye lempereur Charlemaigne a appella le bon vassal Regnier et Guion daubefort le conte garnier Gosffroy langon Le dannois ogier Richart de normãdie et le duc Naymes de bauieres. Seigneurs dist le roy Charlemaigne vous scauez bien que vous aues affaire. Ie vous prie que vous vous gardez bien de Regnault et ne vous approuchez mye trop pres Mais demourõs to⁹ enseble en vng tel lieu fort q nous ne puissons auoir domaige. Et faisons bon guet chescune nuyt car le cueur me dit que nous y demourerons longuement.

Ore dist le duc Naymes de bauieres vous dictes bien et no⁹ le ferons Lors font sonner trompectes et font tout tost assembler et ainsi cheuauchent tãt qlz sont venuz a milam que len disoit aspes Et quant Ilz furent la arriuez Ilz virent le chastel que auoit fait faire Regnault et ses freres et leur cousin maugis au quel chasteau Ilz estoient qui auoit nom montenfort. A celluy point que Charlemaigne et son ost fut venu a aspes les trois freres de Regnault venoient

& chasser du boys dardeyne et Richart le plus Jeune pourtoit vng moult riche cors moult bel et bon que Regnault amoit moult chier. Et eulx pouoient bien estre xx. cheualiers et non plus. Et ainsi come Jlz sen retournoient a montenfort. Alors regarde et vit sur nu se lost du roy Charlemaigne de france dont forment ce commence a esmayer et appella Guichart son frere et luy dist. Beau frere q pouent estre ses cheualiers que Je voy la Je ouy dire lautre Jour a vng messagier qui le compta a Regnault que lempereur deuoit sa venir pour nous assiger.

Dis quant Guichart entendit celle parolle Jl regarde devers soy et vit lauangarde que guion conduisoit. Et quant Richart les vit Jl picque le cheual des esperons luy et ses gens et sen vit encontre guyon et luy dist. Beau sire q sont ses gens. Sire dist guyon se sont les gens de lepereur Charlemaigne q sen va en dardeyne vng chasteau assiger q les quatre filz aymon ont fait faire: car leur force durement nous trauaille dieu leur doit malle nuyt. Certes dist Richart Je suis soubsoier de Regnault. Et Je ne vous scay ne gre ne grace de ce q vous dictes: car Je suis tenu a les deffendre a mon pouoir. Et lors picque son cheual des esperons et fiert Regnier parmy lescu si durement q labact mort a terre tout enuers. Et lors Jl prent le cheual dudit regnier et le bailla a vng escuier. Et lors se assemblerent tous les cheualiers duns part et dautre: ceulx de france crioient monioie saint denis. Et les freres de Regnault montenfort. Lors vous vissiez vne bataille moult fiere et moult cruelle les vngs contre les aultres tous escus prciez et aubers desmailliez. Et les vngs mors et les aultres naures tant q cestoit grat pitie a veoir. Que vous diray Je plus tous furet tuez et naures les gens de regnier q faisoient la pmiere garde. Ce pedant vng escuier sen vit au roy et luy copta comet lauagarde auoit este desconfite et q Richart frere a Regnault auoit occis regnier

Dieu dist lempereur ay Je perdu Regnier. Cest dommaige or Je ne scay comment Je puisse desormais gaigner puis que Je ay lauangarde perdue. Et lors appelle Ogier le dannois et luy dist. Dannois alez au secours estre tost et le duc Naymes. Car richart en maine tout mon auoir et a tous mes gens fait mourir. Adoncques Ogier le dannois ne actend plus mais monte a cheual entre luy et le duc naymes auecques bien trois cens cheualiers et vont apres Richart. Mais leur trauail ne leur valut riens. Car Richart et ses gens sont ja dedens montenfort a tout l'auoir quilz auoient gaigne. Quant Regnault vit ses freres a si grans gens venir Il vit a lencontre deulx et les baise tous. Et puis dist a Richart. Beau frere ou aues vous prins si beau auoir que Icy vous amenes. Sire dist Richart Je vous diray nouuelles dont vous serez tout esmerueille. Or saiches que le roy Charlemaigne vous vient assiger a tout son ost. Et si a grant cheualerie que cest merueilles a veoir. Mes freres et moy nous venons de chasser du boys dardryne et auons rencontre lauangarde du roy Charlemaigne que le conte guy conduisoit. La nous combatismes ensemble la dieu mercy et mes hommes mes ennemys furent desconfitz. Une partie auons tue et les aultres sont mis en fuite. Si auons amene leur auoir que voyes. Et y est mort le conte regnier et plusieurs aultres grans seigneurs et tous leurs gens.

Ors dist Regnault Je vous doys amer chierement quant vous aues si bonne maniere de guerroyer de auoir vaincu mes ennemys de premiere venue. Et lors appella ses freres et ses gens et leur dist. Beaulx seigneurs or est venu le temps que chescun bien preux se doit monstrer. Dont Je vous prie que chescun se efforce si vaillamment de faire son deuoir que vostre honneur et le nostre y soit Et que lon ne nous puisse reprocher chetiuite Et faisons recongnoistre nostre prouesse au roy Charlemaigne tant que Il ne nous tiengne pour meschans et recreuz. Quant Regnault eut ainsi parle a ses freres et a ses gens Ilz luy respondirent en ceste maniere. Sire nayes doubtance nulle Car Jamais nous ne vous fauldrons pour ses membres coupper tant que nous serons en vie. Et quant Regnault entend la bonne volente de ses freres Il commenca arriere a parler et dist. Faictes fermer la porte et leuer le pont. Et si nous alons appuier aux fenestres pour veoir ses gens qui viennent contre nous. Et lors Ilz alaret come dit auoit este par Regnault. Ce pendant qlz estoiet aux fenestres Ilz viret venir Ogier le danois a tout mille cheualiers. Et quant Il vit que Richart sen estoit entre dedens le chastel Il sen retourna arriere et dist a Charlemaigne ainsi quil auoit fait et trouue. Et puis dist. Sire Je vous fois assauoir que le chastel de montenfort est le plus bel et le plus fort que vo9 vissiez oncques. Car Il est assis sur vne haulte pierre et forte. Et vous dis bien pour vray que Il ne sera pas prins si tost comme lon cuide. Car tieulx enfans le gardent qui bien et vaillammēt se deffendront.

Dant lempereur charlemaigne entend parler Ogier le danois Il en fut moult Ire que a peu quil ne perdoit le sens et Jura dieu que Jamais ne tourneroit en france que Regnault ne fust pris. Et se Il le peut auoir que tout lor du monde ne leschapperoit quil ne le face pendre. Et son frere richart trayner a la cue de son cheual. Sire dist ogier bien le deuez faire: Car souuent vous ont trauaille et donne paine. Sire dist fouques de morillon nayez doubtāce. Car en brief vous en vengerons. Faictes crier Incontinent que vostre ost se aille loger legierement enuiron montenfort. Certes dist le roy Charlemaigne vous dictes bien. Et lors fist sonner trompectes moult haultement pour ses gens assembler Il commanda que montenfort soit enuironne de gens et que chescun baron fist tendre son pauillon Illecques. Et ainsi le firent comme lempereur lauoit commande. Or vo9 veulx deuiser comme le chastel estoit assis bien et noblement. Car Il estoit ferme sur vne haulte roche. Et dune part Il bactoit vne bonne riuiere q a nom meuse. Et daultre part vng grāt boys fort plaisant et daultre coste ses plens. Et daultre part vne grande praerie moult belle et plaisante a regarder et a veoir.

Quant les gens de lempereur Charlemaigne furent tous logez lempereur monta a cheual a pou de compaignie pour veoir la force du chastel. Et quant Il eust bien veue et regardee a son aise Il commence a dire a luy mesmes. He dieu comment ce chastel est ferme en fort lieu. Dieu comment ses cheualiers sceurent bien le mestier de la guerre non obstant ce quilz sont Jeunes gens. Lors dist a ses gens. Beaulx seigneurs pencez de bien guerroyer car nous ne sommes pas si tost a repaire comme Je cuidoye. Quant les pauillons du roy furent tenduz Il fist mectre vne escherbuscle moult riche au plus hault de sa tente qui reluisoit comme vne torche ardant Et vne pomme dor de moult grant valeur. Et quant Ilz furent acheuees de tendre lempereur Charlemaigne y entre et fist armer le duc naymes et luy dist que nul homme ne fust si hardy de monter a cheual de huyt Jours si non que ce fust pour soy esbactre. Car Je veulx faire assauoir par nostre royaulme que lon nous amene des viures a grant habondance auant que le chastel de monten fort soit par nous assailly. Et faictes ma chappelle appareiller affin que nous prions dieu q nous doint vengence des quatre filz aymon que nous affamerons deuant vng moys ainsi que Je croy. Car Ilz ne pourront auoir viures de dehors.

Ors dist le duc Naymes a lempereur Charlemaigne. Sire vous pues myeulx faire sil est vostre plaisir. Prenes vng messagier et lenuoyez a regnault qui vous rende Richart son frere et vous luy quicteres toute sa terre. Et se Il vous rend faictes luy Incontinent oster la teste. Et se Regnault reffuse a faire ce que dit est Il sen peut tenir seur que Jamais guerre ne luy fauldra tant comme Il sera en vie. Adoncques respondit lempereur charlemaigne vous dictes bien et moult saigement. Mais Je ne scay ou trouuer le messagier en qui

Je me puisse bien fier. Sire dist le duc Naymes se Il vous plaist Ogier et moy ferons ce messaige. Il me plaist bien dist le roy. Et moult vous en sauray grāt gre. Car vous ne me faillistes oncques au besoing. Et lors sen vait appareiller le duc Naymes et Ogier. Et quant Ilz furent pres Ilz prenent en leurs mains branches de siuiers pour monstrer que Ilz estoient messagiers. Et sen vont eulx seulx sans plus de compaignie. Quant Alays qui faisoit la garde vit venir ses cheualiers Il leur va dire qui estes vous seigneurs qui venes Icy sans mot dire. Sire dist le duc Naymes nous sommes messagiers du roy charlemaigne qui nous a Icy enuoyez pour parler a Regnault le filz aymon. Et Incontinent ledit alays sen ala deuers son seigneur et luy compta comment a sa porte auoit deux messagiers du roy Charlemaigne qui vouloient parler a luy. Incontinent Regnault commenda que len leur ouurist la porte. Et que lon leue le pont. Car Il les vouloit veoir et parler a eulx. Lors son mist les barons dedens et les mena lon deuant Regnault. Et quant Regnault les vit Il les salua courtoisement. Et apres quilz se furent saluez Ilz se assirent tous trois sur vng banc. Et lors commence a parler le duc Naymes et dist. Regnault fait Il lempereur Charlemaigne de france si vous mande de par nous que vous luy rendez Richart vostre frere pour en faire son plaisir et vouloir. Et se ce ne voulez faire Charlemaigne vous deffie et dist que Jamais ne vous laissera Jusqs a tant qľ vous aura tous prins. Et quant Il vous aura Il vous fera tous pendre.

Quant Regnault entendit celles parolles Il rougit tout de mal talant. Et lors Il dist au duc Naymes. Par la foy que Je doys a tous mes amys se ce ne fust pource que Je vous ayme Je vous fisse tous les membres trancher et lauez bien deserui. Car vous estes mon parent et me deussiez deffendre et garentir cōtre tous homes et vo⁹ mesmes me cōseilles mon deshonneur et contre mō vouoir

dictes a charlemaigne que mon frere Richart naura Il mye et quil
laisse le menasser et face du pis quil pourra car nous ne ferons pour
luy ne pour ses menasses la montance dung denier. Et coutes luy di
re de ma part quil aura auant quil nous preigne plus grant mestier
de ayde quil ne cuide. Or vuydes Incontinent de nostre palays car
de vous veoir Il mennuye. Quant le duc naymes et Ogier entendi-
rent ses parolles Ilz ny firent plus longue demeure. Mais sen parti
rent Incontinent sans plus parler et sont venuz a charlemai-
gne et si luy comptent tout ce que regnault luy mandoit.

Dant lempereur entendit ceste responce Il fut si Ire que a
peu quil nenraigeoit tout vif. Et lors commanda que le
chastel soit assailly auquel ne vyent que troys portes. Dont fut
mis au deuant de la maistresse porte le conte guy et fouquet de moril
son. Le conte de neuers et Ogier le dannois. Et a la seconde porte
estoit le duc de bourgoigne et le conte de alphunoys. Et au deuant de
la tierce porte estoit le viel aymon pere de regnault qui estoit venu a
charlemaigne pour guerroyer ses filz comme les aultres. Or cuide
bien lempereur Charlemaigne auoir assige Regnault et ses freres
mais se dieu donne sante a Regnault Charlemaigne y perdra plus
que Il ny gaignera. Regnault et ses freres estoient tieulx cheuali
ers et si saiges que bien deffendirent leur chastel a lencontre de char
lemaigne. Touteffois fut assige par si grant nombre de gens com-
me Je vous ay conte que cestoit grant merueille a veoir. Car Il auoit
bretons: flamans: meusaulx: orígneurs: angloys: bourgoignons ceulx
doultre le roys: et francoys. Mais Regnault fist vne chose qui luy
tourna a grat honneur. Car Il dist a ses gens. Beaulx seigneurs
Je vous prie que vous ne montez point sur voz cheuaulx Jusques a
tant que vous orres sonner les trompettes. Car Je voy bien que les
gens de lempereur Charlemaigne sont moult trauailles et a preset
ne nous seroit point donneur de sortir sur eulx mais quant Ilz se-
ront vng peu deslassez nous ferons sur eulx vne saillie. Et alors

Je vous prie et requiers a tous en general que chescun y demonstre sa prouesse et vigueur. Saiches que au chasteau de montenfort au plus seur auoit vne faulce portelle sur vne roche par laquelle Regnault et ses freres Issoient a couuert touteffois ql leur plaisoit sans dangier quant Ilz vouloient aler en gibier.

Quant regnault vit quil estoit temps de sortir sur ses ennemis il appella sanxon de bourdeloys. Cestoit vng cheualier moult preudomme qui estoit venu secourir regnault et ses freres Et auoit amene auecques luy cent cheualiers. Regnault luy dist. Sire Il est temps que noz enemys sachant qui nous sommes. Car se nous demourons plus le roy Charlemaigne pourra dire que nous sommes bien couhars. Et quāt Il eut dit celles parolles Il sen vint a son frere et luy dist. Beau frere richart Ja pour ce nen laissez estre hardy tant que seray en vie. Car Je vous ayme autant comme mon corps et cest raison car vous et moy sommes freres. Et aussi Je croy que vous estes le meilleur cheualier de mon lignaige. Et lors le prēt entre ses braz et si le baise par grant amour. Et quant Il eut ce fait Il dist. Frere faictes sonner trompectes si nous appareillerons et Issons hors pour monstrer a charlemaigne quelz gens nous somes Se dieu vouloit que puissions prendre le conte destempes Jen seroye moult Joyeulx. Car cest lomme de tous ennemys que pis nous fait et qui plus nous a dommaigez. A lauenture ne nous eschappera Il pas. Car Il est tousiours a lauangarde. Quant ses parolles furēt finees tous ses quatre freres et tous ceulx de leur compaignie mirent leurs armes sur leurs dos. Et Issirent tous hors du chastel par la faulce portelle sā faire noise ne cry. Et si sen vōt sur lost de Charlemaigne par si grāde fureur que cestoit merueilles. Et commancerent a faire si grant destruction de gens. Et a mectre pauillons et tentes par terre que cestoit grant pitie a veoir. Qui vist adoncques regnault mōte sur son cheual bayart et les armes quil faisoit dessus cestoit merueilles a regarder. Car celluy qui lencontroit pouoit bien dire que de malle heure estoit ne. Car a la verite dire. Regnault ne feroit nul cheualier par quoy le coup venisse droit quil ne le fendist aussi legierement comme se Ilz fussent desarmez. Quāt les gens de Charlemaigne virēt leurs ennemis Incontinent coururent a leurs armes. Et quant Ilz furent bien armez Ilz courutēt sur Regnault et ses gens. Et lors commenca la bataille si cruelle q̄ cestoit pitie a regarder. Car vous vissiez tant de lances derompre et froisser et tant descuz destompuz et cassez et tant de si bons aubers desmailiez et si vaillans cheualiers a terre mourir en grant pourete Quāt le viel aymon ouyt le cry Il monta le plus hastiuemēt q̄l peut a cheual luy et ses gēs et se vit a la bataille cōtre ses filz. Et quāt Regnault vit son pere Il en fut moult dolāt et dist a ses freres Veez Icy grāt merueilles car vecy nostre pere et par mon conseil no⁹ luy lair rōs la place. Car Je ne vouldroye p⁰ rien q̄ nul de no⁹ y mist la main Et lors se tournerent daustre part de la bataille: mais aymon leur pere leur vient a lencontre et les commence trop mal mener asprement. Quant Regnault vit que son pere les aloit ainsi mal menāt et dommaigant Il luy dist tout Ire. He pere et quest ce que vous faictes certainemēt vous faictes mal et pechie. Car v⁹ nous deussiez aider deffendre et garder et vous nous faictes pis que les aultres Or voy Je bien que petit nous aymes et quil vous desplaist que no⁹ sommes si preux et tant durs contre charlemaigne. Car vous no⁹ aues fort banniz bien le scauons et que nous naurons Jamais riēs de vostre heritaige. Et nous auons fait ce petit chastel pour nous retraire et vous mesmes vous le venez destruire: ce nest pas oeuure de pere mais diabolique. Se ne nous voules faire bien au moins ne nous faictes nul mal. Car Je vous Jure sur tous les sains que se vous venez plus auant enuers vous ne me desporteroye et si ne seray plus sonteux comme Jay fait Jusques Icy. Mais vous donray de ceste espee tiel coup que vous naures loisir de vous repentir de la folie que vous faictes. Quant aymon entendit la parolle de son filz Il en eut si grāt dueil au cueur q̄ peu sen faillit quil ne cheust pasme a terre.car Il congneut bien que regnault luy disoit vray: mais Il ne pouoit aultre chose faire pour doubtance de charlemaigne. Mais toutesfois Il se rettrait arriere et laisse ses filz passer oultre part ceste fois. Lesquelz sont fort dommaigiet les gens de Charlemaigne tant que cestoit merueilles

Durant le temps que Regnault faisoit ses reprouches a son pere aymon a tant vecy venir lempereur Charlemaigne et Aubery et Ogier et henry le conte et fouquet de morillon. Et quant Regnault les vit venir Il fist sonner trompettes pour ses gens ralier Et quant Ilz furent tous assembles dune part et daultre vng cheualier de Charlemaigne qui auoit nom thiery fist courre son cheual a lencontre des gens de Regnault. Et quant alart le vit venir Il picque son cheual des esperons et luy vint a lencontre et le frappa si durement parmy son escu qui luy mist vng espieu quil portoit parmy le corps tellement que ledit thiery tomba mort a terre. Et quant lempereur vit tombe mort a terre son cheualier thiery si enfut si ire que a peu quil ne perdit le sens et lentendement. Lors comme ca a crier a haulte voix. Seigneurs barons deliurez vous de moy venger de ces gloutons qui noz gens mainent si mallement gardes que Ilz soient bien pugniz et asprement. Quant le viel aymon entendit ainsi parler Charlemaigne pour doubtance destre blasme Il picque son cheual des esperons et va frapper vng cheualier des gens de ses enfans qui auoit nom amonoy si cruellement de son brac dassier qil luy fist voler la teste Jus les espaules. Pere dist regnault vous faictes mal qui ainsi cruellement me tuez mes gens. Mais par la foy que Je doiz a saint pol si Je ne cuidoye estre blasme Jen prendroye cruelle vengence sur vous. Puis dist le vaillant Regnault. a mere comment seriez dolente si sçauies les affaires que auiourdhuy nous fait nostre pere.

Quant fouquet de morillon vit que les gens de regnault se maintenoient si bien a lencontre deulx. Si commenca a

c.i.

acrier. Sire roy et empereur quest ce a dire cecy Je croy q̃ vous estes oublie. Mandez plusieurs de voz gens et leur commandez que Ilz prenẽt Incõtinẽt les traictres q̃ maintenãt se faignent cõtre voz ẽnemys Et sans delay les faictes pendre et tous vifz escorcher. Quant les francoys ouyrẽt ce que foucquet & morillon disoit a charlemaigne Ilz ne firent aultre demeure mais picquent leurs cheuaulx des esperons et frappent sur les gens de Regnault si durement quilz les firent reculer vousissent jlz ou non. Quant alart vit ses gens reculer Jl en fut moult dolent. Si mist la main a son espee et comẽca auecques ses gens faire si grans effors darmes que les francoys en furent toꝰ esbahiz. Que vous diray Je plus de ceste bataille. Saiches quelle fut si cruelle et si merueilleuse que cestoit pitie a regarder car chescun faisoit au pis quil pouoit les vngs contre les aultres. Et saiches q̃ les quatre filz aymon firent si grant abacture de cheuaulx et de cheualliers que nul ne se ousoit trouuer deuant eulx. Mais a bien faire nul ne pourroit cõparer a Regnault car Jl faisoit si grant merueilles darmes que les francoys nousoient saillir auant pour doubtãce de luy. Car a la verite dire Regnault ne frappoit nul coup a droit quil ne les occist. Que voules vous plus q̃ lon vous die Saiches que en Jcelle bataille oncques parantaige ny fut garde car Ilz se tuoient lung lautre comme bestes mues. A tant voyez venir par la bataille le roy yon de saint omer qui cheuauchoit vng moult bon cheual qui bien couroit. Et encontre luy vint vng cheualier que lon nommoit guyon. Et yon frappa guyon tellement quil labactit luy et son cheual a terre. Et quant Regnault vit ce sien fut moult Ire Et lors Il prent son enseigne et dist a ses gens faictes tant que Jaye se bon cheual car se Il sen va Je nauray Jamais Joye car Je veulx quil face cõpaignie a bayart. Et quant Guichart son frere q̃ estoit si gẽtil cheualier ẽtẽd son frere ainsi parler Il ne fist aultre demeure mais picque son cheual et fiert yon de saint omer si durement q̃ poꝛ lescu ne pour laubert ne demeure quil ne luy mist le glaiue parmy la poictrine tout oultre et labat mort a terre. Et lors Il prist le cheual

par le frain et le maine a Regnault et luy dist. Sire nous auons
le cheual que tant aues demande. Or y poues vous monter quant il
vous plaira. Frere se dist Regnault grant mercy de ce present. Car
bien men aues serui a gre. Or auons nous deux cheuaulx ou nous
pouons fier. Or y montez fait Regnault appertement. Quant gui-
chart entendit le commencement de Regnault il monte sur
le bon cheual et donna le sien a garder a vng son escuier.

Et quant Regnault reuint en la bataille il reuit son pere. Et
quant il le vit si en fut moult ire que a peu quil ne pert le sens
Et si luy dist par reprouche par ma foy pere vous estes bien a blasmer
vous vous pourries bien tenir de nous venir veoir si souuent. Nos
vous voulons monstrer que vous estes nostre pere non pas bon mais
mauluais. Car vo⁹ nous mostres dur voisinaige et amour. A noel
et a pasques doit son son bon amy aler veoir et visiter p'luy b'ē faire et
festoier et menger auecques luy quant le disner est prest mais ce ne
faictes vous pas. Car vous nous venes veoir a chaulde guerre co-
me ceste est et nous faictes au pis q vous poues. Ce nest mye amour
de pere mais de perastre. Ribauld or dist le duc aymon Je veulx que
vous vous ga rdez bien. Car se Charlemaigne vous peut tenir tout
le monde ne vous pourroit garentir que il ne vous face pendre ou les
membres destrancher. Pere dist Regnault laissez ce ester et si nous
venes ayder si sera le roy desconfit. Va glouton dist aymon dieu te
mauldie car Je suis trop vieulx pour faire trahison. Pere dist Re-
gnault bien petit nous aymes Je le voy bien mais gardez vous bien
Car Je vous monstreray si Je scay riens de la lance ne de lespee. Et
quant il eut ce dit il picque bayart des esperons et va frapper vng
escuier q auoit nom guimer tellemēt que mort le Jecta a terre. Quāt
Charlemaigne vit celluy q estoit mort tout ire picque son cheual
des esperōs vng bastō de fer en sa main. Car il vouloit faire depar
tir sa bataille. Car il veoit bien que ses gens en auoient du pire et
que ilz ne pourroient resister contre les grans coups de Regnault
c.ii.

en nulle maniere. Car cestoit merueilles a veoir des grans armes quil faisoit. Car Il abactoit et hommes et cheuaulx.

Charlemaigne lempereur est venu aux francoys et leur cōmandé que Ilz se retrayent arriere car temps estoit de despartir de la bataille. Et ainsi quilz se vouloient despartir. Adont veez vous venir parmy la bataille Berar le bourgoignon et frappa symon de bremoys si mallement que mort labactit a terre. Quant les quatre filz aymon virent symon mort Ilz en furent moult dolens. Si picquēt leurs cheuaulx des esperons et vindrent celle part en destompant la presse pour vengence de leurs ennemys. Et saiches quant regnault y fut venu Il luy apparut tresbien. Car Il y fist mourir bien trois cens cheualiers des meilleurs que Charlemaigne eust en sa compaignie dont le roy estoit moult dolent. Ce pendant alart sen aloit parmy la presse. Si sen vint Jouster alencontre du conte destempes p² lescu ne luy laissa pas a mectre la lāce parmy le corps tāt q̄ ledit conte tōba mort a terre Quāt regnault vit celuy coup Il vit alart son frere et se baisa dessoubz son heaulme et enuers luy sencline et luy dist. Beau frere benoist soit la pourture qui vous porta. Car vous nous aues vengé d u plus grant ennemy q̄ nous eussions. Et quat Il eut dit celle parolle Il fist sonner trompectes pour ralier ses gens.

Quant lempereur vit le grāt dommaige que ses quatre filz aymon luy faisoient Il cria a haulte voix. Seigneurs barons retrayez vous arrier. Car sont trop bons cheualiers noz ennemys. Alon nous en arriere et nous en retournons et les laissons la. Or est ce a nous grant deshonneur et mesprison alons nous en noz pauillons Je vous emprie. Et si vous Jure sur tous les sains que leur chastel ne sera Jamais pris se Il nest affamé. Car trop sont bons cheualiers preux et saiges et biē aduises de guerre. Quāt les barons de Charlemaigne ouyrent le comencement du roy si luy dirent. Sire nous ferons vostre commandement. Et ainsi quilz se vouloient despartir. Atant veez cy venir Regnault poignant son cheual et ses freres et va frapper sur les gens de Charlemaigne si durement quil les despartit si bien quil les contuint despartir et fouyr Jusques a leurs pauillons. Et si leur demoura anthoyne guiemault le conte de neuers et thiery le normant. Car homme ne pouoit durer a lencontre de Regnault et de ses freres. Et quant Regnault vit la desconfiture et tourner en fuite les gens de Charlemaigne Il fist sonner sa trompete de retrait. Et quant Ilz furent assemblez Regnault sen retourna Joyeusement en son chastel mais Il se mect entre luy et ses freres derriere pour myeulx mener ses gens seurement. Si en faisoit mener ses prisonniers. Aymon leur pere vint a lencontre et leur commence moult a faire dempeschement. Quant Regnault vit son pere Il enraige de mal talant. Si tourna bayart et frappa le cheual de son pere si durement quil se tomba mort a terre car a son pere ne vouloit Il pas toucher. Quant aymon se vit a terre Il sault em pieds vistement et mect la main a lespee et se commence tresbien a deffendre. Mais sa deffence luy eust bien peu valu. Car ses enfans leussent prins pour prisonnier si neust este Ogier le dannoys qui le vint secourir. Puis luy dist Ogier. Sire que vous semble Il de voz filz Ilz sont cheualeureux comme vous poues congnoistre.

Quant aymon fut remonte Il poursuit ses enfans comme homme courrouce et hors du sens et si dist a ses gens Or alons apres les gloutons car se Ilz viuent longuement Ilz nous feront dommaige si grant que a paine se pourra Il recouurer. Quant Regnault vit son pere qui les menoit si malement Il tourne la teste de bayart et va frapper en la greigneur presse des gens de son pere et les commence si durement a les dommaiger a laid de ses freres quil les fait tourner en fuyte maulgre eulx. Car Ilz ne pouoient plus en durer le grant dommaige que Regnault leur faisoit. Car a la verite dire nulle armeure ne valoit riés a lencôtre de lespee de Regnault

e.iii.

Regnault car elle fendoit quant quelle attaignoit.

Quant Charlemaigne vit celle haulte prouesse q̃ Regnault faisoit Il se seigne ⁊ la grant merueille quil en a. Si fort picque son cheual quil ala a lencõtre ⁊ Regnault et luy dist adoncques Charlemaigne. Je vous deffens que vous nailles plus auant Quant Regnault vit le roy Il luy fist reuerance et se retraict arriere. Et dist a ses hommes tournes arriere car vecy le roy Je ne vouldroie pour riens du mõde que nul de vous mist la main a luy. Quãt ses gens de Regnault entendirent celles parolle Ilz mectent leurs espees aux fourreaux et sen retournent en leur chastel et sen entrerent dedens lyez et Joyeulx de la belle aduenture qui leur estoit aduenue celluy Jour. Et quant Ilz furent dedens leur chastel de montenfort Ilz firent leuer le pont et sen vont desarmer et trouuerent le menger tout prest. Si se assirent au menger et Illecques auoit grãt foyson de prisonniers. Et quant Ilz eurẽt mengé Regnault sen vint a son frere et le mercia moult de ce quil auoit tué et mys a mort le conte destampes.

Et quãt Charlemaigne vit que Regnault estoit en son chastel Il descendit a terre en son tref. Et Jura dieu que Jamais ne partira dillecques Jusques a ce quil aura ses quatre filz aymon ou le chastel prins. Que vous diray Je plus. lempereur Charlemaigne fut bien viii. moys acomplis au siege de montenfort que oncq̃s ny eut sepmaine quil ny eust bataille ou escarmouche. Et si vo⁹ dis que Regnault nestoit mye si assige quil nalast chasser en boys et en riuieres toutes les fois quil luy plaisoit. Et moult de fois aduenoit que Regnault parloit aux francoys du traictie lung a lautre. Et Regnault leur disoit. Beaulx seigneurs Je vous prie que vous parlez au roy et luy dictes que par force ne nous prendra Jamais. Car nostre chastel est moult fort et bien garny. Mais sache mõseigneur le roy vne chose que ce quil peut auoir pour debonnairite ne se vueille mye auoir par force. Il peut auoir le chastel et nous aussi si luy plaist en tielle maniere que Je vous diray. Quant Je mettray en sa main le chastel de motenfort moy et mes freres noz vies et bagues saulues. Et que la guerre fine qui a dure si longuemēt. Regnault dist ogier le dannois vous dictes bien et saigement. Et Je vous prometz que Je le diray au roy ainsi que dit laues. Et se Il veult croire mon conseil Je vous asseure que Je luy diray quil se face. Car vous nestes pas gēs pour garsonner ainsi ne pour estre hors de court. Car si le roy vous auoit pres de luy Il en vauldroit assez myeulx.

Tout ainsi comme Regnault et Ogier parloient veez cy venir Fouques de morillon qui crye a Regnault vassal moult estes fol Car certes Je vous ay bien escoutes. Vous nous lairés montenfort car ce nest mye vostre heritaige et les testes pareillement. Fouquet dist Regnault moult maues souuent resprouue Je scay bien q̄ tout le mal que me veult lempereur Charlemaigne si est pource que Je occis son nepueu berthelot dung eschaquier dont dieu ait lame. Certes Je nen puis mais. Mais me poisa moult duremēt et dieu le scet Il est vray que quant nous Jouasmes ensemble nous eusmes aulcunes parolles par les quelles sans dire mot Il me donna tiel coup sur la teste que le sang en sortit Jusques a terre. Et quant Je me vys ainsi atourne Je ne peuz estre si admesure que Je sceusse endurer son traige quil mauoit fait et sans raison. Si me deffendiz a mon pouoir. Car qui se laisse occire Jamais son ame naura pardon. Et se tu sces bien fouquet que ce que Je fiz Je le fiz mon corps deffendant Mais a ce fault faire briefues parolles et si vous plaist vous direz au roy Charlemaigne quil nous preigne a mercy et soyons bons amys. Et se cecy vous faictes vo' ferez vostre honneur. Or y pouez vous mourir comme vng aultre. Par dieu dist fouques tout cecy ne vous vault riens car vous en mourres vous et voz freres. Fouques dist Regnault vous menassez trop Il napartient mye a vous de tant menasser cheualiers qui valent myeulx que vous. Et se vo'

e.iiii.

aues riens sur le cueur faictes le sans parler. Car Je vous dys bien
de vray que vous pourchasses vostre mort. Et quant Regnault eut
dicte celle parolle Jlz sen retournerent en leurs pauillons. Et ainsi
demoura lost Jusques a lors sans riens faire. Mais les
francoys sen retournerent voulsissent Jlz ou non dont le roy
fut moult dolent.

Ors le roy manda son arriereban par toute sa terre. Et quāt
Jlz furent tous venuz le roy leur dist. Seigneurs Je me plains a
vous des quatre filz aymon qui mont mon pays destruit et gaste et
montenfort est si fort que Jamais par force ne pourroit estre prins
si non par famine. Or me dictes que Je doy faire car Jen feray vostre
bon conseil. Quant les barons ouyrent la complainte que le roy leur
faisoit des quatre filz aymon Jl ny eut si hardy qui ousast dire mot
fors le duc Naymes de bauieres qui dist au roy. Sire empereur si
vous voulez auoir bon conseil Je le vous diray bon si croire me
voules. Retournons nous en en haulte france car nous sommes trop
pres de liuer pour faire guerre. Et quāt le bon temps sera venu lors
pourez venir arriere remectre vostre siege deuant montenfort. Car Je
vous fois assauoir que Regnault nest mye si enserre quil naille en
boys et en riuieres chasser toutes les fois quil luy plaist. Et homme
qui peult entrer et Jssir a sa guise nest mye trop assige. Et daultre
part Regnault et ses freres sont tieulx cheualiers quilz ne
seront mye legiers a desconfire. Cest mon conseil sire qui
scet myeulx si le vous die.

Pres parla hernier de la saine et luy dist. Sire droit empe-
reur Je vous diray meilleur conseil se croire me voules. Donnez
moy le chastel et tout sauoir qui est dedens et la seigneurie de cinq
lyeux au tour et Je vous rendray Regnault et ses freres pour prison
niers auant vng moys acomply. Si nous en Jrons en france pour
voir noz femmes et noz enfans. Hernier dist le roy vous aues bien

dit et saigemēt ce poues faire ce q̄ dit aues Je vous octroye le chastel et quāt q̄ aues demādé. Sire dit hernier mille mercy vo9 en res̄. Et Je vous prometz que Je vous rendray Regnault et ses freres auant vng myos comme Je croy. Saiches que Il faillit a ses ataintes car Il ne tint pas a Charlemaigne ce que Il luy auoit promis. Car Regnault luy coupa la teste a peu de temps. Apres ainsi que nous deuiserons si vous plaist de escouster le dictum car Il en mourut luy et tous ses gens

Ernier de la sainette fit aultre demeure. mais dist a Charlemaigne. Sire faictes cōmādemēt a guyō de bourgoigne que Il face mectre en point mille bons cheualiers armez et bien en point Et que demain auant le Jour Il sen aille au dessus de la montaigne sans faire noise ne bruyt. Car Je le mectray dedens le chastel briefuement. Quant Il eut ce dit Il sen vint a sa tente et se fist armer. Et quant Il fut arme Il monte a cheual et sen va Jusques a la porte du chastel de montenfort. Et dist a ceulx qui gardoient la porte. Las pour dieu beaulx seigneurs ayes mercy de moy. Faictes moy leans entrer ou aultrement Je suis mort. Car Charlemaigne me fait chercher pour moy occire pource que Je luy ay bien dit de Regnault Et si vous dis que Je diray a Regnault chose dont Il sera bien Joyeulx.

Quant ceulx qui dessus la porte estoient ouyrent celluy ainsi parler sans faire longue demeure luy ont auallé le pont et le font entrer dedens et ceulx se desarmerēt et luy firent grāt honneur. Mais apres le mauluais traictre leur en rendit mauluais guerdon. Ce pendant Charlemaigne fist aprester guyon de bourgoigne et mille cheualiers auecq̄s luy et les enuoya dessus la mōtaigne sans faire noise ne bruit et les fist ēbucher au pres du chastel en actēdāt q̄ le Jour viēgne: saichesq̄ guyō auoit auecq̄s luy des meilleurs cheualliers de Charlemaigne.

Vest hernier le traictre de Sens le chastel de montenfort au
quel l'on faisoit bonne chiere. Et quant Regnault sceut q̃ vng che
uallier de Charlemaigne estoit venu Il dist quil vouloit parler a
luy. Si le luy ont amene deuant luy. Et quant Il le vit Il luy dist
Qui estes vous beau sire qui Jcy estes venu. Et Il luy respondit sire
Jay nom hernier de la saine et me suis courrouce a Charlemaigne
pour lamour de vous. Et a celle cause Je suis Jcy venu vous priant
que Je vous soye pour recommande car Je ne scay ou aler a present.
Beau amy dist Regnault puis q̃ vous dictes q̃stes nostre amy vo?
soyes se tresbien venu: car es biens que dieu ma dōnez ne poues
faillir. Or me dictes Je vous prie cōmēt ce porte lost de Charlemai
gne a Il grant foyson de viures. Sire dist hernier Il ont vng peu
de souffrance mais Je vous dis de vray que lost sen Jra deuant qua
rante Jours. Car nul des barōs ny veust plus demourer dont le roy
est fort Ire contre eulx. Et si vous promets que si lost se eslongnoit
vous y pourres assez gaigner se vous voules frapper a la cue. Amy
dist Regnault vous maues moult reconforte se Il est ainsi comme
vo? dictes. Car se le roy est vne fois desconfit Il naura mye si grāt
vouloir de venir sur moy vne aultre fois comme a present.
Et regnault lemmena et luy firent grant chiere ses freres
et luy demandoient comment se portoit lost de charlemaigne.

Aultre chose ne fut alors. Quant ce vint sur le soir et leure
fut de soupper Regnault et ses freres se mirent a la table et souppe
rent moult Joyeusement et en leur compaignie le traictre hernier au
quel Ilz faisoient bonne chiere. Apres souper tous les cheualiers
sen alerent coucher car Ilz estoient las des armes porter car Ilz na
uoient cesse de tout le Jour de batailler. Et saiches que hernier fut
moult bien et honestemēt habrege celle nuyt car regnault sauoit cō
māde. Quāt to? les cheualiers furēt ēdormiz hernier cōme le maul

mais Judas ne dormoit mye mais se leua et sen vint a ses armes et se arma. Et quant Il fut bien arme a son aise Il sen vint au pont et tranche ses cordes qui soustenoient le pont et le baisse et puis monte sur la muraille et treuue celluy qui faisoit le guet et luy couppa la gorge. Et quant Il eut ce fait Il sen vint a la porte et la defferma car Il auoit les clefz quil auoit ostees a celuy quil auoit occis. Car Il les auoit en garde.

Ors quant guyon de bourgoigne vit la porte ouuerte Il ne fist aultre demeure. Mais sen entra dedens le chastel. Et y commence a y entrer luy et ses gens et a tuer quant que Il encontroit. Or oyes la belle aduenture comme dieu garentit Regnault et ses freres de celle morcelle occision. Saiches que les varletz destable quant Ilz eurent souppe Ilz furent yures et si sen alerent coucher. Et quant Ilz furent endormiz le cheual de alart qui estoit vng peu orgueilleux commenca a faire noise auecques les aultres. Quant Richart et Alart ouyrent la noise des cheuaulx Ilz saillirent empiedz et virent luys de la salle ouuert et virent les armes luire par luys pour la clerte de la lune qui luisoit cler. Lors sen vindrent au lit ou Ilz auoient couche le traictre hernier. Lequel Ilz ne trouuerent pas dont Ilz furent bien esbahiz. Et atant ce fut Regnault esueille. Et demanda qui estes vous qui ales a ceste heure laissez dormir ses cheualiers qui ont tant le Jour trauaille cest mal fait que daler a ceste heure. Alors Alart escrie a Regnault. Beau frere nous sommes trahis. Car hernier le traictre a mis les gens de Charlemaigne seans lesquelz occient tous voz gens et les mectent a grant martire. Quant Regnault entent celle parolle Il ne fist aultre demeure mais se lieue et se arme moult prestement et crie a ses freres et a ses hommes. Or auant mes amys portons nous vaillamment. Car maintenant nous aurons besoing. Et saiches que Regnault auecques luy nauoit que trente cheualiers en la forteresse du dnion. Car tous les aultres estoient en a basse court la quelle ressembloit vne petite ville bien publiee la ou guyon de bourgoigne ses occisoit luy et ses gens. Ce pendant Regnault et ses freres se furēt bien armez esperant eulx bien deffendre.

Dont vint hernier le traictre bruyāt parmy la maistresse rue auecqs luy bien cēt cheualiers armez. Regnault dist a ses freres. Beaulx seigneurs venez auant car se dieu ne nous ayde noꝰ sōmes tous perduz. Et lors se met Regnault luy et ses freres au trauers de la porte et se commencerēt si bien a deffendre que nul nousoit auant passer quil ne prist mort. Que voꝰ diray Je plus la basse court se commenca si fort a esmouuoir et le cry se commenca a leuer. Car ceulx du donion se deffendoient moult vaillamment. Quant les gens de Charlemaigne virent que ceulx du donion se deffendoient si bien Ilz bouterent le feu en la basse court et commencerent a rompre les maisons et bruser quāt quilz trouuoient tant que a peu deure Ilz eurent bruse tout le meilleur et fut si grant quil se prist au donion. Quant Regnault vit quil estoit ainsi prins Il en fut moult Ire Et dist a ses freres que ferons nous Icy car si nous demourōs gueres nous sommes tous mors ou prins. Se ne fust le feu qui ainsi nous guerroye Je prometz a dieu que encores nous Iecterions ses gens de seans. Mais puis que le feu y est nous nauons Icy que de mouter. Et lors dist a ses freres venez apres moy. Et sen vint a la faulce portesse et la defferma et sen Issit dehors entre luy et ses freres et ses gens. Et quant Ilz furent dehors. Lors furent Ilz plus esbahiz que par auant car Ilz ne scauoient ou aler. Or oyes commēt Ilz firent comme vaillans cheualiers. Car quant Ilz virent le chastel ardoir Ilz sen entrerent dedens vne fosse soubz terre pour doubtance du feu et fermerent bien la porte. Et la se commencerent si fort a deffendre que nul ny entroit quil neust la teste couppee. Hernier le traistre quant Il sen apperceut Il prent ses gens et sen vint a la fosse et commence durement a assaillir Regnault et ses freres et ceulx q̄ estoiēt dedens auecques eulx saiches q̄ Iliecques a lentree

Œ la fousse furēt faictes plusieurs bonnes armes car ceulx de dēns se deffendirent si bien que nul ny peut entrer.

E pendant que les quatre filz aymon estoient dedēns la fosse soubz terre Ilz ouyr ēt le cry q̄ plusieurs de leurs gēs faisoient q̄ hernier faisoit occire. Lors comence Regnault a dire a ses freres. Seigneurs alons secourir noz gens. Car se Ilz mouroient ainsi se nous seroit grant blasme. Sire dirent ses freres. Alons de par dieu quant Il vous plaira. Quant Ilz furent sortiz de la fosse dure fut la meslee. Car vous eussiez veu Regnault et ses freres donner grās coups et divers. Car Regnault frappoit de si merveilleux coups de son espee flamberge quelle tranchoit tout quant que ell' acteignoit. Car Regnault estoit tout courrouce et du grant courroux quil avoit abandonnoit tout son corps et sa vie. Et pource faisoit Il grans dommaiges a ses ennemys tant que nul ne lousoit acten dre car Il avoit jecte son escu dessus son doz et tenoit son espee flamberge a deux mains et faisoit si grant destruction des gens de charle maigne que la place estoit toute couverte de sang. Quāt Regnault vit que leurs ennemys estoient fort esbahiz que Ilz ne lousoient acten dre Il dist a ses freres. Cest grant couardise que nous faisons de nous ainsi musser. Sire dist Alart vous dictes verite. Lors dist Regnault mes seigneurs et mes freres pensons de bien faire. Car traictres sont de bon desconfire et ne pourront durer contre nous. Et quant Il eut dit ses parolles Il sen vint a la porte du chastel et le feu estoit vng peu passe et maulgre tous ses ennemys Il ferma la porte du donion et leva le pont levis. Et quant Il eut ce fait Il sen retourna a la meslee et trouva ses freres qui faisoient si grans abatz de chevalliers q̄ cestoit merveilles a veoir car Ilz ne donnoient coupt quilz ne abactissent leur homme.

E fut hernier le traictre en la meslee dedens le danion. Dont Regnault avoit serre sa porte et leve le pont levis. Et le bon

Regnault vit quil nauoit garde de lost de Charlemaigne. Lors commence a se mectre parmy la meslee si asprement que tant fist luy et ses freres que des gens de lempereur qui illecques estoient de sens se do nion ne en demoura en vie que hernier le traictre et vi. aul tres. Quant Regnault vit que tous estoient mors. Entre luy ses freres et ses gens prindrent hernier et les vi. aultres. Et quant ilz furent prins Regnault fist faire vng gibet sur la plus haulte tour et fist pendre et estrangler ses vi. Et print hernier et le fist lier ches cun de ses membres a la cue dung cheual. Et puis fist monter sur vng chescun cheual vng paige. Et quant ilz furent tous montes ilz frapperent des esperons et les cheuaulx estoient fors et couray geux et commencerent a courir lung ca lautre ca parmy la rue tant que en peu de temps ilz seurent tout desmembre. Et se fut a bon droit Car ainsi doit mourir vng traictre. Et quant hernier fut mort Re gnault fist faire vng grant feu et le fist iecter dedens. Et quant il fut ars il fist iecter la pouldre au vent. Et veez cy com ment les traictres furent mors et occis. Car ilz furent pu gniz selon leurs dessertes.

Donc quant Charlemaigne sceut que ses gens estoient mors Et que il nauroit point Regnault ne ses freres il en fut moult ire Si dist a soymesmes. Ha beau sire dieu comment ie suis mal mene par ses quatre cheualiers. Or fiz ie grant mal quant ie les fis che ualiers. Maiteffois dit lon que lon fait la verge dont lon est batu Or suis ie bien celluy. Car leur oncle me tua mon filz lohier. Et Regnault mon nepueu berthelot. Et maintenant de rechief auoir pendu mes gens. Et plusieurs aultres auoir fait mourir en grant martire et tourment. Bien me puis tenir pour meschant quant ie suis le plus puissant homme qui soit au monde crestien. Et ie ne me puis venger de quatre simples cheualiers. iamais dycy ne par tiray iusques a ce que ie les aye tous pris et destruitz. Ou ilz me desconfiront du tout et moy et toute mon armee. Sire dist fouques

& morillon vous aues bon droit. Car regnault est fol quil ne vous doubte point. Car se Il vous doubtoit Il neust pas perdu voz gens mais Il a fait en despit de vous. Lors dist le duc Naymes de baunieres et vous me eussiez creu: car se creu meussiez vous neussiez pas perdu voz hommes. Vous voulsistes croire herinier Il vous en est aduenu comme vous voyes. Or regardez comment voz gens baillant au vent

Quant Charlemaigne entendit ce q̃ le duc naymes luy auoit dit Il congneut q̃l disoit verite dont Il ne sceut que respõdre mais baisse la teste vers terre tout honteup. Ce pẽdãt Regnault et ses freres sont montes sur les murs et se mirẽt a regarder entour du chastel et virent que toute la basse court ardoit la ou estoit leur garnison et vitaille. Lors commence a dire Regnault a ses freres Beaulp seigneurs la chose va bien puis que nous sommes eschappes dieu mercy dune si perilleuse et peruerse aduenture. De guetes ne faillit que nous nauons este occis par faulce trahison. Mais le piz que Je voy nous auons perdu nostre garnison et vitaille si que nous nauons plus de quoy viure. Et me semble que se nous demourons plus seans que nous ferõs que folz mais se Il vous semble boñ desormais est temps de nous departir de seans. Frere dist alart vo9 parles bien et saigement et nous le ferons ainsi que dit aues. Car tant que nous aurons vie au corps nous ne vous fauldrons. Quãt les quatre freres se furent acordes de departir Ilz ont trousse tous leurs harnois et puis actendirent Jusques a la nuyt. Et adoncques Ilz se armerent et monterent a cheual. Et quant Ilz furent bien appareilles Regnault leur dist. Seigneurs combien de gens sommes nous. Nous sommes respond Alart bien cinq cens. Et cest assez dist Regnault. Mais scaues vous que nous ferons tenons nous tousiours ensemble sans faire nul effroy et si nous en alons parmy ses alemaignes sans faire noise. Et se les gens de Charlemaigne no9 assaillent pensez de bien ferir sur eulp tãt q̃ nous ayons lonneur

Quant Il fut temps de monter Regnault monte sur bayart et les aultres pareillement monterent sur leurs chevaulx. Et quant Ilz furent tous montes Ilz ouurirent la porte et sen Issirēt tous a beau loisir sās faire nulle noise. Et quāt Ilz furēt tous Issuz Regnault regarde et vit le chastel ardoir dont luy en prist grant pitie et dist. He dieu bon chastel que cest dōmaige de quoy vous estes ainsi gaste De dieu soit Il mauldit qui si faulcement trahit le bon cha-stel Il a sept ans que fustes fait premierement. Helas nous auons eu tant donneur et de richesses et maintenant nous vous laissons maulgre nous certes vous esties mon esperance apres mes freres. Et quant Je vous pers Il nest personne si dolent que moy. Et ainsi quil disoit ses parolles ses larmes luy venoient es yeulx et estoit sestroit que peu sen faillit qui ne cheust pasme tantgrant duleur auoit au cueur.

Et quāt Alart vit Regnault si angoysseulx Il vit a luy et luy dist. Par ma foy frere v9 aues tort de cecy dire v9 ne stes mye hōme de venir a meschief. Car tous les cheualiers q̄ sōt en vie ne vous valent point. Et pource Je vous prie que vous vueil-les reconforter. Car Je vous Jure sur tous les sains que auant quil soit deux ans passez vous aures tiel chastel qui vauldra plus que tieulx quatre comme cestuy cy est. Mais or nous mectons a la voye car nous nauons que demourer. Frere dist Regnault tousiours ay trouue en vous bon conseil. Or nous mectons a la voye et prenes la uangarde entre vous et Guichart. Et moy et richart serons derrie-re. Sire dist Alart tout sera fait ainsi que dit aues. Et lors prent Alart Guichart son frere et se mectent deuant a tout cent cheuali-ers et mirent tout le cariage au milieu. Regnault et Richart veno ient apres le resteu de leurs gēs. Mais Ilz ne sceurēt faire ne passer si coyement que les gens de lost ne les aconceurent.

Lors quant charlemaigne sceut que Regnault venoit Il en

fut moult courrouce. Adonc Il fist crier que cheseū sarmast et adōc lost se commenca a esmouuoir et sen vont Incontinent armer. Quāt Alart et Guichart q̄ aloient deuant virent quilz ne pouoient passer sans faire meslee Ilz picquent leurs cheuaulx des esperons contre les gens de Charlemaigne si durement q̄lz en furent tous courroucez car Ilz abatirent deux cheualliers a terre. Et Incontinent entre eulx et leurs gens eurent trop bien affaire. Et quāt Regnault vit que lost estoit esmeu Il prist xx. cheualliers et leur dist. Prenes mes sommiers et v9 mectes a la voye deuāt par dehors lost sans v9 arrester. Et Je Iray ayder a mes freres. Sire dirēt Ilz vostre commādement ferons. Et quant Regnault eut ce fait Il picque bayart des esperons et sen entra en la greigneur presse et cōmēce a faire si grās merueilles darmes que tous les gens de Charlemaigne en estoiēt esbahiz. De ce que Regnault et ses freres faisoient si grant abatemens de cheualliers que nul nousoit aler deuāt eulx quil ne fust occis. Que vous diray Je saiches que pource que la nuyt estoit les gēs de Charlemaigne estoient si desconfiz q̄ les gens de Regnault passerent oustre maulgre ceulx de lost. Et si vous dis de vray que Regnault et ses freres firent si grant dommaige es gens de Charlemaigne quil sen fut courrouce mains Jours apres. Quāt Regnault fut oustre passe Il trouua ses sommiers et ses cheualliers qui les cōduisoient dont Il en fut bien aise. Lors Il dist a ses freres sus tost mectez vous a la voye. Lesquelz firent le cōmandement de Regnault et Regnault auecq̄s son frere Guichart demoura derriere. Et quāt Charlemaigne sceut que Regnault sen aloit Il en fut moult sie a cause quil auoit relinqui le chastel. Et Incontinent le fist suyure.
    Si fut lost prestemēt arme. Et quāt Ilz furēt bien appareillez Ilz se mirent a la voye tous apres les quatre cheualliers

E sont les quatre filz aymon moult courroucez de ce q̄ ont leur bon chastel de montenfort ainsi laisse. Saiches que Charlemaigne les pursuiuoit bien et pres et dist que moult luy greuera

f.i.

se Il ne les prent mais Regnault le vaillant cheualier nest mye esbahy mais prent toutes ses gens et les mect deuāt luy et dist a alart Beau frere donnez vous garde de ses gens entre vous et Guichart Et se les gens de Charlemaigne nous assaillent nous nous deffēdrons bien. Sire dist alart ainsi comme vous aues dit Il sera fait. Et atant vez vous venir Charlemaigne: et Ogier le dannois et le duc Naymes de bauieres: et Foucques de morillon et des aultres assez. Et quant Charlemaigne qui venoit deuant bien monte et Il vit Regnault et ses gens. Adonc Il leur escrie. Si maist dieu gloutons vous estes mors huy est le Jour que Je vous feray pendre tous quatre. Sire dist Regnault Il nyra mye ainsi que v9 dictes se dieu plaist. Car se dieu me donne sancte a moy et a bayart sera comparee et chier vendue ma mort. Et quant Il eut dit ceste parolle Il tourne la teste de bayart contre Charlemaigne pour le frapper car Il le cuidoit bien occire sans nulle faulte. Le roy Charlemaigne estoit en dangier de mourir se Regnault leust actaint mais damps hugues se mist entre le roy et Regnault qui venoit sa lance baissee prestz de mal faire. Et de ceste venue frappa damps hugues parmy lescu si durement qui luy persa le cueur du fer de sa lance deuant le roy. Et quāt Il eut fait ce coup Il sen retourne apres ses freres.

Quant Charlemaigne vit ce coup Il escrie a haulte voix or apres seigneurs apres car si ces gloutons nous eschappent Jamais Je nauray Joye. Et Regnault reuient a leurs gens et leur dist. Seigneurs nayes doubtance tant que Je seray en vie mais soyes tous asseurez et si cheuauches hardiment et sans desroy. Que v9 diray Je plus. Sachies que viii. lyeup dura la chasse que oncques ny eut lieue qui ny eust fait Joustes et que cheualliers ne fussent reuersez et occis. Mais Regnault et ses gens se sont si bien portez que Ilz ne perdirent riens a ceste heure. Mais ont tant cheuaucche que Ilz sont venus a la riniere. Le roy appelle ses barons et leur dist. Siegneurs laissons la chasse desormais seroit folie de les plus suir

Car Je Voy que tous noz cheuaulx sont rescreuz. Laissons les aler a cent mille deables. Car se regnault ouuroit dart dyabolicque si ne pourroit Il plus faire qlfait. Pensons de huy mais loger de coste ceste riuiere car le lieu est bien plaisant se me semble. Sire dirent les barons ainsi que auez commande quil soit fait. Lors font descharger les sommiers et tendirent leurs pauillons et trefz. Et quant Ilz furent tenduz le roy se fist desarmer. Et ce pendant lon apresta le menger prestement. Car de tout le Jour le roy nauoit beu ne menge ne pie de sa compaignie. Et Regnault estoit passe oultre la riuiere entre luy et ses freres sains et saulues la ou Ilz vouloient aler par la grace de nostre seigneur. Et quant Regnault et ses freres virent que la chasse estoit demouree et fince Ilz sen vont tout bellement. Et quant Ilz eurent eslongne lost de Charlemaigne Ilz trouueret vne fontaine belle et clere. Et entour celle fontaine y auoit de belle herbe et drue. Quant Regnault vit le lieu plaisant Il dist a ses gens veez cy beau lieu pour abreger aut moins cheuaulx. Sire dist Alart vous dictes vray. Et lors font descharger leurs sommiers. Saiches q les cheuaulx estoient bien aises mais les poures cheualliers estoient mauluaisement logez. Car Ilz nauoient que menger ne boire si non de leaue clere. Mais saiches que Regnault ne pie de ses cheualliers ne se desarmerent mais firent la garde toute la nuyt chescun a son tour. Et quant Ilz virent le Jour venir Regnault fist trousser son harnoys et monterent a cheual et se mirent a la voye par dedens le boys dardeyne vne forest grant et espesse moult desnomable. Et quant Ilz eurent beaucoup cheuauche Ilz descendiret duat vne aultre fontaine pour faire reposer ceulx qui auoient celle nuyt guete.

Il peut bien dire Charlemaigne que Jamais ne peut greuer les quattre filz aymon. Saiches q Il estoit loge sur la riuiere la ou Il demouta quant Il ne voulsist plus suiure Regnault. Quat le Jour fut cler Il dist au duc Naymes que vous semble que nous deuons faire. Sire dist le duc Naymes se vo⁹me voules croire nous retour

f.ii.

nerons arriere car daler plus auant ce seroit folie car ce boys est trop espes et la riuiere perilleuse et si sont Regnault et ses freres tieulx cheualliers quilz ne sont mye legiers a desconfire. Et ainsi comme le roy et le duc Naymes parloient ensemble atant veez vous venir mains cheualliers. Et quant Charlemaigne les vit Il appella videlon Regnier. Ogier le dannoys et leur dist. Seigneurs Je veulx que vous retournez auecques moy a paris. Et quant ceulx sentendirent Ilz en furent bien Joyeulx. Si dirent au roy. Sire cest le meilleur conseil que vous puissez faire. Et apres ce quilz se sont ainsi accordes Charlemaigne fist crier que chescun sen alast en son pays et quilz gardassent bien leurs pays car Il leur en prioit. Sire dirent les barons nous ferons vostre commandement. Et quant tout fut dit Ilz font descendre lost et se mectent a la voye. Et le roy sen ala a paris et les barons chescun en son pays. Et quant Charlemaigne fut venu a paris Il fist venir deuant luy ses barons et leur dist. Beaulx seigneurs Je suis le plus dolant roy du monde quant Je nay pouoir de me venger des quatre filz aymon. Et me mectent si comme vous scaues. Je croy quilz retourneront en leur pays ou en leur chastel et sil est ainsi Je veulx que nous y retournons pour mectre le siege. Si le dist le duc Naymes ce ne feront Il mye car Ilz sont en dardeyne et vous scaues que la forest est si grande que Ilz trouueront aulcune cheuance. Ce pourroit bien estre dist Charlemaigne quelle part qilz aillent malle voye puissent Ilz tenir. Et quant Il eut ce dit Il se tourne vers Ogier et luy dist. Prenes Girart Foucques lalemant et Dron de mondidier et donnez aux francoys et es aultres congie. Sire dist Ogier bien sera fait vostre commandement. Et lors vient Ogier a Foucques a Girart et a Dron et leur dist ce que Charlemaigne leur auoit commande. Et puis sen vindrent aux francoys et aux anciens cheualliers et leur donnent congie. Et quant les gens eurent congie chescun sen ala en son pays non mye le droit chemin mais au trauers des montaignes. Et ainsi comme aymon sen aloit au trauers pays Il se vint trouuer a la fontaine ou ses filz de

montroient. Quant aymon vit ses enfans Il en fut moult esbahy
et courrouce. Lors Il dist a ses barons. Seigneurs conseilliez moy
Je vous prie q̃ Je doy faire contre mes enfans. Car se Je les assaulx
et Ilz soient mors ou prins Jamais nauray Joye. Et si Je les laisse
aler Je suis pariure enuers Charlemaigne. Quant ses barons ou-
rent ceste parolle Il ny eut onequees vng qui respondist vne seulle
parolle. Et quant aymon vit quil nauoit conseil de personne du mõ-
de Il leur dist. Puis que ainsi est que vous ne me voulles donner con-
seil Je feray a ma volente. Car Ja dieu ne plaise quil me soit reprou-
che puis que Je les ay Jcy trouuez que Je ne me cõbacte a eulx: mais
Je vous dis bien que cest pour mon pechie que Je les ay Jcy trouues
Mais dzesenauãt en soit fait ainsi quil plaira a fortune. Sire dist
Esmefroys se vous assailliez võz enfans võ9 ne faictes nulle mes-
prison car vous le Jurastes au roy Charlemaigne. Gardes sire ay-
mon que vous ne soyes tenu pour pariure: car homme de vostre eage
deuroit myeulx mourir q̃ cõmectre trahison. Beau amy vous dictes
bien dist aymon. Et Je feray tant que Je nen seray Ja blasme. Et lors
appella deux de ses cheualliers et leur dist. Alez deuers Regnault
et ses freres et les deffiez de par moy. Sire dirent les cheualliers
cest vne chose dure a faire mais puis quil vous plaist nous le ferõs
ainsi que laues commande. Et lors sen vont vers Regnault qui fut
moult esbahy: car Il congneut bien que cestoit des gens de son pere
Il en fut moult dolant. Puis dist a ses freres. Seigneurs or vous
armes car homme qui est garny nest mye legier a descõfire. Et dau-
tre part Je congnoys tant la durte de mon pere que point ne se fain-
dra a nous combactre. Frere dist Richart vous dictes vray. Ce peu
dant veez vous venir ses deux cheuallies. Et quant Regnault les
vit venir pres de luy Il sen vint a lencontre et leur dist. Seigneurs
qui estes vous ne quel vent vous maine. Lors parla lung des che-
ualliers et dist a Regnault. Sire nous sommes des cheualliers de
monseigneur vostre pere qui vous mande par nous deffiance. Sei-
gneurs dist Regnault. Je le scauoye bien. Mais or vous en alez

f. iii.

arriere. Et dictes a nostre pere qʹl luy plaise de nous donner trenes. Car Il ne fera mye bien de nous combatre qui sommes ses naturelz enfans. Sire dist le cheuallier de follie parlez: mais pensez de bien vous deffendre car Il vous assauldra sans doubte. Quant Ilz eurēt dit celle parolle Ilz sen retournerent arriere pour racompter a aymō seur mſſaige et comment Ilz auoient deffie ses enfans. Quant le viel aymon entend celles paroles Il ne fist aultre demeure mais picque son cheual des esperons et vient courir sur ses enfans deuant tous les aultres. Et quant Regnault vit venir son pere Il luy vit a lencontre et luy dist. He pere et quest ce que vous faictes nous nauons plus mortel ennemy que vous. Et mesmerueille que tousiours nous venes assaillir vous faictes mal et pechie de ainsi le faire. Aut moine se vous ne nous voules aider ne nous soyes mye contraire ne ennemy.

Arron dist aymon vous nautres Jamais bien puis que commences a prescher. Alez vous en au boys si duiedres bestes sauluaiges que mau Jour vous enuoye dieu car vous ne valles vng poing de paille. Or vous pensez a deffendre car se vous estes pris vous seres mys en mal tourment. Sire dist Regnault vous aues tort. Je me deffendray puis que Je ne puis aultrement faire. Car se Je me laissoye occire mame en auroit martire et tourment. Quant aymō vit cela Il baisse sa lance et se mect par dedens ses enfans ainsi comme se Ilz fussent estranges. Et quant Regnault vit ce Il escrie a ses hommes et dist. Or ny a que bien faire maintenant. Seigneurs pensez de bien ferir car le besoing en est venu. Et quant Il eut dit celle parolle Il picque son cheual des esperons et se mect en la greigneur presse et commence a faire si grans effors darmes que toutes les gens de son pere en estoient tous esbahiz. Que vous diray Je la bataille se commenca si grande et si cruelle que pitie estoit a regarder Car vous cussies veu plusieurs grans coups et merueilleux donner et recepuoir dune part et deultre et mains cheualliers mourir et che

uauſy mains eſcus fauſces et aubers deſmailliez tant & teſtes coup
pees: bzaz: et Jambes bziſecz. Peſez que ceſte bataille fut moult for
te et bien maintenue dung couſte et daultre. Mais a la verite dire
Il conuint perdze a Regnault pour ceſte fois. Car ſon pere auoit beau
coup plus gens que Regnault. Car de cinq cens cheualliers quil
eſtoient demourez a Regnault Il nen auoit plus que cinquante que
ſains que naurez. Mais Je vous dy de vray que Regnault et ſes fre
res firent ſi grant dommaige aux gens de leur pere quilz en tuerent
bien la moictie. Mais en la fin conuint perdze a Regnault et fouyr
contremont la montaigne. Et aymon les chaſſoit tant quil pouoit
car bien les cuidoit prendze. Et quant Regnault ſe vit ſur le tectre
de la montaigne Il diſt a ſes freres. Ne nous partons dycy car vecy
bon lieu pour nous deffendze. Saiches que Illecques y eut moult de
Jouſtes faictes et de cheualliers mors et naurez. Et Illecqs fut oc
cis deſſoubz alart ſon bon cheual. Et quant alart ſe vit a terre Il
ſault ſur ſes piedz moult viſtement et met la main a leſpee et ſe co
mence moult bien a deffendze. Et quant Richart vit ſon frere a ter
re Il tourne vers luy pour luy ayder et ſecourir. Et aymon auecques
ſes gens y vint pour le prendze. Si commenca la bataille de rechief
plus cruelle quelle nauoit eſte par auant. Saiches que Alart euſt
eſte prins et retenu ſi neuſt eſte le noble et vaillant cheuallier Re
gnault qui luy vint au ſecours. Et quant Il fut venu Il picque bay
art des eſperons et ſe miſt en la greigneur preſſe tieullement quil Jec
ta aymon ſon pere a terre. Et puis Il diſt pere vous aues plege mon
frere Alart. Car auſſi bien eſtes vous a pie comme Il eſt. Lors fut
aymon ſi Ire que a peu quil ne pert le ſens. Et Regnault miſt la
main a ſon eſpee et commence la preſſe a deſpartir en tieulle manie
re quil tira hors de la preſſe ſon frere alart. Et puis luy diſt beau fre
re montes derriere moy car de demourer Icy ſe ſeroit folie. Quāt alart
entend ſon frere Regnault Il en fut moult Joyeulx car Il eſtoit ſi
las quil ne pouoit plus. Si monta ſur bayart derriere ſon frere Re
gnault. Et quant bayart ſe ſceut charge de deux cheualliers Il ſe

f.iiii.

esuertue si fort que Il estoit aduis a Regnault quil estoit plus Joyeulx quil nauoit este toute sa Journee. Or saiches que Regnault fit quatre Joustes sur bayart a tout son frere derriere luy dont Il occist quatre cheualliers.

E sont les quatre filz aymon ainsi comme recreuz et lassez si non Regnault car oncques ne fut recreu. Car ainsi quil aloit Il se tournoit a chescun pas et reculoit tous ses enemys a rudes coups quil leur donnoit tant que ses gens sen aloient deuant tout a loisir. Et quant Il vit que ses gens estoient bien eslongnez Il picque bayart des esperons et sen venoit a ses gens estant a lart derriere luy si segrement comme se bayart fust sans frain ne sans selle car le cheual estoit tieul que Jamais nestoit las ne recreu. Et ainsi comme Regnault sen tournoit atant vez vous venir esmefroy qui estoit vng des vaillans cheualliers de Charlemaigne et estoit mote sur vng bon cheual noir que Charlemaigne luy auoit donne. Et quat Il fut pres de Regnault Il leur escrie. Se maist dieu gloutons vous estes mors et prins et seurement Je vous rendray a Charlemaigne Ce pendant Il va frapper regnault en my lescu dont Regnault fut moult Ire. Et Regnault le frappe comme desespere tieullement q pour escu ne pour aubert ne demoura quil ne labactist mort a terre. Et quat celluy fut mort Il print le cheual par le frain et dist a lart son frere. Tenez beau frere montes sur ce roucin qui est bon. Car Je le vous donne.

T quant Alart vit le beau present que son frere luy auoit fait Il en fut aussi Joyeulx comme se Il eust gaigne paris. Et lors ne fist aultre demeure mais descend des anches a bayart et monta sur le moreau que son frere luy auoit donne et le frappa des esperons et va Jouster a vng des cheualliers de son pere qui auoit nom anfroys si durement quil labat mort a terre. A brief parler po² se remonter & Alart comenca la bataille moult dure et felonneuse

tant que Jl fut a celle heure occis vy. cheualliers des meilleurs de ay
mon. Quant aymon vit ce Jl en fut moult dolant. Et si escrie a ses
gens. He seigneurs se Jlz vous eschappent Jamais Ja nauray Joye
Car Jlz mont tue esmefroy le bon cheuallier que Charlemaigne
mauoit donne. Quant les gens de aymon entendirent ses parolles
et la volente de leur seigneur. Adoncques vont courir sur alart tieul
sement quilz luy firent laisser la place par force. Et ce ne fust vng
pas dune petite riuiere qui leur fist grant aise et grant ayde Re
gnault et ses freres eussent eu beaucoup daffaires. Mais Je vous
dy sans nulle faille que Regnault et ses freres firent si grant occi
sion des gens de leur pere que cestoit pitie a regarder. Car bien en
mourut vingt et cinq au passer de la riuiere. Et se Regnault eust
eu cinquante cheualliers a cestuy pas Jl eust desconfit son pere et
toutes ses gens. Mais par deffaulte de gens conuint a Regnault
relinquir la place et ne peust sauluer auecques luy que quatorze che
nalliers tant seullement. Or regardez comment doloreuse et piteuse
fut la bataille. Car de cinq cens cheualliers que Regnault auoit
Jl ne luy en demoura que quatorze. Et povez bien sçauoir que le viel
aymon eust fort dommaige ses enfans se ne fust la riuiere quilz
passerent. Car comme dit est Jl auoient tous perdus leurs
cheualliers dont Jlz estoient moult dolans.

E a maintenant Regnault tant peu de gens que plus ne
scet que faire. Mais Jl nen peut mais dont continuellement les
larmes luy viennent aux yeulx. Et pareillement plouroit Aymon
son pere a celle heure comme dit listoire. Et quant Jl eut assez plou
re Jl dist en ceste maniere. Ha beau filz preux et vaillant comment
suis dolant car Je suis loccasion de vostre grant dommaige. Orrez
vous comme tous eperlles. Car vous naures de quoy viure. Et Je
ne vous puis ayder dont Jl me desplaist grandement. Le diable ait
lame qui le plait commenca aussi aura Jl. Quant Jl eut assez fait
ses lamentacions et pleurs Jncontinent fist prendre tous les mors et

les fist enterrer et les naures les emmaine au myeulx quil peut. Et fist prendre esmefroy et se fist mectre sur vne letiere et sen va vers ardeyne ou Il ne coucha que vne nuyt. Et lendemain au matin fist porter la letiere a deux muletz. Et sen va a paris deuant Charlemaigne et luy dist. Sire quant Je men alay en mon pays par vostre comandement. Saiches que ainsi que Je men aloye Je trouuay mes enfans a tout cent cheualliers au boys dardeyne si les effiay et les cuidoye prendre et les vous rendre par prisonniers mais Je ne peuz. Car Ilz sont moult a doubter car de ce que Je les assailliz Je lay chierement achete. Car Ilz mont fait si grant dommaige que nul ne le pourroit estimer. Et Je leur occis toutes leurs gens fors que piiii. qui sont eschappez auecques eulx. Mais Ilz ont tue vostre messagier esmefroy mais a la fin Ilz sen alerent desconfitz. Et les eussions prins se neust este vne riuiere quilz passerent oultre et adont Ilz furent saulues. Quant Charlemaigne entendit celles parolles Il fut moult Ire tant que a peu quil ne pert le sens. Lors Il dist au viel aymon par courroux. Par dieu aymon vous vous excusez mauluaisement. Car Jamais corbel ne mengea ses escoffes a vng aultre se feres entendre non pas a moy. Quant le viel aymon ouyt le roy ainsi parler par reprouche Il luy dist. Sire empereur saiches que ce que Je vous dy est vray. Et le dis pour demonstrer ma leaute et non pour aultre chose. Faictes appourter des reliques deuant vous et Je Jureray sur tous les sains qui sont en paradis quil est ainsi come Je vous ay compte et dit. Et si vous plaist vous me croires et si ne vous plait si se laissez. Aymon dist Charlemaigne Je congnois tresbien vostre cueur. Car se Il alast a vostre volente voz filz seroient seigneurs de france et de lempire. Sire dist le duc aymon vous estes courrouce daultre chose dont ne puis mais. Et se vous aues cheuallier en vostre court qui vueille cecy maintenir Je luy prouueray pour mon corps quil ment faulcement. Mais tousiours aues este tiel que vous naymastes oncques loyal cheuallier. Mais tousiours flateurs et mensongiers. Dont mains maulx sont aduenuz et aduiendront

Et lors descend du palays et monte a cheual et a tant sen retourne en son pays sans prendre congie du roy que peu sen faillit quil ne rẽdist au roy son seruice. Et a tant cheuauche lung Jour apres lautre quil est venu a d ardeyne. La jl trouua la duchesse sa femme qui luy vint au deuant et le receut a moult belle chiere et luy demanda comment Jl auoit fait.

Donc dist le duc aymon mauluaisement. Car Je trouuay mes enfans au boys dardeyne si les assailliz cruellemẽt pour les cuider prendre ce que faire ne peuz. Mais Je leur oceis et desconfis tous leurs gens. Et Jl mon fait si grant dommaige a mes gẽs et tãt men ont occis que Je ne scay le nombre. Et si vous dy de vray que se ne fust la prouesse de Regnault nostre filz Jauoye prins et retenu Alart. Car on luy auoit tue son cheual. Et mes gens lauoiẽt tant mene ql ne pouoit plus aler auant. Mais nostre filz Regnault vint sur nous et nous derompit si fort quil Jecta hors de la presse Alart maulgre nous et noz gens et le fist monter derriere luy sur bayart. Et si vous dy que Regnault se combactoit si fort que oncqs lyon ne ours ne se combactirent si fort contre aultre beste comme Jl faisoit contre noz gens. Car a cheseun pas se tournoit auecques Alart derriere luy qui nous faisoit si grant esbayssement que nous ne le pouions soustenir et a ses tours quil faisoit Jl me occist esmefroy vng cheuallier de Charlemaigne le ql fort Jl amoit. Et quãt Jl seust occis Jl prist le cheual de esmefroy et le donna a Alart son frere et le fist monter dessus le quel estoit derriere luy. Ainsi sen alerent maulgre nous. Et je men tournay a paris deuers Charlemaigne et luy comptay la chose qui estoit aduenue et comment esmefroy fut occis. Mais Je nen cuidoye estre blasme dont Jl men blasma grãdement. Mais puis quil est monseigneur liege Je le feray triste et dolant auant quil soit passe six moys.

Vous aues mal fait se dist la dame que tant de maulx vous aues fait a noz enfans vo9 les deuriez deffendre et garentir cõtre tous hommes et vous leur faictes le pis que vous poues

Ne sont Ilz pas voz filz naturelz extraictz de voftre cher. Par dieu sire duc vous vous deuffiez myeulx porter auecques eulx que vous ne faictes. Car oncques si riche porteure ne fut faicte par le corps dune dame. Benoifte soit leure quilz furent engendres et nourriz. Et ainsi maist dieu sire duc que Je vouldroye que mes enfans et les voftres vous eussent prins et retenu par prisonnier a celle fin que vous leur eussiez rendu tout ce quilz ont perdu pour vous. Et grace Je rens a noftre seigneur de ce que Charlemaigne ceft courouce a vous. Car de mal faire ne peut venir nul bien. Vous assaillistes voz enfans contre dieu et contre droicture et se mal vous en est aduenu fou en soit dieu.

Or dift aymon dame vous aues droit et Jay tort. Et Je vous prometz que Je ne fis oncques chose de quoy Je foye tant repentant comme Je suis de cefte. Mais Je vous prometz ma chiere dame que Je me garderay vne aultre fois de leur mal faire. Mais a tant laisse a parler listoire de Charlemaigne et du duc aymon et de sa femme laduchesse. Et retourne a parler de Regnault et de ses freres q sont en ardeyne.

Comment apres ce que le viel aymon eut desconfit ses enfans Ilz sen alerent demourer au plus parfond de la foreft dardeyne et Illecques demourerent tant quilz furét tous cótrefaitz noirs et veluz comme beftes pour la grant famine quilz auoient endure. Puis sen alerent en ardeyne voir leur mere qui les festoya grandement et leur donna tant dauoir quilz peureut bien maintenir contre Charlemaigne. Comment aussi maugis leur cousin arriua ainsi quilz sen vouloient partir le quel sen ala auecques eulx au royaulme de gascongne a tout cinq cens cheualliers. Quant leur mere les vit departir elle en fut moult dolente.

Quatriesme chapitre.

En cefte partie dit le cópte q depuis q regnault eut ceciz efinefroy et donne son cheual a son frere alart qlz passerét la riuiere et sen aleretét en ardeyne au pl' esprés por ce qlz ne vouloiét éftre apceuz Quát

Ilz furent Illecques arrestez vng peu de temps Ilz commencerent a garder le chemin. Et tous ceulx q̃ portoiẽt viures estoient destrous sez. Et de ce Ilz viuoiẽt car Ilz nousoient aler en villes ne en chasteaulx por viures acheter et pource auoient Ilz moult de malaises Car Ilz nauoient que menger ne que boire que de leaue et le plus souuẽt mengeoiẽt la cher sans pain. Saiches que a cause de ce malaise q̃lz auoiẽt et enduroiẽt et aussi de la froideur q̃lz auoient a cause des neges q̃ Illecques estoient leurs gens cõmancerent a mourir et ne de moura en vie que Regnault et ses trois freres et ce fut a cause de lẽ grant force de leur corps car nul trauail ne leur pouoit nuyre. Saiches que tous quatre nauoient que quatre cheuaulx. Cest assauoir bayart et troys aultres. Mais Ilz nauoient auoyne ne ble pour leur donner a mẽger fors q̃ de racines de ble. Et a cause de ce les cheuaulx estoient si maigres que a paine pouoient Ilz aler fors que bayart q̃ estoit gras et seiourne. Car Il se passoit myeulx des racines que les aultres neussent fait a froment et auoyne.

Jen saiches que les quatre filz aymõ menerẽt ceste vie vng si grant temps que homme qui passoit la ou Ilz se tenoient neschappoit quil ne fust mort ou destrousse tant que tout le pays en estoit si gaste que cestoit merueilles. Or saiches que les cheualliers estoient si fort empirez que nul qui les eust veu ne les eust sceu congnoistre. Car toutes leurs armes estoiẽt toutes enrouglees et leurs selles et brides toutes pourries tant q̃lz auoient fait leurs renes de cordes. Et estoiẽt deuenuz les cheualliers tous noirs. Et ce nestoit pas merueilles car Ilz auoient tousiours leurs aubers vestus sur leur roquet tous enrouglez par faulte de cheminse. Et aussi leurs auquectons estoiẽt tous pourriz. Que vous diray Je plus. Saiches que Regnault estoit tant craint et doubte que cestoit merueilles. Car aupres de la ou habitoit Regnault nestoit homme qui si ousast tenir si non es forteresses. Car quant Regnault estoit monte sur bayart. Et ses troys freres sur leurs aultres troys cheuaulx tout le monde les suyoit et si gastoient le pays. Et saiches que les quatre pouures cheualliers estoiét moult deffigurez car q̄ les eust veu ne les eust mye congneuz. Car Ilz estoiét tous veluz cõme ours affamez et si estoiét si maigres q̄ chescun en auoit pitie

Et quāt Regnault se vit si mal atourne Il appelle ses freres et leur dist. Seigneurs Je mesmerueille trop durement que nous ne prenons aulcun bon conseil de nostre affaire Il me semble q̄ nous sommes mauluais deuenus et que paresse et lachete nous fait compaignie. Car se nous fuissions tieulx que Je cuidoye no⁹ ne souffrissions pas le martire que nous endurons et que nous auons enduré si long temps. Or congnoys Je maintenant que nous ne valons gueres dauoir laisse reposer noz enemys comme auons mais vne chose considere. Nous nauons gueres de cheuaulx ne harnoys ne mōnoye. Et si sommes en tiel point q̄ nous ressemblons myeulx bestes que gens. Si vous pry tous en general que vueilles dire que nous deuons faire pour le meilleur. Car Je vous dy de vray que Jay me myeulx mourir comme cheuallier que de mourir de faim et de mal aise.

Quant Alar ouyt ainsi parler Regnault Il dist. Frere se maist dieu Il y a grant piesse que de ce me suis apperceu et prins garde de ce que dit aues. Mais Jauoye grant doubtance de le dire a cause que Je doubtoye que vous en fussiez mal content. Mais puis que aues ouuert les parolles si croyre me voules Je vous donray bon conseil se me semble. Sire nous auons souffert Jcy grant pouurete par long temps et ne pouons aler en nul pays que nous ne soyons prins. Car comme vous scaues tous les barons de france et mesmement nostre pere et tous noz parens nous haissent mortellement. Et se croire me voules nous en Irons droictement a dardyne a nostre mere. Car elle ne nous fauldra mye et si no⁹ seiournōs vng peu. Et quāt no⁹ serōs seiournez no⁹ predrōs aulcune cōpaignie et si nous en Irons seruir quelque grant seigneur ou nous acquerrons aulcune cheuance car vous nestes mye homme q̃ encores nayes des biens. Car Je ne scay hõme terrien qui ait prouesse et force qui se sceust comparer a vous.

Pere dist Regnault vous dictes bien et saigement et vous prometz que Je le feray. Quant les aultres cheuaulliers entendent le conseil que alart auoit donne a son frere Regnault Ilz commencerent a dire. Sire alart nous congnoissons que vous donnez bon conseil a Regnault. Lors dist Regnault puis que ce conseil vous semble bon nous le ferons anuyt. Tant atendirent les quatre filz aymon que la nuyt fut venue. Et quant elle fut venue Ilz monterent a cheual et se mirent a la voye si bien vestus comme Je vous ay dit dessus en tieulle facon que la cher leur paroissoit de toutes pars. Et tant cheuaucherent par Jour et par nuyt quilz sont venuz la ou Ilz furent nez ce fut pres de la cite dardeyne. Et quant Ilz furẽt si pres de la cite quilz la peurent bien veoir. Lors la regardẽt et leur remembrent de la grant richesse dont Ilz furent Jectez et banniz. Et de la grant pouurete que si long temps ont endure Ilz sont tant dolent q̃ peu sen faillit quilz ne tomberent pasmez a terre. Et ainsi quilz sapproucherent de la cite Regnault dist a ses freres. Nous auons mal fait quant nous auons demande la seurte a nostre pere. Car vous scaues quil est si cruel que se Il nous peut prendre Il nous rendra prisonniers a Charlemaigne. Frere dist Richart vous aues bien dit mais le cueur ne me dit pas que nostre pere le fist ainsi come vous dictes. Et si le faisoit ainsi Jayme myeulx mourir deuant ardeyne q̃ au boys de faim et de froit. Cheuauchons seuremẽt car Je vous dis bien q̃ nul ne nous cognostra et daultre part se nous puyõs auoir le pie dedẽs ardeyne nous nauons garde car nous sommes moult ames Et nostre dame et mere ne souffriroit mye que lon nous fist mal ne desplaisir.

Certes beau frere vous aues bien dit et moult maues reconforte. Or cheuauchons en bonne heure. Et quãt Il eut dit celle parolle

Ilz entreret dedens arceyne et cheuauchent parmy la maistresse rue sans estre congneuz de personne du monde. Et sen viennent au chastel sans demeure. Saiches que quant Ilz passoient parmy les rues ses gens qui les regardoient sen esmerueilloient moult car Ilz ne congnoissoient quelz gens cestoient. Et disoient lung a lautre. Voyes quelles gens sont ce Je croy quilz ne sont mye de nostre loy. Lors Ilz leur demandent qui estes vous seigneurs qui ainsi estes contrefaiz. Estes vous payens ou de quelle contree estes vous. Seigneurs respond Regnault trop nous enquerez. Ne voyes vous quelz gens nous sommes. Et quant Ilz furent au palays Ilz descendirent a pie et baillerent a tenir leurs cheuaulx a troys cheualliers quilz auoient encore en leur compaignie. Et alors les quatre freres monteret au palays sans rencontrer homme ne femme. Car le viel aymon leur pere estoit ale en gibret sur riuiere. Et la duchesse estoit en sa chambre la ou elle se tenoit continuellement bien triste et dolente a cause quelle ne pouoit scauoir des nouuelles de ses enfans. Quant les quatre freres furent entrez dedens la salle Ilz ne trouuerent nul homme a qui parler Ilz en furent moult esmerueillez. Si se assiret lung ca lautre la. Et demourerent en tiel estat vne grant piesse que homme nentra leans. Et quat Ilz eurent assez demoure a tant vez venir la duchesse leur mere qui Issoit de sa chambre. Et elle regarde parmy la salle et vit ses filz si contrefaiz q̃lle ne les congneut poit Mais elle sesmerueilla moult quelles gens cestoiet. Et quat alart vit venir sa mere Il dist a Regnault et a ses aultres freres. Veez nostre mere que tant nous desirons a veoir. Alons a lencontre delle si vous plaist et luy comptons nostre pourete et affaire. Frere dist Regnault nous le ferōs mais actendons tant quelle aye parle a no9 pour veoir se elle nous congnoistra ou non. Et actendirent les quatre freres tant que leur mere fust a eulx venue. Et quant elle les vit si noirs et si hideux principalement Regnault qui estoit si grāt et si velu. Et elle en eut si grant peur quelle sen voult retourner en sa chambre. Mais alors cest asseuree et leur dist. Dieu v9 salut seigneurs qui estes tous ne de quelle nacion. Estes vous crestiens ou payens: ou gens qui font penitence. Voulez vous point laumosne: ou draps pour vous reuestir. Car Je congnois que vous en aues bien mestier. Et si vous en voules Je vous en donray bien pour lamour de dieu quil ait mercy de mes enfans et les gart de peril et dencombrier car Il y a bien sept ans que Je ne les viz. Et quant la duchesse eut ce dit Il luy prist si grant pitie de ses enfans quelle comenca a plourer moult tendrement. Et quant elle eut vne grant piesse ploure elle dist si hault que ses filz lentendirent. He beau sire dieu quant viendra le Jour que Je voye mes enfans. Helas beau sire dieu que Je les desire a veoir fut Il oncques dame qui fist si riche pourteure omme Jay faicte: ne qui tant fust desolee comme Je suis.

Et quant Regnault vit sa mere si desolee et si angoesseuse Il en eut moult grant pitie et commenca a lermoier et se voulut descouurir. Mais la duchesse se regarde et luy tourna le sang: et le sang luy fremist et commenca toute a trembler et peu sen faillit quelle ne cheust toute pasmee a terre. Mais non pourtant elle demoura vne grat piesse sans parler: car elle ne pouoit mot dire tant auoit la couleur perdue: et tant auoit serre le cueur. Et quant elle fut reuenue elle regarde Regnault de rechief et le cogneust bien a vne playe quil auoit au visaige qui luy fut faicte au pourter quant Il estoit petit enfant. Lors elle luy dist tant Joyeuse que nulle dame ne pouoit estre. Regnault mon filz le non pareil de tous cheualliers du monde comme Je vous voy empire et change. Ou est alee vostre grant beaute. Pour quoy mon filz vous ales vous celant enuers moy celle qui vous ayme plus que soymesmes. Ce pendant quelle disoit ses paroles elle regarde au tour de soy et congneut tous ses enfans. Et quant elle les eut reconguenz elle va vers eulx ses bras estanduz comme forcenee et les commence a baiser en plourant de grant pitie quelle en auoit de ce quilz estoient tant empirez. Et tant les a baises quelle est cheue toute pasmee. Et Regnault la prist étre ses bras la ou elle

g.i.

demoura grant piesse. Et Regnault et ses freres ne finoiēt de plourer de la grant pitie qlz auoiēt de la doulr̄ de ler̄ mere.

Et quant la duchesse fut reuenue elle prist ses enfans et les fist seoir au pres delle et leur dist. Beaulx enfans comme Je vous voy poures et deffigures. Quesse a dire que vous naues auecques vous cheualliers ne aultre compaignie. Ou aues vous este q̄ aues souffert si grant pouurete et si grant malaise. Saiches que quant la duchesse parloit a ses enfans quelle plouroit si tendrement quelle fondoit toute en larmes. En ce disant elle tenoit embrasse Regnault et le baisoit. Dame dist Regnault nous nauons que troys cheualliers auecques nous qui gardent la dehors noz cheuaulx: car nostre pere nous a occis tous noz aultres cheualliers et noz gens: et nous mesmes nous eust occis si neust este nostre seigneur qui nous en a garde par sa pitie et misericorde. Du parentaige nous mōstra nostre pere. Quant la duchesse entend ces paroles elle en fut moult dolante. Si appella vng de ses gens et luy dist. Faictes mener Incontinent ses cheuaulx en la ville et gardez quilz soient bien pensez. Et faictes Icy venir les troys cheualliers q̄ tiennēt les cheuaulx dehors car Je les veulx voir. Dame dist son escuier Il sera fait Incontinēt. Et lors sen vient aux troys cheualliers et leur dist ce q̄ la duchesse leur mādit lesquelz sans delay firēt le commandemēt de la duchesse et montent au palays ou Regnault les actēdit. Seigneurs dist la duchesse bien soyes vous venus. Dame dirēt les cheualliers dieu vous doint Joye de voz enfans car ce sont les meilleurs du monde. Ce pendant veez vous venir vng varlet qui dist a la duchesse. Dame quant Il vous plaira vous vous medrez a table car le menger est prest. La dame prent Regnault et les aultres et les emmaine auecques elle pour disner et les fist seoir tous deuant elle et leurs troys cheualliers au pres delle. Illecques firent grant chiere les quatre filz aymon et mengerent a leur aise et a leur volente. Car Il y auoit long temps quilz nauoient menge vng seul repas a

leur aise. Et ainsi quilz mengeoient veez vous venir leur pere aymon
& chasser: lequel auoit prins quatre serfz et deux sangliers: lequel
entra en la salle et trouua ses enfans qui mengeoient et la duchesse
leur mere qui les seruoit. Quant aymon les vit Il ne les congneut
point si dist a la duchesse. Dame qui sont ces gens qui sont si contre
faitz. Quant la duchesse entend son mary elle eut grant peur et co
menca a plourer et dist. Sire ce sont mes enfans et les vostres que
tant vous aues trauaillez et chassez cõme bestes mues: lesquelz ont
long temps demoure en ardeyne la grant forest la ou Ilz sont ainsi
deuenuz comme veoir pourres. Or sont Ilz venus a moy pource que
Je les voy volentiers: car a vous ne sont Ilz pas venus. Et si scay
bien que vous ne les aymes pas. Mais Je vous prie pour dieu et po̗
lamour de moy que vo̗ les abergez ce soir: car Ilz sen Iront demain
au plus matin. Et ne scay si Jamais Je les verray. Et de ce
site humblement vous prie.

Or quant aymon entend ses parolles Il treble tout de mal
talant. Si se tourne deuers ses filz et leur fist male chiere et leur
dist. Gloutons dieu vous mauldie: car vous ne valles riens. Et co
me garsons de neant estes qui ne poues auoir monnoye ne gens que
ne ayez aulcuns prisonniers q̃ vous dõront grant auoir. Pere dist
Regnault par la foy q̃ Je vous doy si vostre pays est en paix les aul
tres ne le sont mye. Car vous pourries aler quatre vings lieue que
vous ne trouueries homme riche ne poure q̃ ne se tiennẽt maintenãt
es forteresses et es chasteaulx. Mais vous aues grant tort de nous
faire au pis que vous poues. Dernierement nous tolistes montess
fort nostre bon chastel: et puis nous assaillistes a ardeyne et tuastes
tous noz gens que de cent cheualliers que Jauoye vous ne men lais
sastes que vi. Et des vi. en sont morz les viii. Et ces troys que vous
voyes Icy sont demoures Or regardes pere cõme vous vous portastes
enuers no̗. Mais puis quil est ainsi que vous nous voules si grãt
mal et que vo̗ ne nous poues veoir faictez nous trancher les testes
g.ii.

si en serez bien ayme de Charlemaigne et hay de dieu et de tout homme.

Et quant le viel aymon entend Regnault ainsi parler Il congneut bien quil disoit vray. Si comance a souspiter de cueur parfait et puis dist a ses enfans. Meschans: la lachete et la paresse vous a vaincuz: vous ne fustes oncques mes enfans. Car se vous fussiez tieulx q̃ son cuide vous neussiez mye souffert la grãt pouurete que endure aues par si long temps. Mais fussiez asez gaigner sur voz ennemys pour vous maintenir honnestement et faire bonne guerre a Charlemaigne par toute sa terre: mais vous estes meschans de cuer̃z. Et pource Je vous diz que vous naurez riens de moy. Or tost vuidez moy men palays. Pere dist Regnault vous dictes ce que mauluais homme doit dire. Car Je vous diz pour vray que nous auons tant occis de brigans que Je ne sauroye dire le nõbre dont Je me sens en grant pechie. Mais pour dieu vous requerõs que vous nous vueilliez aider a recouurer nostre terre de Charlemaigne Et si vo' ne le voules faire donez nous du vostre et si nous en Irons loing de vous. Non feray dist aymon. Pere dist Regnault Jey vy Je bien vostre malle volente. Entre moy et mes freres auõs tant fait que nous sommes en vostre maison si nous en deust estre de myeulx Mais Je voy que vous nous en vulez getter a si grant effroy. Je vous Jure par le foy que Je doys a ma dame de mere que se Il conuiẽt que Je parte de vous en tieulle maniere vous le comparares chier se vous nous Jectez du pays. Car Jayme myeulx mourir auecques vous que mourir de faim puis quil ne peut estre aultrement.

Donc quant Regnault vit que son pere auoit si gros cueur vers luy et ses freres y rougit tout de mal talant. Et lors cõmance a muer couleur et regarde son espee et se tira bien la moytie. Quant Alart vit muer couleur a son frere Il cõgneut bien q̃l estoit fort Ire. Si le courut acoller et luy dist. He beau frere pour dieu ne vous courroucez si fort a nostre pere: car Il est nostre seigneur. Et pource a tort et a droit Il peut dire ce quil luy plaira et nous faire son commandement. Et se Il est cruel enuers nous nous deuōs estre humbles enuers luy. Si gardes pour lamour de dieu que ne mectez la main a luy: car ce seroit contre les commandemens de dieu. Frere dist Regnault Il sen fault peu que Je nentraige tout vif quant Je voy deuant moy celluy qui nous deuroit amer et garentir et deffendre enuers tous et contre tous et nous donner bon conseil et Il fait le contraire. Il a fait paix au roy Charlemaigne pour nous destruire et deffaire Jamais ne viz si cruel hōme contre ses filz: car Il nous deschasse et deboute si villainement cōme se nous estions mescreans ou estraiges Je ne pourroye en nulle maniere racompter le mal quil nous a fait ne la grant pouurete que nous auons souffert pour luy. Or neusse Je pas tātost ainsi fait a luy plus tost me fusse laisse les mēbres trācher. Mais si Je puis Issir hors de seans Jamais Je voꝰ certifie q̄ Je le courtouceray et gasteray t'eullemēt sa terre que sie luy fera peu de prouffit tant quil'en sera memoire perpetuellement

Et quant aymon entend ainsi parler Regnault le cueur luy atendrit moult et cōmenca a plourer et dist. He sire dieu cōment Je suis dolant quant Je ne puis Jouyr du bien que dieu mauoit donne largemēt Il ne seroit homme au monde si eureulx que moy se mes enfans auoiēt paix au roy Charlemaigne. Car Je suis seur q̄ oncques le roy priam neut meilleurs enfans que moy ne si vaillans He mauluais cueur que tu ne deusses mye regarder a sermēt contre tes enfans: mais seur deusses ayder et garder cōtre tous tōt Je te doy bien hair: cueur mauluais tu me fais hair ce que Je doys autant aymer que moymesmes. Et quāt Il eut ainsi parle a soymesmes Il dist a Regnault. Beau filz trop estes preux et saige: car oncques hector de troye ne te valut. ne Il na cheuallier au monde qui te vaille et pour ce doys Je bien faire ta volente. Quāt le duc aymon eut dit cesse parolle Il dist a la duchesse. Dame Je men voys la dehors: car Je ne vueil mye estre pariure enuers Charlemaigne Vous aurez seans de lor et de

g.iii.

l'argēt largemēt assez cheuaulx et armeures passefroys et sommiers or en dōnes a mes enfans tant cōme Il en vuldrōt prendre. Quāt Il eut dit celle parolle Il prent ses gens et sen va.
Ors dist Regnault. Sire or vous deuons gre scauoir de ce q̄ dit aues et nous en Irons demain au plus matin a celle fin que ne soyes a malaise. Et si vous plaist nous demourerons pour anuyt pour consoler nostre mere qui tant a eu de malaise pour lamo^r de nous a cause quelle nous auoit perduz. Et si vous promets pere q̄ encores ne fussons nous pas venus si ne fust pour lamour delle. Regnault beau filz dist le duc aymon vous estes plain de grant scauoir Saiches que quant artus fut mort Je ne me ousoye trouuer deuant le roy a cause q̄l disoit q̄l aymast myeulx auoir perdu la moite de son heritaige et me menassoit de pendre ou bruler et si vuloit toute ma terre. Tant fiz pour les parolles de mes parens que Je fiz mon apoi tement et que Je fuz hors de tous blasmes. Et vous naues considere les sermens que Charlemaigne me fist faire tant contre vous com= me contre aultres. Et bien me desplaist de ce que Je vous trouuay en ardeyne cōme Je fiz mais Il me estoit force de le faire pour mon hōn neur et pour estre en paix auecques le roy Charlemaigne Vostre me re ne vous a mye forturez. Et pource peut elle donner a sa guise de noz biens. Et quant le duc eut dit ces parolles Il sen Issit hors du palays et sen va au boys.
Vis quāt la franche duchesse ouyt que le duc aymon luy dō na congie de faire sa volente de ses biés elle appella ses enfans et le= dist. Beaulx enfans or soyes seurs que puis que le duc est hors de seans v⁹ seres bien pencez. Et lors fit aprester les bains et les fit tous baigner honnestement. Et saiches que en leurs bains auoit moult de odrans herbes. Et quant Ilz furent bien nectoiez la bon ne dame leur mere leur fit apporter draps et linges pour les rechan= ger et a vng chescū vng manteau descarlate fourrez dermines. Et quāt elle les eut bien appareillez elle les mena en vne chambre ou le tresor estoit et le moustra a ses enfans car pour aultre nestoit Il

amasse. Quant Regnault vit si riche tresor Il commença a rire et
dist. Dame grant mercy de ce beau don come cestuy est car Il me fai
soit mestier. Et lors prist de ce tresor a sa volente. Et Incontinent Il
prist ses messagiers pour enuoyer parmy le pays pour auoir des soul
diers dont plusieurs y vindrent volentiers dont Regnault les paya
pour vng an. Que vous diray Je plus Regnault et ses freres cou-
cherent celle nuyt leans le chastel de leur pere. Et lendemain au ma
tin auant q̃l fust Jour Il sen partit luy et ses freres et emmena auec
ques luy cinq cens hommes bien montes. Et quãt Regnault et ses
freres eurẽt pris cõgie de leur mere la duchesse elle leur dist Beaulx
enfans Je vueil q̃ vo9 tires vers espaigne car Il est moult plantureux
pays. Et ainsi qlz sen vouloient partir vecy venir maugis le2
cousin qui venoit de france ou Il auoit este long temps.
Dis quant maugis fut descendu Il courut a Regnault les
bras tendus et le cõmãce a baiser. Et quant Il eut baise Il baise ses
aultres freres. Et puis le2 dist. He beau cousĩs vous soyes les biẽs
venus. Et loue soit nostre seigneur q̃ en ceste part ma amene. Cou-
sin dist Regnault ou aues vous tant este que oncques neusmes nou
uelles de vous. Cousin dist maugis Je viens de la grant cite de paris
la ou Jay ẽble troys sommiers chargez dor et veez les Jcy que char-
lemaig ne auoit bien mussez et Je vous en donne la moitie car Je ne
les pourroye myeulx esploiter que a vous. Cousin dist Regnault dieu
vous en saiche gre. Et quant Il eut ce dit Il monte a cheual et sortit
hors dardeyne auecques ses freres et ses gens et trouua son pere qui
venoit des champs. Et quãt Regnault vit son pere Il le salue et en
uers luy sencline. Et aymon leur dist. Beaulx filz or estes vo9 gar
niz bien honnestement Je vous prie que vous faces tant que lon par
le en france de vostre prouesse. Et a vous aultres mes enfans Je vo9
cõmande que obeisses a Regnault et le gardes sur toute riẽs
car tant quil sera en vie vous naurez garde de nul mal.
Ors dist alart sire nous ferons vostre cõmandement. No9
vous prions pour dieu que nous vous soions pour recommã

g.iiii.

dez. Si serez vous mes enfans. Et lors Regnault prent congie de sa mere et de son pere. Mais la pouure dame se pasme quāt elle vit despartir ses enfans. Et toute la ville commanca a faire si grant dueil que cestoit pitie a voir. Et Regnault et ses freres se mectēt a la voye. Et quant la duchesse vit ses filz q sen aloient elle cōmeça a crier et a dire. Ha cueur de mon ventre pour quoy ne creues tu car se Je fusse morte pieca mon ame en seroit plus aise. Car Je ne suis mye mere mais suis marastre quāt Je voy ma riche pourteute aler en excil et si ne les puis retenir ne aider. Ainsi cōme la duchesse demenoit son dueil et ses femmes: aymon la prent entre ses bras et la commence a reconforter et luy dist. Dame ne vous desconfortez tant car le cueur me dit que nous les verrōs encores en grant prosperite et honeur et si en aurez vne fois grāt Joye et liesse auāt brief temps. A brief parler le bon duc aymon reconforta tant la bōne dame la duchesse quelle laissa son dueil et sen remōte au palays auecqs le duc aymon. A present laisse a parler du duc et de la duchesse et retourne a Regnault et a ses freres les hardiz cheualliers.

Ommēt apres ce que Regnault et ses freres et son cousin maugis furent despartiz de leur mere & dordōne pour trouuer leur aduenture Jlz alerēt tant par leurs Journees qīlz arriuerēt au royaulme de gascongne et comme en alant Jlz firent plusieurs maulx en france. Et cōment le roy de gascongne les retint en son seruice moult doulcement   Chapitre .v.

E dit le compte que depuis que Regnault Alart Guichart Richart et maugis leur cousin furent yssus dardeyne a toute leur compaignie q estoient bien sept cens hōmes bien mōtes Jlz se mirēt a la voye et passerent bieuse et gasterent toute france et passerent parmy gastinois et orleans et passerent la riuiere de loyre et gasterēt tout le pays Jusqs a poictiers. Et quāt Jlz furēt a poictiers venuz Jlz ouyrēt nouuelles que le roy yon de gascongne q estoit moult grāt seigneur estoit assailly des sarrazins. Et quāt maugis ouyt celles parolles Il sen vint a Regnault et luy dist. Cousin le roy yon de gascongne est moult preudomme et si a grant seigneurie alons a luy et le seruons. Et tieul seruice luy pourrons nous faire que Charlemaigne ne nous pre(n)dra Jamais. Cousin dist regnault alons y do(n)cques puis quil vous semble bon. Et quant Ilz furent a ce acordez Ilz prirent leur chemin vers gascongne et tant ont erre lung Jour apres lautre q(ue) ilz so(n)t arriuez a bourdeaulx en vne moult belle cite ou Ilz trouuerent le roy yon a moult grant compaignie de cheualiers.

Et quant Ilz furet descenduz Regnault dist a ses ge(n)s alo(n)s nous loger. Cousin dist maugis non fero(n)s mais Je(n) p(ar)ler au roy yon et se Il nous retient en bonne heure et se Il ne le le fait nous en Irons seruir bourgons le sarrazin q(ui) est moult preux et saige et a Ja conqueste de la terre du roy yon vne grant partie comme tholouse: montpelier: lictarie: et saint gilles: tarascon: et arles. Et se nous faillons Jcy la ne fauldrons nous mye. Cousin ce dist Regnault vous parlez bien et saigement et nous le ferons ainsi q(ue) laues dit. Et lors prent Regnault cinqua(n)te cheualliers et ses troys freres et maugis et se desarma et se vestit moult richement. Et qua(n)t Il fut bien atourne Il sen va a la court du roy yon sur ung courtault. Et quant Il aloit parmy bourdeaulx chescu(n) luy couroit apres luy p(our) le veoir a cause q(ue) lestoit si grant et si bien forme et pareillement ses freres et non pas tant. Et quant Ilz furent a la porte regnault desce(n)d a pie puis mo(n)ta au palays et trouua le roy en co(n)seil Mais qua(n)t le seneschal vit regnault si bel homme et si bien aco(m)paigne de belles gens Il luy vint a lencontre et luy dist. Monseigneur vous soyes le tresbien venu. Et regnault luy respo(n)d dieu vous doit bonne aduenture. Or me dictes si vous plaist ou est le roy. Sire dist le seneschal Il tient son co(n)seil car bourgons le sarrazin est entre en sa terre et luy a fait moult grant dommaige car Il a ars villes et chasteaulx abayes hermitaiges et to(us) aultres monasteres: et maitena(n)t est par force dedens tholouze. Certes dist regnault ce bourgo(n)s a gra(n)t

puissance se me semble a vostre dicte. Ainsi que Regnault et le senes
chal parloiet veez vous venir le roy yon. Et quant Regnault le vit
Il se dresse et prent ses freres et maugis et sen vont a lencôtre du roy
Et quel Regnault salua bien et courtoisement et luy dist. Sire roy
yon Je suis venu destrange terre et suis cheuallier moy et mes freres
et mon cousin lesquelz veez Icy q̃ vous sommes venus seruir vous et
noz gens si vous plaist. Et si vous seruirons en tieulle maniere que
nous ne vulons riens du vostre mais sil vous plaist nostre seruice
Je vueil que vous me promectez côme roy que vous estes que v9 me
aideres a garentir enuers tous et contre tous. Beau amy dist le roy
vous soyes le tresbien venu et a grant Joye receu. Et de ce que vous
dictes q̃ v9 estes venu p2 me seruir Je vous mercie hublemēt. Mais
Je veulx auāt scauoir qelz gēs v9 estes car v9 pourries estre tieulx
q̃ Je v9 deffēdroye et q̃ Je seroye vostre enemy. Sire dist Regnault
puisq̃ vous voules scauoir q̃ nous somes Je le vous diray. Sachez
q̃ Jay nom Regnault et suis filz au duc aymō dardeyne et ses troys
cheualliers sont mes freres vecy Alart Guichart et richart le com
bactant. Et vecy maugis nostre cousin vng des meillieurs cheual
liers du monde et le plus saige. Charlemaigne nous a Jectez de frā
ce et si nous a desheritez et nostre pere nous a desauouez pour lamo2
de luy. Et pource sire roy alons nous chercher seigneur q̃ soit bon et
loyal q̃ nous aidast a deffendre contre le roy Charlemaigne
Et nous le seruirons bien et loyaument.

Uant le roy yon ētē ce q̃ Regnault luy dist Il en fut moult
Joyeulx de ce q̃lz sont les quatre filz aymō les meilleurs che
ualliers du mōde et les plus doubtes. Et maugis q̃ estoit le plus sub
til hōme du mōde q̃ estoiēt a luy venuz pour le seruir Il neust este mye
si Joyeulx qui luy eust donne paris car Il scauoit bien que se Jamais
Il deuoit finir sa guerre que Il la fineroit par le2 moyen. Lors regar
de vers le ciel et remercye nostre seigneur de la venue de ses vaillās
cheualliers et puis leur dist. Seigneurs v9 estes retenuz car v9 ne
stes mye gēs q̃ lon doye reffuser Je vous pmetz loyaulmēt et en pmēt

& roy que Je vous deffendray de tout mon povoir contre tous hommes vous estes desheritez et moy aussi pource est il bien raison que nous soyons ensemble et q̃ lung aide a lautre de tout son povoir. Sire dist Regnault mille mercy nous vous rendons. Et Je vous promectz que nous mourrons en vostre seruice ou vostre terre vous sera tournee le roy appella son seneschal et luy comanda que Regnault et sa compaignie fust bien logee. Incontinent le seneschal prist Regnault par la main et fist le comandement du roy. Or sont les filz aymon acointes du roy yon et cuida auoir bien fait mais Il sen repentit ne demoura guieres apres. Mais a tãt laisse a parler du roy yon de gascõgne et des quatre filz aymõ et retourne a parler de bourgons q̃ estoit a tholouse la q̃lle Il auoit prise par force de gens

Omment Regnault ses freres et mauges destruirent bourgõs le sarrazin qui auoit destruit le royaulme de gascõgne et chasse le roy yon a bourdeaulx sur gironde q̃ oncques nous soit partir pour doubtance des sarrazins. Et puis apres coment le roy yon donna dame clere sa seur pour femme a Regnault pour le grant seruice quil luy auoit fait. Et comment Il luy fist faire le chasteau de montauban.

En ceste partie dit le cõpte que depuis que bourgons eut prins tholouse Il fist vng parlement a ses gens et leur dist. Seigneurs vous scaues bien que quant le fer est chault Il le fait meilleur ouurer que quant Il est froit. Ceste parolle ay Je dicte et proposee deuant vostre seigneurie. Cest pour vous donner a congnoistre q̃ nous deuons faire. Et pource me semble que nous deuons cheuaucher vers bourdeaulx maintenant ce pendant que les blez sont espiez. Car noz cheuaulx auront assez a menger. Sire dirent ses gens vous parlez bien et saigement. Or le faisons comme vous laues deuise faictes que soyez demain prest comme pour mourir. Quãt vint le landemain bourgons se partit de tholouse a bien xx. mille cheualliers biẽ armez et ne cessa de cheuaucher tãt q̃l vit deuãt bourdeaulx en neuf Jours. Et se embuscha dedens vng grant boys qui estoit pres de la cite et manda bien quatre cens sarrazins des myeulx montez pour courir et ceulx sen aloiēt tout ardant et gastant tout le pays jusques au pres de la cite. Et quāt la garde q estoit sur la porte de la cite vit les payēs venir Il se escrie a haulte voix armez vous chevalliers: car vecy les sarrazins q tous viennent dōmaiger. Quāt la cite entendit cecy elle se prist a esmouuoir.

Ors quāt Regnault vit q'estoit temps de pr̄ēdre ses armes Il dist a ses freres alez vous tous appareiller et faictez sonner noz trōpettes que tous noz gens se mectent en armes. Incōtinēt ses freres ont fait son cōmandemēt. Et quāt Ilz furent tous armez Regnault monte sur bayart et sen vint au roy yon et luy dist. Sire ne soyez de riēs esbahy mais soyes asseure que dieu vous aydera aniourduy. Moy et mes freres et noz gens nous en alons deuant et Incōtinent faictes apprester voz gens: car se cueur me dit que auiourduy seront desconfitz ces mauldictz sarrazins a laide de dieu. Amy dist le roy alez a dieu et Je feray ce que dit maues. Et quāt Regnault eut dit ces paroles Il sen Issit hors de bourbeaulx tout premier mōte sur bayart lescu au coul son espee au poing et va courir sur ses payens et sen entre plus auant que les aultres. Et Incōtinēt frappa vng payen parmy lescu tant q'l tōba mort sur terre et puis en abat vng aultre dieu scet si tenoit bien son espee: car Il destrancheoit ses sarrazins aussi legierement comme se Ilz fussent desarmez. A brief parler oncqs puis que les gens de Regnault furent assemblez, ses payens ne peurent durer: car Regnault et ses freres les tuoient ainsi cōme bestes tant quil leur cōuint mectre en fuyte vers lembusche. Et quāt bourgons vit venir ainsi ses gens si desconfitz Il sortit hors de son embusche et fist sonner cors et tabours et bucines et se mist en voye. Et quant Regnault vit venir si grant nombre de gens Il en fut moult esmerueillie. Si se tourne deuers ses freres et leur dist. Seigneurs gardes que vous ne vous esmayez. Car nous aurons auiourduy honneur. Et vous prie que chescun se parforce de bien faire. Frere dist Richart nous nauons garde de nous esmayer tant que vous

ſeres ſur bayart. Freres faictes bien car ſe vꝰ voulez vng peu effor
cer payens nauront ſur nous duree. Et ainſi comme Regnault par
loit a ſes freres. Adonc vez vous venir bourgons le glayue baiſſe et
vient frapper vng des gens de Regnault par tieulle maniere quil
luy paſſa fer et fuſt parmy le corps tāt qʼl tomba mort a terre. Quāt
Alart vit ce Il en fut moult dolant. Si picque ſon cheual des eſpe-
rons et va frapper vng payen ſi durement qʼl labat mort a ſes piedz
    A brief parler oncqs ne fut veu vne ſi grāde Eſtrouſſe de
gēs cōme Regnault et ſes freres et Maugis firēt a ſi peu de
compaignie comme Ilz eſtoient contre bourgons le ſarrazin
Ors quant le roy yon qui venoit au ſecours de Regnault vit
ſes grans armes qʼl faiſoit luy et ſes freres q̃ abatoient quāt que Ilz
rencōtroiēt deuāt eulx: et cōment Ilz ſabandōnoiēt hardiment Il ſe
ſeigne de la merueille qʼl en a. Alors diſt a ſes gens alons ſecourir
ſes vaillans cheualliers car Il en eſt temps pieca. Et quant le roy
yon eut dit ceſtes parolles Il picque ſon cheual et ſe meet en la grei-
gneur preſſe et cōmenca mouſt bien a faire: et tant fit qʼl derompit la
greigneur preſſe et touſiours eſtoit aIoingt a Regnault. Et quant
Regnault vit le roy yon Il luy dit. Sire ſoies tout aſſeure que pay-
ens ſont deſcōfitz. Lors dit le roy yon. Regnault Je ſuis aſſeure
que dieu me fera grace par voſtre haulte proueſſe. Benoiſte ſoit leu
re que vous fuſtes ne et que vous veniſtes es marches de parceca.
A brief parler ſes batailles furent aſſemblees dune part et daultre
Mais quant bourgons vit le grant dommaige que Regnault luy
faiſoit de ſes gens Il diſt a ſes hōmes. Nous ſommes deſconfitz par
la proueſſe de ces cinq cheualliers. Tournons nous en arriere car
Il en eſt temps. Et quant Il eut dit ceſte parolle luy et ſes
gens ſe mirent en fuyte.
    Dis quāt Regnault vit bourgons q̃ ſen fuyoit Il frappe bay
art des eſperōs et ſe meet apres luy et diſt a ſoymeſmes q̃ bourgōs y de
moutera ou Il pdra la vie. Que vꝰ diray Je plus en peu deute Re-
gnault fut moult eſlōgne de ſes freres et de ſa cōpaignie tāt qʼl ne ſca

noient ou Il estoit tire. Quant Alart vit ql ne scauoit ou Regnault estoit tire Il dist a soy mesmes. He dieu ou est tire mon frere que Je ne voy Jcy. Et alors vez cy venir le roy yon et les dist. Seigneurs cheualliers bien scaues la dieu mercy qlnest mye raison de trop chasser ses ennemys. Car souuent Il en aduient dangier. Retraios nous arriere Je vous en prie. Sire dist Alart quest ce q vous dictes nous auons perdu Regnault nostre frere et ne scauons ou Il est ne se Il est mort ou prins. Quant le roy yon entend ce Il en fut moult courrouce. Si vont cherchant entre les mors qui estoiet parmy les champs Et quant alart ne le treuue Il commence a faire moult grant dueil auecques Guichart Richart et maugis aussi. Et quat les gens de Regnault ouyrent quil ne se trouuoit point Ilz commancerent a faire si grant dueil que cestoit pitie a veoir.

As dist Alart et que feray Je. Je me party de ma terre pour ure et euille. Mais Il ne men challoit car Jaloye auecques le meilleur cheuallier du mode et cuidoye par la prouesse de luy recouurer honneur et cheuance moy et mes freres. Or say Je perdu pour ma deffaulte: las meschans que ferons nous desormais: car la terre ne nous pourra plus soustenir quelle ne fonde soubz noz piedz. Et quat le roy yon vit le grat dueil que les poures cheualliers faisoiet de les frere Il leur dist. Seigneurs cheualliers quest ce que vous faictes puis qlnest mort Il vous doit souffire: car se Il est prins vous laures se Il me deuoit couster tant que Jay vaillant en ce mode. Et dautre part nous auos tant de leurs prisonniers que bourgons ne luy feroit nul mal pour riens. Sire dist alart alons apres por dieu saichons ql est deuenu. Amy dist le roy Je le feray volentiers. Et lors Il picquent leurs cheuaulx et sen vont apres tant comme Ilz peurent aler. Saiches que Alart Guichart Richart et maugis cheuquchyiet grat erre tat ql sembloit que la terre deust fondre soubz culx

Et vous vueil dire de Regnault q sen aloit apres bourgous a aussi grat erre come se foudre le chassoit si fut si loig en peu deure q cestoit forte chose a croire mais vo vues scauoit qlnestoit keste qui alast deuant bayart son cheual. Et quant Regnault eut actaint bourgons Il luy crie tant come Il peut. Certes bourgons ton cheual est recreu Je le voy bien. Et pour ce ne ten fuy mye mais retourne vers moy. Car se tu mouroyes en fuyant tu seroies a honte. Quant bourgons ouyt ainsi parler Il retourne Incontinent. Et quant Il vit Regnault Il congneut bien que cestoit le bon cheuallier q auoit desconfit toutes ses gens si luy dist. Sire cheuallier retournes arriere et ne gastes vostre cheual. Car se vous se perdes vous nautes Jamais le pareil. Et cela Il disoit pour esbahir le vaillant cheuallier Regnault: car Il nousoit Jouster a luy pour la grant prouesse quil auoit veue en luy. Mais Regnault nestoit mye homme pour espouenter de parolles ne aultrement. Si luy dist. Bourgons ses parolles ne vous font mestier de dire: car deffendre vous couient. Et lors picque bayart Incontinent. Et quant bourgons vit quil ne se pouoit deliurer de Regnault fors que par Jouste Il picque son cheual et va courir sur Regnault tant que faire peut. Et va frapper Regnault si durement que la lance sen ala en piesses. Regnault ne tomba mye mais frappe bourgons si durement ql labat luy et son cheual a terre et luy fist vne moult grant playe en my la poictrine. Et quant bourgons se vit a terre Il se lieue Incontinent et mect la main a son espee et Jecte son escu sur sa teste. Et quant Regnault apperceut le coup ql auoit fait Il se tourne vers bourgons et luy dist. Certes Il ne me sera Ja reprouche que vous vous cobactes a moy a pie et moy a cheual Et lors descend de dessus bayart et tira son espee hors du fourreau et sen va vers bourgons et bourgons contre luy. Et la commenca vne moult dure bataille. Et quant le cheual du payen se sentit alege de son maistre Il se mist en fuyte. Et quant bayart se vit a fer Il se mist apres et lactaint assez toust et se prent pour les crins. Et tant le tyra a soy ql lamena arriere a son maistre en la place ou les deux cheualliers combatoient. Et Regnault Jecta vng coup de son espee a bourgons et se frappa parmy lescu. Et tout ce que lespee actaignit elle trancha tout oultre Jusqs a la cher. Et en oultre bien cent mailles de son aubert et luy fist vne grant playe sur la anche.

Ors quant bourgons le sarrasin vit la desmesuree force de regnault et les grās coups q̄ luy va dōnant Il en est moult effroye et auoit grāt doubtāce de mourir. Si se retraict vng peu arriere et dist a regnault. Ha gētil cheuallier Je te prie pour lamour que tu as en ton dieu q̄ tu me donnes tresues. Et Je te feray seigneur et maistre de tout ce que Jay en ce monde. Certes dist regnault non feray. Car Jay promis au roy yon que Je luy ayderay contre tous hōmes et suy a moy. Mais se vous voulez crestien faire Je les vous dōnay voulentiers. Sire dist bourgons Je me veulx rendre a vous: car a meilleur cheuallier que vous ne me pourray Je rendre si vous me voules sauluer ma vie et mes membres. Bourgons dist regnault se vous voulez rendre a moy vous naurez nul mal emplus que moy Le me promectez vous dist bourgons. Ouy dist regnault Or tenes mon espee dist bourgons or Je me metz du tout en vostre main. Et regnault prēt son espee et le asseura de non mourir. Et lors tous deux se mirent en semble pour prendre les cheuaulx. Et quant Ilz les eurent prins Ilz monterēt a cheual et pirēt leur voye vers bourd ainsy Et ainsi comme Ilz sen tournoient Ilz encontrerent le roy yon qui venoit courant cōtre luy: luy et ses gens tant que Ilz pouoiēt. Quāt regnault vit le roy si se remercia moult de ce quil venoit apres luy et luy presenta bourgons quil auoit ainsi pris et conqueste comme Je vous ay racompte et luy dist. Sire roy de gascongne Je vous prie et requiers que bourgons naye nul mal car Je lay asseure. Amy dist le roy yon non aura Il mais tout honneur pour lamour de vous. Et Je prie a dieu quil me doint grace que Je ne face chose q̄ soit cōtre vostre voloir. Et quant Alart Guichart Richart et Maugis virent Regnault qui auoit prins bourgons Ilz en furent moult Joyeulx. Car Ilz cuidoient lauoir perdu. Si se coururēt embrasser et baiser moult doulcement et luy firent grant feste et grant honneur. Car Ilz auoient este en grant soucy pour lamour de luy.

Pere dist Alart en grant soucy nous aues huy mys car nous cuidios que bous fussiez prins. Mais puis que aues prins bourgons la guerre est finee. Et benoiste soit seure que oncques fustes engendre et la mamelle qui bous a alecte. Et quant Ilz furent bien festoies Ilz se mirent a la boye bers bourdeaulx et mainent bourgons pour prisonnier. Et quāt le roy yon fut a bourdeaulx Il se descend et prent Regnault et ses freres par la main et maugis aussi et sen mōte au palays et trouue ses gens qui faisoient grant feste. Et le roy yon les appelle et leur dist Seigneurs faictes honneur a ses cheualliers plus que a moy. Car Je suis roy de gascōgne par leur grāde prouesse: car se Ilz ne fussēt Jestoye mort et desconfit. Benoist soit nostre seigneur qui leur dōna la bulente de venir de par deca: car Ilz mont acquite ma terre et mys mon pays en paix. A brief parler le roy fit despartir le boutin et fit donner la plus grāt partie a Regnault et a ses freres et Regnault nen boulsist riens mais se donna a ses gens. Et quant le roy vit la grant largesse de Regnault Il layma plus que par auant et adonc dist quil boulsoit faire Regnault seigneur de luy et de sa terre.

E roy yon auoit vne seur la quelle estoit moult belle damoiselle. Quāt elle ouyt dire si grāt bien de Regnault elle appella vng cheuallier qui auoit nom gaultier et luy dist. Dictes moy par bostre foy q eut le pris de la bataille. Dame dist gaultier Je le bous diray bolentiers. Or saiches que Regnault est le meilleur cheuallier de tous ses freres et de tout le monde car Il prist bourgons le sarrazin par force et si a la guerre finee. Quant la pucelle entend celle parolle elle en fut moult Joyeuse. Si en remercie nostre seigneur de bon cueur. Et le roy et ses cheualliers ne finoient de mener Joye pour la victoire que dieu leur auoit enuoyee. Quant bourgons se vit emprisonne Il manda au roy yon quil viensist parler a luy. Et Incōtinēt que le roy le sceut Il vint parler a luy. Et quāt bourgons le vit Il se salua et puis dist. Sire roy yon Je suis bostre prisonnier et la plus

h.i.

grát partie de mes gēs et si vª plaist vous prendres de moy ranson et de mes hōmes aussi. Et Je vous dōnray dix sōmiers charges dor Bourgons dist le roy Je le feray volentiers se Regnault le me conseille et non aultrement. Et le roy yon fit mander Incontinent Regnault et ses aultres barons. Et quant Ilz furent venuz Il tint son conseil comment Il deuoit faire de la deliurāce de bourgons. Regnault et ses aultres barōs conseillerent au roy quil mist bourgōs a ranson. Et quant le roy vit que ses barons luy conseilloient Il fit sonner bourgons et luy fit assauoir sa deliurance. Et lors fut bourgons deliure et sen ala auecques ses gens en son pays et rendit tholouse au roy yon. Et enuoya au roy yon dix sommiers chargez de fin or comme Il auoit promis. Et Incontinent que le roy yon les eut receuz Il les dōna a Regnault et a ses freres. Mais Regnault fit comme vaillant cheuallier car vng seul denier nen voulsit prēdre ne aussi ses freres.

E aduint vng Jour que Regnault et ses freres aloient en vne forest qui estoit pres dillecques et prindrent quatre bestes sauluaiges. Et ainsi quilz sen tournoient Il aduint qlz se trouuerent sur la riuiere de gironde. Et ainsi quilz aloiēt alart regarde oultre la riuiere et vit vne moult haulte montaigne et par dessus et par dessoubz auoit vng tertre bel et fort. Et quant Alart vit si beau lieu et si fort Il se tourne vers Regnault et luy dist. Beau frere veez la vng fort lieu et bien assis Je croy et tiens quil ya eu aultrefois chasteau ferme. Et se nous puissons tant faire que nous y fissiōs vng chastel Charlemaigne ne noº puroit Jamais auoit Et se vous me voules croire vous le demāderez au roy yon. Et se Il le vª dōne faisōs vne forteresse. Cousin dist maugis a Regnault et a alart vous donnes bon conseil et Je vous prie que vous faciez ainsi. Cousin dist Regnault Je le feray puis que vous le me conseillez Et quant Ilz se furent a cecy acordez Ilz se mirent dedens girōde et passerent oultre et ne finerent de cheuaucher tant quilz sont venuz dquant le roy et luy presenterent les bestes sauluaiges quilz auoient

paises et quant le roy les vit Il les receut moult courtoisemēt
car Il les amoit moult. Et adonc le roy acola regnault
Endemain apres que le roy eut ouy sa messe Regnault prēt
le roy et le tire vng peu a part et luy dist. Sire nous v9 auōs
serui par long temps bien et leaument. Certes dist le roy vous
dictes vray et pourtant Je suis tenu de vous rēdre bon guerdon. Or
regardez si Jay en mon pays citez villes ne chasteaulx ne aultres
choses que vous vueillez auoir car vous laures maintenant. Sire
dist Regnault grāt mercy de vostre bonne volente mais entedez ma
parolle si v9 plaist. Dictes ardimēt dist le roy. Sire dist Regnault
moy et mes freres veniōs hyer de chasser et ainsi que nous veniōs
Je regarday oultre la riuiere de dordonne et de gironde et mesmemēt
entre ses deux riuieres Je viz vne montaigne bien aulte et si vous
plaisoit Je y vouldroye bien bastir vng chastel a ma plaisance. Pour
quoy sire si vous plaist vous le me dōrez pour tous les seruices que
Je vous fiz oncques. Quāt le roy entend celle parolle Il en fut moult
Joyeulx. Si dist a Regnault Je le vous octroye de bonne volente et
si vous dōnray dix mille marcs dargent tous les moys a despendre
Sire dist Regnault grant mercy vous rens. Et se Jecte a ses piedz
Et le roy yon se leua Incontinēt et le baisa par grant amour et luy
dist. Noble cheuallier Je vous promets que Je vous feray riche hom
me se Je viz longuement. Sire dist Regnault dieu le vous
rende. Nous vous seruirons leaument.
Quant le roy fut leue au matin Il fit venir Regnault deuāt
luy et puis print xx. cheualliers sans plus et se mist de ses
vng bateau sur gironde et passerent oultre. Et tant firent quilz vi
drent a la roche et monterent au dessus. Et quant Ilz virent le lieu
si bel et si plaisant le roy en fut moult esbahy. Et Regnault en fut
moult Joyeulx pour la grant force que le lieu auoit. Car se Il peut
tant faire quil face la fermer vng chastel Il ne doubteroit Charle
maigne vng denier ne nulle aultre chose du monde quant Il auroit
leans a menger car au plus hault de la roche sortoit vne belle fon

h. ii.

taine et planteureuse assez pour dix mille personnes. Quāt les cheualliers qui auecqs le roy estoient ont veu le lieu si beau si plaisant et si fort Ilz en furent moult esbaiz. Vng cheuallier print le roy et le tira vng peu a part et luy dist. Sire quest ce que vous voules faire voules vous auoir seigneur sur vous voules vous Icy faire fermer forteresse Je vous diz sur ma foy que se Regnault fait Icy fermee vng chastel quil vous doubtera peu ne vous ne tous les barōs de gascongne. Aussi a ce que Regnault est tieul cheuallier comme vous scaues et ses freres et maugis aussi et si sont gens estranges et tost vous auront fait vng grant dommaige. Faictes luy vng aultre bien si vo° men croyes et cestuy laissez ester car trop grant dommaige vous en pourroit aduenir.

Ors quant le roy yon entend celles parolles Il en feuit tout esbay car Il scauoit bien que le cheuallier disoit verite et peu sen failtit que seuure du chastel ne venist point auant Il pensa vng peu et puis dist quil lauoit promis a Regnault que le chasteau se feroit. Si appella Regnault et luy dist mon amy ou voules vous que le chasteau soit ferme. Sire Je veul quil soit assis Icy si vo° plaist. Certes dist le roy Je le vous octroye. Or hastez vous de le faire fermer et puis vous ne doubteres moy ne mes gens nulle riens. mais Je ne cuide mye que vous me vueillez guerroyer moy ne mes barons de mon pays. Sire dist Regnault laissiez ester ses parolles car Il nest mestier den parler car Je vous certifie comme loyal cheuallier que Je aymeroye myeulx mourir villainemēt entre les ennemys des turcs que Je pensasse trahison sur vous ne sur aultruy. Sire Je suis et ay este tenu Jucques Icy loyal cheuallier dieu me doint grace que Je ne face chose dicy en auant pour quoy Je soye tenu pour desloyal. Sire pensez vous puis que Je suis ennemy de Charlemaigne qui est mon souuerain seigneur que Je soye pource traitre ne que Je aye commis trahison encontre luy saiches quant Je occis son nepueu berthelot helas Je le fiz mon corps deffendant car Il mauoit naure a mort sans men deffier et sans raison. Mais Je vous

Jure sur ma foy que se nul homme vous forfait riens que Je vous en vengeray a mon pouoir. Mais se vous aues en moy nulle suspection ne le me donnez mye. Amy ce dist le roy Je me suis Joue a vous car Je scay bien vostre leaute et vous la maues bien monstree de vostre bien. Et pource se vous ay Je octroye et si vois Je encores a present et si veulx que vous soyes seigneur de moy et de ma terre.

Et quant Regnault entend la courtoisie et la bonte du roy yon Il se mercye moult grandement. Et mande par tout le pays et fit venir tous les maistres macons et charpentiers et daultres ouuriers assez et tant qilz furet par copte fait deux cens et cinquante et quant Il eut tout son appareil Il fist faire le chastel en telle maniere que vne grade salle y fut faicte la premiere et apres plusieurs chambres et puis la grande tour. Et quant le donion fut bien ferme Regnault fit puis apres bien fermer le chastel et le fit si bien munir de haulx murs et grosses tours enuiron qil ne creignoit assault de nulle part. Et fit faire audit chastel quatre portes et non plus. Et aussi Il fit faire les bretteraches et les barbecanes si bien et si defendables qil ny pouoit estre myeulx Quant le chastel fut accompli Regnault et ses freres en furet moult Joyeux car Il leur estoit aduis quilz estoient asseurez. Et quant le roy yon sceut que le chastel estoit acompli et fait Il se ala veoir. Et quant Regnault sceut que le roy venoit Il ala a lencontre et le fit monter en la grade tour de la forteresse pource quil vist le circuit du chastel plus a son aise car de la grat tour lon pouoit tout veoir. Le roy regarde la belle oeuure q estoit tant forte et tant plaisante et la belle fotaine qui estoit ou meilieu Il appella Regnault et luy dist. Amy coment aura nom ce chastel car Il me semble qil deuroit auoir noble nom par la grant beaulte dont Il est garny. Sire ce dist Regnault Il na encores poit de nom mais se Il vous plaist vous luy mectrez le nom ainsi qil vous plaira. Certes dist le roy le lieu est moult bel et gent et Je vueil que lon lappelle montauban. Puis le roy le fit scauoir par tout son pays

h.iii.

que toute personne qui vouldroit venir habiter audit chastel quil seroit franc de toutes debtes dix ans.

Ors quant les gens du pays sceurent la franchise du chastel. Lors vous vissiez venir chevalliers: gentilz hommes bourgeois vieulx et jeunes: clers: villains: et sergens tellement q̃ le chastel fut si bien peuple de toutes manieres de gens que en tout le pais navoit chastel si bien peuple ne si fort: car Il y demouroit cinq cens bourgois tous riches et y avoit bien cinquante taverniers. Et cent hommes desglise. Et y avoit plus de cinq cẽs hommes de mestier. A brief parler mõtauban fut si bien fourni et si riche en peu de temps que cestoit grant merueille a voir. Et saiches que le roy yon amoit Regnault de si grant amour pour la grant valleur de luy quil luy donna valleries et toute la seigneurie q̃ valloit mille marcs dargent de rente bien assise. Quant les barons virent que le roy amoit si chierement Regnault Ilz en furẽt moult courroucez si sen vindrent au roy et luy dirẽt. Sire regardes que vous faictes car montauban est moult fort et si est Regnault tieul chevallier q̃ ny a au monde point de meilleur. Et se Il se courrouce nullement a vous Il vous pourra faire vng tresgrant dommaige. Seigneurs ce dist le roy vous dictes vray mais Regnault a si gentil cueur quil ne pẽseroit jamais trahison ne villennie en nulle maniere du mõde Sire dist vng viel chevallier q̃ duãt le roy estoit si vous me voules croire Je vous diray comment vous serez tousiours maistre de Regnault et seigneˀ tout le tẽps de vostre vie. Amy ce dist le roy dictes le moy Je vous en prie. Sire dist le chevallier donez luy vostre seur a femme et si sera bien mariee car Regnault est bien gentil homme de tous coustez et ainsi serez asseure que jamais ne se courroucera a vous. Amy ce dist le roy vous me donnez bon conseil et Je le feray ainsi que conseille mauez mais Je vous prie que vous pourchassiez ceste matiere. Sire dist le chevallier puis que Je scay vostre volente Je feray mon pouoir de faire sortir la matiere en effect. Apres ces parolles dictes le roy sen retourne a bourdeaulx joyeusemẽt et dui

sant aueecques le cheuallier et la matiere quilz auoyent par
le ensemble et la mectre a effect.
¶ Le premier iour du moys de may Regnault sen ala de mont
auban a bourdeaulx pour veoir le roy yon et mena Alart son
frere aueecques luy. Et quant le roy yon le sceut il luy vient a lencon
tre et receut Regnault a moult grät ioye et le baisa et lacola moult
doulcement. Et puis le roy le prent par la main et sen montent au pa
lays ensemble. Et puis le roy demande les esches pour iouer a Re
gnault et ainsi quilz iouoient veez venir le viel cheuallier q̃ estoit
charge du roy de faire le mariaige de Regnault et de sa seur. Et se
nõmoit le viel cheuallier gaudefroy de moulins. Et quãt il fut ve
nu deuant le roy il dist. Oyez seigneurs barons que ie vueil dire ie
dormoye la nuyt passee et me sembloit que Regnault le filz aymon
estoit monte sur vng puy et tout le peuple de cestuy royaulme deuant
luy senclinoit et le roy luy donna vng esperuier mue. Et mestoit ad
uis que deuers gironde venoit vng grant sanglier q̃ menoit si grãt
noise que nul nousoit dure deuant luy si que troys hommes las
saillirent mais il passa tout oultre. Et quant Regnault vit cecy il
monta sur bayart et luy vient a lencontre et se combactoit a luy et le
greua moult adone ie mesueillay. Quant le viel cheuallier eut dit
il se taisa. Et adonc se leua vng clerc q̃ auoit nom bernard lequel
estoit moult saige et dist. Beaulx seigneurs si vo9 plaist mescouter
ie vo9 diray la significãce de ce sõge. Saiches q̃ le puy ou Regnault
estoit mõte signifie le chastel q̃l a fait faire. Et le peuple q̃ senclinoit
a luy signifie les gens q̃ y sont venus habiter. Et le don que le roy
luy fit signifie que le roy yon luy donnera sa seur a femme. Le san
glier signifie aulcun grant prince crestien ou payen q̃ viendra assail
lir le roy yon et Regnault le deffendra par force darmes. Et vecy la
signifiance du songe godefroy. Et moy indigne de parler conseille
roie que se mariaige ce fist de Regnault et de la seur du roy yon
car lung et lautre seront bien mariez. Le roy respond tu as bien dit
Quant le clerc eut dit la signifiance du songe du viel cheuallier
h.iiii.

Gaufefroy le roy dist qͥl parloit bien et faigement. Et que touchant le mariaige la chose luy agreoit bien. Quãt Regnault entend celle parolle il dist au roy. Sire grant mercy de ce beau don que vous me faictes. Mais si vous plaist vous aurez vng peu de pacience Jusqͣ a ce q̃ Je aye le conseil de mes freres et de mon cousin maugis. Fre re ce dist alart vous aues mal dit que refusez au roy si grant don cõ me Il vo⸱ ˢ donne mais si croire me voules vous acomplirez sa volẽ te entierement car a moy et a mes freres plaira Il bien. Car quant le roy ne vous donueroit sa seur mais vne simple damoiselle si le de ues vous croire. Frere ce dist Regnault ce nest pas la premiere fois que maues conseille leaument et Je vous prometz q̃ Je le feray puis que le maues conseille. Et lors sen tourne Regnault deuers le roy et luy dist. Sire Je suis tout prest de faire tout vostre vouloir et com mandement. Et lors ce lieue Regnault et le roy se prent par la main et luy fit fiancer sa seur.

Ors quãt dune part et daultre le mariaige fut acordé le roy yon sen vint en la chambre de sa seur et la trouua quelle fai soit vng penosel de lance moult bel mais elle ne sousoit sire. Le roy la salue aussi tost quil la vit et la pucelle ce dresse contre son frere et luy fit reuerance. Belle seur dist le roy Je vous ay mariee bien et haultement. Quant la pucelle lentend elle fut toute changee si sen estue sur luy et ne dist mot dune grãt piesse. Et quãt elle eut pouoir de parler elle dist au roy yon son frere. Sire a qui maues vous don nee. Belle seur ce dist le roy Je vous ay donnee au meilleur cheual lier du monde. Cest Regnault le filz aymon le noble cheuallier et vaillant. Quant la pucelle entend que cest Regnault a q̃ le roy la uoit mariee elle en fut moult Joyeuse. Car elle amoit Regnault de moult grant amour: si dist au roy. Sire Je vueil ce que vous plaist de bon gre. Lors la prent le roy par la main et la mene au palays. Le ql dist a Regnault deuãt tous ses barõs. Tenez vaillant regnault Je vous donne ma seur que vecy a femme. Sire dist regnault cent mille mercy de si beau don que vous me donnez a present: car Il napar tient mye si grãt don a si pouure cheuallier côme Je suis. Lors prẽt regnault la pucelle et la fiença et Jura. Et le roy ny veult faire de= meure mais prent la pucelle par la main et la mene au moustier biẽ et honnorablement. Et lespousa leuesque de bourdeaulx. Et quãt re= gnault eut sa femme espousee Il la mena a ses freres et a son cousin maugis qui estoient au chastel de montauban qui en eurent moult grant Joye. Si firent montauban entapisser de tapisserie moult ri= che. Et puis môterent sur leurs cheuaulx couuers tous de sandal et sen vont vers bourdeaulx et encôtrerẽt regnault et sa femme en my le chemin la ou lon faisoit moult belles Joustes. Et puis apres les Joustes faictes Ilz sen vindrent a montauban. Et quant Ilz furẽt la venuz la Joye commença par le chastel si grande comme se dieu y fust descendu Pour dire verite huit Jours dura la feste. Et furent donez de moult riches dôs a la dame. Quât la feste eut tãt duree côme Je vo9 ay côpte le roy yon sen retourna a bourdeaulx moult Joyeulx du mariaige qͥl auoit fait de sa seur et de Regnault. Car Il se pẽsoit bien que Regnault luy aideroit contre tous hommes et Il dist vray car depuis que le mariaige fut fait Il ny eut baron en gascongne qui ousast leuer le menton. Et si y en auoit aulcuns de quoy le roy ne po= uoit Jouyr mais regnault les fit bien venir au plaisir du roy par sa prouesse et valleur voulsissent Ilz ou non. Car regnault estoit ame et doubte par tout le pays de gascongne. Mais a present laisse le côpte de parler de regnault et de ses freres et de maugis et retor= ne a parler de Charlemaigne qui sen va a saint Jaques en galice pour penitence faire de ses pechiez.

Cõmment le roy Charlemaigne po9 ung voyaige qͥl fist a saint Jaques en galice et en reuenãt de ce voyaige Il sceut cô= mét regnault et ses freres estoiét au royaulme de gascôgne en ung moult fort chastel appelle môtauban. Et cômét charlemaigne mã= da au roy yon de gascôgne qͥluy rendist ses ennemys cest assauoir re= gnault et ses feres et en cas de reffus qͥl le viendroit assiger auãt dix moys en son pays. Dont le roy yon respôdit quil nen feroit riẽs

Et cōmēt apres ce q̄ le roy Charlemaigne fut retourne a paris. Es sant son nepueu arriua a paris le quel le roy fist cheuallier et puis luy enuoya leuer vng siege deuant coulongne que vng roy sarrazin auoit assige q̄ se nōmoit escor fault le q̄l Rolāt cōquist. Puis apres parle cōmēt Regnault gaigna la courōne du roy charlemaigne p̄ le bien courir q̄ fit son cheual bayart a paris. C. vii.

Et dit le cōpte que Charlemaigne estoit a paris et luy prist deuocion daler a saint Jaques en galice en pelerinaige. Si ce partit de paris et mena auecq̄s luy ogier le dannois et le duc naymes de bauieres et moult daultres barōs et grās seigneurs. Quāt Ilz furent mys a la voye Ilz cheuaucherēt tant par leurs Journees q̄lz vindrēt a saīt Jacques en galice. Et quāt Ilz furēt la arriuez le roy descend et entra en lesglise et si offrit dessus lautel .v. marcs dor fin. Et quāt Il eut offert et acōpli sa deuocion Il se mist a retourner et sen vint a bourdeaulx et en venāt a bourdeaulx pres dillec Il regarde a couste oustre gironde et vit le chastel de mōtauban q̄ estoit sur vne roche tāt bel et si bien fait et biē ferme de beaulx murs et espes en la forme q̄ vous ay dessus cōpte. Et quant Charlemaigne le vit Il se regarda vne grant piesse et puis dist. He beau sire dieu q̄ vez la vng beau chastel fort et bien assis Je cōngnois que le roy yon de gascōgne la fait faire nouuellemēt car Il resemble estre tout neuf. Or ne peut estre puis q̄l la assis en tiel lieu q̄l ne soit delibere de mener guerre a quelcun. Et lors appelle vng cheuallier du pays et luy dist. Dictez moy cheuallier comment a nōm ce chastel. Sire dist le cheuallier Il a nom montauban. Bien auoit enuye de parler car se Il se fust teu Il nen eust este aultre chose. Car Il dist tielle parolle q̄ porta puis apres domaige a luy et a plusieurs aultres. Car Il dist au roy Charlemaigne q̄ Regnault et ses freres les filz aymō auoient fait faire ce chastel et auoit nom mōtauban. Et cōmēt le roy yon luy auoit donne sa seur a femme.

Vant lēpere* Charlemaigne entend ses parolles Il en fut moult courrouce et ne scauoit q̄l deuoit dire. Si se tint tout quoy vne grant piesse qͥl ne dist vng tout seuͺl mot. Et quāt Jl eut vng peu pence Jl dist a ses gens. Beaulx seigneurs Je vous diray merueilles car Jay trouue mes enemys en cest pays ce sont les quatre filz aymon. Or sus Ogier et vous duc Naymes montes a cheual Jncontinent et tant querez le roy yon que vous le trouuez et luy dictes ⁊ par moy quil me rende les quatre filz aymon qui sont mes ennemys quilz a retaiz et soustenuz côtre moy et quil me trouue cheuallers pour les conduire tantseullemēt Jusques en ma terre. Car Je suis delibere puis q̄ Je les ay trouuez ⁊ les faire pendre ou vifz escorchier. Et se Jl ne le veult faire si le deffiez ⁊ ma part. Et luy dictes que dicy a troys ou a quatre moys Je seray dedens gascongne a tout mon ost. Et si abactray toutes ses villes et chasteaulx et si Je le puis prendre Je le pugniray sans nulle mercy. Sire dist ogier nous ferons vostre cōmādement mais nous nirons mye seulz mais nous menerōs auecq̄s nous sances et hostes lesquelz sont preulx et saiges. Et charlemaigne dist quil estoit content. Lors Jncōtinent se mettent a la voye et vōt ⁊ mādāt par tout nouuelles du roy yon Et tant sont quis qͥlz sont trouue a mōtaubans droictemēt au pie de la roche car le roy yon sen retournoit a bourdeaulx et Regnault le cōuoioit. Quāt Ogier vit Regnault et le roy yon Jl les congneut bien et Jncōtinēt salua le roy et luy dist. Sire dieu vous doit bonne aduenture. Et le roy luy rend son salut et puis dist dont estes vͻ venu beau sire. Sire ce dist Ogier nous sommes de la doulce frāce et si somes enuoyes a vous et sommes des gens de Charlemaigne or nous ouyes si vous plaist. Seigneurs se dist le roy vous soyes le tresbien venu or dictes ce quil vͻ plaira. Doulx roy yon dist ogier le roy Charlemaigne vous māde q̄ vͻ luy rēdez ses ennemys q̄ vͻ aues retraiz en vostre terre et q̄ vous luy mādez cent hōmes pͬ les conduire Jusques en france. Et se cecy vous ne faictes Jl vous deffie de sa part. Et que dedens troys moys Jl sera en gascongne et si prēdra toute vostre terre ⁊ si vous assigera en la cite de bourdeaulx Et se Jl vous peut prendre Jl vous pugnira du corps. Or auons dit nostre messaige si v9 plaist vo9 nous dorez responce. Ogier se dist le roy Il est bien vray que Jay retenu les quatre filz aymon lesquelz sont vaillans cheualliers et si les ay retenuz a cause q̃ preux et vaillans Ilz sont en armes et aussi q̃lz mont secouru a mon besoing. Car Jestoye desherite se Ilz ne fussent. Et pour le grãt bien q̃lz mont fait Jay donne ma seur germaine a Regnault pour sa feme. Et pource trop seroye cruel et meschãt si Je les rendoye es mains de leurs ennemys mortelz puis q̃lz me ont si bien serui et loyaulmẽt Je ayme myeulx estre desherite et mourir mauuaisement que de les rendre et de souffrir a mon pouoir q̃lz ayẽt mal ne deshonneur car mesmemẽt le roy Charlemaigne me tiẽdroit pour fol et nice. Et po² ce Ogier si vous plaist vo9 direz au roy de ma part que Je relinqueray auant tout mon pais et royaulme que Je les rendisse cest ma responce.

Ors quant le roy eut ainsi parle Regnault parla apres et dist Ogier Je mesmerueille moult du roy Charlemaigne q̃ ne no9 voult laisser en paix. Il no9 Jecta de france pouures et esgarez et si en ay grant honte. Et come vous scaues Je luy vouloye faire raison au dit de ses barons mais Il ne luy pleut mye. Si nous Jecta de montenfort villainement et tieullement que nous ne scauiõs ou aler. Et ecores ne luy souffit Il pas mais nous veult Jecter hors de gascongne dont Il fait grant pechie car encores suis prest de faire sa volente par droit et par raison. Et vous diz bien q̃ se Il reffuse par son orgueil Je veulx bien quil saiche que moy et mes freres ne sommes mye tieulx a prendre de si legier comme Il cuide. Et vous prometz que auant quil nous aie prins Je le feray plus de dix foiz courrouce et dolant Car ce que le roy fait Il ne se fait que par orgueil. Ogier Je veulx bien q̃ le roy Charlemaigne saiche q̃ le roy yon de gascongne nous a fait fermer vng chastel q̃ a nom mõtaubã q̃ est fort et Imprenable et si ay des cheualliers auecq̃s moy q̃ ne me fauldront pas au besoing dictes au roy Charlemaigne puis q̃ Je ne puis trouuer auecq̃s luy nul acord ne apointemẽt que Je luy feray tout le mal que Je pourray.

Regnault se dist Ogier vous parlez follement nous cuidez vous esbahir par parolles non ferez pas car quāt verrez lost assēble et le grant pouoir de Charlemaigne vous en serez esbay et a la fin dolāt et courrouce. Regnault vo? scaues bien q̄ le roy Charlemaigne vous fist cheuallier et vous luy tuastes son nepueu berthelot et pource ne pensez pas trouuer paix enuers luy. Et vous cuidez estre asseure pource que le roy yon vous a fait fermer vng chastel. Mais Je vueil bien q̄l saiche q̄l ne sen tira Ja car auant deux moys nous serons ou meilleu de sa terre et destruirons tout son pays et brulerons chasteaulx et villes. Ogier se dist Regnault Je vous Jure sur ma foy que quant le roy Charlemaigne sera retourne en gascongne Il vouldra auāt peu de temps estre aultre part en aultres marches luy et ses gēs. Et quāt vous verrez les dures Jouptes que moy et mes freres ferōs le roy Charlemaigne et vous en serez tous esbayz. Et tieul parle maintenant haultemēt que quāt Il sera au fait Il parlera bien bassemēt. Regnault se dist ogier Je ne vous vueil riens celer. Le roy Charlemaigne a si grant pouoir et est delibere de assiger bourdeaulx et se Il vous peut prendre Il vous pugnira cruellemēt. Or faictes a vostre vouloir Je vous ay dit tout mon messaige et men retourne vers le roy. Quāt Il eut dictes ses parolles Il sen retourne vers Charlemaigne et luy cōpta ce q̄ le roy yon et regnault luy māduiēt. Et quāt le roy Charlemaigne entēd ses parolles que le roy yon et Regnault luy manduient Il trēbla tout de mal talāt et dist. Or y perra comment le roy yon et Regnault deffendront gascōgne encōtre moy. Et lors se mect en son chemin et passa girōde et tant cheuaucha q̄l vint a paris. Et sen demain Incōtinent le roy appella tous ses barons q̄lz venissent a luy. Et quāt Ilz furēt tous arriuez le roy tint son cōseil et leur dist Seigneurs Je vous ay mādes po² vous dire la grāt honte q̄ le roy de gascōgne me fait car Il tiēt les quatre filz aymon en despit de moy et v° scaues q̄l dōmaige Ilz mōt fait. Car Ilz me tuerēt mō nepueu berthelot Je les baniz hors de france et puis firēt faire le chastel de .ui. tenfort en ma terre et Je les en chassay. Oz sontJlz maintenant en gascongne auecques le roy yon qui dit qui les deffendra contre moy et si luy a donne sa seur po' femme dont Je vous prie a tous que vous me aidez a men venger.

Et quant le roy Charlemaigne eut cecy dit Jl ny eut oncqs nul des barōs q̄ luy respondissent mot car Jl enuyoit a tous la guerre q̄lz auoient tant menee contre regnault. Et quāt Charlemaigne vit q̄ nul ne luy respondoit riens Jl appella le duc naymes et Ogier le danois et le cōte guideson et leur dit. Seigneurs quel conseil me donnez vous de ce fait cy. Sire. ce dist le duc naymes si vous me voules croire Je vous donray bon conseil reculez voſtre oſt Jusqs a cinq ans pource que voz gens sont tous ennuyes de la guerre si se reposeront vng peu. Et quant Jlz seront reposez adonc pourres faire guerre a voſtre volente. Car chescun y viēdra de bon cueur. Et quāt lēpereur entend ce cōseil Jl en fut si Jre que a peu q̄l ne perdit le sens Et ainsi q̄l vouloit respondre au duc naymes veez venir vng damoisel de tresgrant beaulte. et menoit auecqs luy trente beaulx escuiers moult bien adoubez et vit le damoisel emmy la court du palays et mōte contremōt les degrez. Et quant Jl fut au palays Jl sen vint deuant lempereur Charlemaigne et le salua moult courtoisement. Amy ce dist le roy vous soyes le tresbien venu quel vent vous maine ne q̄ estes v². Sire ce dist lescuier Jay nom rolant et suis ne de bretaigne et suis filz a voſtre seur et au duc million.

Vis quāt Charlemaigne ētend aīsi parler volāt Jl en fut moult Joyeulx si le prist par la main et le baisa par plusieurs fois et puis luy dist v² soyes le tresbiē venu Je veulx q̄ vous soyes demain au plus matin cheuallier si vous essaires cōtre Regnault le filz aymon. Sire dist volant Je feray voſtre volente et si vous promets q̄ regnault ne sera en riens espargne et si nemportera riēs du voſtre Jl tua mon cousin berthelot dont Je suis moult dolant. Et pource Je vēgeray sa mort ou regnault me tuera. Et le lēdemai au mati fit

Charlemaigne son nepueu cheuallier a moult grãt joye et a moult grant honneur. Et ainsi comme la feste se faisoit vez cy venir deuant lempereur vng messagier et luy dist. Droit empereur voz hommes de coulongne si vous saluent et se recommandent a vous et vo⁹ font assauoir que les sarrazins les ont asailliz et les ont moult greuez car ilz ont tout expille et bruse. Si vous supplient humblement que vous les viennes secourir ou ilz sont tous mors et destruitz.

Empereur entent celles nouuelles et se encline sa teste vers terre et commence a penser. Et quãt Rolant vit son oncle ainsi penser il luy dist. Sire de quoy estes vous si esmaye donnez moy de voz hommes vne partie et je iray leuer le siege de coulongne. Et quãt lempereˀ ouyst ainsi Rolant parler il en fut moult joyeulx adonc la cola et le baise moult doulcement et luy dist. Beau nepueu benoiste soit leure que fustes oncques ne car je scay de vray q̃ vous me gardes de trauail et de paine et en vous sera mon repoz et mon solaz et je veulx q̃ vous y alez. Et lors luy donna xx. mille hõmes darmes bien montez. Et quant ilz furent bien appareillez Rolant monta sur son cheual et dist a son oncle. Sire je vous recommande a nostre seigneur. Beau nepueu se dist Charlemaigne je vous ay dõne mes hommes en garde je vous prie que les vueillez bien garder faictes tant q̃ vous ayes honneur et alez a dieu q̃ soit garde de vo⁹ amen. Sire se dist Rolant ne vous esmayez car au retour saures cõment nous aurõs fait. Et quãt il eut dicte celle parolle il prent cõgie de son oncle et se mist a la voye auecq̃s ses gens et tant ont cheuauche lung jour apres lautre qlz sont venuz a coulõgne tout de nuyt et misdrẽt leˀ embusche pres de lost. Et ainsi commẽt ilz furẽt pres de lost ilz encõtrerẽt des sarrazins q̃ sẽ retournoiẽt auecq̃s grãt proye de beufz et de moutons et hõmes et fẽmes poˀ prisonniers et leur faisoient moult grant martire.

Dant les frãcoys virẽt leurs ẽnemys ilz dirẽt. Seigneurs noſtre seigneˀ no⁹ a icy enuoyes vecy les traictres sarrazins que tant auons desirez. Or y perra que nous ferons mectons nous par dedens eulx car a ceste heure Ilz seront desconfitz. Et quant Ilz eurent assez parle Ilz ne firent aultre esmeute mais picqueret les cheuaulx des esperons et vont courir sur les sarrazins par grant force tant que en bien petit de temps Ilz les eurent desconfitz si durement quilz les tuerent tous et recourirent tous les prisonniers et bestial. A brief parler quant les sarrazins ouyrent le bruit des francoys Incontinent se esmeurent et montent sur leurs cheuaulx et sen vindrent sur les francoys. Et quant les francoys les virent venir Ilz sen retournerent vers leur embusche au plus beau quilz peurent et les sarrazins les commencerent a chasser.

Quant Rolant vit quil estoit temps de ferir par dedens Il Issit de son embusche auecques ses gens et va frapper sur les sarrazins si rudement qil en mist a terre vne grant partie. A brief parler la bataille commenca si cruelle et si dure q cestoit grant pitie a veoir Car vo y eussiez veu tant de lances brisees et descuz perciez et tant de payens gesir mors a terre que a paine pouoit lon aler par la force des mors. Et Rolant picque son cheual des esperons et va frapper moult cruellement vng sarrazin qui estoit roy si durement que Il le Jecta par terre: mais Il ne se tua point de ce coup: mais sarresta sur luy et luy donna vng si grant coup de son espee sur son heaulme quil luy fist chanceler les dens en la gorge. Et quant Rolant le vit si malmene Il se baisse et le prent pour prisonnier et le mota sur son cheual et puis lemmena.

Puis quant les sarrazins virent leur seigneur prins et virent les grans merueilles darmes de Rolant et des francoys Ilz se mirent en fuyte moult villainement. Quant Rolant vit que les sarrazins sen fuyoient ainsi Il se escrie a aulte voix. Seigneurs a eulx apres car Ilz sen fuyent tous et se Ilz nous eschappent Il nous sera vng moult grant blasme enuers mon oncle le roy Charlemaigne et si serons tenuz pour couhars. Pour quoy Je vous prie a tous q vng

seul n'en eschappe car tous les autres legierement puis que Je tiens
leur roy en mes mains. Quant les francoys ouyrent Rolant ainsi
parler Ilz dirent franc chevallier ne vous esmayez de riens car nous
ne faisons point de doubte que Ilz nous eschappent quilz ne soient
ou mors ou prins. Seigneurs dist le roy que Rolant avoit prins q
avoit nom escorfault. Ce sont tous mes hommes Je vous prie que ne
les tuez point car assez sont desconfitz puis que m'aves prins: mais
donnez leur tresues et me emenez a Charlemaigne. Si vous poues
tant faire que Charlemaigne me pardonne son maltalant et la of
fense que Je luy ay faicte Je tiendray dresenauant tout mon heri
taige de luy. Et si sera tout mon lignaige obeissant a sa volente et
de ce croire me poues.

Ar mon chief ce dist Rolant vous parles courtoisemét. Et
par ma foy ce dist Naymes escourfault parle courtoisement et no
le ferons ainsi. Si donnerent tresues aux sarrazins et se mirent au
retour et menerent escourfault auecques eulx et tant cheuaucherét
quilz sont venuz a paris. Et quant lempereur sceut que son nepueu
Rolant estoit venu a paris et quil auoit desconfitz les sarrazins et
prins le roy escorfault Il en fut moult joyeulx. Si monta a cheual
et sen vint a l'encontre de Rolant son nepueu. Et quant Rolant le
vit Il descend de son cheual et sen vint jecter aux prédz de Charle
maigne. Et tantost le roy se fist leuer et le baisa doulcement. Rolāt
luy dist. Sire tenez le roy escourfault que nous auons prins Il nos
a dit que Il se fera crestien si vous plaist de luy pardonner vostre mal
talant. Et q̄ luy et son lignaige tiendra sa terre de vous. Nepueu ce
dist Charlemaigne Il nest mye loyal et pour ce me vueil garder de
luy Lors cōmāde le roy que lon mecte escourfault en prison et q̄l soit
bien gardé et quil ait toutes ses volentes de boire et de menger. Et
puis quāt escourfault fut emprisonné le roy Charlemaigne appelle
le duc Naymes et luy dist. Que vous semble de mon nepueu Rolāt
q̄ fist Il quāt la bataille fut assemblee. Sire ce dist le duc Naymes

J.i.

de Rolant ne conuient mye parler. Car depuis que dieu fut ne du ventre de la vierge marie tieul cheuallier ne fut veu: car Il a tout seul vaincu les sarrazins et desconfitz par sa prouesse. Et se Il auoit vng cheual qui le peust pourter quant Il seroit arme Je vous Jure par ma foy que vous nauries Jamais ennemy quil ne fist venir a vostre mercy par force darmes.

Le roy Jura par son chief qui en estoit moult Joyeulx mais dictes moy dist le roy duc Naymes ou pourroit lon trouuer vng bon cheual comme vous dictes. Sire dist le duc naymes si come voules croire Je vous donray bon coseil. Faictes crier a son de trope par dessus montmartre et faictes crier que vous voules veoir courir tous les cheuaulx de vostre ost. Et celuy qui sera le myeulx courant de tous gaignera vostre couronne dor et cinq cens marcs dargent et cent draps de soye. Et ainsi pourres cognoistre le meilleur cheual de vostre royaulme. Et quant vous laures veu si lachetez et le donnez a Rolant vostre nepueu. Et puis donnez cogie a tous voz barons Jusques a la feste saint Jehan prochainement venant. Duc naymes ce dist lempereur vous me donnez bon conseil et Je le feray ainsi que maues deuise. Lors le roy fit crier sur montmartre tout ainsi q naymes lauoit deuise. Et fit faire les lices pour la course des cheuaulx. Et quant ce fut fait Il fit mectre au bout des lices sa couronne dor et cinq cens marcs dargent et les cent draps de soye. Cependant vng varlet sen aloit en son pays en gascongne ainsi quil passoit par montauban Il compta a Regnault et a maugis toute la chose que lon vouloit faire a paris. Et comment Rolant estoit venu a court. Et comment Il auoit desconfit escourfault le roy sarrazin Et coment Charlemaigne vouloit auoir le meilleur cheual de son royaulme pour le donner a rolant. Et compta le dit varlet le prix que le roy auoit mys. Et commet le roy faisoit assembler son ost pour venir a montauban. Et comment le course des cheuaulx ce deuoit faire a la saint Jehan prochainement venant.

Dont quant Regnault entend ces parolles Il comencea a rire et puis dist a maugis. Cousin par les sains de dieu Charlemaigne verra le meilleur tour du monde. Mais Il ne saura mye nouuelles que Je auray sa couronne car Jey vueil aler sur bayart veoir comment Il se esprouuera a ceste fois. Sire dist maugis non ferez mye encores. Mais si vous y voules aler souffrez que Je vous face compaignie si serez plus asseure et menons auecqs nous cheualliers bien armez. Volentiers ce dist Regnault puis q vous le voules. Quant Il fut temps de mouuoir pour aler a paris Regnault appella Alart Guichart et Richart et Maugis et leur dist. Il est temps daler a paris prenez cheualliers esleuz et nous mectons a la voye. Sire dirent ses freres vostre comandement sera fait. Et quant Ilz furent tous appareillez Regnault vint a sa femme et luy dist. Dame Je vous prie que vous me faciez bien garder mon chastel et Je reuiendray en brief. Sire ce dist la duchesse commandez a voz cheualliers quilz ne se partent de seans. Et Je vous promets que se le roy voit mon frere y venoit que Il ny entreroit mye ne aultres Jusques a tant que soyes retourne. Or alez a dieu quil soit garde de vous. Adonc Regnault prent congie de sa femme et se met a la voye luy et ses gens et sen vont vers paris. Et quant Ilz furent a orleans et eurent passe loire lon leur demandoit dont Ilz estoient et maugis respondoit q parloit po² to⁹. Seigneurs no⁹ somes les roys qui alons a paris pour essayer noz cheuaulx pour gaigner le pris q le roy a mys sus: si dieu si vouloit consentir. Adonc par belles paroles Ilz passerent oultre et tant sont alez quilz sont venuz a melun Mais Ilz ne entrerent pas dedens la ville mais se logerent en vng grant val et la seiournerent eulx et leurs cheuaulx quatre Jours.

Or quant ce vint la veille de la saint Jehan Regnault appelle maugis et luy dist. Cousin quelle chose ferons nous: demain si sera le cours des cheuaulx si est temps que nous alons coucher anuyt

a paris. Cousin ce dist maugis vous dictes bien. Or vous souffrez
vng petit. Lors prent maugis vne herbe et la pilla sur vne pierre
du pommel de son espee et puis la destrempe de eau et en frocta bayart
tieullement que Incontinent Il deuint tout blanc en tieulle facon q̃
ceulx qui lauoient aultre fois veu ne se congnoissoient mye. Puis
oygnit Regnault dung oygnement quil portoit et Incontinent Il de
uint en leage de quinze ans. Et quãt Il eut ainsi atourne Regnault
et son cheual maugis le prent et le mena deuant les aultres cheual
liers freres de Regnault et leur dist. Que vous en semble les ay Je
bien transfigures pourront Ilz point reuenir sans estre congneuz
regardez de bayart comment Il est deuenu blanc Il est moult
enuiesly Il perdra le pris par deffaulte de courir.

Donc quant les barons regardent bayar et Regnault ainsi
deffigure Ilz commencerent a rire et sont moult esmerueillez com
ment maugis les a ainsi transfigures. Quãt maugis eut ainsi trãs
figure Regnault et bayart et suy mesmes Regnault monte sur bay
art et maugis monte sus morel et prindrent congie des gens: mais
Regnault laissa ses freres au despartir et leur dist. Nayez de moy
nulle doubtãce car Je ne seray Ja cõgneu si dieu plaist. Lors se mist
a la voye tout en plourant et ses gens plouroient aussi car Regnault
aloit en tel lieu ou Il auoit moult dennemys. Car se Charlemai
gne se tenoit tout sauoir du monde ne se garderoit pas destre pendu.
Quant Ilz partirent Alart dist a maugis. Je vous prie pour dieu
que Regnault mon frere vous soit pour recommãde car si ce nestoit
pour lesperance de vous Je ne souffriroye mye quil alast a paris pour
tout lauoir despaigne. Et adonc Regnault et maugis se mectent a
la voye. Or vous lairay vng petit a parler deulx et vous diray du roy
Charlemaigne qui estoit a paris auecques ses gens.

Charlemaigne vit ses barons q̃ estoient tous venus Il appel
la le duc Naymes et Ogier le dannois et Fouques de mo

risson et leur dist. Seigneurs Je vous prie que vous prenez Jusques a cent cheualliers bien armes et vous en alez vers le chemin dorleās et gardez que nul homme ne passe que vous ne saichez son nom et q̄ Il ne soit bien aduise car Jay grant doubtance de Regnault quil viengne car vous scaues bien comment Il est oultrecuideux. Et si luy monte en la teste Il seroit tantost venu par deça. Sire dirent les barons volentiers ferons vostre commandement. Et se Regnault est si sot quil viengne par deça Il naura garde de nous eschapper quil ne soit mort ou prins ou amene deuant vous. Et lors prennent congie du roy et sen vont a leurs hostelz appareiller et armer et puis monterent a cheual a tout cent cheualliers bien armez et sen vont vers le chemin dorleans. Et se arresterent au meilleu du chemin a deux lieux de paris et la demouretēt moult grant piesse que homme ny passa et endurerent grant faim et grant soif. Et quant le duc naymes vit quilz estoient Illecques pour neant Il dist a Ogier. Sire ogier par ma foy Charlemaigne nous fait sembler aux foulz et nous tient pour nices et musars qui nous fait Icy estre pour neant. Sire ce dist Ogier vous dictes vray et dieu me confonde si Je y demoure plus. Et quant Ilz sen vouloient retourner le duc naymes regarde au long dung chemin et vit venir Regnault et maugis. Lors dist Naymes a fouques de morisson vecy venir deux hommes a cheual Et quant fouques les vit Il se escrie a haulte voix par ma foy vecy regnault or ne peut Il eschapper quil ne soit pendu.

Ar ma foy dist le duc naymes vous dictes vray: car le cheual qui va deuant ressemble fort bayart le cheual de Regnault se Il nestoit daultre couleur. Quant fouques ouyt ses parolles Il mist la main a lespee et sen vient au deuant de Regnault moult pres. Et quant Il fut pres deulx Il les regarde. Et quant Il vit que ce nestoit mye regnault Il en fut tout esbahy et se retira arriere. Et regnault et maugis cheuauchent oultre. Et quant le duc Naymes vit quilz sen aloyent Il sen va a lencontre et appella maugis. Qui estes vous

J.iii.

alez vous. Sire dist maugis Je suis ne de peron et ay nom Jousaire
Amy ce dist Naymes me sauroies tu rien a dire de Regnault le
filz aymon le vaillant cheuallier. Ouy ce dist maugis par ma foy
Il a cheuauche auecq̃s nous xiiij Jours Il nest mye vne lieue loing
A ceste heure Regnault ne parloit point. Alors dist naymes qui
est cestuy qui est auecques vous qui se taist si quoy et qui mot ne son
ne Je croy quil a mauluais penser. Sire dist maugis cest mon filz
et si ne parle mye francoys car Il a este nourry en la grande bretai-
gne. Quant le duc naymes lentend Il dist a Regnault. Dy vassal
sces tu point nouuelles de Regnault le filz aymon de q̃ nous auõs
tant parle. Et Regnault respond ymy scay poin francoys en bretāt
parler cheual a paris courõne roy non draps homꝰ gaigner
my.

Ore quant le duc Naymes entend Regnault si sauluaige-
ment parler Il commence a rire et puis luy dist. Cent mille
dyables te ont aprins a parler si bon francoys. Sire vassal Je ne scay
que tu diz tu ressembles mycultꝫ fout que euesque. Atant naymes le
laissa ester. Et adonc Regnault et maugis si ont tant fait et tant
cheuauche quilz sont venuz a paris. Et a lentree de la ville si rencõ
trerent vng ribault a qui dieu doint male auenture car Il congneut
Regnault. Si commẽca a crier a haulte voix vecy Regnault le filz
aymon. Quant les gens ouyrent le cry Ilz coururent celle part. Et
quant le ribault vit venir tant de gens Il fut encores plus hardy
Si passa auant les aultres et print Regnault a la bride. Quant
bayart vit ce Il prent et lieue le pie et frappe le ribault en my la poictri
ne si grant coup quil luy creua le cueur et se Jecta tout mort a terre.
Quant les gens virent ce coup Ilz cõmencerent tous a rire et bay
art sen passa oultre et maugis apres quilz ne furent oncques nulle
ment congneuz et si sen passent oultre la ville Jusques au viel mar
che. Et quant Ilz furent la venuz deuant les logis Ilz trouuerent
les logis tous plains dont Regnault fut tout esbay. Si se descen
dirent en vng hostel de cordwannier q̃ estoit de male part car par luy

fut pres que prins Regnault et maugis et liurez a Charlemagne que ia ses freres ne luy eussent peu ayder de riens. Quant ilz furēt descenduz et logez la ou dit est et bien appareillez leurs cheuaulx Maugis fit faire vng lit pour Regnault et print vng fil de soye et le fera bien et sen vient a bayart et luy lya la pasture du filstre estroictement. Et loste regardoit cela et puis luy dist. Pour quoy aues vō ainsi lie ce cheual il ne pourra mye bien aler. Mais or me dictes qui est le cheuallier a qui ce cheual est. Car se il eust plus dage quil nen a ie le cuidasse congnoistre. car il ressemble bien Regnault le filz aymon. Sire ce dist maugis iay ainsi lie le cheual pource quil est defsireup et le varlet qui le cheuauche si est mon filz. Or vous ay dit ce que maues demande. Certes respond loste vostre filz si est beau compaignon mais ie croy que vous me gabbez. Or oyes grāt mesaduenture qui aduint a Regnault et a maugis. Car ainsi quil parloit a son hoste il nomma Regnault. Ha ce dist il vous en aues assez dit et bien laues cele. Cest Regnault sans nulle doubte qui occist berthelot le nepueu du roy dung eschaquier Je le diray au roy auant que ie dorme.

Et quant Regnault sentend il tremble tout de mal talant et se lieue du lieu et prent son espee et dist. Hoste vous aues mespzins car ie ne vy iamais regnault et ne scay quil est. Taisez vous se dist loste ie vous congnoys bien. Par mon chief vous estes Regnault le filz aymon. Et quant il eut dicte ceste parolle il sen issit hors de son hostel. Et quāt regnault vit ce il sen vint apres son hoste et le frappa si grāt coup de son espee par my la teste qil le fendit iusques aux dens. Quant maugis vit ce il fut moult dolant et dist a regnault quest ce que vous aues fait aues vous le sens perdu. Se dieu ne pence de nous nous sommes perduz et diffamez. Je nen puis mais ce dist regnault. Car comment quil en aduiengne cestuy cy a son guerdon. Et maugis vit a lestable et met sa selle a bayart et fait monter Regnault defsus et puis monte sur moreau et sen

J.iiii.

Jssirent hors du logis. Et quant la femme et les enfans & l'oste virent ce que Regnault auoit fait Jlz comencerent a crier. Mais maugis et Regnault sen vont si tost q̃ nul ne sceut qlz cuidrēt et se vont mectre auecqs les aultres en la presse et oncques ne furēt cõgneuz Mais bayart aloit clochant. Et sen alerent a la porte saint martin et Jllecques demourerent toute la nuyt. Et quant Jl fut Jour Jlz sen alerent auecques les aultres au moustier ou le roy ouyt messe. Et quant le seruice fut fait Jl Jssit hors du moustier et monta a cheual et tous les aultres barons auecques luy et sen vint sur saine en la praerie. Et Regnault et maugis aloient auecques eulx. Mais bayart aloit moult fort clochant. Et quant le roy fut la venu Jl commanda que sa couronne soit mise au bout des lices et les cinq cens marcs dargent et les cent draps de soye. Et Jncontinent le duc naymes et Ogier font ce que le roy commande. Et quant tout fut appareille lors vissiez cheualliers monter sur leurs cheuaulx car chescun cuidoit le pris gaigner. Et le roy commande au duc Naymes et a Ogier et a Guyelon de bourgoigne: et a Richart de normandie quilz prēnent cent cheualliers bien armez et gardez bien la feste que nulle noise ny soit faicte et que nul ne face tort a aultruy. Et ceulx firent son commandement. Et lors les cheualliers qui deuoient courir commencerent a regarder Regnault qui estoit monte sur bayart qui clochoit si fort comme Je vous ay compte. Si se commencent a rire et a mocquer de luy et disoient lung a lautre cestuy gaignera le pris et la couronne et disoient gardez ce pie quil ne vous frappe. Et les aultres disoient Jl gaignera le sable. Et vng aultre cheuallier dist a Regnault v͡9 aues bien fait dulx cheuallier dauoir amene vostre bon cheual. Et se dieu le destine vous gaigneres auiourduy le pris. Regnault entendoit moult bien les grosses parolles que lon disoit de luy. Si en auoit le cueur si enfle que se ne fust pour doubtance de perdre le pris Jl en eust la meslee commencee. Et pource Jl se tenoit sans dire mot ne mener nul bruyt car Jl ne luy chaloit de tout ce que Jlz luy disoient.

Ors quant lempereur entend les grosses paroles que ses cheualliers disoient a Regnault Il en fut moult courrouce Si dist si hault quil fut bien ouy de tous. Je vous commande sur paine de ma grace que vous ne dictes villennie ne reprouche a nul cheuallier car se vous le faictes Je me courroucetay. Mais a Regnault ne chaloit gueres de ce que lon luy disoit. Quant le duc Naymes et Ogier virent quil estoit temps de courir Ilz font sonner trompectes. Adonc chescun se mist a courir. Quant maugis vit q cheseun sen aloit Il descend a pie et deslie se pie de bayart mais auant quil fust deslie ses aultres estoient bien loing. Quant Regnault vit q uil estoit temps de partir apres les aultres Il picque et dist a bayart. Bayart nous sommes trop derriere vous pourres bien demourer. Car se vous nestes premier vous aures blasme. Quant bayart ouyt ainsi parler Regnault Il entendit aussi bien que ce fust vne personne. Lors frosche ses sarrines et haulse la teste et estaint le coul aual. Si print son cours si roidement que Il sembloit que la terre deust fondre soubz ses prede et en peu deure Il les eust tous passez si grandement que lon ne se pouoit voir pour la pouldre. Quant ceulx qui gardoient le cours virent bayart ainsi courir Ilz en furent tous esbaiz. Si dirent lung a lautre. Regardez ce blant cheual come Il va roidement et na gueres quil aloit si fort clochant. Certes cest le meilleur de tous.

Et quant lempereur vit ce Il appelle Richart de normandie et luy dist. Vistes vous oncqs tant de bons cheuaulx ensemble come Icy a mais le blanc les a tous passez: dieu comet Il resseble bie bayart se Il fust de poil bayart Je disse q ce fut Il et celluy q le conduyt si est preux et legier. Saiches que Regnault a tant fait q Bayart les a tous passez. Et quant Il fut au bout des lices Il print la couronne et la mist en son bras. Et largent et ses draps Il laissa ester. Car Il ne les daygna prendre. Et quant Il eut la couronne prise Il sen retourne vers le roy Charlemaigne tout le beau petit pas.

Quant le roy le vit vers luy venir Il luy dist tout en riant. Amy arrestez vous Je vous en prie. Car se vous voules ma couronne vo{us} saurez. Et si vous donray de vostre cheual si grant auoir q̃ Jamais ne serez pouure en vostre vie.

Ar dieu ce dist regnault ces parolles ne vous vallent riens Or vous ay Je bien gabbe. Car Je voys faire marchandie ailleurs et vous tiens pour enfant. Je vous ay tant de foiz courrouce et de voz hommes ay mys tant a mort. Regnault suis celluy qui emporte vostre couronne. Querez ailleurs aultre cheual que vous donneres a Rolant pour vaincre bayart. Car bayart naurez vous mye ne vostre couronne aussi. Et puis quant Il eut ce dit Il picque bayart des esperons et sen va si roidement quil sembloit que la fouldre le chasast. Et quant Charlemaigne entend ce que regnault luy a dit Il fut si Ire qĩl ne scauoit quil deuoit faire dune grãt piesse. Et quãt Il eut recouure le parler Il se escrie a haulte voix. Or apres seigneurs apres. Car cest mon ennemy regnault le filz aymon vng fier et dur courage. Et quant les cheualliers entendirent ainsi cri er le roy Charlemaigne Ilz picquerent leurs cheuaulx des esperons et sen vont apres regnault mais leur alee ne leur vault riens. Car bayart les aIa esslongnez en peu deure si fort quil ne sceurent quil est deuenu. Et regnault vient a saine et la passa tout a son aise a noer Car bayart en estoit tout acoustume. Et aussi lauoit aultre foiz passee a plus grant haste. Et quãt regnault fut oultre Il ce descend a la riue. Cependant Charlemaigne arriua de lautre quartier qui luy couroit apres. Et cõmẽca a appeller regnault et luy dist. A filz de proudomme rens moy ma couronne et Je te donray dix foiz autant quelle vault. Et te donray tresues Jusques a deux ans tant q̃ toy et tes freres pourres aler en ardeyne veoir vostre mere q̃ vo{us} desire tãt a veoir et Il na en ma terre cheualier si hardi q̃ vo{us} die le cõtrare. Par dieu ce dist regnault ces parolles ne vo{us} valent riẽs car Jamais vous naures vostre couronne Je la vendray et en payeray mes cheualliere. Et lescarboucle qui ainsi resplendist sera mys au dessus de mon pauillon pourtant que ceulx qui jront a saint Jacques en gallice le puissent myeulx veoir. Et serez blasme de voz cheualliers de ce que aues perdu vostre couronne par le cheual bayart. Quant Charlemaigne sentend ainsi parler Il ne scet quil doyue dire tant est Ire. Si se tint tout quoy tout ainsi comme se Il fust mort. Et quant Regnault eut ainsi parle. Il monte sur bayart et se met a la voye mais non mye le droit chemin mais par vng setier par ou aultre foiz Il auoit este.

Je vous diray de maugis comment Il se esploicta a Issir hors de paris qui estoit monte sur son cheual moreau. Quant Il vit que Regnault auoit passe saine Il sen Issit de paris au plus tost quil peut. Quant Il fut hors Il commenca a crier. Et ainsi comme Il sen aloit Il regarda a trauers et vit Regnault venir. Si luy cria tant comme Il peut. Cousin pensez de cheuaucher car de demourer Icy ne nous viendroit nul bien. Cousin ce dist Regnault vous dictes bien et nous le ferons ainsi. Si se mettent a la voye enuers melun. Quant Alart vit son frere venir et maugis Il dist a ses gens. Seigneurs nous nous pouons bien desbucher. Car Je voy venir mon frere Regnault et maugis. Helas ce dist richart Je les voy venir a grant haste Jay grant doubtance que on les chasse. Or montons tous a cheual et se Ilz ont mestier de nous alons leur ayder et secourir. Et tous respondirent nous sommes tous prestz. Et quant Ilz Issirent de leur embusche. Adonc vecy venir regnault et maugis qui leur dirent. Seigneurs pensez de vous esploicter car la demeure longue nous feroit dommaige: car Je emporte la couronne que bayart si ma fait gaigner par sa prouesse. Et quant Alart sentendit Il en fut si aise que Il ne scauoit que dire adonc embrassa Regnault. Et Incontinent se mectent a la voye et tant ont cheuanche quilz sont venuz a orleans et passerent loyre prestement et puis firent tant par leurs Journees quilz sont venuz a montauban.

Ors quant Ilz furent a montauban la dame vint a sencontre et les receut moult Joyeusemēt et leur fist moult belle chiere et tous ses gens du chastel furent moult Joyeulx de la venue de regnault et de ses freres et luy demanderent comment Il auoit fait de son affaire pour quoy Il estoit ale a paris. Seigneurs dist regnault bien dieu mercy Je fuz congneu par mon hoste le quel me volut trahir et accuser mais Je luy vendy bien chier car Je luy fendy la teste Jusques aux dens et Issimes hors de nuyt de son hostel et nous mismes auecques les austres. Mais oncques ne vistes gens myeulx gablez que nous fusmes. Car les gēs de Charlemaigne se mocquoyent de moy et de bayart dont le roy sen courroua moult fort dont Ilz me laisserent ester. Quant la trompecte fut sonnee pour cōmencer le cours ceulx qui deuoient courir se partirent Incontinent et Je demouray derriere bien le traict dung arc. Et vous diz pour vray quil y auoit bien xx. mille cheuaulx. Et quant Je me viz derriere Je diz a bayart que cestoit grant honte pour luy se Il demouroit derriere mais la dieu mercy moy et bayart Je les vainqui trestouz et ēportay le pris dont Jen ay apporte la courōne du roy auecqs moy dont Il est moult dolant. Quant ceulx de montauban entendirent celles paroles Ilz en furent moult Joyeulx. Mais atant laisse a parler de Regnault de ses freres et de Maugis et retourne a parler de Charlemaigne qui estoit a paris dolant de sa couronne quil auoit perdue.

Omment le roy Charlemaigne vint en gascongne a tout son ost. Et cōment Il assigea regnault et ses freres dedens le chastel de mōtaubā. Et cōment par le cōmēcemēt regnault gaigna la pmiere bataille de charlemaigne la qlle cōduisoit rolāt et oliuier et larceuesque turpin dont le roy charlemaigne cuida entaiger tout vif de honte quil en eust.   Chapitre viii.

N ceste partie dit le cōpte q quant regnault le filz aymon eut gaigne la courōne de charlemaigne Il demoura tout courrouce. Si appella ses barōs et leur dit. Seigneurs Je scay q vous me conseillez comment Je me pourray venger de Regnault le filz aymon. Car vous scaues comment Il ma courrouce. Je vous prometz que se Je nay ma couronne que Je enraigeray tout vif: car mon couraige me dit qƺ la fera deffaire et le scarboucle sera mectre sur son pauillon pource q̃ les gens q̃ sont en gallice le puissent veoir et quil me soit reprouche & tous ceulx qui la verront. Sire ce dist rolant. Si vous voules bien venger de Regnault alons sur luy et luy espillerons sa terre. Et si le roy yon de gascongne peut estre prins si en faictes tieulle Justice quil en soit memoire perpetuellement. Nepueu ce dist Charlemaigne vous dictes bien et saigement et sera fait ce quauez dit. Et si vous prometz que Jamais nauray Joye Jusques a tant que Je en soye venge a ma volente. Sire dist le duc Naymes laissez le courroux en paix. Vous scaues comment Regnault est vostre ennemy et si ne vous prise riens. Mais si vous voules Je vo' diray tel conseil que Regnault sera mys a destruction et ses freres et maugis aussi. Sire faictez mandes voz baros et que chescun soit prest a la chandeleuse prochainemẽt venant et que chescun face prouision de viures Jusques a sept ans. Et adoncques demourez tant au siege de mõtauban que vous les prandrez et puis vous en vengeres a vostre volente.

Ores quant le roy entend le bon conseil que le duc Naymes luy auoit donne Il dressa sa teste et dist. Naymes ce nest pas le premier bon conseil q̃ maues donne et Je veulx quil soit ainsi fait. Et lors le roy fit faire ses lectres et les enuoya par tout son empire que tout homme qui a acoustume de porter armes quil vienne a luy a la chandeleuse prochainement venant garniz de vitaille pour sept ans pour demourer au siege de montauban. Quant les barons sceurent la volente du roy cheschun saparcilla au myeulx quil peut et sen vindrent a paris et se presenterent au roy Charlemaigne et a Rolant son nepueu. Et pour le grant nombre des gens qui estoient venuz Ilz ne peurẽt loger a paris mais furẽt logez au pres dehors paris sur Saine. Quãt lẽpere² vit q̃ tous ses barõs furẽt venuz Il les fit tous

venir deuant luy et leur dist. Seigneurs vous scaues bien tous au
moins la plus grant partie comment Jay conquis quarante roys
lesquelz me prestent tous obeissance excepte le roy yon de gascongne
qui a retraict en son pays mes ennemys mortelz ce sont les quatre
filz aymon. Vous scaues bien le grant deshonneur et dommaige qlz
mont fait et font tous les Jours dont a vous me complains. Et vo9
prie et comande que viegnez tous auecques moy en gascongne pour
moy ayder a venger ma honte et dommaige le quel est moult
grant car vous y estes tous tenuz par serment.

Ors dist le conte de nautuel. Sire nous nyrons mye a ceste
foie car nous ne pouons. Vous scaues bien que nous venis
mes despaigne na gueres de temps dont sommes encores tous lassez
Et aussi en ceste compaignie a plusieurs princes et barons q̃ nont
encores point este en leurs pays ne veu leurs femmes et enfans. Et
vous voulles que nous alons en gascongne sur le roy yon et sur les
quatre filz aymō. Et Je vous diz que les deux playes que Je receu en
espaigne ne sont mye encores gueries. Et pource ny pouons nous
aler. Mais faictes comme bon roy et saige et demonstrez que vous
ames voz gens. Car vous les deues garder comme vous mesmes re
cusez vostre ost Jusques a la penthecouste prochainement venant et
donnez congie a tous voz barons quilz sen aillent en leurs maisons
vng peu reposer. Et quant Il sera temps Ilz viendront de bon gre
et de bon vouloir pour aler en gascongne auecques vous ou la ou vo9
les voulores mener. Quant le roy entend cestes parolles Il en fut
moult courrouce. Si Jura saint denis de france que se Il deuoit estre
desherite si Jray Je en gascongne et meneray auecques moy tous les
Josnes gens darmes lesquelz Je adouberay honnestement et leur dō
ray tout ce de quoy Ilz auront mestier si vous demoures comme te
creuz. Sire dist le duc naymes vo9 dictes bien car ses Josnes enfās
seront bien Joyeulx de leur essaier. Aussi le veulx Je faire dist le roy
et si sera le roy yon destruit et quāt Jauray Regnault et ses freres et

maugis le larron puis Je vou[n]ray gascongne aulx Josnes cheuallers en heritaige. Ce pendant q[ue] Charlemaigne disoit ces parolles vne espie qui estoit a Regnault estoit en Icelle compaignie qui entendit tout ce que dit est. Et quant lespie eut bien escoute il se mist a la voye et tant fit par ses Journees quil est venu a montauban et trouua re gnault et ses freres et maugis. Incontinent que Regnault le vit Il luy demanda. Quelles nouuelles apportes vous de paris et de la court de Charlemaigne. Sire ce dist lespie saiches que charlemaigne est grantement Ire contre le roy yon: contre vous: et contre vos freres et contre maugis Il a mande son empire et tous ses subiect mais nul ne vouloit venir. Adonc le roy a Jure quil namanra hom[m]e viel par deca en sa compaignie mais tous Josnes Bacheliers au q[ue]lz Il donra toute gascongne. Et dit quil assigera montauban et fera la grant tour abactre et mectre toute gascongne a feu et a flambe. Ha: dieu ce dist Regnault a ses gens ne vous descouraiges de riens. Car Je verray comment Rolant et Oliuier ce porterot encontre moy et mes freres. Et lors sen vient Regnault en la salle et trouue ses freres et maugis auecques ses cheualliers et leur dist. Seigneurs Je vous apporte nouuelles. Or saiches que Charlemaigne nous vient as siger et amene auecques luy toute la puissance de france. Or pensons de bien le recepuoir. Car Ilz auront des affaires plus quilz ne pen sent. Frere ce dist Alart nayez doubtance car Ilz seront bien re ceuz. Car tant comme nous viurons et vous verrons monter sus bayar tnous ne vous faulderons et naurons garde destre pris ne mal menez car nul homme viuant ne vous vault ne de boute ne de prouesse.

Cependant Charlemaigne fut aduise et pensa au conseil q[ue] se duc de nantuel luy auoit donne Il appella ses gens et leur dist. Seigneurs Je vous donne congie et si vous diz que Je tien dray a pasques mon conseil general. Or vous gardes bien tous dy defaillir que vous soyes Jcy adoncques bien appareillez. Car Je ne serroye pour riens que Je ne alasse voir le roy yon. Et se Il ne me rend les quatre filz aymon Je luy feray sans doubte tant & honte q̃ Je luy feray taire la barbe du menton. Et si luy feray lever la couronne de son chief et si le feray venir apres moy son pain querant a pie Et quant Il eut dicte ceste parolle ses barons prenẽt congie & Charlemaigne et sen vont en leurs pays. Mais Charlemaigne leur dist au departir. Seigneurs souviengne vous de revenir au terme que Je vous ay dit. Car Je vous Jure que ceulx qui ne viendront si Je retourne Jamais de gascongne Il ne sera Jamais Jour quilz ne se plaignẽt de ma venue. A brief parler Richart sen va en normandie. Et salemon en bretaigne. Et goffroy en auignon Et hugues le vieulx et disiers en espaigne. Et bertons en alemaigne. Et tous les aultres chescun en son pays.

Quant Il fut temps de revenir a court au terme que Charlemaigne auoit donne chescun sappareilla au myeulx q̃l peut pour venir a la court comme leur auoit expressement este encharge Premierement vint Richart de normandie et amena auecques luy de moult noble cheualerie et se presenta deuãt le roy Charlemaigne droictement a saint denis. Puis apres vint salemon de bretaigne et amena auecques luy de ses barons belle compaignie et se presenta a Charlemaigne a saint denis. Apres vint desirs despaigne et amena en sa compaignie bien dix mille cheualliers bien en point et bien garniz de vitaille car en tout lost nauoit nulz myeulx apareillez de nulles choses. Et se presenta a Charlemaigne a saint denis en ceste maniere. Apres vint goffroy le conte dauignon. Et amena auecques luy tout son pouoir et moult belle compaignie et viures a foison et se presenta au roy. Apres vint pontir dalemaigne et amena auecques luy moult belle compaignie car Il auoit ceulx dirlande et ceulx daufricque et bien mille bons archiers que pour doubtance de mourir ne sen fuyroient dune bataille et se presenta au roy le q̃l fut receu moult honnorablemẽt. Apres vint le bon euesque turpin et amena auecques luy moult belle compaignie et bien rusez darmes porter et se presenta au roy qui en fut moult Joyeulx de sa venue car leuesque estoit moult proudôme. Et le roy se fioit moult en luy pour sa grant beaute. Et aussi pour la grant proudommie qui estoit en luy.

Que les grans seigneurs qui du roy tenoiêt terres vindrêt a paris et se presenterent au roy Charlemaigne et le roy les receut a moult grant Joye et fut moult Joyeulx de si belle côpaignie quil veoit que chescun auoit amenee. Mais Je vous dy quât tost fut assemble Il faisoit si chier viure a paris que cestoit vne grant pitie Car la soume de ble valoit quarante solz et vingt deniers. Et si le roy y fust plus gueres demoure Il eust este si grant cherte que le menu peuple fust mort de faim. Mais le roy commenca a faire ses monstres pour scauoir combien Il auoit de gens. Et quant elles furent faictes Ilz trouuerent quil auoit bien trente mille cheualliers de prime barbe sans les cheualliers anciens qui estoient bien cent mille cheualliers. Et quant les monstres furent faictes le roy fit venir Rolant et luy dist. Beau nepueu Je vous recômande mon ost et vo⁹ prie que vous le vueillez conduire par bonne raison. Sire dist Rolant Jen feray mon pouoir. Lors luy fit bailler loriflam et sen partit de paris. Et tant firêt par petites Journees qlz vindrêt a blaines Et lors Charlemaigne fit crier que tous ceulx de son pays portassent viures apres lost. Et ce qlz porteroient se Il valoit vng denier Ilz en auroiêt deux. Et ce pendât les nefz passerent oultre gironde qui passerent larmee. Et quant Ilz furent oultre Ilz mirent les bataille en ordonnance et puis sen vont a montauban. Et quant Ilz furent la venuz Ilz se logerent au tour de montauban. Et lors les francoys commencerent a dire lung a lautre. Par mon serment vecy vng beau chastel et fort. Et si nous ne gaignons aultre part Icy ne gaignerons nous gueres.

Et quant les batailles furent ordonnees a lentour de montauban Rolant commenca a dire au roy Charlemaigne. Sire Il me

h.i.

semble que nous deuons dōner lassault a montauban. Et le roy respond Je ne veulx que mes gens ayent dōmaige: Mais Je veulx scauoir si le chastel se vouldra tenir ou rendre. Car se Il se vouloit rendre Je ne veulx que bataille y soit faicte. Et lors manda Incontinēt vng cheuallier monte sur vng mullet tout desarme et sen vient a la porte du chastel. Et quant ceulx qui gardoient la porte virent q̃ cestoit vng messagier si luy ouurirent la porte et le cheuallier entra dedens. Et ainsi quil fut entre Il trouua le seneschal auecques cēt hommes qui aloit visitant les gardes. Incontinent le cheuallier le salua et le seneschal luy rendit son salut et luy dist. Qui estes vous gentil homme que querez vous seans: Je vous prie que vous me diez quelz gens sont ce qui sont la dehors si belle compaignie. Sire dist le cheuallier ce sont les gens de Charlemaigne qui est venu assiger le chastel de montauban. Et Je suis vng sien cheuallier qui suis venu parler a Regnault de par le roy Charlemaigne. Lors le seneschal print le cheuallier par la main et le mena deuant Regnault le filz aymon. Et quant le cheuallier vit Regnault Il le salua moult honorablement. Et puis luy dist. Regnault Charlemaigne vous māde par moy q̃ se vous voules rēdre a sa mercy et luy donnez vostre frere richart a faire a sa volente Il aura mercy de vous. Et si vous ne le voules faire Il fera assaillir vostre chastel. Et se prēdre vous peut par force Il vous fera pendre ou mourir de cruelle mort.

Donc quāt Regnault entend les nouuelles que Charlemaigne luy mandoit Il commenca a sourrire et dist. Amy alez dire au roy que Je ne suis mye homme qui doiue commettre trahison. Car si Je le faisoye suymesmes me blasmeroit moult: mais si luy plaist moy et mes freres et maugis sommes a son commandement. Et nous dīrons de grant cueur a luy cōme a nostre seigneur souuerain sauf noz vies et noz membres. Et si luy rendrons le chastel du tout a sa volente. Et dictes au roy quil fera bien et saigement de prendre cinq ytieulx cheualliers comme nous sommes. Et se Charlemaigne reffuse Je me fie tant en dieu que nous ne priserons le roy ne ses gens

Le messagier entend la responsse q̃ Regnault luy a faicte Et Incontinent sen retourne vers Charlemaigne et luy compta tout ce que Regnault luy auoit dit & mot a mot sans riés faillir Quant le roy entend celles parolles que Regnault luy mandoit Il se mist a penser moult longuement car Il cõgnoissoit que Regnault ne disoit que tout bien. Et lors manda le duc Naymes et Ogier le dannois et leur dist. Seigneurs Regnault me mande quil ne fera riens de ma volente. Et a ceste cause Je veulx que le chastel soit a present assailly. Sire ce dist le duc naymes Il me semble comme Jay entendu que Regnault vous a fait moult belle offre: et si croire me voules vous le prendres a mercy. Car vous scaues que ce sont gens dont vous vous poues grandement seruir. Et se Regnault est vne fois en paix auecques vous vous en serez craint et myeulx ayme. Mais puis que vostre volente ne si acorde nous nen puons mais. Dassaillir le chastel Je ne le conseille mye: car vous voyez q̃ le chastel est bel et fort et Regnault a leans belle compaignie de gens. Et luy et ses freres et Maugis sont tieulx cheualiers comme vous scaues. Si vous faictes le chastel assaillir Ilz sauldront par les faulces poternes et vous feront si grant dommaige de voz gens que vous en serez dolant et courrouce. Mais si vous voules croire mon coseil vous assiegerez le chastel & si pres q̃ home nen puisse Issir ne entrer quil ne soit prins et ainsi pourres auoir ce chastel par famine car par assault ne laurez vous mye.

Charlemaigne entend ses parolles et cõgneut bien que le duc Naymes parloit bien et saigement. Si luy dist Je veuil q̃ soit ainsi comme deuisez. Et lors fit crier par tout son ost que cheseü se louge au plus pres du chastel le plus que lon pourra. Et luymesmes commande que lon tende son pauillon au plus pres de la porte. Quant ce fut crie lors vous vissiez en petit deure plus de dix mille pauillons autour de montauban. Quant lost fut tout louge Rolãt

h.ii.

re part de lost a bien deux mille cheualliers bien armes et bien montes tous hommes de prime barbe de la droicte france et sen vient de lautre part de montauban en vng lieu qui a nom balancon ou Il auoit vne riuiere grāde et parfonde en la qlle auoit assez poissons a grant foison. Et Illecques fit tēdre son pauillon. Et tant fut plain de grant orgueil quil fit mectre le dragon au dessus de son pauillon Et fit faire le logis de tous ses compaignons a lentour de luy. Et estoient en tel lieu dont Ilz pouoient voir tout le pays et les boys et ses riuieres. Et voit montauban sur la grant roche bien ferme: et regardoit les deux riuieres qui enuironnoient montauban dromonne et gironde.

Rolant vit le lieu si fort dont moult sen esmerueilla et dist a ses gens. Seigneurs Je mesbahys fort de ce chastel et ne me esmerueille mye se les quatre filz aymon font guerre a mon oncle Charlemaigne puis quilz ont si bon rettaict car Je vous prometz q̄ Jamais montauban ne sera prins par nous. Vous dictes mal dist Oliuier car nous prismes bien par force lezonne et si abattismes de noble la grant tour et le donion dont Je dy que montauban aurons nous bien. Et se Regnault et ses freres ne se viennent rendre Ilz se ront en dangier de mort. Je vous prometz dist Rolant que Ilz nen feront Ja riens. Car Je vous prometz que le gentil Regnault nous fera tieulle peur que les plus hardiz vouldroient estre a paris. Regnault est preup et couraigeup et ses freres pareillemēt: et si ont de dès le chastel demoult nobles et vaillās cheualliers pour quoy Je dy et suis dopinion q̄ tant q̄lz auront a viure Jamais ne serōt pris. Quāt le pauillon de Rolant fut tendu Rolant regarde la riuiere et vit q̄ se estoit toute plaine doyseaulx. Lors dist a leuesque turpin et aup aultres barons. Voyez comment nous sommes logez en bon lieu. Alons en ces riuieres chasser auecques noz faulcons. Sire ce dist turpin alons de par dieu. Lors Rolant mōte a cheual et prent auecques luy bien trente barons et non plus et prindrent leurs faulcons et sen võt la plus part mõtez sur mulletz tous desarmez si non leurs espees.et sen vont esbatre encontre val la riuiere et prindrent beau-coup doyseaulx de riuiere et si grant quantite qilz en chargerent vng sommier. Larceuesque turpin et Ogier ny alerent point mais de-mourerent pour garder lost. Et estoient deuant leur tente la ou Ilz faisoient compter a vng viel cheuallier coment troye la grant auoit este destruicte. Ce pendãt vne espie estoit en lost q estoit a Regnault lequel Il auoit enuoye pour scauoir le contenement et le fait de Ro-lant, Incontinent lespie se departit de lost et sen va a Regnault et luy compta comment Rolant et Oliuier sen estoiẽt alez chas-ser auecques luy les trente meilleurs de lost.

Es parolles dictes par lespie a Regnault. Regnault en fut moult Joyeulx et si appella ses freres et maugis son cousin et leur dist comment Rolant et Oliuier et trente des meilleurs ba-rons de Charlemaigne estoient alez chasser es riuieres au plain de Balancon. Que deuons nous faire ce dist Regnault. Cousin ce dist Maugis nous les pouõs bien occire si nous voulons. Car Ilz sont bien foulz et orgueilleux. Ne vous souuient Il que vng messagier vous dist a bien vng moys que Charlemaigne auoit laisse tous les anciens cheualliers de son royaulme pour les Josnes. Et auoit toute gascongne despartie aux Josnes bacheliers de france. Et par cestuy toubant Rolant et Oliuier sont montes en si grant orgueil quilz cuident que au monde nayt homme qui les osast regarder par mal talant. Mais se vous me voules croire Je vous diray tieulle cho-se dont vous les ferez courroucez et dolans. Et lors Regnault fit sonner son cor que Jamais lon ne sonnoit sans necessite. Car quant lon le sonnoit chescun couroit a ses armes. Et Incõtinẽt Regnault et ses freres et Maugis se firent armer. Et quant Ilz furent tous armez et bien appareillez Regnault monte sur bayar le bon cheual et le fiert des esperons et bayart fait vng sault bien de trente piedz de long. He bon cheual ce dist Regnault comment vous vous faictes amer et comment vous me ferez huy mestier. Alons tondre de ses

b. iii.

malheureuses gens de Charlemaigne de France et faisons par telle maniere que Il ne nous faille point retourner par deux fois et Je vous en prie a tous.

Et quant Regnault vit que ses gens furent bien appareillez Il sen Issit dehors par la faulce poterne que lon ne se pouoit veoir de lost et estoient bien par nombre en sa compaignie enuiron quatre mille bien montes et bien armez. Et ung forestier les conduisoit par le plus espes de la forest. Et Regnault dist au forestier, Mayne moy en lost de Rolant sans faillir. Le forestier luy respondit que si feroit Il volentiers. Lors les mene tout droit a balancon. Et quãt Regnault vit les pauillons Il les monstre a ses gens et leur dist. Seigneurs regardez quel beau gain nous auons. Icy trouue se nos les ousons assaillir. Sire dirent ses gens alons y hardiment: car nous ouserions bien assaillir le deable quant vous series aueques nous. Or vous diray de larceuesque turpin qui estoit demoure pour garder lost dont Il auoit grant peur car Il scauoit bien a qui Il auoit affaire. Si en estoit en grãt suspection et leua la teste et vit les corbeaulx et les cornailles voler par dessus la forteresse et mener grant noise si en eut grant peur que ce fussent leurs ennemys. Si regarde par my les boys qui grans estoient et vit ses ennemys dont Il fut si effroie que a peu quil ne perdit le sens. Lors appelle ogier le dannois et luy dist. Franc cheuallier pour dieu alez vous armer et faictes armer voz gens car vecy noz ennemys. Or sont bien Rolant et Oliuier tenuz pour garsons qui sont alez chasser et ont laissé leur ost ainsi en grant dangier Je croy quilz ne sen auengeront pas a repentir. Quãt Ogier ouyt ainsi parler turpin Il en fut moult Ire. Si sen entra dedens son pauillon et se fit armer Incontinent et fait sonner trõpetes Incõtinet pour lost esmouuoir. Et quãt les frãcoys ouyrẽt les trõpetes sonner Ilz se mirẽt en ordonnãce noblement Ce pendant Ogier fut arme et mõte sur son cheual broyfort et trouuẽq vne grant partie de lost estoit Ja arme. Lors Ogier leur dist. Seigneurs pensez de bien vous deffendre. Car nous somes assaillis.

Sbahy fut Regnault quant vit lost ainsi fremir lors dist a ses gẽs. Seigneurs nous sommes descouuers non pourtant alons les assaillir. Tous respondirent quilz sont tous prestz Et quant Regnault entend celles parolles lors dist a maugis beau cousin prenez mille cheualliers et demourez icy dedens ce boys et si vous voyez que nous ayons mestier de ayde si nous venez secourir. Sire ce dist Maugis volentiers sera fait vostre commandement. Et quant Regnault eut ce dit Il picque bayart des esperons et sen va en lost et passa balancon et le premier quil rencontra ce fut aymery le conte de nycol. Et le frappa tellement quil luy fit passer sa lance tout oultre parmy la poictrine et tomba mort a terre. Lors dist Regnault par saint nycholas vous le comparerez mauluais gloutons grant folye fistes de oncques venir en gascongne. Et quant Il eut ce dit Il mist la main a son espee et commenca a faire si grant abacement de cheualliers que nul ne le sauroit dire. Et quãt Regnault vit ses ennemys si fort esbahiz Il commence a dire. Ou est Rolant et Oliuier qui si fort mont menasse moy et mes gens et si dit q̃ nous sommes traictres mais se Il le disoit deuant moy Je luy mõstreroye que Il ne dit ne bien ne vray. Quãt larceuesque turpin vit et entend ce que Regnault disoit Il dist a Regnault vous ne dictes ne bien ne vray. Et lors picque son cheual des esperons et sen vient contre Regnault et sentre donnerent si grans coups en my les escus quilz font leurs laces voler en piesses mais ne lung ne lautre ne cheust point Et quant Regnault eut brise sa lance Il mist la main a son espee et en donna si grant coup a larceuesque turpin sur son heaulme quil le fit tout chanceler luy et son cheual. Et quant Regnault vit larceuesque si greue Il luy dist. Pere estez vous celluy turpin qui si fort vous prisez. Par ma foy Il me semble que myeulx vous vaulsist estre a present dedens vng moustier chanter messe que estre icy pour me cuider greuer.
Ore quant larceuesque turpin entend le reprouche que Regnault luy faisoit Il en cuida forcener et mect la main a son
h.iiii.

espee et va courir sur Regnault. Et lors fut tost esmeu d'une part et d'aultre. A brief parler Il y eut tant de lances brisees: tant de chevalliers abatuz: et tant de chevaulx mors que c'estoit grant pitie a veoir. Et a tant vecy venir Ogier le dannois l'escu au coul et l'espee en sa main et monte sur broyfort et fiert Richart le frere de regnault si durement que son cheval tomba a terre si que la coyffe de son heaulme tomba en la sablonniere. Quant Richart ce vit par terre Il se relieue moult vistement comme chevallier preux et vaillant et mect la main a son espee et Ogier passa oultre pour poursuit son poindre et commenca a crier l'enseigne saint denis. Quant Regnault vit son frere Richart par terre Il en fut moult Ire. Si picque son cheval et s'en vient contre Ogier le dannois et Ogier contre luy et vont donner moult grans coups sur leurs escus. Regnault frappe Ogier par si grant vertu que sangle ne poictrail ne luy valurent riens qu'il ne luy conuenist tomber a terre. Quant regnault vit Ogier a terre Il prent broyfort par le frain et dist a ogier. Maulvaisement aues fait d'avoir abatu mon frere deuant moy. Vous scaues que vous estes de mon lignaige et mon cousin de bien pres Vous me deuriez aider et deffendre contre tous hommes et vous nous faictes pis que les aultres dont Je dy que ce n'est mye oeuure de cousin mais d'ennemy. Non pourtant tenez vostre cheval car selon vostre seruice Je vous ay rendu le guerdon. Et le vous rens par tel conuenant que me ferez plaisir en aultre lieu quant Je en auray mestier la quelle chose dieu ne vueille.

Cousin ce dist ogier vous parlez en homme de bien. Et Je vous promectz que se Je fauly a ce que aues dit que dieu me pugnisse. Regnault luy rendit son cheval et tient l'estrief a ogier pour monter dessus. Et saiches que depuis Ogier en rendit le guerdon a Regnault a la roche montbron dont luy fut reprouche par Charlemaigne moult villainement. Quant ogier fut remonte Il mist la main a son espee et ce mesla en la greigneur presse des gascons et les commence si bien a estrancher quil les faisoit tous fouyr deuant luy. Quant maugis vit que toutes les batailles estoient toutes meslees Il sort hors de son embuschement et vient a balancon et passa le gue et sen vient en la plus forte presse tellemēt que nul ne pouoit tenir deuant luy. Et alors les francoys nen pouoient plus et furēt tous desconfitz moult oultrageusement au passer de la riuiere et se mirēt en fuyte. Et les gascons les chassent battans vne grāt lieue Et puis sen retournerēt en lost et prindrent tout lauoir quilz y trouuerent. Et maugis sen vient au pauillon de rolant et print le dragon qui dessus le pomel estoit et passerent balancon au gue et sen retournerent a montauban a moult grant ioye. Et quant Ilz furent la venuz Ilz se desarmerent et mengerent tresbien car grant mestier en auoient. Et quant Ilz eurent menge a leur aise Regnault fist apourter le butin deuant luy et Il le departit tout a ses gens quil nen retint pour luy vng seul denier. Quant regnault eut tout departi Maugis monta sur la grant tour de montauban et mist le dragon dessus tant que lost dune part et daultre le pouoient veoir. Et quant Charlemaigne vit le dragon sur montauban Il cuida que Rolant eust pris montauban par force. Mais la chose aloit bien aultrement. Car regnault et ses freres auoient desconfitz tous les gens de rolant et auoient emporte le dragon et mys sur la tour de montauban.

Omment regnault et ses freres furent trahiz et venduz au roy Charlemaigne par le roy yon de gascongne qui les enuoya es plains de vaulx couleurs tous desarmez fors que de leurs espees montes sur muletz vestus de manteaulx descarlate fourrez dermines. Du quel val Ilz eschapperent par le vouloir de dieu. Mais Ilz souffrirent moult grant paine et moult grant trauail. Car Ilz furent moult grandement bleciez et naurez. Mais de la partie du roy Charlemaigne Il y demoura fouques de morillon. Et plusieurs aultres grās barōs et vaillās cheualliers dont le roy charlemaigne en fut courroucé et dolant.   Chapitre .iv.

¶ Oirons de Rolant et de Olivier qui venoiēt de chasser des rivieres avecques leurs compaignons et venoient par semblant moult Joyeulx. Car Ilz avoyēt bien chassé et pris grāt quātite doyseaulx. Et ainsi cōme Ilz sen venoiēt Ilz rēcontrerent dāps rambault le franc chevallier qui leur dist par moult grant Ire. Vous aves prins assez oyseaulx Rolant et vous Olivier si pensez estre bons marchans vendez bien vostre proye. Car Je vous prometz que vous ne vendrez Jamais tant vostre chasse comme elle vous couste. Et se vous aues prins oyseaulx regnault et ses freres ont prins chevalliers et chevaulx. Et quant vous voyez vostre dragon qui est dessus la tour de montauban vous en deues estre Joyeulx et en savoir bon gre aux quatre filz aymon. Car tous ceulx qui le voient cuident que ayez prins montauban. Quant Rolant entendit ces parolles a peu quil ne sortit du sens. Si descend de son mullet et sasseist sur vne pierre et se mist a penser moult fort et Olivier pareillement. Et quant rolant eut assez pensé Il appella larceuesque turpin: et Ogier le dannois: et Richart de normandie et leur dist. Beaux seigneurs pour dieu quel conseil me donnez vous sur cestuy fait car Je ne me ouseroie Jamais trouuer devant mon oncle le roy Car Jay grant doubtance de mauluais rapport et que lon ne die aultre chose que verite. Et lors dist a larceuesque turpin. Pour dieu donnez moy congie beau sire car Je men veulx aler oustre mer au temple de nostre seigneur et guerroier contre les sarrazins. Car puis q̄ ceste meschancete mest aduenue Je ne veulx plus pourter armes cōtre crestiens. Sire dist larceuesque turpin ne vous esmayez de riens car cecy est vsance de guerre souuāt a plusieurs couient mescheoit Je v9 pmetz q̄ avāt troys Jours vous aures des gēs de regnault cōme Il a des vostres. Sire ce dist rolant vous me donnez bon couraige et Je vous pmetz q̄ a vostre prudence macorderay. Quant Rolant eut dictes ces parolles larceuesque turpin et Ogier firent tant quilz se firēt mōter a cheual et to9 ensemble sen vōt vers charlemaigne et saiches que apres Rolant venoient plus de cent gentilz hommes Josnes tous a pie a cause qlz auoient perduz leurs cheuaulx. Et quant Ilz furent en lost venuz Ilz sen vont au pauillon du duc Naymes Et quant Rolant entra dedens Il fut moult honteux et demoura deux Jours sans Issir dehors ne nose aler a la court ne nouse regarder home ou visaige mais se tenoit come home tout esbahy de la grant douleur ql auoit au cueur et ne disoit mot du monde. Quant Rolant et oliuier furet demourez en la tente du duc Naymes. Ce pendant turpin sen vint en lost au tref de Charlemaigne et entra dedens. Si salue le roy moult honnorablemet et le roy luy rendit son salut et puis luy dist. Damps arceuesque bien soyez venu. Sire dist turpin dieu soit garde de vous en vous suppliant ql vous plaise me pardonner si Je vous dy chose quil vous desplaise. Or me dictes dist le roy ce quil vous plaira car chose que me diez ne me sauroit desplaire. Sire dist turpin saiches q les quatre filz aymon nous ont desconfitz et matez et si ont emmene tout ce q auions en noz tentes et cheuaulx et harnois et emporte tous noz pauillons et le dragon de Rolant sans les prisonniers quilz en ont amene a montauban et si ont tue la plus grant partie de nostre compaignie.

Donc quat lempereur ent ouy ce q turpin luy auoit dit Il fut vne grat piesse come home tout forcene. Lors Jura sait denis par moult grant Ire. Or aues vous trouue ce q aliez querant et le grant orgueil et boubant que vous auies bien laues trouue a point. A ceste heure Il manda tout son ost expressement que tous les princes et barons vienissent en son tref car Il vouloit tenir parlement auecques eulx. Quant les princes sceurent le comandement du roy vous les vissiez venir a grant haste vers Charlemaigne. Et quat Ilz furet tous assemblez dedens le pauillon du roy lors si se dresse sur ses piedz et dist par ceste maniere. Seigneurs Je vous ay mandes pour vous dire la meschance qui nous est aduenue de nouuel. Or saiches q les quatre filz aymon si ont tous desconfitz noz cheualiers que Rolant mon nepueu mena a balancon dont Je suis triste et dolant. Car Je vouldroye auoir perdu grant chose et quil ne fust point aduenu. Mais de ce qui ne peut estre aultrement son sen doit souffrir le myeulx que lon peut Je vous prie et requier a tous vous messeigneurs et amys et sur le serment que auez a moy que me conseillez loyaument comment Je me doiz conduire en cecy et comment Je puisse auoir ce chastel de montauban. Quant le roy eut ainsi parlé Il ny eut homme si hardi qui osast oncques sonner mot fors le duc Naymes de bauieres le preux et saige cheuallier. Sire ce dist le duc Naymes vous demandez conseil de assiger mōtauban. Nul homme qui ait raison en luy ne le vous diroit conseiller fermemēt car Il y a du dangier grantement pource que Guynart le seigneur de berne le sect et Goffroy le seignē de poyty qui sont bons cheualliers et crais par leur vaillēce. Et le roy yon de gascongne qui est a tholouse tous viendront en ayde a Regnault pource quilz sont ses aliez: et aussi quilz sceuent que cest vng des bons cheualliers du monde Ilz sceuēt bien que Regnault nous donne de grans affaires. Et si vous dy q̄ se Ilz se mectent tous ensemble Ilz vous donront assez affaire et si vous pourront faire vng tresgrant dōmaige. Mais se vous voules bon conseil et me croire Je le vous donray seurement. Sire mandez au roy yon quil ne retraye point ne ne garde point voz ennemys en son pays mais qꝓl les rende en voz mains pour en faire vostre plaisir et vostre commandement. Et se Il ne le veult faire vous luy exciller̄ez sa terre ne de luy naurez nulle mercy.

Naymes dist le roy or me donnez vous bon conseil et Je veulx que ainsi que aues dit quil soit fait Incontinent. Lors le roy fit venir vng sien hairault et luy dist. Or tost alez vous en a tholouse et dictes au roy yon de ma part que Je suis entre en gascongne acompaigne des douze pers de frāce auecques cent mille combactās Si ay Rolant et Oliuier. Et luy dictes que par saint denis de frāce ce Il ne me rend mes ennemys ce sont les quatre filz aymon que Je luy excilleray toute sa terre et ne luy demourera chasteau ne cite

ne ville que tout ne soit jecte par terre. Et se Il peut estre prins Je
luy osteray sa couronne de dessus son chief si sera appelle roy abatu
Sire dist le hairault vostre commandement feray sans varier dung
tout seul mot. Et lors sen partit de tost si prent son chemin vers tho
louse la Il trouua le roy yon en son palays auecques moult noble cō
paignie. Si tost que le hairault le vit Il le congneut bien si le salue
de par Charlemaigne le roy de frāce. Et puis luy dist de mot
a mot la chose qui la amenoit sans point varier en riens

Et quant le roy yon lentendit Il encline sa teste bas et com-
mence fort a penser moult longuement sans dire mot. Et
quant Il eut assez pensé il dist au messagier. Beau amy Il vous
conuient seiourner Icy par lespace de huit Iours et Ie vous en prie et
puis vous respondray ma volente que direz au roy Charlemaigne
Sire dist le messagier Ie demoureray tresvolentiers puis quil vous
plaist. Lors le roy yon sen entra dedens sa chambre et huit contes
auecques luy. Et le roy commanda que luys soit bien ferme et puis
se assirent tous sur vng banc. Et quant Ilz furent tous assis le roy
yon print la parolle et dist. Seigneurs Ie vous prie et requiers sur
la foy que vous me deues que vous me donnez conseil a lonneur de
moy non mye a ma volente mais par raison. Or saiches que Char-
lemaigne le roy de france est entré en ma terre a toutles douze pers
de france et Rolant et Oliuier auecques cent mille combatans et
si me mande que se Ie ne luy rens les quatre filz aymon quil ne me
laissera ne cité ne ville que tout ne me mecte par terre. Et si a Iuré
que si Ie suis prins quil me ostera ma couronne de dessus mon chief
pour moy clamer roy abatu. Oncques mon pere ne tint rien de luy
non feray Ie pareillement. Myeulx vault mourir a grant hō-
neur que viure a grant honte.

Donc quāt le roy eut ainsi parle Il se taisa et lors se lieue vng
cheualier q auoit nom gaudefroy q estoit nepueu du roy yon et

luy dist. Sire Je me smerueille moult de vous qui demandez conseil pour estre traictre et de trahir tieulx cheualliers comme les quatre filz aymon sont. Regnault est vostre homme et vostre charnel amy car vous luy aues donne vostre seur a femme deuant voz barons et et amys. Vous scaues le bien quil vous a fait et a vostre pays Il na pas long temps ql desconfit marcille le puissant sarrazin et le chassa bien quatre lieues et si luy trencha la teste la quelle Il vous presenta. Et vous luy aues promis et Jure que vous le garderez enuers tous et contre tous. Mon oncle si vous aues talant de luy faillir ne de non luy tenir ce que luy aues promis faictez le en aler luy et ses freres si sen Iront en aultre pays a leur aduenture et seruiront quelq seigneur qui leur fera de plus grans biens que vous ne leur voules faire. Et si vous prie mon chier seigneur et oncle que vous ne vueillez faire chose qui vous tourne a blasme ne qui vous soit reprouche enuers tous voz amys. Apres parle le viel conte danious et dist. Sire vous voules que nous vous donnons conseil. Se vous voulez faire ce que nous vous conseillerons Il sera bien pour vous. Or dictes hardiment ce dist le roy car Je feray ce que me conseilleres. Sire dist le conte bien aues ouy dire et si fut vray que benez occist le conte lohier et Charlemaigne le manda querir et luy fit trancher la teste a paris par male Intécion. Et puis en prist acordance a benes daigremont. Et en ce temps la Regnault et ses freres estoient bien Iosnes ne de eulx nestoit nulle mencion. Puis apres quat Ilz furēt grās le roy leur en volut faire amēde car la chose leur touchoit: mais Ilz eurēt le cueur si felon q nulle amēde nen volurent prendre. Et dura leur hayne que depuis en vindrent de grans maulx. Car Regnault occist berthelot le nepueu du roy dung eschaquier. Sire Je ne scay pour quoy Je vous celasse riens. Vous scaues bien que Charlemaigne est si puissant roy que oncques ne entreprist guerre que Il nen viensist au dessus. Si que Je vous donne par conseil que vous rendez Regnault et ses freres et maugis si serez deliure dung grāt ennuy et dung grant dangier.

Et apres parla le conte de mobendes et dist. Sire roy de gascongne si vous faictes ce q̃ le conte danious vous conseille vous et nous sommes traictres car Regnault est vostre homme et tant laues ayme que vous luy aues donne vostre seur a femme Et quant Il vint es marches par deca Il ny vint mye comme garson: mais vint comme vaillant preux et noble cheuallier. Car Il amena en sa compaignie quatre mille hommes bien armez et bien montes. Et quant Il vint a vous Il vous dist auant nous tous auant quil oustast ses esperons quil auoit guerre auecques le roy Charlemaigne. Non pourtant se retirates de bon cueur et puis fistes de luy a vostre plaisir. Car pour vous Il conquist maintes batailles. Et si vous deliura des mains de voz ennemys. Et pource sire Ie vous dy que vous nestes point digne de vous reclamer roy ne de pourter couronne sur vostre chief se pour doubtance de mort vous trahyssez tyeulx cheualliers come sont les quatre filz aymon car encores naues vous perdu ne chastel ne cite. Et si vous le faictes aultrement vous serez tenu pour traictre et mys ou nombre de Judas.

Apres parla Anthoyne le vies conte et dist au roy. Sire ne croyes mye ce conseil. Car tieul conseil vous donne maintenant dont en la fin serez trahy. Car Ie scay assez myeulx lentente de Regnault que nul q̃ soit Icy. Vous aues assauoir sire que Regnault fut filz dung seigneur q̃ nauoit que vne ville et fut si orgueilleux q̃ oncques ne daigna seruir ne obeir a son seigneur le roy de france mais occist berthelot par sa grant oultrecuidance dont Charlemaigne le dechassa hors du royaulme de france. Or est Il venu quil est en gascongne et vous sire roy luy aues donne grãt heritaige en vostre terre Et po᷉ ce qͮl a eu vostre seur a femme Il est deuenu si orgueilleux q̃ nul ne peut durer deuant luy ne vo᷉ ne vostre court ne prise la seulle mõtance dung denier. Dont Ie vous Iure par mon chief que ce Il peut qͮl vous toudra la vie pour auoir vostre royaulme. Dont Ie vous loue par droit conseil que vous le rendez a charlemaigne luy et ses freres et vous feres comme roy saige. Et vous apaiserez la grāt Ire du roy Charlemaigne de france.

Et apres parla le duc Guymart de bayonne et dist. Sire roy de gascongne Je vous dy que le conte anthoyne ment faulcement et si vous donne mauluais conseil. Car Regnault si est filz du duc Aymon dardeyne qui est de moult grant lignaige. Et Charlemaigne fit occire seur oncle le duc benes daigremōt a moult grāt tort. Et Regnault en print la vengence sur berthelot a moult grant rayson. Et qui plus est ce fut son corps deffendant. Dont Je vous dy que nul roy nest point digne de pourter couronne ne auoir honneur qui veult cōmectre trahison pour menasse daultre seigneur. Apres parla Humart vng viel homme et dist. Par dieu damps Guymart je croy que tu as le sens perdu qui conseilles au roy yon quil soustiēgne Regnault encontre charlemaigne pour faire destruire tout le pays de gascongne dont Il vous en chauldroit bien peu se le royaulme estoit gaste et le roy mys a honte mais que vous eussiez louange et prio. Lors dist Guymart tu mens faulcemēt et ce nous fussions aultre part que Jcy Je te monstrasse que tu es vng viellart rassote Car Je ne vuldroye conseiller au roy yon que toute chose qui touche son honneur et prouffit aussi de son royaulme.

Apres parla vng nomme sire hector vng ancien conte et dist Sire roy vous demandez conseil a tel q̄ ne se scet conseiller luymesmes. Car ainsi que Guymart dit Il est tout aultrement. Et vous asseure q̄ se en ceste matiere vo9 perdez que Il ny perdra riēs Sire vous scaues que Regnault est assez bon cheuallier mais par son grant orgueil Il a fait guerre a Charlemaigne. Car Il occist son nepueu berthelot par son oultraige. Or sen est venu en gascongne et vous luy aues donne vostre seur en mariaige dont grant folye fistes et luy fermastes le chastel de montauban ou plus fort lieu de vostre royaulme. Or est venu le roy Charlemaigne q̄ la assige dont

Je vous conseille que vous acordez auecques le roy Charlemaigne et vous deliurez de Regnault au plus tost que vous pourres. Car myeulx vault perdre quatre cheualliers que tout vostre royaulme. Tollez luy vostre seur et la donnez a vng aultre qui soit plus gentil homme que Regnault nest: et qui nayt point de tieulx ennemys comme Charlemaigne. Et trouues aucune occasion pour rendre Regnault et ses freres a Charlemaigne. Et ce pourrez vous bien faire sans blasme se vous voules faire ce que Je vous conseilleray. Amys ce dist le roy yon Je suis prest de faire ce que me conseilles. Car Je voy et congnois que vous me donnez bon conseil sur tous les aultres.

Lors quant le roy yon de gascongne vit que le plus de son conseil se acordoit quil deust rendre Regnault et ses freres au roy Charlemaigne. Lors commence a plourer moult tendrement et dit entre ses dens que nul ne le pouoit ouyr. Par dieu Regnault Je suis charge par vo?. Or ce departira mon amour car vous en perdrez le corps et Jen perdray lamour de dieu et de sa mere. Car de trahir vng tieul cheuallier comme vous estes Jl ne pourra Jamais trouuer mercy vers luy. Mais Je vous dy que dieu monstra por Regnault celuy Jour vng beau miracle car la chambre ou le conseil fut tenu q estoit toute blanche si mua couleur et deuint Inde et noire comme charbon Seigneurs ce dist le roy yon Je voy bien quil me fault rendre les quatre filz aymon puis que la plus grant partie de vous si acorde et Je le feray ainsi puis que se me conseillez mais Je scay bien que Jamais mon ame nen aura pardon et si en seray tenu toute ma vie comme Judas Et adoncques ont le conseil laisse et sen Issirent hors de la chambre Et quant le roy fut Issu hors de la chambre Jl se assist sur vng banc et se mist moult fort a penser. Et ainsi comme Jl pensoit Jl commenca moult fort a plourer de pitie. Quant Jl eut assez pense et ploure Jl appella son chappellain et luy dist. Venez auant messire pierre et faictes vnes lettres de par moy a Charlemaigne ainsi comme vous diray. Cest que luy mande salut et bonne amour. Et se Jl me veult

f.i.

laisser ma terre en paix que auant dix iours prouchains Ie luy liureray les quatre filz aymon. Et quil les trouuera es plains de vaulx couleurs vestus descarlate fourrez dermines montes dessus muletz pourtans fleurs & roses en leurs mains pour enseignes affin q̃ son les puisse myeulx congnoistre. Et si les feray accõpaigner de huit contes de mon royaulme et se Ilz eschappent quil ne men blasme.

Ors dist le chappellain. Sire bien sera fait vostre commandement. Et lors sen entra en sa chambre et escript les lectres & mot a mot ainsi que le roy luy auoit duise. Et quant elles furent escriptes et seellees le roy appella son seneschal et luy dist. Oztost montes a cheual et vous en ales au siege de mõtauban. Et salues le roy Charlemaigne de par moy et luy baillies ces lectres et luy dictes que se Il me acquite ma terre que Ie feray ce que sera de raison aultremẽt non. Sire dist le seneschal Ie feray bien vostre commandement nen doubtes mye. Et lors vint en son hostel si sapresta et monta a cheual et sortit de tholouse et emmena le hairault de Charlemaigne auecques luy. Et quant Ilz furent a montauban Ilz trouuerent le roy Charlemaigne en son pauillon. A lentree descend le seneschal et entra dedens et salua le roy Charlemaigne de par le roy yon de gascoigne et luy presenta les lectres de sa part et luy dist. Sire empereur le roy yon vous mande de par moy q̃ se sa terre a seurte de vous quil fera tout ce que la lectre dit: aultrement non.

T quãt Charlemaigne entẽd ces nouuelles Il en fut moult Ioyeulx. Si prent sa lectre et le messagier puis appella Rolant: et Oliuier: Larceuesque turpin: le duc Naymes: Ogier le dannois: les douze pers et leur dist. Beaulx seigneurs ne vous desplaise alez dehors de mon pauillon car Ie veulx parler secretement a ce messagier. Sire dirent Ilz tous volentiers. Et lors Issirent tous du pauillon. Et quant Ilz furent tous Issus Charlemaigne desserre les lectres et les leut tout au long et y trouua ce que plus desiroit en ce monde. C'estoit la trahison si comme elle estoit ordonnee. Quant charlemaigne eut leue sa lectre Il fut si Joyeulx que plus ne pouoit estre Et de la grant Joye quil en eut si commenca a sourrire. Sire dist le seneschal Je vous prie que se vous voyez riens en la lectre que ne vous plaise ne men blasmes de riens. Lors dist Charlemaigne au seneschal Vostre seigneur le roy yon parle moult fort courtoisement mais se Il me fait ce q̄ Il me mande Il sera bien mon bon amy et si luy feray grant honneur et si le feray grant homme et le deffedray enuers tous et contre tous. Sire de ce q̄ vous me dictes vous me donnerez ostaiges si vous plaist Lors respond Charlemaigne voletiers les vous ouray. Si est le filz de la vierge marie et aussi saint denis de france a qui Je suis homme. Assez sire en aues dit respond le messagier du roy yon et aultre ne demande plus.

Lors Charlemaigne appella son chamberlain et luy dist. Faictes vnes lectres au roy yon de gascongne de par moy ainsi comme Je vous deuiseray. Escripues q̄ Je luy mande salut et bonne amour Et que se Il me fait ce que Il ma mande que Je luy acroistray son fie de quatorze bons chasteaulx et luy en donne plege nostre seigneur et saint denis de france. Et que luy mande quatre manteaulx descarlate fourrez dermines pour vestir les traictres quant Ilz Iront au val de couleurs. Et la seront Ilz penduz se dieu plaist. Et si ne veulx que nul aultre aye malfors que les quatre filz aymon tant seullement. Sire dist le chamberlain bien sera fait vostre commandement et lors fist les lectres tout ainsi q̄ le roy luy auoit deuise. Et quant Il les eut faictes le roy les seella et puis fist venir le messagier deuant luy et luy dist. Tenez cestes lectres et les baillés au roy yon de par moy et le saluez de ma part. Et lors luy fist donner dix marcs dor et luy bailla l'anel de son doy dont se mercya moust le messagier. Et Incontinent monta a cheual et sen va vers tholouse. Et quant Il fut arriue Il salua le roy yon de gascongne de la part de Charlemaigne

f. ii.

et luy bailla les lectres et les manteaulx.

Donc quant le messagier du roy yon sen fut ale Charlemaigne fist venir a luy foucques & morillon et Ogier le dannois et leur dist. Seigneurs Je vous ay mandes car Je veulx q̃ vous saichez vng peu de mon secret. Mais Je le vous dy sur vostre foy que nul ne le saura que nous trois Jusques a tant que le fait sera acomply. Sire dist Ogier se vous voyez quelle se doyue celer pour nous si ne le dictes mye. Et si non si le nous dictes. Certes ce dist le roy a Ogier vous estes bien digne de tout scauoir car Je vous congnois pour vng bon et loyal cheuallier. Sire ce dist Ogier vostre bõne mercy. Mais Je vous dy que Je nen veulx riens scauoir si nen prenes mon sermẽt. Seigneurs ce dist Charlemaigne Je le prens. Or vous vous en Irez es plains de vaulx couleurs a tout troys cens cheualliers bien armez. Et quãt vous serez la arriuez vous trouueres la les quatre filz aymon. Si vous cõmãde que vous les me amenes ou mors ou vifz. Sire ce dist Ogier Je ne les vis Jamais si non armez comment les congnoistrons nous. Ogier ce dist Charlemaigne vous les pourres bien congnoistre car chescun deulx aura vestu vng mantel descarlate fourrez dermines · Et pourteront roses en leurs mains. Sire ce dist Ogier ce sont bonnes enseignes. Et noꝰ ferons vostre commandement. Si ne firent aultre demeure mais se partent de lost au plus couuertement quilz peurent. Et sen vont es plains de vaulx couleurs et si se embuscherent en vng boys de sappin Jusques a tant que les quatre filz aymon vindrẽt a val couleurs. Hé dieu que ne scet Regnault et ses freres ceste mortelle trahison. Car Ilz ne fussent mye venuz comme bricons sur mulletz mais y fussent bien venuz sur bons cheuaulx bien armez comme cheualliers esleup. Mais si dieu ny met remede Regnault et ses freres aurõt beaucoup daffaires en peu deure car Ilz seront en dangier de mort. Quant Ogier le dannois et foucques de morillon furẽt embuschez Foucques appelle ses gens et leur dist. Beaulx seigneurs Je voys bien hair Regnault car Jl occist mon oncle a grant tort. Or suis Je venu a point que Je me vengeray de luy et si vous diray comment. Or saichez que le roy yon de gascongne les a trahiz et les doit remectre a charlemaigne et doiuent Jcy venir tous desarmez fors de leurs espees. Et pourtant quant Jlz viendront Je vous prie a tous que vous pensez de bien ferir. Et lors Je congnoistray qui me aymera. Faictez tant que nul nen eschappe et vous serez bien mes bons amys et vous aymeray bien.

Je vous dirons du roy yon qui estoit a tholouse quant Jl eut receues les lectres de Charlemaigne Jl appelle son secretaire godras et luy dist. Voyez que ceste lectre dit. Et le clerc froissa le seau et regarda le contenu de la lectre et trouua comment Regnault et ses freres deuoient estre trahiz et liurez a mort. Et quant le clerc eut leue la lectre Jl commenca a plourer moult tendrement. Et ce ne fust pour doubtance du roy Jl se descelast volentiers. Quant le roy yon vit le clerc plourer Jl luy dist. Gardez vous bien sur vostre vie que vous ne me celez riens que ne me diez tout ce que la lectre contient. Et ce que Charlemaigne me nuoye. Par ma foy ce dist godras cest moult forte chose a dire. Or tost dictes moy ce que Charlemaigne me mande. Sire ce dist godras Je le vous diray volentiers. Et lors luy commenca a compter comment Charlemaigne luy mandit que se Jl faisoit ce que Jl luy auoit mandé que Jl luy acroistra son fief de quatorze chasteaulx moult bons. Et vous en donne pour plege nostre seigneur et saint denis de france. Et si vous enuoye quatre manteaulx descarlate fourrez dermines que vous ferez vestir aux quatre filz aymon. Et pource seront Jlz congneuz car Charlemaigne ne veult que nul ny preigne dommaige fors q eulx quatre tant seullement. Et si vous mande que ses gens sont dedens vaulx couleurs en embusche cest assauoir Foucques de morillon et Ogier le dannois a tout troys cens hommes bien montez et bien armez qui actendent Jllecques les quatre filz aymon lesquelz vous leur deues liurer estre seurs

f.iii.

mains. Quant le roy yon entendit le contenu de la lectre Il se hasta
moult de faire le contenu. Et Incontinent monta a cheual et print
en sa compaignie cent hommes bien en point. Et print son chemin
vers montauban le plus tost que faire peut et entra dedens par la por
te de flachier. Et quant Il fut dedens le roy fist loger ses gens au bourc
et Il sen monta droit au palays comme Il auoit acoustume de faire
quant Il venoit.

Donc quant sa seur la femme de Regnault sceut la venue
du roy yon son frere elle luy vint au deuant et le print par la
main et le volut baiser comme elle auoit acoustume de faire. Mais le
roy plain de mauluaise trahison tourna sa bouche a couste et dist ql
auoit mal au dens. Et ne volut gueres parler a elle. Mais dist que
lon luy fist vng lit car Il se vouloit reposer pour myeulx couurir sa
trahison. Et quant cecy fut fait si se coucha en vne chambre. Et quant
Il fut couche Il commenca moult fort a penser et dist a luymesmes.
He beau sire dieu comment Jay ouure enuers les meilleus cheualli
ers de ce monde que Jay trahiz si faulcement. Or seront Ilz pendus
demain sans nulle faulte. Or prie a dieu quil ait mercy delux par sa
pitie et misericorde. Or puis Je bien dire que Je seray acompare a Ju
das desormais. Et si auray perdu lamour de dieu et de sa mere et
mon honneur. Mais or se me conuient Il faire puis que ainsi lay pro
mis et la volente de mes barons est tieulle car ainsi Ilz le
mont conseille et fait faire.

Out ainsi comme le roy yon pensoit la grande trahison sur
les quatre filz aymon dont malfaisoit. Alors vecy venir Regnault
qui venoit de chasser auecques tous ses freres et auoient prins qua
tre sanglers moult grans. Et quant Regnault fut dedens montau
ban et Il ouyt la noise des cheuaulx Il cuida que ce fussent cheualli
ers estranges qui fussent venuz pour auoir leurs gaiges. Regnault
demanda a vng varlet qui estoient ses gens estranges qui estoient

entrez de ens sans son congie. Sire dist le varlet ce sont les gens au roy yon qui est venu seans pour parler a vous d'aulcunes besongnes. Mais Il me semble a son semblant que Il nest pas bien aise de sa personne aulcunement. Car Il semble a le veoir quil soit mal dispose.

Ors dist Regnault. He dieu pour quoy cest monseigneur tant trauaille car Je fusse ale volentiers a luy. Et puis quant Il eut cecy dit Il appella vng sien nepueu et luy dist. Aporte mon cor bondier car Je vueil faire feste pour la venue de mon droit seigneur. Et Incontinent luy fut aporte. Et Regnault le prent et dist a ses freres Or prenez chescun le sien et faison feste pour lamour du roy yon. Sire dirent Ilz nous le ferons tresvolentiers. Lors prindrent chescun son cor et commencerent a sonner tous ensemble moult haultement Et faisoient si grant tourment que le chastel en retentissoit si que lon cuidoit que le clocher de la chappelle saint nycholas en deust tomber par terre. Car Ilz menoient si grant Joye pour lamour du roy yon que cestoit merueille. Quant le roy yon ouyt les trompettes ainsi sonner haultement Il se lieue du lit et vient a la fenestre de sa chambre et dist a luymesmes. Ha quel mal Jay ouure contre ces chevaliers Helas comment faictez vous Joye encontre si grant encombrier que Je vous ay pourchasse car Je vous ay trahiz moult faulcement comme maulais et desloyal roy que Je suis. Car homme qui trahist son amy ne doit Jamais auoir honneur en ce siecle ne en lautre mais doit estre perdu en ame et en corps. Car Il a laisse dieu et cest rendu au diable. Et quant Il eut cecy dit Il se retourna coucher moult estroit et a mal aise plus que nul homme ne pourroit estre. Lors Regnault et ses freres sen montent au palays ou Ilz trouuerent le roy yon. Et quant Il les vit venir Il se leua encontre eulx et leur tendit la main et dist a Regnault. Ne vous esmerueillez mye si Je ne vous ay accole ne baise car Je suis moult charge de mal. Et si a bien quize Jours que Je ne puis menger ne boire.

f.iiii.

Donc dist Regnault sire vous estes en bon lieu pour vous bien penser et si vous seruirons moy et mes freres a nostre pouoir Grant mercy ce dist le roy yon: si appella son seneschal et luy dist. Alez et aportez les manteaulx descarlate fourrez dermines que Jay fait faire pour mes chiers amys. Incontinent le seneschal fist le commandement du roy yon. Et Incontinent le roy les fit vestir aux quatre freres et leur pria qlz les portassent pour lamour de luy. Sire ce dist Alart cecy est moult Joyeulx present et nous le pourteros pour lamour de vous de bonne volente. Helas se Ilz sceussent bien la chose come elle va Ilz ne les portassent mye mais fissent tout autrement. Helas et quel doloreux dommaige Ilz auront de ce quilz sont ainsi vestuz car ce sont les enseignes et congnoissances dont seront en dangier de mort se dieu ne leur ayde par sa pitie. Et quant les quatre filz aymon eurent leurs manteaulx vestuz le roy yon les regarde et si eut pitie deulx et se mect a plourer. Illecques estoit son seneschal qui la trahison scauoit q ne disoit mot pour doubtance du roy yon. Et quant Il fut heure de menger Regnault pria moult fort le roy yon quil mengeast car moult bien le faisoit seruir Quat Ilz eurét mengé le roy yon se leue en piedz et prent Regnault par sa main et luy dist. Mon beau frere et amy Je vous vueil dire vng myen conseil que vous ne scaues mye. Or saichez que Jay este a montbendel et si ay parle au roy Charlemaigne le quel si me chargeoit de trahison p[our] ce que Je vous tiens en mon royaulme dont Jay presente mon gaige deuant toute sa compaignie dont ny eut homme si hardy qui mosast desdire. Puis apres nous eusmes plusieurs parolles entre lesqlles nous parfasmes de bon acord et bonne paix dont a la fin le roy Charlemaigne fut content pour la mour de moy faire paix auecques vous en la maniere qui sensuit. Cest assauoir que vous Irez demain au plus matin es plains de vaulx couleurs entre vous et voz freres tous desarmez fors que de voz espees montes sur voz mulletz vestuz des manteaulx que Je vous ay donnez. Et pourterez fleurs de roses en voz mains et Je manderay auecqs vous huit

& mes contes pour aler plus honnorablement lesquelz sont tous de mon lignaige. Et la trouuerez Charlemaigne et le duc naymes de bauieres et Ogier le dannois et tous ses douze pers de france. Et Illecques vous fera Charlemaigne feurte et vous luy ferez reueräce en telle maniere que vous luy Irez aux piedz et la Il vous dit pardonner et reuestir de toute vostre terre entierement.

Ors ce dist Regnault sire pour dieu mercy car Jay grant doubtance du roy Charlemaigne a cause quil nous hait mortellement come vous scaues et vous prometz que se Il nous tient Il nous fera liurer a mort. Amy ce dist le traictre roy yon nayez nulle doubtance car Il ma Jure sur sa foy present toute sa baronnie. Sire respond Regnault nous ferons vostre comandement. He dieu ce dist Alart quest ce q̃ vous dictes vous scaues bien que Charlemaigne si a par plusieurs fois Jure que se Il nous peut vne fois prendre q̃l nous fera de male mort mourir et tourmēter. Or mesmerueille de vous beau frere coment vous acordez aler entre ses mains tout desarme comme vng poure recreu Ja dieu nayt de mon ame pardon se Je y voys sans mes armes ne sans estre come Il appartiēt. Frere ce dist Regnault vous ne dictes pas bien Ja a dieu ne plaise que Je mescroye mon seigneur le roy yon de nulle chose quil me die. Et lors se tourne vers le roy yon et luy dist. Sire sans nulle faulte nous Irons au plus matin quoy q̃l en doyue aduenir. Beaulx seigneurs dist Regnault bien nous a dieu aydé grādement de ce q̃ nous auons acordé au roy Charlemaigne a q̃ si long temps auons mene mortelle guerre: mais puis q̃ mon seigneur le roy yon a fait la paix Je suis content de luy faire tant de reueräce come Il sera possible car Je suis delibere de men aler en lange au mōt saint michel. Et quāt Regnault eut cecy dit Il prēt cōgie du roy yon et sen va en la chābre de ma dame sa femme la belle au corps plaisant et trouua la tous ses freres q̃ estoient auecques elle Et quant la dame vit son mary elle vient au deuant et lembrasse par grant amour. Dame ce dist Regnault Je vous diz aimer par grant rayson. Car vostre frere le roy yon cest moult fort trauaille pour moy. Et a este moult blasme a la court de Charlemaigne pour moy. Mais Il a tant fait dieu mercy que Il a fait ma paix enuers le roy Charlemaigne ce que Rolant et Oliuier ne peurent oncques faire ne tous les douze pers de france. Il nous a quicte toutes noz terres. Et par ainsi serons riches et en repoux toute nostre vie. Et si pourrons ayder et donner de sauoir aux pouures cheuall iers qui nous ont serui toute leur vie.

Donc ce dist la dame dieu en remercye de bon cueur mais or me dictes ou sera faicte la concordance et gardez de le me celer. Dame Je le vous diray sans nulle faulte. Sachez que demain nous conuiet cheuaucher es plains de vaulx couleurs et Illecques sera faicte la paix. Mais Il me conuient aler moy et mes freres tous desarmez fors de noz espees et si serons motez dessus mulletz pourtas des roses en noz mains. Et si trouuerons la le duc Naymes de bauieres et Ogier le dannois. Et tous les douze pers de france qui receupront noz sermens Quant la dame entendit ces parolles elle en fut si iree que a peu quelle ne perdit le sens. Et dist a Regnault. Sire si vous me voulez croire vous ny pourrerez Ja les piedz. Car les plains de vaulx couleurs sont moult dangereux car Il y a vne roche moult haulte. Et si y a quatre forestz au tour. Dont la maindre dure bien dix lieues. Si vous me voules croire vous prendrez Jour de parler au roy Charlemaigne Icy es prez de montaubay. Et la serez monte sur bayart et voz freres auecques vous. Et la soit faicte la paix ou la guerre. Et prenez deux mille cheualliers si les baillez a maugis vostre cousin qui les tiendra en embusche sur le riuaige si vous en auiez aulcun mestier. Car Je me doubte moult de trahison dont Je vous prye gardez vous seurement: car Jay anuyt songe vng songe moult espouentable. Car Il me estoit aduis que Jestoie aux fenestres du grant palays. Et veoye sortir du boys dardeyne bien mille sanglers qui auoient moult grans dens. Lesquelz vous occirent.

Et si voye que la tour de montauban tomboit par terre. Et en oul-
tre viz vng traict dauenture qui frappa voltre frere Alart si dure-
ment quil luy persa vng braz ou corps. Et que la chappelle saint ny
cholas qui est seans tomboit par terre. Et toutes les ymaiges qui
estoient dedens plouroient de la grant pitie quelles en auoient. Et
puis venoient deux anges du ciel qui pendoient voltre frere Richart
a vng pommier. Et lors ledit Richart crioit a haulte voix. Beau
frere Regnault venez moy aider. Incontinent vous y alastes sur vo
stre cheual bayart. Mais Il vous tomba dessus et ny peustes aler au
secours dont grandement esties dolant. Et pource Je vous cō
seille que ny ailles point.

Ame ce dist Regnault taisez vous. Car qui croit trop en sō
ge Il fait contre le commandement de dieu. Lors dist Alart
Par la foy q̃ Je doiz a dieu Jamais Je ny mectray les piedz. Ne moy
aussi ce dist Richart. Helas pour dieu qui vouldra y aler ny alons
point comme bricons mais comme vaillans cheualliers chescun
bien arme et bien monte. Et que nostre frere Regnault soit bien mō
te dessus bayart. Car se Il vient le besoing Il nous pourtera tous
quatre. Par dieu ce dist Regnault vous direz ce que vous vouldrez
Mais Je Jray comment quil men doyue aduenir. Et lors sortit hors
de sa chambre. Si vient deuers le roy yon et luy dist. Par dieu Je
mesmerueille moult de mes freres qui ne veulent venir auecques
moy pour la cause quilz ne mainent point de cheuaulx. Et si vous
plaist vous nous donnerez congie de mener chescun son cheual. Et
vous retiendres vos huit contes auecques vous et nous Irons la ou
nous aues commande. Je ney feray riens ce dist le roy yon. Car se
roy Charlemaigne vous doubte moult vous et voz freres et voz che
uaulx et si a donne ostaiges q̃ vo' ny pourterez armes ne ne serez mō
tez sur voz cheuaulx. Et se vo'y alez en aultre maniere charlemai-
gne doubtera q̃ Je le vueil trahir et si destruira mon royaulme se se
ra le payemēt q̃ Jen deuray auoir po' vous. Je me suis trauaille de

vous acorder a Charlemaigne pourtant alez y si vous voulles et si vous ne voules si se laisses.

Ors dist Regnault sire puis quil est ainsi nous y Irōs. Et lors ce part & quant le roy yon et sen va envers sa chambre. et trouua sa femme la noble dame et Alart Guichart et Richart qui luy demanderent comment Il auoit epploicte et voir se Ilz meneroient bayart son bon cheual. Par dieu dist Regnault Je nen puis auoir le congie. Mais mes freres nayez doubtance. Car le roy yon est moult loyal cheuallier se Il nous trahisoit Il seroit trop blasme. Car Il nous fera conduire par huit des plus grans contes de son pays. Et dieu me confonde se Je vis oncques vne mauluaistie en luy. Sire dirent les freres nous Irons volentiers auecques vous puis quil vō plaist. Quant Ilz ce furent a ce acordez Ilz sen alerent coucher et dormir Jusques au Jour. Et quant Regnault vit le Jour Il se leua et dist a ses freres. Leuez vous si nous appareillerons pour aler la ou nous deuons aler. Car se Charlemaigne est plus tost es plains de vaulp couleurs que nous Il en sera mal content. Sire dirēt ses freres nous serons tost appareillez. Et quant Ilz furent prestz Ilz sen vont au moustier de saint nycholas pour ouyr la messe. Et quant ce vint a lofferte Regnault et ses freres offrirēt de moult riches dons Et apres la messe chantee Ilz demanderent leurs mulletz et Incontinent monterent dessus. Et en leur compaignie auoit huit contes lesquelz scauoient tout le mistere de la trahison. Quant Ilz furent tous montes Ilz se mirēt a la voye. Mais les quatre filz aymon estoient de bon congnoistre auers les aultres: car Ilz estoient vestuz et afflublez de manteaulp descarlate fourrez dermines et pourtoient en leurs mains des roses en signe de paip et aussi leurs espees car Ilz ne les voulurent oncques laisser. Or en pense nostre seigneur qui prit mort et passion en la croip. Car se Il ne les conduit par sa bonte Ilz sont en voye de perdicion et de non Jamais retourner a montauban. Quant le roy yon les vit ainsi en aler Il se pasma plus de quatre fois & la grant doulceur ql'auoit au cueur. Car non obstant quil les auoit ainsi trahiz Il en auoit peur. Mais ce que Il auoit fait mauluais conseil le luy auoit fait faire. Et lors Il commença a faire le plus grant dueil du monde et dist. He beau sire dieu et que ay je fait. Fist oncques homme si grant trahison comme Jay faicte. Non vrayement. Car Jay trahy les meilleurs cheualliers du mõde et les plus loyaulx.

Ors dirent ses gens sire vous aues tort de faire si grãt dueil comme vous faictes car Regnault est moult saige Il sen apperceura tantost. He dieu ce dist le roy yon or fust ainsi cõme vous dictes car Jen seroye plus Joyeulx q se Janoye gaigne ses dix meilleurs citez de france. Car Regnault si est mon amy et mon serorge. Et Maugis comme vous serez moult courrouce quant vous scaurez ceste matiere. Grant folye fist Regnault quil ne se conseilla a vous de ceste chose. Car se vous leussiez sceu vous ne luy eussiez pas souffert dy estre ale. Seigneurs ce dist le roy yon moy pouure que deuiendray Je se les quatre barons mourent. Car maugis me tuera sans nulle mercy et aussi Il fera bien raison. Car qui trahist vng aultre principalment son amy charnel ne doit point viure ne Jamais auoir honneur. Et quant Il eut ce dit Il cheut tout pasme a terre. Mais ses gens le releuerent et se commencerent moult fort a reconforter par moult grandes raisons.

Y commence la piteuse histoire des quatre filz aymon qui sen vont a seur mort par le moyen du traictre roy yon. Et a cause de la trahison quil commist aux quatre filz aymon Il perdit le royaulme de gascongne le nom et la dignite de non Jamais y auoir roy. Car depuis ce temps la Il ny eut roy couronne en gascongne. Or vous diray de Regnault et de ses freres que dieu vueille garder de mal et deconfire par sa pitie. Or cheuauche regnault et ses freres vers les plains de vaulx couleurs et ainsi qlz aloiẽt alart commẽce

a chanter vne chanson nouuelle. Et Guichart et Richart firent
pareillement tous ensemble. Mais Je vous dy que oncques vielles
ne psalterion ne dirent si melodieusement comme les quatre freres
faisoient. Helas quelle pitie de si nobles et vaillans cheuassiers q̃
vont chantant et menant Joyeuse vie alant a leur mort. Ilz estoiẽt
comme le signe qui chante lannee quil doit mourir. Regnault aloit
derriere qui aloit pensant moult durement la teste Inclinee vers la
terre et regardoit ses freres qui aloient menant grant Joye et dist.
Beau sire dieu quelz cheualliers sont mes freres Il ny en a point de
si bons au monde ne de si gracieulx. Et quant Il eut ce dit Il Joingt
les mains vers le ciel tout en plourãt et dist. Beau sire dieu par ton
glorieux et sanctifie nom qui Jectas daniel de la fosse du lyon. Et
deliuras Jonas du ventre du poisson. Et sauluas saint pierre quant
Il se Jecta en la mer pour venir a toy. Et pardonnas a marie magda
laine. Et fiz laueugle veoir: et souffriz mort et passion en la croix
pour noz pechiez. Et pardonnas a longis de ce quil te frappa dune
lance et ton benoist sang luy toucha aux yeulx Incontinent recou-
ura clarte. Et par ta resurrection garde huy mon corps se Il te plaist
de mort et demprisonnement et mes freres aussi. Car Je ne scay ou
nous alons. Mais Il mest aduis que nous alons en grant peril. Et
quant Il eut finee son oraison les yeulx luy commencerent a remouil
ler de pitie quil auoit et de la peur que ses freres eussent nul
mal pour lamour de luy. Car Il ne leur agreoit mye de venir
ainsi desarmez.

Donc quant Alart vit son frere ainsi plourer Il luy dist.
He beau sire Regnault que aues vous. Je vous ay veu en maint
grant peril et en moult estroicte besongne mais Je ne vous viz onc-
ques faire si mauluais semblant comme vous faictes maintenant.
Car Je vous ay veu plourer dont mesmerueille moult grandement
Car Je scay pour vray que ce nest pas sans grãde occasion. Lors dit
Regnault beau frere Je nay riens. Foy q̃ v̾ dy ce dist alart v̾ ne

pleutes pas sans cause. Auiourduy est le Jour que nous deuōs estre
Iacobz auecques le roy Charlemaigne. Si vous prie pour dieu mon
chier frere que vous laissez ce dueil ester et nous en alons liement et
faisons belle contenance tant que nous viurons. Car depuis que lō
me est trespasse Il nen est plus parle. Si vous pry beau frere que vo⁹
chantes auecques nous car vo⁹ aues vne si belle voix
que cest vng grant plaisir a vous ouyr chanter par
paisance

Fere ce dist Regnault volentiers puis quil vous plaist. Et
lors commence Regnault a chanter si melodieusement que
cestoit vng plaisir a le ouyr. Tant cheuaucherent les quatre filz le
petit pas de leurs muletz chantant et eulx deduisant quilz sont ve-
nus au val de val couleurs. Or vous veulx Je bien dire la facon du
val. Car saiches que se Je ne le vous disoye vous ne le pourries sca-
uoir. Il y auoit vne roche moult haulte et ennuyeuse a monter et si
est enuironnee de quatre forestz moult grandes et espesses. Car la
maindre dure plus de vne Journee. Et quatre grans riuieres cou-
rans tout au tour moult parfondes dont la plus longue a nom gi-ron-
et lautre dordonne et lautre noyre et lautre balancon. Et si ny a ne
chastel ne cite ne nulle habitacion a dix lieues a la ronde. Et pource
auoit on duisee Illecques la trahison. Car le val estoit moult
loing de gens. Et si auoit vng carrefourt a quatre chemins dont
lung aloit en france lautre en espaigne le tiers en galice et le quart
en gascongne. Et a vng chescun de ces quatre chemins auoit em-
busche cinq cens hommes bien montes pour prendre Regnault et ses
freres mors ou vifz. Car ainsi lauoient Ilz Jure et promis au roy
Charlemaigne. Alors vecy venir Regnault et ses freres a tout
leur compaignie des huit cotes que le roy yon leur auoit baillez qui
scauoiēt bien le mistere et toute la trahison Incōtnent vient Ogier
le dannois tout le premier qui estoit tout esbahy et dist a ses gens.
Beaulx seigneurs v⁹ estes mes hōmes mes subietz et mes amys
v⁹ scaues q̄ regnault est mon cousin et ne doy mye souffrir sa mort

ne son dommaige dont Je vous prie a tous que ne luy faciez riens ne a luy ne a ses freres. Lors respondirent tous que voulentiers feroient son commandement. Cependant Regnault et ses freres passerent tout oultre sans estre arrestez et se mirent au fons de la vallee.

Donc quant Regnault et ses freres furent la arriuez et Ilz ne touuerent nul Ilz en furent moult esbahiz. Et puis quant Alart vit ce Il appella Richart son frere et luy dist. Quest cecy beau frere Je voy bien que nous sommes trahiz car Je vous voy muer couleur. Que vous semble frere ce dist Guichart Je me doubte fort de Regnault. Nayez doubtance dist Alart car nous naurons q tout bien. Mon frere ce dist Guichart Je vous prometz que le cueur me tremble tout Jamais en Jour de mon viuant Je neu si grant peur. Car tous ses cheueulx me dressent contre mont dont Je me doubte moult fort que nous soyons trahiz. Et qui plus est Je neusse point de peur se Regnault fust arme et monte sur bayart et nous pareillement aussi car ainsi que nous sommes nous sommes demy recreuz. Et quant Il eut ce dit Il dist a Regnault. Frere et que atendons nous Jcy puis que nul ny auons trouue. Car se Il y auoit Jcy vingt cheualliers armes Ilz nous emmeneroient comme bestes maulgre nous car nous auons en france tant dennemys. Vous ne vulsistes croire ce que nous vous dismes et aussi vostre femme a montauban dont Jay grant doubtance que vous nayes pas loysir de vous en repentir car se nostre cousin maugis fust Jcy auecques nous et vostre cheual bayart nous ne doubterions Charlemaigne vng bouton Je vous prie alons nous en car Je vous prometz que cest folye dicy plus demourer. Car Je congnois que Charlemaigne nous a fait Jcy venir comme bestes vestues descarlate. Et ne puis croire aultrement que le roy yon ne nous ait faulcement et mauluaisement trahiz.

Certes beau sire vous dictes vray ce dist Regnault et Je men suis apperceu. Or nous en retournons arriere tout bellement

Tout ainsi comment Jlz sen vouloient retourner Regnault regar
de a trauers et vit bien mille cheuallers armez venans grant erre
contre eulx. Et fouques & morisson venoit tout deuant monte sur
son estrier lescu au coul la lance baisee contre Regnault Car cestoit
homme du monde a qui Jl vouloit plus de mal. Quant Regnault vit
venir fouques & morisson Jl le congneut bien a son escu Jl en fut si
Jre qͥl ne scauoit que faire. He beau sire dieu chetifz pecheurs ce dit
Regnault et que ferons nous Je voy bien que huy nous couient mou
rir sans nulle doubte. Frere ce dist Alart que dictes vous. Par ma
foy ce dist Regnault Je voy Jcy grant douleur vecy venir fou
ques & morisson pour nous occire.

T quant Alart les eut aperceuz a peu quil nen ragea. Et
du grant dueil quil auoit a peu quil ne toba a terre. Et quāt
Guichart et richart virent ce Jlz commencerent a mener grāt dueil
car Jlz ce esgraffignoient leurs visaiges et tiroient leurs cheueulx
Et quāt Alart fut vng peu asseure Jl dist. He beau frere Guichart
et Richart huy est venu le Jour que nous mourrons tous par mor
telle trahison car Je congnois bien q̄ Regnault nous a trahiz. Et
certes Je neusse Jamais cuide que trahison entrast dedens vng si no
ble homme comme Jl est Jl nous fist Jcy venir maulgre nous et no
stre volente pource quil scauoit bien la trahison. A Regnault filz ay
mon darceyne et qui se pourra Jamais fier en homme quant vous estes
nostre frere et si vous tenons a seigneur et vous nous aues amene
maulgre nous a nostre mort et si nous aues trahiz mauluaisement
Ha richart ce dist Alart traiez vostre espee du fourreau par dieu le
traictre si mourra auecques nous. Car bien doit mourir le traictre
puis quil a comis si mortelle trahison. Quāt Alart eut ce dit tous
troys mectent la main a leurs espees et viennēt vers Regnault pͦ
loccire Jrez comme lyons. Car Jlz cuidoient de vray que Regnault
les eust trahiz. Quant Regnault les vit ainsi venir Jl ne fist nul
semblant de ce deffendre mais leur rit par moult grant amour. He
m.i.

las ce dist Richart et quest ce que Jauoye pense Je ne tueroye mon frere pour tout lauoir du monde. Et Alart et Guichart dirent ainsi Car moult furent repentans de ce quilz auoient entreprins de faire Si commencent tous a plourer de pitie et Jectent leurs espees a terre et vont Regnault baiser tout en plourant. Et Alart dist he beau sire Regnault pour quoy nous aues vous trahiz no⁹ ne sommes ne normans ne angloys ne flamans mais sommes tous freres dung pere et dune mere et vous tenons pour seigneur. Pour dieu frere Regnault dictes nous dont vient ceste trahison nous somes extraitz et dung si noble lignaige venus de Girart de rossillon et de dron de na tuel et du duc naymes daigremont. Onques nostre lignaige ne pensa vne mort ne trahison. Et vous coment laues vous pense certes cest grant mesprison a vous.

Frere dist regnault Jay plus grant pitie de vous que de moy car Je vous ay Icy amenez maulgre vous. Et se Je vous eusse creu ceste meschance ne nous fust mye aduenue. Je vous ay amenes et Je vous promettz que Je vous emmeneray se dieu plaist. Recomandons nous a nostre seigneur et pensons de nous bien deffendre et ne doubte on poit a mourir pour vostre honneur car a mourir nul ne peut faillir mais si fait son bien a auoir honneur. Frere ce dist Richart nous ayderes vous. Ouy ce dist Regnault point nen doubtes Et quant Il eut ce dit Il se tourne deuers les cotes et leu dist. Beaulx seigneurs le roy yon vous a mandes auecques nous pour nous conduire. Et pour la seurte de vous nous sommes Icy venuz perdre noz vies. Et pource vous prie que vous nous vueillez aider. Regnault ce dist le conte daniou̧s nous nauons que faire dicy gueres bergigner mais nous enfuyons au plus tost que nous pourrons p⁹ nous bien sauluer et garentir.

Donc ce dist Regnault par mon chief vous estes tous traictres si vous trancheray a tous la teste. Frere ce dist Alart et q attendez vous tant car bien diuent mourir puis qlz sont traictres

Et quant Regnault entend ceste parolle Il mist la main a son espee et en frappa le conte danious parmy la teste si durement quil le fen dit Jusques aux dens. Et cestoit bien raison car cestoit celluy qui conseilla la trahison au roy yon ce fut le guerdon quil en eut pour le premier. Quant le conte danious fut ainsi occis les aultres sept commencerent a fouyr. Et Regnault court apres eulx mais Il ne peut courir car son mullet estoit trop charge de la pesanteur de son corps tant que le mullet tomba aterre. Car a verite dire Regnault le filz aymon estoit si grant que nul cheual ne le pouoit pourter fors que bayart. Car comme dit est Regnault auoit de long seize piedz et bien taille & cour large selon la longueur.

Donc quant Regnault ce vit cheu a terre Il se redressa et dist ha bayart mon bon cheual et que ne suis Je sur m'arme & toutes mes armes car auant q Je fusse fine Je vendroye chierement ma mort Helas nul ne dit plaindre ma mort puis que moymesmes lay pourchassee. Frere ce dist Guichart que ferons nous ve cy noz ennemys se bon vous semble passons ceste riuiere et montons sur ceste roche et ainsi nous pourrons nous sauluer. Alez fol que dictes vous. Vous scaues que noz mulletz ne sauroient courrir deuant les cheuaulx q nous vauldroit le fouyr quant nous ne nous pourrions sauluer certes Je ne men fouiroye mye pour tout le monde Jayme myeulx viure a mon honneur que mourir a grant honte. Car qui meurt en fuyant Jamais son ame ne sera sauluee. Ainsi comme Regnault parloit a son frere: Alart luy dist. Frere Regnault descendons nous et nous mectons a terre et nous confessons lung a lautre. Et communions nous de fueilles du boys a ceste fin que nous ne soyons surprins de lenemy. Amy ce dist Regnault vous dictes bien et saigement. Et font tout ce que Alart auoit deuise. Et quant Ilz ce furent confessez lung a lautre Regnault dist a ses freres. Seigneurs faisons telle chose dont nous ayons honneur puis quil est ainsi que nous ne pouons eschapper tuons les premiers qui viendront a nous et aurons auan

m. ii.

taige sur les aultres et dieu mauldie qui se faindra.

Donc quant Alart ouyt ainsi parler Regnault Il sembrassa et se baisa tout en plourant. Frere nous sommes deux a deux et vous prie que nul ne faille a lautre tant comme nous aurons vie Frere dirent les aultres nous vous ayderons de toute nostre puissance. Et lors vont baiser Regnault par moult grant amour. Et puis quant Ilz ce furent entrebaisez chescun despoilla son manteau et si les mirent entre leurs braz et mectent leurs espees en leurs mains. Et commencerent a crier leur enseigne Regnault crioit montauban Alart saint nycholas Guichart balancon et le gentil richart dardenne cestoit lenseigne de leur pere aymon. Quant fouques de morillon vit les quatre filz aymon venir vers luy to⁹ desarmez et sur mulletz si hardiment Il en fut tout esbahy. Lors commence a crier et dire Regnault regnault vous estes venu a vostre mort. Et vous prometz que cessuy qui plus vous amoit vous a trahiz cest le roy yon. Mais or ayez pascience car Je vous mectray ou coul vng cheuestre. Or naues vous pas maintenant vostre cheual bayart que tant v⁹ aues cheuauche a tort et sans cause. Mal vistes oncques la mort de berthelot que faulcement mistes a mort. Regnault que ferez v⁹ Vous vules vous rendre ou deffendre vostre deffence ne vous vauldra riens. Et si vous faictes semblant de vous deffendre Je vous occiray a present.

Ouques ce dist Regnault vous parles bien comme vne beste qui cuides que Je me rende vif a Charlemaigne ne a v⁹ auãt v⁹ tranchetay la teste ou tout le heaulme si Je vous actaings Vous scaues bien comment mon espee tranche. Par dieu fouques ce dist Regnault vous estes fort a blasmer dauoir donne le conseil de nous auoir fait trahir au roy yon. Car cest le plus vil mestier q cheuallier puisse faire que commectre trahison. Mais faictes comme gentil homme doit faire affin que nul nen puisse dire que ce ait este trahison. Se vous nous voules laisser aler nous serons tous prestz tous quatre de venir hommes sieges a Charlemaigne. Et si vous vurray mon bon cheual bayart que Je ne donnasse pour tout l'or de paris. Et si vous donray le fort chastel de mõtauban. Et si le roy Charlemaigne vous fait guerre pour l'amour de nous nous vo⁹ seruirons a quatre cens cheualliers bien armes et bien montes a tousiours mais. Et si vous plaist vous nous sauluerés noz vies. Et se cecy ne voules faire faictes vne chose q̃ Je vous diray pour vous oster de blasme et de non estre appelle traictre. Eslises vingt cheualliers des meilleurs que vous ayes et les mectes dedẽs vng champ bien armes sur bons cheuaulx et nous quatre combactrons a eulx ainsi dés armez comme nous sommes montes sur noz mulletz. Et si vos vigt cheualliers bien armes et bien montez peuuent vaincre moy et mes freres qui sommes to⁹ desarmes nous leurs pardõnnõs nostre mort Et se dieu vouloit que nous les puissons vaincre que vous nous en laisserez aler tous quatre a noz liberaulx arbitres. C'est ce que Je vous requiers pour dieu et pour aulmosne et pour vostre honneur et non plus. Et se ce ne faictes vous serez tenu pour mauluais cheualier tous les Jours de vostre vie. Par dieu Regnault ce dist fouqs vostre prescher ne vous vault riens. Car de vous auoir trouue en tieul arroy Je ne prendroye mille marcs d'or. Or est vostre cousin bien loing le saige maugis qui n'a garde de vous donner conseil a ceste heure. Et aussi tous vos gens sont loing de vous qui n'ont garde de vous donner secours. Et aussi Je scay la bonte de mes hommes et ce qu'il ont promis a Charlemaigne que Ilz ne fauldront mye a vous assaillir vaillamment. Par ma foy ce dist Regnault et nous nous deffendrons pareillement. Lors Alart dist a Regnault. Frere comment nous rengerons nous. Frere ce dist Regnault mectons nous deux a deux. Vous et Guichart serez derriere et moy et ricchart ferons la baniere et frappons par dedens Je vous en prie car le besoing en est venu: Et faisons chose dont y soit memoire a Jamais puis q̃ nous ne pouons eschapper. m.iii.

Eau frere ce dist Alart vous esties bien deceu qui cuidies
Regnault nous eust trahiz Je vous prometz quil ne se feroit
pour tout lor du monde. Par ma foy ce dist Guichart or suis
Je bien guery puis que nostre chier frere Regnault sera en
nostre aide. Car tant comme Il sera en vie nous nous deffendrons
mais apres non. Et si ne requerroye plus viure. Et quant Il eut ce
cy dit Ilz se meslerent entre leurs ennemys. A brief parler les qua
tre filz aymon ce sont assembles a bien troys cés chevalliers: mai
Ja pource ne seront recreuz tant comme auront vie ou corps que Il
ne monstrent a leurs ennemys visaige de chevalliers. Quant fou
ques de morillon vit Regnault venir Il picque son cheval des espe
rons et baisse sa lance et va frapper Regnault par le mantel descar
late quil auoit enuelope entre ses braz tant grant coup quil luy per
sa la cuisse pour le coup quil aualla a bas et tomba a terre luy et son
mullet. Quant Alart vit le coup Il se escrie moult fort. Helas no
auons perdu Regnault qui estoit nostre esperance et secours. O
ne pouons nous eschapper que nous ne soyons ou mors ou prins:
vault myeulx que nous nous rendons prisonniers que plu
nous deffendre.

T quant Regnault entend celle parolle Il luy escrie ha mau
uais glouton et quest ce q vous dictes Je nay encores nul ma
mais suis tout sain comme vous estes. Et si me vendray moult
chierement auant que Je meure. Et quant Regnault eut cecy dit J
se redresse moult vistement et prent la lance a deux mains et larra
cha hors de sa cuisse a moult grát angoisse. Et puis mect la main
a son espee et dist a Fouques de morillon. Vassal se vous les faire cõ
me preudomme descendes a pie si scaures que Je scay faire. Quan
Fouqs sentés Il tourne sur luy moult Ire et le cuida frapper par de
sus la teste mais Il se gauchit vng petit et va frapper Fouques tie
coup sur son heaulme tant que rien ne le sceust garder quil ne luy fen
dist la teste Jusques aux dens et se tomba mort a terre. Et quant J

le vit cheoir Il luy dist. Or mauluais traictre Ja ton âme nait par don mais aille au puiz denfer. Et quant Il eut ce dit Il prent le cheual de fouques qui estoit moult bon et monta dessus Incontinent et pret son escu et sa lance qui luy auoit mys parmy la cuisse. Et quãt Il eut ce fait Il dist a ses freres. Soyez tous asseurez que tant que Je seray en vie vous ne pourrez auoir nul mal. Mais les francoys peuuent bien dire quilz ont vng dur voisin en moy. Et saiches que quant Il fut a cheual Il nestoit pas bien a son aise. Car les estriers luy estoient trop cours mais Il auoit aultre chose a faire que de les alonger. Lors laisse courir le cheual la lance baisee et va rencontrer le conte Auguenon par telle maniere quil luy mist fer et fuste parmy la poictrine tant quil luy conuint tomber mort a terre du cheual deuant ses piedz. Puis mist la main a son espee puis frappe vng cheuallier tiellement que pour son heaulme ne demoure quil ne le fendist Jusques aux dens. Que vous diray Je plus. Or saiches que a celle fois Regnault occist quatre contes troys ducs et vnze cheualliers. Et puis ce mist a crier montauban tant comme Il peut. Et apres son cry Il va frapper Robert le seigneur de dyion qui estoit filz au duc de bourgoigne si durement que la teste a tout le heaulme fist voler par terre. Puis vng aultre en mist a mort encõtre luy en grant angoisse.

T quant Regnault ert fait ses nobles prouesses Il regarde au tour de luy et cuida veoir ses freres mais Il nen vit nulz dont Il fut moult esbahy. Ha dieu dist Il ou sont alez mes freres. Or mont Ilz bien eslongne Jamais nous ne nous ralierons ensemble. Et adonc veey venir Alart qui auoit gaigne vng cheual pareillement lescu et lance. Car Il auoit occis vng cheuallier dont Il auoit eu son cheual mais Il estoit moult fort blecie. Non pourtant Il se acosta de son frere et Guichart de lautre part. Alart dist a Regnault. Frere soyez tout asseure que nous ne vous fauldrons Jamais Jusques a la mort. Et quant les quatre freres furent ralies enfemble Ilz comencerent a faire si grant destruction de francoys q̄ nul ne les ousoit actendre. Car ceulx quilz acteignoient dung coup a tous leur couuenoit mourir. Quant les francoys virent ce Ilz en furent tous esbahiz. Et dirent lung a lautre par ma foy cecy passe toutes merueilles Je cuide que ce ne sont pas cheuaslliers: mais sont diables. Or leur faisons vng assault deuant et derriere. Car ce Ilz viuent longuement Ilz nous feront grant dommaige. Et quant Ilz furent a ce acordez Ilz vont courir sur les quatre filz aymon si durement quilz les derompirent voulsissent Ilz ou non. Mais Regnault les passa tous et Issit hors de la presse. Et Alart apres Et Richart sen tourne fuyant vers la roche mombron. Et Guichart fut demoure a pie. Car les francoys auoient occis son mullet soubz luy et lauoient naure de deux espees bien parfond en la cher. Et fut prins pour prisonnier voulsist ou non et luy lierent les piedz et les mains et se mirent sur vng petit cheual a mode dung sac de ble si naure comme Il estoit. Et vous prometz que lon se pouoit bien suir a la trasse a cause du sang qui sortoit de son corps. Et si lem-menoient si villainement comme lon feroit vng larron et si le aloi-ent bactant en luy disant quilz le menoient a Charlemaigne le quel le fera pendre pour venger la mort de Berthelot son chier nepueu que tant amoit le quel Regnault occist si villainement en Jou-ant aux esches.

T quant Regnault vit que lon emmenoit son frere si villai-nement a peu quil nentraiga de Ire quil en eut. Lors appella Alart son aisne frere et luy dist. Beau frere que ferons nous veez comment lon emmaine nostre frere villainement. Si nous sen laiss-sons ainsi mener Jamais naurons honneur de nostre vie. Sire ce dist Alart Je ne scay que nous deuons faire oy aler ou demourer Car Je vous diz que nous ne sommes que nous deux et Ilz sont si grant nombre de gens que nous ny scaurions que remedier. Ha dieu ce dist Regnault et que feray Je se Charlemaigne fait pendre mon frere Jamais Je nauray au cueur Joye. Ne Jamais ne viendray en nulle court ou son ne me monstre ou se doy. Et diront vez la Regnault le filz aymon qui laissa pendre son frere au pin de montfaucon. Et si ne sosa secourir. Certes ce dist Regnault a Alart. Frere Jayme myeulx mourir premier que Je ne face mon deuoir de secourir nostre frere de mort. Frere ce dist Alart or vous mectes deuant et Je vous suiuray apres et feray mon pouoir auecques vous de le secourir Et quant Regnault ouyt ce Il Jecta son escu derriere soy et abandonna son corps si hardiement comme ung lion et ne luy chault de personne comment quil en aille. Car oncques ne vistes charpentiers demener en boys si grant noise comme Regnault faisoit entre les francoys de son espee. Car Il tranchoit testes braz et Jambes par ticulle maniere que cest chose Increable. Tieullemet fist Regnault a celle fois que Il conuint aux francoys luy faire voye voulsissent Ilz ou non. Et plusieurs luy faisoient voye pour lamour dogier car Ilz scauoient bien que les quatre filz aymon estoiet ses cousins. Et quant Regnault fut passe oustre Il dist a ceulx qui emmenoiēt guichart. Laissez le cheuallier mauluaises gens car vous nestes mye dignes de le toucher. Et quant ceulx qui Guichart emmenoient virent Regnault venir Ilz eurent si grant peur quilz se mirent en fuyte et laisserent Guichart tout quicte. Et dirent lung a lautre vecy finir le monde. Et quant Regnault vit ce Il dist a Alart. Ales beau frere et desliez Guichart et le faictes monter sur ce cheual et luy baissez vne lance et vous en venez apres moy Car les traictres sont desconfitz.

Frere ce dist Alart Je Iray la ou vous vouldres. Mais Je vo⁹ dist que se nous nous disparens vne fois que nous ne no⁹ ta sierons Jamais a ce que nous sommes si peu et si desarmes. Mais te nous nous tous ēsemble si ayderōs les vngs aux aultres. Frere ce dist regnault vous parles bie honnestemēt. Et lors sen vont vers guichart et le deslierēt et le firēt mōter sur vng cheual lescu au coul

Et vne lance en sa main. Or sen vont les troys freres ensemble. Et le quart se combactoit a vng grant nombre de gens. Cestoit le vaillant Richart qui estoit le plus iosne de tous. Mais son luy auoit occis son mullet dessoubz luy. Et si estoit naure moult fort Mais Il auoit occis cinq contes et bien quatorze cheualliers dont Il estoit si trauaille et si angoisseux que a paine pouoit Il plus se deffendre. Mais se gauchoit tout asentour de le roche. Et alors veey venir Girart de val couuent qui estoit cousin a fouques de morisson le quel auoit trouue mort dont Il menoit moult grant dueil et dist. Ha gentil cheuallier que cest grant dommaige de vostre mort. Certes celluy qui vous a mys a mort nest pas mon amy. Or se vengeray Je si Je puis. Et lors sen vient a le roche. Et quant Il vit Richart a si grant meschief Il picque son cheual des esperons et baissa sa lance et frappa Richart parmy le mantel descarlate le ql Il auoit enueloppe entour son braz si durement quil luy persa le mantel et mist la lance parmy le corps bien parfond tant quil le mist par terre Et au rettraire de sa lance les boyaulx de Richart sailloient du corps et luy demoureret en son giron. La playe estoit si grande que le foye et le poulmon luy paroissoit. Lors comence Girart a crier. Or sont disparez les quatre filz aymon. Car Je leur ay occis Richart le hardi combactant. Tous les aultres seront mors ou prins se dieu me donne sante. Et les rendray a Charlemaigne qui les mectra a montfaucon.

Ors quant Richart fut vng peu a son aise de sa douleur Il se redresse en piedz moult vistement. Et prent ses boyaulx a deux mains et les reboute en son ventre. Et puis mect la main a son espee. Et sen vient a Girart et luy dist par moult grant Ire mauluais homme vous aures vostre desserte du mal que vous maues fait Car certes Il ne sera Jamais reprouche a Regnault que vous ayez son frere occis. Et quant Il eut ce dit Il frappe Girart parmy son heaulme et par lescu si durement quil luy trancha lespaule a tout le bzaz et labactit mozt a terre a ses piedz. Et puis luy dist certes Girart Il vaulsist myeulx pour vous que vous ne fussiez oncques venu par deca pour Charlemaigne. Or ne vous pourres vous van ter que vous ayez occis vng des quatre filz aymon. Et quant Il eut ce dit Il cheut pasme a terre. Et quant Il fut revenu Il commenca a regreter ses freres et dist. Ha Regnault beau frere huy departira no stre compaignie. Car Jamais ne vous verray ne vous moy. Ha cha steau de montauban Je te commande a dieu quil vueille par sa pitie et misericorde que ton seigneur y puisse retourner a saulvement de sa vie et de ses membres. Ha roy yon de gascongne pour quoy nous aues vous trahiz et renduz a Charlemaigne. Certes ce fut grant mes prison. Et puis dist tout en plourant. Ha pere roy de gloire seigneur de tout le monde secoures huy mes povures freres car Je ne scay ou Ilz sont ne de moy ne peuuent Ilz Jamais auoir aide ne secours car Je suis tout prest de mourir.

E diray Je de Regnault et de Alart et de Guichart qui se co bactoient moult fort contre leurs ennemys comme vaillans cheual liers quilz estoient. Mais toute leur deffence ne leur valoit vng grain quilz ne fussent ou mors ou prins si neust este vng destroit de roche la ou lon ne pouoit aler a eulx que par deuant. Quant Ilz eu rent la asses este Regnault commence a dire a son frere Alart fre re que auons nous fait de nostre frere Richart qui a si grant piesse que nous ne le vismes. Or pense que Jamais ne le verrons Car Je luy laisse Icy pres de ce sappin quant vous et moy eusmes si bien af faire. Je prie a dieu que se Il est mort quil en ait lame. Or veulx Je en scauoir nouuelles se Il est possible. Sire se dist Alart se vous me voules croire vous nyrez mye laissez le ester dieu luy face pardon car nous ne luy pourrions ayder. Car se meschief est trop grat et si croy q no9 mourros auat le vespre. Ha frere ce dist Regnault fauldros no9 a nostre frere Richart le bon cheuallier et vaillant. Lors dist Alart. Que voules vous que nous y fassios quat est de moy certes

Je ne scay remede. Helas ce dist Regnault certes vous parles follement. Et si ne laisseroye pour doubtance de mort que Je ne saiche de luy nouuelles. Et se Je deuoye aler tout seul si scauray Je ou Jl est. Frere ce dist Alart Je vous promets q̃ se nous nous disparõs vne fois Jamais ne nous verrons ensemble. Frere ce dist Regnault ou tout mort ou tout vif Je se trouueray quelque part quil soit aultrement ne peut estre.

Et quant Regnault eut dicte celle parolle Jl picque son cheual et sen vient de lautre part de la roche. Et quãt ceulx qui auoiẽt Illecqs chasse richart pour loccire virẽt venir Regnault et ses aul tres freres Jlz se mirent en fuyte. Lors Regnault monta vng peu conttremont la roche et la trouua richart qui gisoit a terre qui tenoit ses boyaulx entre ses mains. Et entour luy auoit grant nombre de gens lesquelz Jl auoit occis. Quant Regnault le vit si naure Jl eut si grãt dueil au cueur que gueres sen faillit quil ne tomba mort par terre. Mais Jl prist cueur en pance et se approuche de son frere et de scend de dessus son cheual et vient a richart et le baisa tout en plou tant et luy dist. Ha beau frere que cest grant dommaige de vous et de vostre mort. Car certes oncques homme ne vous vaulsist. Car se vous fussiez venu en eage Jamais Rolant ne Oliuier ne vous eussent valu de cheuallerie. Las or est perdu nostre beaulte et nostre Jonesse par grant pechie. He beau sire dieu qui eust cuide que Ja mais trahison entrast deẽ s vng si noble cueur comme du roy yon Helas mon frere richart bien me poise de vostre mal car Jen suis cau se. Helas huy matin quant nous partismes de montauban nous estions quatre freres tous bons cheualliers. Or ne sommes nous q̃ trois qui ne valons plus riens. Car nous sommes perilleusement naures et desarmes. Or ne plaise a dieu puis que vous estes mort q̃ Je eschappe. Mais Je prie a dieu que Je puisse venger vostre mort sur les traictres auant que Je meure car Jen ay grant talant et si feray Je se dieu plaist.

Tout ainsi comme Regnault regretoit son frere Il regarda derriere luy et vit venir ses freres Alart et Guichart tous desconfitz qui crioient a Regnault. Frere que faictes vous montes tost et si nous venez ayder car nous en auons grāt mestier. Et quāt Richart ouyt crier Alart Il ouurit ses yeulx. Et quant Il vit Regnault Il luy dist. Ha frere Regnault et que faictes vous Icy voyez vous la celle roche qui est moult forte et si y a beaucoup de menue pierre dessus. Si nous pouoions tant faire que nous y fussions montes Je croy que nous serions garantiz de noz ennemys. Car Il ne peut estre que nostre cousin maugis ne saiche nostre affaire si nous viendra secourir. Frere ce dist Regnault pleust a dieu que nous y fussions. Or me dictes mon beau frere comment vous sentes vous vous semble Il que vous puisses guerir. Ouy ce dist Richart se vous eschappez aultrement non. Car auecques mon mal de dueil pourroye Je bien mourir.

Et quāt Regnault ouyt Richart ainsi parler Il en fut moult Joyeulx. Si appella Alart et luy dist. Frere prenez Richart sur vostre escu et le menez dedens la roche et moy et guichart ferons voye. Sire ce dist Alart nen doubtes Je feray mon pouoir. Et lors descend a terre et prent Richart et le met dessus son escu. Puis monte a cheual et Regnault et Guichart se luy chargerent deuant luy dessus le col de son cheual et puis ce mirēt deuāt pour trōpre la presse des frācoys. Et tant firēt qlz sont venus Jusques a la roche. Mais bien saiches que Regnault fist Illecques si grans merueilles darmes que tous ses ennemys en furent esbahiz. Car Il occist a celle fois bien trente cheualliers que oncques sangler ne tigre ne lion ne ours ne firent ce que regnault fist de son corps. Mais a la verite dire a reguaule ne chaloit de sa vie ne de sa mort. Car Il estoit comme homme desespere. Et quant Ilz furent a la roche venuz Alart mist son frere richart a terre et ce commence a deffendre moult vistement Mais Je ne scay cōmēt Ilz pourront durer car Ilz nont chasteau ne forteresse si non la roche.

TOut ainsi comme les troys freres ce deffendoient a moult grāt meschief adonc vecy venir le dannois Ogier et ses gens auecques luy. Et auoit en sa compaignie mangon de frique Guymart a bien mille cheualliers. Et escrioient a Regnault. Certes vassal vous estes mort. Car nous auons vostre mort Juree. Huy est la departie et la Journee que vous et voz freres prendrez mort. Bien fistes que folz quant vous creustes le roy yon: car Il vous a tous mys a mort Quant Alart vit si grans gens venir Il en fut moult Ire si dist a Guychart. Voyez vous comment grant douleur nous est apparant. Et ses grans gens qui sont appareillez pour quatre cheualliers. Certes si nous estions cinq cens bien armes si neschapperions nous mye vng de nous car Ilz sont moult bien armez et grant quantite de cheualliers. Seurement ce dist Guichart vecy merueilleusement de gens. Si dauenture dieu ne pense de nous nous sommes a la fin de noz Jours. Ce nest pas dommaige de moy ne de Richart mais le grant dommaige est de Regnault qui est le meilleur cheuallier du monde. Et quant Alart et Guichart eurent parle ensemble Ilz sen vont a Regnault et le baisent moult doulcement en plourant et luy dirent. Ha frere Regnault donnez nous vng don si vous plaist pour lamour de nostre seigneur. Seigneurs ce dist Regnault que me demandez vous vous scaues que Je ne vous puis en riens ayder. Car auiourdhuy conuient que Je vous voye tous mourir deuant mes yeulx.

FRere ce dist Alart ouez ce que nous vous voulons dire: et si vous plaist vous le ferez. Dictes hardimēt ce dist Regnault Frere ce dist Alart lon dit communement que Il vault myeulx faire vng dommaige que deux. Je le dy pource que se vous moures Jcy ce sera vng grant dommaige. Et la perte nen sera Jamais recouuree car nul ne vengera vostre mort. Mais se nous mourons Jcy

sans vous se ne sera pas grant dommaige. Et puis la vengerez si
bien. Et pource vous prions tresdoulx frere que vous vous en alez et
nous demourerös jcy. Et quāt la mort viendra nous la prendrōs en
gre. Ce que nous disons vous le poues bien faire car vous estes bien
monte et si vous sauuerez bien maulgre les francoys. Si vous en
alez a mōtaubā. Et quāt vous serez a mōt aubā montes sur bay-
art bien arme et amenez nostre cousin maugis et nous venez secou-
rir. Frere ce dist Regnault vous parles trop folement. Certes Je ne
le feroye pour tout lauoir du monde moult seroye vil et mauluais si
Je le faisoie. Car Je ne me pourroye myeulx honnir q̄ de vous laisser
en si grāt peril. Ou nous eschapperōs toᵘˢ ou nous mourrōs tous en-
semble car lung ne fauldra a lautre tant q̄ nous aurōs vie. Or noᵘ
vueille sauluer nostre seigneur q̄ souffrit mort et passion par mor-
telle trahison. Ainsi comme Regnault parloit a ses freres vecy ve-
nir le conte guymart a qui dieu doint male aduenture et dist a Re-
gnault vassal vous estes prins et deuez a honte mourir en ceste ro-
che. Quant vous creustes le roy yon ce fut grant folye pour vous bien
fist grande trahison quant vᵒ rēdit a Charlemaigne q̄ tant vous
hait. Car vous le aymyes plus que maugis vostre cousin Il vous en
a bien remunere de la grant amour q̄ a luy auies dites moy
si vous voules rendre ou deffendre.

Certes ce dist Regnault or parles vous bien pour neant Ja-
mais ne me rēdray tant comme seray homme vif. Regnault
ce dist Ogier que voulez vous faire nous ne vous pourrions de rien
ayder rendez vous ou vous deffendez. Ogier ce dist Regnault par
celluy dieu qui fist le monde Jamais ne me rendray. Or ne fus Je on-
ques larron. Et pource ne veulx Je mye estre pendu. Myeulx ayme
mourir comme cheuallier que estre pendu cōme larron. Seigneurs
ce dist Guymart assaillons les. Car Ilz ne se pourront tenir lon-
guemēt contre nous. Seigneurs ce dist Ogier vous les poues bien
assaillir si vous voules. Mais par ma foy Je ne les assauldray mye

car Ilz sont mes cousins et si ne leur ayderay mye car vous les prendrez bien sans moy. Certes dirēt les francoys nous les assaulvrōs donques bien vaillamment. Lors Ogier se tira arriere bien la longueur dung trait darc et commenca a faire si grant dueil comme se Il vist tout le monde finer deuāt luy et tout son dueil retournoit sur Regnault son cousin et sur ses freres. Et ainsi comme Il demenoit son dueil Il cōmenca a dire. Ha beau cousin Regnault que cest grāt dommaige de vostre mort. Et moy meschāt chetif qui suis de vostre lignaige vous souffre mourir et si ne vous puis ayder car Je lay Jure a Charlemaigne. Or ne doys Je mentir ma foy. Mais le liure si nous racompte que Ogier se faignit celluy Jour grandement. Et pour son pourchaz les quatre filz aymon eschapperent tant quilz ne furent mye prins. Car se Il eust volu mectre paine Ilz ne fussent mye eschappez en nulle maniere. Mais comme lon dit bon sang ne peut mentir.

Deuant la roche auoit quatre contes pour assaillir les quatre filz aymon qui leur donnoient assault a tout grant nombre de gens en quatre parties dont Regnault en gardoit les deux et Alart et Guichart les aultres deux car Richart gisoit a terre naure cōme Je vous ay cōpte. Et si estoit naure alart dung dart moult fort parmy la cuisse tout oultre dont Il auoit tant seigne quil estoit si affoibly quil luy conuint cheoir a terre. Et quant Il vit quil ne se puoit plus deffendre Il se escrie et dist. Ha Regnault beau frere rēdons noº car moy et richart ne vous pouons plus aider. Frere ce dist Regnault que dictes vous or monstrez vous bien que vous estez rescreuz. Mais Je vous fais assauoir que se Je cuidasse eschapper pour or ne pour argent ne pour chasteaulx ne pour citez ne pour bayart q̄ Jayme tant Je me fusse rendu prisonnier des huy matin. Mais voº scaues bien que tout le monde ne nous pourroit eschapper de mort se Charlemaigne nous peut tenir. Et pource ne me veulx Je pas rendre en nulle maniere. Homme qui se dit vaillant se doit deffendre pour auoir guerison. Ha Alart secourez nous pour lamour de Ihesus car nous en auõs bien mestier Ja ne sommes nous mye normãs ne bretons mais sommes tous dung pere et dune mere. Or nous denons nous bien aider lung a lautre pour nostre honneur autrement lon dira que nous sommes bastars de vil pere.

Ous dictes verite ce dist Alart. Mais vo⁹ ne pourries croyne que Je suis feble et mat car Je suis naure a mort. Certes dist Regnault ce me poise moult. Mais Je vous deffendray tant que Jauray au corps vie. Qui vist adonc le noble cheuallier Regnault charger les grosses pierres et Jecter a ses enemys vous neussiez mye dit quil fust naure ne trauaille de riens. Quant Richart q̃ gisoit a terre si naure comme Je vous ay cõpte vit et entend la grant noise que ceulx qui assailloient la roche faisoient Il dresse la teste et dist a Regnault. Frere Je vous ayderay mais tranchez moy de ma cheminse si me estraindray le couste si que mes boyaulx ne puissent Issir de mon ventre puis me mectray en deffence et vo⁹ aideray de bon cueur. Lors dist Regnault. Or vaulx tu bien vng bon preudomme Quant Alart lentendit Il en eut moult grant honte: et resprent en luy force oultre pouoir et sen vient a la deffence et dist a Ogier. Sire cousin que faictes vous a vostre lignaige certes ce sera grant honte a vous se vous ne nous secoures car Il vous sera reprouche en toute place la mauluaistie que vous nous faictes de laisser mourir voz parens les meilleurs du monde. Sauues Regnault et fetez comme preudomme car de nous aultres ne plus ne mains. Quant Ogier entẽd ces paroles Il en fut si doulant que nul homme ne le pourroit plus estre. Si voulsist auoir donne grãt chose et Il les peust deliurer Il leur dist bien que tout le bien quil leur pourra faire q̃ il leur feroit Et lors Ogier picque broyfort des esperons et sen vient en la roche vng baston en sa main et dist a ceulx qui assailloient la roche. Retraiez vous arriere Jusques a tant q̃ Jaye parle a eulx pour scauoir se Ilz se veulent rendre ou non. Car Il vault myeulx que nous les

n. i.

ayons vifz que mors. Sire dirent les francoys nous ferons vostre commandement mais nous les vous laissons en garde de par Charlemaigne de france. Ha dieu ce dist Ogier oncques ne pensay trahison encores ne commenceray Je mye. Et lors saprouchea au plus pres de la roche quil nauoit encores este et appella les quatre filz aymon et leur dist. Beaux cousins respousez vous et reprenez voz alaines. Et si vous estes naurez si bandes voz playes et faictes bonne garnison de pierres et si vous deffendez noblement de tout vostre pouoir car se Charlemaigne vous peut tenir Jamais naures remission quil ne vous face pendre et estrangler. Et pource vous conuient par force de bien garder. Car Je vous promets que se maugis le scet que Il vous viendra secourir et ainsi pourres vous eschapper aultrement non. Cousin ce dist Alart vo' en aures bon guerdon se Jamais pouos eschapper. Vous dictes vray ce dist Regnault car se Je puis eschapper par celluy dieu q souffrit passion en larbre de la croix tout lor du monde ne le garentira que Je ne loccie de mes deux mains car Je le hay plus que les estranges. Car celluy qui me deust ayder et deffendre contre tous hommes cest celluy qui pis me fait.

Ousin ce dist Ogier Je nen puis mais se dieu ait de mon ame pardon. Car charlemaigne me fist Jurer deuant toute sa baronie q Je ne vous ayderoye en nulle maniere q ce soit. Et de ce q Je fais Je suis certain que Charlemaigne men saura mal gre. Frere ce dist Alart Ogier vous dit verite. Et aussi bien fut vray que ogier en fut reprouue de trahison car Charlemaigne lapella traictre voyas tous ses baros. Lors Regnault banda les playes de ses freres au myeulx qil peut. Mais celle de Richart estoit si hydeuse a veoir que cestoit pitie a regarder. Car toutes les ventrailles luy paroissoient par sa playe. Et quant Il les eut toutes bandees Alart banda la playe que Regnault auoit en la cuisse. Et quant Ilz ce furet vng peu reposez Regnault ce lieue et va parmy la roche pour amasser des pierres pour eulx deffendre et garnit ses deffences ou ses fretes de uoient estre. Quant les francoys virent que Ogier le dannoys faisoit Illecques trop grant demeure Ilz comencerent tous a crier ogier vous faictes Illecques trop grant sermon: dictes nous se Ilz se veullent rendre ou non ou ce Ilz ce deffendront. Neny ce dist ogier tāt comme Ilz auront la vie. Par ma foy dirent les francoys doncques les alons nous assaillir. Lors dist ogier Je vous promets que Je leayderay de tout mon pouoir. Quant le conte guymart ouyt ogier ainsi parler Il sen va a luy et luy dist. Nous vous commandons de par le roy de france que venez a la bataille auecques nous contre les quatre filz aymon ainsi que promis l'aues. Et pour doubtance de vous nous laissons Icy plusieurs seigneurs qui ne veulent combatre. Seigneurs ce dist ogier pour dieu mercy Ja scaues vous bien quilz sont mes cousins germains: Je vous prie que nous retrayons arriere et les laissons ester: et Je vous donray de la finance a vng chescun moult largement. Ogier dirent les francoys nous nen ferons riēs mais les rendrons prisonniers a Charlemaigne qui en fera ce que luy plaira et si luy dirōs ce que vous aues fait: car Il vous en saura mal gre toute sa vie. Quant ogier entendit ces parolles Il en fut moult Ire et dist par grant courroup. Par la foy que Je doiz a tous mes amys se Il y a nul de vous qui soit si hardi qil preigne Regnault ne nul de ses freres pour le rendre a Charlemaigne Je luy trancheray la teste comment quil en viengne apres. Ogier ce dist le conte guymart Ja pource ne laisserons que nous ne les prenons bien briefuement. Et quant nous les aurons prins nous verrons qui les nous ostera car bien le scaurons dire a Charlemaigne. Et lors comencerent a assaillir la roche. Saiches que Regnault et ses freres se deffendoient moult noblement. Mais quant Regnault vit la grāt multitude de gens qui les venoient assaillir Il commenca a dire Ha maugis mon beau cousin ou estez vous et que ne scaues vous nostre meschief car bien nous viendriez secourir. Mais vous ne le scaues mye dont Je suis mal content car Je fust folet brief que Je ne parlay a vous de ceste matiere auāt q̄ Je vinse Icy. Ha bayart se Je fusse sur

n.ii.

rains Je nentrasse Jamais en ceste roche pour doubtance des frã
coys. Mais y perdroit Charlemaigne des meilleurs cheualliers &
sa compaignie. Et quant Il eut ce dit Il commence a plourer moult
tendrement pour lamour de ses freres quil veoit si angoisseup et si
nautrez. Lors les francoys les assaillirent de plus fort. Et vous pro
metz que se neust este la grant prouesse de Regnault Ilz eussent este
prins a celle fois par viue force. Quãt lassault fut fine Regnault
se assist sur la deffence qui estoit las moult grandemẽt car se Il eust
vulu aler Il fust cheu a terre tant estoit mat. Et ce nestoit mye de
merueilles car Ilz auoiẽt tãt trauaille et souffert de tourmés
et de terribles assaulp que cestoit grant merueilles comment
Ilz en pouuoient tant endurer.
 quant Ogier vit ainsi ses cousins mal mener Il ce print
a plourer moult tendrement. Et ainsi comme Il plouroit Il se
pourpensa dung grant sens et appella vng sien cheuallier qui auoit
nom girart et luy dist. Girart ayez pour dieu mercy de moy car se vo9
ne faictes ce que vous diray Je suis deshonnoure a tousiours mais.
Sire ce dist girart dictes moy ce quil vous plaira car Il sera fait se Je
denoye perdre la vie. Grant mercy ce dist Ogier. Or vous diray que
Je veulp que vous faciez. Prenez quarãte cheualliers des meilleurs
de ma compaignie et vous en ales au mõt de la housee et vous tenez
la et regardez vers montauban tout le droit chemin que personne ne
vienne que ne voyez. Car se maugis peut scauoir aulcunement le
meschief de ses cousins Je vous promets quil ses viendra secourir et
nous donnera beaucoup daffaires tant que les plus hardiz en seront
espauentez. Sire ce dist girart bien sera fait ce q̃ aues dit. Et lors
prent quarante des meilleurs cheualliers de sa cõpaignie et sen vont
au mont de la housee la ou Ilz ne firent pas bien leur guet au prou
fit des francoys. Vous aues assauoir que Ogier ne trouua celle
cautelle si non a cause que Regnault et ses freres neussent pas af
faire a tant de gens et ne ce pensoit pas ce que a duint. Mais atant
laisse le conte a parler des quatre filz aymon qui sont en la roche

mombron. Et aussi laisse a parler dogier le dannois et les aultres gens que Charlemaigne auoit enuoyez et retourne a parler de goudart le secretaire du roy yon qui auoit leues les lectres ou la trahison estoit contenue tout a plain.

Comment apres ce que goudart le secretaire du roy yon eut compte toute la trahison a Maugis que le roy yon auoit faicte a ses cousins la quelle Il scauoit bien au long car Il auoit leues les lectres du roy Charlemaigne et escripte la responce que le roy yon luy auoit surce faicte. Maugis mena a Regnault et a ses freres vng tieul secours que Il les garentit de mort pour son grant sens
Chapitre dixiesme.

Et dit le compte que quant goudart en vit aler Regnault et ses freres a leur mort par si mauluaise trahison comme elle estoit Il en eut moult grant dueil et pitie. Et en estoit moult doulant pour deux choses principalement. Dont lune estoit pour son maistre le roy yon qui auoit faicte la trahison moult villaine. Et lautre cestoit pour la grant pitie et dommaige que cestoit de ce que lon vouloit faire mourir de si vaillans cheualliers comme les quatre filz aymon estoient si commenca a plourer piteusement. Et ainsi comme Il plouroit Il va venir maugis le cousin des quatre filz aymon q sen aloit a la cuisine pour se menger haster car le roy yon vouloit menger au quel lon faisoit bonne chiere a cause que lon ne scauoit pas la trahison quil auoit commise. Quant le clerc vit Maugis Il lappella et luy dist. Ha maugis comment Il vous va malement car se nostre seigneur ny mect remede en vous: vous aues perdu la chose que plus amyez en ce monde si est Regnault et ses freres car le roy yon les a trahiz villainement. Et lors luy compta toute la trahison. Quant maugis eut ouy ces parolles Il fut tout hors du sens et dist au clerc Sire pour dieu ostez vous de couste moy car tous les membres si me tremblant moult grantement et si ne puis estre sur mes piedz car le cueur me dit que Regnault et ses freres sont mors. Certes dist gou dart vous dictes vray car la lectre dit que Ogier le dannois et fou ques de morillon se sont embuschez es valees de vaulx couleurs a tout deux mille cheuailiers bien armez. Et Regnault et ses freres y sont alez tous desarmez par le conseil du roy yon. Pource Ilz ne se sont peu deffendre quilz ne soyent ou mors ou prins. Quant Maugis entend ce Il en eut si grant dueil que Il cheut pasme a terre. Et au cheoir quil fist Il se brisa tout le front. Et quant il fut reuenu de pamoison Il estoit si Ire quil ne scauoit que faire. Si prent vng coustel a pointe et se vouloit frapper parmy la poictrine mais Il ne peut Car goudart luy print les mains et luy dist. Ha gentil cheuallier ayez mercy de vous ne vous tues mye car vostre ame seroit dampnee Mais montes a cheual et menez auecques vous tous les gens darmes qui sont seans et montes sus bayart qui court si tost et vous en alez au plus tost q̃ vous pourrez la ou voz cousins sont alez. Et quãt vous seres la arriue vous congnoistrez bien se vous leur pourrez ayder ou non et se Ilz sont en vie vous leur ferez assez Sire ce dist maugis vostre conseil si est moult bon. Et lors commence a plourer et dit Ha Regnault noble cheuallier que cest grant dommaige de vostre mort. Mais Je fais veu a nostre seigneur que se vous et voz freres estes mors Je ne viuray Jamais deux Jours. Et lors sen vient maugis sans faire noise et sans dire mot au roy yon ne a sa seur la femme de Regnault. Et quant les cheualliers louyrent Ilz se armerẽt Incontinent comme auoient acoustume de faire. Et quant Ilz furẽt tous armez Ilz sen vindrent au bas du palays presenter tous en armes. Et quant maugis les vit Il leur cõmence a compter toute la trahison que le roy yon de gascongne auoit faicte de Regnault et de ses freres.

Donc quãt les cheualliers de Regnault ouyrẽt ses nouuelles Ilz cõmencerent a faire si grant dueil que cestoit pitie a veoir Et regretoient les nobles cheualliers qui estoient ales a leur mort et a peu quilz ne se desesperent Car lung regretoit Regnault lautre Alart les aultres Guichart et Richart. Et disoient he beaulx che

ualliers que cest grant dommaige de vostre mort car certes tout se
monde en vauldra pis. Helas qui nous donnera les nobles et belles
armes et bons chevaulx que vous nous donniez. Tout ainsi comme
chescun demenoit dueil maugis dist au palefrenier qui gardoit bay-
art. Amys mectez la selle a bayart si le meneray a Regnault. Sire
dist le palefrenier Je ne le puis faire nullement car Regnault me co-
manda q̃ nul ne montast dessus Jusques a ce q̃l fust revenu. Quãt
maugis ouyt la responce du palefrenier si en fut moult doulant si
se frappa du poing si grant coup quil se tomba devant luy sur ses ge-
noulx. Et puis entra en lestable ou bayart estoit. Quant bayart vit
maugis Il commenca a estraindre les oreilles et frappoit des piedz
si fort que nul ne se ousoit aproucher de luy fors que Regnault ou le
palefrenier qui le pensoit. Quant maugis vit si fort bayart de-
mener Il prent ung baston et frappe sur bayart parmy la teste tieuse-
ment quil le fist agenoiller a terre. Et quãt bayart ce vit ainsi mal
mene Il eut peur de pis avoir si se tint tout quoy et maugis luy mist
la selle luymesmes et le frain puis se arma et mõta dessus bayart et
saiches q̃ quant maugis fut mõte sur bayart quil ressembloit
bien vaillant hõme Car Il estoit lung des beaulx chevalliers
du monde et ung des vaillans et le plus subtil du monde.
T quant maugis et tous ses gens furent bien appareilles Ilz
sen Issirent par la porte faucon. Et pouoiẽt bien estre cinq mil-
le bien mõtes et bien armes et sept cens hõmes bons archiers que Ja
pour doubtance de mort ne reculeroient nullement. Et se mirent a la
voye hors le chemin et passerent parmy le boys de la serpente a moult
grant diligence. Et tousioures Maugis aloit regretant Regnault
et ses freres car Il ne scavoit se Ilz estoiẽt mors ou vifz. Et disoit
a luymesme. Ha regnault le filz aymon dieu soit auiourduy garde
de vous et vous gart de mort et de prison. Mais maintenãt se les frã-
coys ne se gardẽt Il auront ung tieul voysin et si cruel quilz en se-
ront tristes et doulans. Or laisserons a parler de maugis qui mene
le secours a regnault es plains de vaulx couleurs. Et parlerons de

n. iiii

Regnault et de ses freres qui sont en la roche monzon moult tristes et doulans car Ilz se voient en moult grant peril. Tout ainsi come Regnault se reposoit sur la deffence de la roche et pensoit a part luy quil devoit faire Il tourna la teste deuers le boys et la serpente et vit venir maugis a tout ses gens lescu au coul et lespee en la main monte sur bayart. Saiches q̃ bayart nalloit mye le pas mais alloit comme arrondelle. Car a chescun sault quil faisoit Il sailloit trente piedz de terre.

Et quant Regnault vit venir maugis a si grans gens et si belle compaignie Il tressault tout de Joye et oublya le grãt mal et tourment quil auoit souffert tout le Jour et dist a ses freres. Freres or ne vous esmayez de riens car vecy venir maugis q̃ nous vient secourir. Or monstre Il bien quil est nostre parent et amy benoist soit Il de dieu qui luy a dit le dangier en quoy nous estions. Frere ce dit alart est Il vray que nous auõs secours. Ouy ce dist Regnault par la foy que Je vous doy. Certes ce dist alart or ne me plains Je mye Et quãt richart sentendit qui se gisoit ses loyaulx en ses mains Il luy fut aduis quil songeoit ce que Il ouyoit que ses freres disoient car pour le mal quil auoit Il estoit desja tout transporte du cerueau et tant se efforsa quil se dressa sur son cul mais ce fut a moult grãt paine. Et dist a son frere Regnault: Il mest aduis que Jay ouy nommer maugis ou se ma este aduision Frere par la foy que Je vous doy nous auons secours de maugis q̃ nous amene tout le pouoir de mont auban. Frere ce dist richart pour dieu monstrez le moy. Et lors Regnault le prent entre ses braz et le dresse contremont et luy monstre maugis qui venoit sur bayart a si grant erre come la fouldre courãt Quant richart vit maugis Il fut si Joyeulx quil se pasma entre les braz de regnault. Et quant Il fut reuenu de pamoison Il dist or suis Je guery car Je ne sens ne mal ne douleur. Frere Regnault ce dist Alart que ferons nous car se les francoys apperceuent la venue de maugis Ilz sen fuyront dont Je ne vouldroye pour grant chose quilz sen alassent que nous ne fussions vengez deulx du grant mal quilz

nous ont fait mais faisons vne chose q̃ Je vous diray. Descendons
au pie de la roche et comencerons la meslee. Et ce pendant quilz se tien
dront a nous maugis arriuera ainsi Ilz ne nous pourront eschapper
Frere ce dist Regnault vous dictes bien et nous le ferons ainsi Et
lors descendét au pie de la roche Regnault Alart et Guichart et
le petit Richart demoura dedens la roche car Il ne se pouoit remu
er ne aider.

Regnault deualle de la roche luy et ses deux freres. Et quāt
les francoys les virent Ilz commencerent a dire lung a lau-
tre vecy venir les filz aymon qui se viennét rendre pour prisonniers
Or ne les occione mye mais prenons les et les rendons a Charle-
maigne. Et quant Ilz eurent ce dit Ilz comécerét a crier. Regnault
si vous ne voules mourir si vous rendez. Et si vous le faictes de bon
gre nous prierons tous Charlemaigne q̃l aye mercy de vous Quāt
Ogier ouyt ainsi parler Il cuidoit q̃ fust vray que Regnault et ses
freres se vousissent rédre si en fut moult dolant. Lors picqua broy
fort des esperons et sen vint cōtre Regnault et ses freres et leur dit
Vassaulx Je vous tiens pour folz q̃ aues laisse vostre roche q̃ estoit
saulueme͂t de voz vies huy serez panduz a grant honte. Et si ne v9
puis ayder car Je seroye blasme de charlemaigne. Ogier ce dist Re-
gnault nous ne sommes point si folz comme vous cuidés mais Je
veulx que vous en fuyez. Car par la foy que Je doiz au viel aymon
mon pere se vous demoures gueres Illecques vous ne serez pas sai-
ge car si Je vous puis tenir Je vous monstreray que Je scay
faire.

Ependant que Regnault parloit a Ogier: Ogier regarda
vers le droit chemin qui venoit du boys de la serpente. Et vit
venir les gens de Regnault que Maugis amenoit. Et estoit tout
deuant monte sus bayart qui venoit a moult grant erre. Et quant
Ogier vit venir ainsi maugis et les gēs de regnault a moult grāt
nombre Il les cogneut bien et en fut moult Joyeux et tressault tout de
Joye et se dressa tout droit dessus la teste de son cheual bien demy pie

et dist a ses gens. Beaulx seigneurs q̃ ferõs nous le dyable a reuele a maugis cõmẽt nous sõmes Jcy Voyez le cy venir mõte dessus bayart et mene auecques luy belle cõpaignie de gens. Certes si nous estiõs xx. mille nous ne cõbatriõs pas a eulx et huy verrez tourner la doulent sur nous. Ce pendant vecy venir maugis et toute sa cõpaignie Et la ou Il vit Ogier Il vient a luy et luy dist. Ogier Je vous tieñs a foul pource q̃ Jcy venistes pour cõmettre trahison Je vous chalãge Regnault et ses freres et suis venu pour le pleger. Par dieu sire ogier Il napartenoit a vous de ainsi trahir Regnault car vous estes de son lignaige mais vous luy aues mal monstre. Oncques vostre pere ne cõmist trahison et mesmerueille comment vous laues cõsentie. Vostre pere vous laissa en france pour oustaige a saint homer a Charlemaigne a qui vous estes homme a quatre deniers dor par an Ogier ogier Ja fustes vous de damps richart de rossillon de dzon de nantuel du duc benes daigremont tous ceulx la furent freres et preudommes et cheualliers loyaulx. Et aymon de dordon fut leur frere qui est pere de regnault se sçaues vous bien et vous voules estre aultre que vostre lignaige dont Je vous desfie a mort car Je vous hay mortelement. Quant maugis eut dicte celle parolle Il picque bayart des esperõs et va ferir ogier emmy son escu si durement que lescu ne le aubert q̃l auoit ne luy valut riẽs q̃l ne luy fit vne grant playe et parfõ de emmy la poictrine et de ce coup vola sa lance en pieces. Et quant ogier vit ce Il en fut moult Ire que a peu q̃l nenraiga tout vif si se voulut tout ruer sur maugis mais Il ne peut car quant bayart sentit son seigneur si ce mist le cours vers luy voulsit maugis ou non. Et quãt Il fut deuãt regnault or ouyez q̃l fit Il se agenoilla deuãt regnault et maugis ce descent et vint a regnault et le baisa moult doulcemẽt Et puis baisa alart et guichart et puis dist. Ou est le petit richart car lon se tenoit pour lung des hardis cheualliers du monde. Cousin ce dit regnault Il est demoure lassus si fort naure q̃ Je ne sçay sil est mort ou vif. Cousin ce dit maugis ne ce peut Il remuer Il nest mye tẽps de tãt parler ce dit regnault mais pẽsõs de biẽ besõgner et me baillés mon cheual et de mes armes. Volentiers ce dist maugis et lors Regnault sarma et monta dessus bayart lescu au col la lance en la main et dist a ses freres. Freres armes vous car le besoing en est venu. Et quant Il eut ce dit Il picque bayart des esperons et saust a chescun coup xxx. piedz loing. Quant Regnault ce vit monté sus bayart Il en fut moult liez car Il ne cuidoit Jamais aduenir de monter dessus bayart et quil peust retourner en son premier estre. Quant Il se vit ainsi armé et monté Il se tenoit plus asseuré que destre en la maistresse tour de montauban. Et lors fit vne course et vint courir sur Ogier et le frappa si durement quil luy fist les arsons vuider et le porta moult felonneusement a terre. Et quant regnault vit Ogier par terre Il descend a pie et prent le cheual de Ogier et le luy mene et le fit monter dessus et luy tient lestrief puis luy dist. Cousin ogier or aues le guerdon de la bonte que vous nous fistes. Mais certes de ce que aues fait vous laues fait comme traictre et comme mauluais parent. Si vous gardez de moy car Je vous deffie par celuy dieu qui crea le monde car Je ne vous espargneray de riens pource que estes diffame

Cousin Regnault ce dist Ogier et nous nous garderons de vous point nen doubtez. Lors q eust este en celluy lieu Il eust veu comment regnault se mesla vigoreusement entre les francoys son puoit bien dire q cestoit vng cheuallier vaillant. Et lors vient maugis sur vng aultre cheual ql auoit recouure et se picque des esperons et sen vient rencontrer le conte guimart et se frappa en my son escu tielument quil se Jecta mort par terre. Et puis mist la main a son espee et frappa vng cheuallier qui auoit nom afian et luy donna sur son heaulme si grant coup ql labact mort a terre. Et quãt Il eut fait ses deux coups Il escrie son enseigne ce fut montauban. Et cleremont et puis dist. Francs cheualliers frappez sur ses francoys q veulẽt occire les meilleurs cheualliers du monde bié auez monstre vostre valeur mes chãs gens q estes venuz assaillir quatre cheualiers tous de armes mais vous le comparerez chier. Lors dist a ses gés sus mes amys frappez hardiment car se ogier nous eschappe nous sommes deshonourez. Et lors comēca la meslee si durement quil y eut grans abactemens de francoys car Ilz ne peurent endurer les grans armes q̄ Regnault et ses freres faisoient

Et quant les francoys virent quilz ne peurent plus souffrir le grant dommaige que Regnault et ses freres et maugis leur faisoient Ilz se mirent en fuyte et ogier auecques eulx vers la riuiere de dordonne. Et ogier se mist dedens et broyfort la passa tout oultre a nouer. Et quant Il fut oultre passe Il descend a pie sur le riuaige et Regnault arriua sa et lapella par moquerie et luy dist Ogier vous faictes du pescheur aues vous anguilles ou saulmons. Je vous fais vng parti si vous le voules prendre Ou vous passez deca ou Je passeray dela. Si v͡º passes deca Je vous asseure de tout hōme fors que de moy: ou me asseures des gens de Charlemaigne et Je passeray dela et Iray Iouster a vous. Et puis luy dist filz de putain mauluais traictre vous aues faulce vostre foy a Charlemaigne v͡º estes mon cousin germain et commēt auies vous le cueur de nous laisser murtrir en vostre presence et que ne nous deffendies cōtre tous hommes et vous mesmes nous venez occire par trahison. Certes ogier vous aues fait grant mesprison mais sa mercy dieu vous en laissez bon gaige. Car Il nous demeure fouques de morillon et le conte guymart q̄ ne nous ferōt Iamais guerre Et plus de quatre cens aultres de v͡z cheuassiers frācoys mauluaises nouuelles emporteres a charlemaigne et a Rolant et luy en rēdrez mauluais cōpte. Et en mal an dieu les mecte se Ilz ne vous font pendre comme larron.

Donc moult furent esbahiz les francoys quant Ilz ouyrent ainsi reprouuer a Regnault Ogier le dannoys. Dont Ilz furent bien Ioyeulx. Lors dirent entreulx. Dieu soit loue de ses parolles. Et vont dire a Ogier or trouues vous maintenant le guerdon de vostre bonte. Car se vous eussiez voulu faire vostre deuoir les quatre filz aymon eussent este prins. Et quant Ogier ce vit ainsi reprouue dune part et daultre Il en fut moult Ire. Et lors se laisserent sur le riuaige de dordonne et ne demoura aueques luy que oip hommes tant seullement. Et quant Ogier vit que toute sa compaignie lauoit laisse Il congneut bien qlz le faisoient par despit. Lors dist tout a part luy. Beau sire dieu glorieux que Jay bien merite cecy. Car le prouerbe est bien vray. Souuent aduient mal pour bien faire. Quant Ogier eut ce dit Il dist a Regnault. Beste entaigee vousme blasmez a tort et sans cause. Car se Jene fusse vous et voz freres fussiez Ja penduz sans nulle remission ne Jamais Maugis neust este Jcy a temps dont vous maues appelle traictre. Mais vo9 y mentez Car oncques traison ne commis ne ne commectray se dieu plaist. Vous maues appelle pescheur. Or diz Je bien enraiger tout vif quant vng tieulg louton me oultraige. Mais par la foy que Je doiz a tous mes amys si Je ne doubtasse aultre q vous Je vo9 Jroie donner vng si grant coup emmy vostre escu que diriez que cest coup de maistre.

Ors ce dist Regnault ogier vousdictes bien ce que vous plaist Mais vous ne ferez Ja ce que vous dictes pour dangier de voz membres. Si feray par ma barbe ce dist Ogier. Et lors picque broyfort des esperons et se mect en la riuiere et se mect a nouer. Et quat Il fut venu a plaine terre Il se appareille pour Jouster si baigné comme Il estoit. Quant Regnault vit Ogier si mal appareille pour combactre Il en print pitie et luy dist. Cousin Je nay a present volente de Jouster retournez vous en arriere car vous ne serez huy honny par moy. Or congnois Je bien que me auez ayse. Regnault ce dist Ogier ne vous mocques plus de moy vous maues appelle traictre denant plusieurs ges cheualiers si Je me retournoie arriere lon pourroit dire a Charlemaigne q Je lay faulcemet trahy ma lace est encores toute entiere ce seroit grant honte p2 moy se Je ne la brisoie sur vous ou sur vng de voz freres. Car fouques de morillon. Et le conte guymart se plaindroient & moy en enfer. Et daultre part Je ne pourroye auoir experance vers charlemaigne si Je men aloye ainsi car vous nous aues bien occis quatre cés bons cheualliers & non et darmes dont Je dy par conclusion que Je ne men Iroye sans auoir meslee a vous car vous scaues que se Je men aloye aultrement charlemaigne me feroit deshonnourer. Et Il auroit raison et si me feroit trancher la teste. Et pource me veulx Je combattre a vous car certes Jayme myeulx mourir que ainsi retourner arriere. Et si dieu a ordonne que me deuez coupper la teste Je vous pardonne ma mort car se Je vous puis conquerre Je vous rendray a Charlemaigne comment quil soit.

Et quant Regnault ouyt Ogier ainsi parler Il entraigeoit de mal talant et dist par courcoup. Ogier Je vous deffie a mort et gardez vous de moy. Et vous de moy ce dist Ogier. Et quant ces deux nobles cheualliers ce furent deffiez. Regnault picque bayart et Ogier broyfort leurs bons cheuaulx et vont courir lung sur laultre si durement que la terre trembloit soubz leurs piedz. Et quant vient aux lances baiser Ilz se entrefrapperent si durement quilz briserent leurs lances. Et apres que leurs lances furent brisees Ilz se rencontrerent de leurs escus et se donnerent si grans coups quilz tomberent tous deux a terre par dessus la croppe de leurs cheuaulx tieulsement que de tieulle Iouste Ilz furent tous deux nautez. Et quant les deux bons cheualliers se virent tous deux par terre sans faire demourance se leuerent Incontinent et mirent la main a leurs espees Et commencerent a faire vne si dure meslee que cestoit merueilles Mais or ouyez de leurs cheuaulx. Saiches que quant Bayart et Broyfort virent leurs maistres a terre Incontinent sen viennent lung sur laultre et commencerent a mordre et a regiber lung contre lautre. Quant ogier vit ce Il en fut moult dulant car Il scauoit bien que bayart estoit le plus fort. Si court Ogier celle part son escu au coul son espee en la main. Car Il vouloit aider a son bon cheual Broyfort pource quil

auoit peur que Bayart se tuast. Quant Regnault vit ce Il se escrie
et dist quest ce ogier que vous voules faire ce nest pas oeuure de che
uallier de frapper vne beste. Et si mest bien aduis que vous aues af
sez affaire de moy sans aler a mon cheual. Lors Il frappe ogier si
grans coup sur son heaulme queIl se abat a terre. Et se coup aualla
a bas et tranchea quant quil actaingt et trancha bien cent mail
les de son hubert et le nauta en la hanche. Et se lespee ne fust tour
nee en la main de Regnault Jamais ogier neust menge de pain. Et
quāt Regnault luy eut donne ce coup Il luy dist. Ogier laissez ester
Bayart. Car vous aues assez affaire a moy Je croy que. Je vous ay
vostre heaulme empire. Car Je voy vostre visaige qui est fort
pale.

ET quāt ogier se sentit ainsi blecie a peu ql nenragea de dueil
Si se retourne vers Regnault et prent son espee. Ha courtine
tant vous ay chierement aymee et certes cestoit bien raison car vous
estes vne bonne espee. Et en mains lieux maues fait mestier. Et
maint orgueil aues abatu. Et quant nous fusmes auecques char
lemaigne a hais en alemaigne Rolant et Oliuier essayent leurs
espees au prion. Et Je frappa apres pour vo᷈ essaier si en trāchastes
bien de my pie. Et Illecques vous brisay dont Je fuz moult dolant
Mais pour la bonte que Je scauoye en vous Je vous fiz rappareiller
et pour ce aues nom courtine. Se vous ne me vengez de ce glouton
Jamais nauray en vous fiāce. Et lors fiert Regnault parmy le he
aulme si durement quil se fist tout chanceler. Et quant ogier vit re
gnault ainsi atourne Il luy dist. Par dieu Regnault or vous ay Je
rendu ce que mauies donne nous sommes par esgal voules vous re
commencer. Par ma foy ce dist Regnault ogier ouy. Car Je desire
plus la bataille que nulle aultre chose. Et lors vont courir lung cō
tre lautre et recommencerent vne aultre meslee. Mais adonc vecy
venir Alart et Maugis et Guichart et tous leurs gens. Et lors
quant Ogier les vit venir Il en fut moult dolant. Si sen vient

a broyfort son bon cheual et monta dessus et se met dedens dordonne et sen passe tout oultre. Et quant Il fut oultre passe Il demoura a la riuiere et descend a terre. Mais Il nauoit point de celle car les sangles rompirent quant Ilz Iousterent luy et Regnault. Quant Regnault vit broyfort sans celle Il escria a Ogier et luy dist. Ogier venez querir vostre celle car ce sera villennie se vous cheuauches en ce point. Et loues nostre seigneur de ce que estez departi en ce point de moy sans pis auoir car se nous fussions demoures vng peu plus ensemble Je vous en eusse emmene en lieu ou vous ne fustes oncques Car Jamais Charlemaigne vostre seigneur ne vous eust secouru a temps.

Regnault ce dist Ogier vous menassez de bien loing. Il na partict mye a bon cheuallier de ainsi menasser mais Je scay bien que ce ne fussent voz gés qui vous ont rescoup Je vous eusse mene a Charlemaigne auāt qlfust la vespre. Ogier se dist Regnault bien aues monstre questes bon cheuallier qui passastes le riuiere de dordonne pour venir combattre a moy. Mais atendrez vous sur broyfort si Je passe de la dordōne vne aultre fois sur bayart. Or sur men ame se dist Ogier et se vous faictes ce que vous dictes Je diray que vous estes le meilleur cheuallier du monde. Quant Regnault entēd celle parolle Il picque bayart des esperons et se vouloit mectre en dordonne a force. Mais Alart Naugis et Guichart ne se laisseretent pas aler mais le princrent par le frain. Et luy dist Alart. Ha beau frere et quest ce que vous voules faire trop estes entrecuideux car q̄ bien vous fait Il pert bien son temps. Vous sçaues bien que se ne fust Ogier nous fussions auiourdhuy mors que Ja le secours de maugis ne nous eust gueres profite. Laissez Ogier Je vous en prie car Il na au mōde meilleur cheuallier q̄ luy. Et lors dist alart a Ogier Beau cousin alez vous en a dieu. Car vous nous aues bien ayde. Quant Alart eut parle a ogier Il se retourna vers regnault et luy dist Beau frere Il mest aduis qlseroit bon que nous destour'nissiōs

arriere pour scauoir que fait nostre frere richart qui est demoure en
la roche si naure comme vous scaues. Laissons aler noz ennemys
en male part car trop les auons dommaigez. Regnault ce dist ogier
vous nous aues desconfitz mais par lame de mon pere nous retien
drons sur vous tant de gens que nous vous ferons dommaige. Et
si prendros la proye dont vous ne serez si hardiz de la deffendre. Or
menassez tout beau ce dist Regnault car nous auons tieul chastel
la ou bien actendrons Charlemaigne et vous de quelque heure que
ce soit. Et si vous diz pour vray que auant quil soit quatre Jours
vous naurez garde de nous prendre. Et coment quil en aille
la perte a tousiours este sur vous Jusques Jcy et si ne pourte
rez pas bonnes nouuelles a Charlemaigne.
T quant Ogier eut assez parle a Regnault Jl picque broy
fort des esperons et sen vient apres ses gens qui lauoiet lais
se. Et tant cheuaucha quil arriua a monbandel et descend deuant la
tente de Charlemaigne. Et quant Rolant et Oliuier virent venir
Ogier si naure et faisant si male chiere Jlz cuidoient quil y eust eu
bataille. Et que Ogier eust prins Regnault et ses freres. Si ap
pellerent le duc Naymes Salomon de bretaigne Richart de norma
die et le conte guiselon. Et quant Jlz furent tous assemblez Jlz di
rent lung a lautre. Chetifz maleureup et que ferons nous auiour
duy nous verros pendre les quatre filz aymon Jlz sont noz cousins
a tous. Et se Charlemaigne les fait pendre nous sommes des hon
norez. Et quat Charlemaigne vit venir Ogier Jl luy dist. Ogier
ou sont les quatre filz aymon les aues vous prins ou tuez ou remis
pour prisonniers. Sire ce dist Ogier tout bellement. Saiches que
ce ne sont mye enfans mais sont les meilleurs cheuailliers du mon
de et quilz sont en vie. Je vous dy sire que nous les trouuasmes es
plains de vaulp couleurs tous quatre vestuz descarlate fourrez der
mines montes sur musetz et pourtoient en leurs mains fleurs de ro
ses. Bien vous a tenu conuenant le roy yon de gascongne. Car Jlz
les a mandez en tieulle maniere comme Jl vous auoit promys mais

o. i.

la valeur et la prouesse fut tieulle quilz changerent leurs muletz a bons chevaulx. Et si recouurerēt escuz et lāces. Et quāt Regnault eut recouure vng cheual Il occist Fouques de morillon tout le premier et puis mōta sur son cheual puis nous les menasmes vng grāt traict dare tous desconfitz. Mais a la fin Ilz trouuerent vne roche a mode de cauerne qui estoit vng lieu moult fort la ou Ilz ce deffendirent vne grant piesse. Et Richart lung des enfans Il a este occis Et tous les aultres freres eussent este tuez ou prins si ne fust maugis qui les vint secourir mōte sur bayart et amena auecques suy bien cinq mille cheualliers Lesquelz nous ont desconfitz ttue le conte guimart.

Ce dist Charlemaigne est Il vray quilz sont ainsi eschappez. Sire dist Ogier ouy veritablement. Quant le roy entend que Regnault et ses freres estoient eschappez Il en fut moult dolant et puis dist. He beau sire dieu pere glorieulx cōment Je suis honny pour quatre gloutons. Certes ce poyse a moy mais facent au pis quilz pourront car se Ilz me sont eschappez maintenant vne aultre fois Ilz ne me eschapperont mye. Sire ce dist Ogier saiches que se ne fust maugis Ilz ne pouoiēt eschapper. En mal an le mecte dieu ce dist Charlemaigne car souuent leur a aydē contre moy. Et si scay bien que se Je tenoie Regnault et ses freres en ma prison que maugis les viandroit desliurer. Et pource le haiz Je mortelment dont Je prie nostre seigneur quil ne me laisse mourir que Je nen soye venge a ma guise. Sire ce dist Ogier par la foy que Je vous diz Regnault me bailla vng si grant coup que le coing de mon heaulme en tomba par terre. Et vous prometz que Je fuz bien aise quant Je fuz eschappe destre ses mains car de troys mille cheualliers que nous me nasmes nen sont eschappez que troys cens qui ne soient ou mors ou prins. Quant Rolant entend ses parolles Il fremit tout de maltalant et dist par grant courroux. Par dieu sire Ogier vous fustes moult hardi car vous neustes nulz compaignons qui fissent si bien que vous mais par saint pierre lapostre Je ne vy oncques vng si fort couhart que vous? Ne oncques ne sortit de dennemarche vng bon cheuallier filz de putain couhart chetif cõmet aues nulz yeulx qui ouſent regarder homme. Mais aultre chose il y a car vous les aues eſpargnez car ilz ſont voz couſins et voz amys or honny ſoit le roy ſe il ne vous fait tous ſes membres deſtrecher car ilz euſſent eſte pris ſi vous ne fuſſies.

Ors quant Ogier ce vit ainſi reprouue il en aigoit tout de la grant iniure que Rolant luy auoit dicte. Si reſpondit hardiment et diſt. Damps Rolant vous y mentez mauluaiſemẽt car je ne ſuis mye tieul' comme vous dictes Et vecy mon gaige pour me deffendre contre vous corps cõtre corps. Car jamais ne moy ne mõ lignaige ne meſpriſmes enuers Charlemaigne mais ſuis de toute france des meilleurs cheualliers qui ſoient. Et ſi ſuis de meilleur lignaige que vous neſtes rolant. Sire droit empereur girart de roſſillon fut mon oncle il me nourit petit enfant. Et dron de nantueil et le duc benes daigremont ces troys furent freres leſquelz eſtoient mes oncles. Et minens daigremont fut mon pere. Et ſi eſt mon parent larceueſque turpin et Richart de normandie: et ſi ſont de mon lignaige ſes quatre filz aymon. Or beau ſire rolant comptes moy voſtre lignaige pour ſcauoir voſtre grandeſſe car par ſaint denis de france je me deffendray contre vous a mon eſpee. Et ſi vous monſtreray ſi je ſuis loyal ou non. Aultrement me conuiendra mourir de dueil.

Merueilles fut ire Rolant quant il entend ainſi parler ogier ſi ſe auanſa vers luy et ſe cuida frapper. Et quant Ogier le vit encontre luy venir il miſt la main a ſon eſpee et diſt a Rolant Ne ſoyes ſi hardi que vous mectes la main a moy car par la foy que je doiz a celluy q̃ mengedra je vous feray voler la teſte a terre ſi vous venez auant. Quant Charlemaigne vit ſes deux barons ainſi eſmouuoir il en fut mouſt doulant. Et lors ſe leua le duc naymes de bauieres et le conte aymery et dirent. Sire Rolant queſt ce que vous voules faire par mon chief la choſe nyra mye aiſi cõme vous cuides

o. ii.

Car ogier nest mye tieul comme vous le faictes et que vous le dyes batre ne oultraiger. Et si ne fust pour le roy la chose Iroit aultremēt que vous ne cuides. Ogier est tieul cheuallier côme tout le mōde scet ne oncques en son lignaige ne nasquit homme qui commist trahison mais est le meilleur cheuallier de france de tous coustes. Mais nous esmerueillons côme Charlemaigne vous souffre prendre si grant orgueil. Mais se Il le veult souffrir nous ne le souffrirons mye pour chose quil en sceust aduenir. Quant Charlemaigne vit ainsi noise entre ses barons Il en fut moult doulant si dist a Rolant. Beau nepueu souffrez vous de ce dire car Il napartient mye a vous mais laissons tout ester Jusques a demain. Et entre eulx Je me enquerray de ceste matiere. Et se Ogier a mesprins de riens vers moy Je le feray chierement repentir car tous ceulx du monde ne le scauroient garentir q̄ Je ne luy face coupper la teste. Sire ce dist ogier Je le veulx biē Mais Il na homme en france si preux ne si hardy que se Il vouloit dire que Jaye cōmis trahison enuers vous ne enuers aultre a qui ne me combacte et que Je ne luy monstre quil ment faulcement. Mais si vous plaist de me ouyr Je vous diray la verite sans mentir de mot. Saiches sire que quant Je vins a la roche mombron ou les quatre filz aymon estoient mys Je viz que nous estions si grant nombre de gens contre quatre cheualliers tous desarmes Je vous prometz que Je ne les aiday ne ne fus contre eulx Mais me retray arriere et laissay faire aux aultres. Et regardoye celle grāt douleur car Je voye mourir ma cher et mon sang et si ne leur pouuoye ayder de riens. Or vous ay dicte toute la verite et tout ce que Je fis et se vous trouues aultrement que ce que Je vous ay dit deuant tous les barons Je veulx estre pugny. Mais par la foy que Je doiz a dieu se Je me treuue Jamais en lieu ou Je leur puisse ayder Je leur ayderay de tout mon pouoir si Je en deuoye perdre la teste car tout le monde me deuroit hair de ce que Je leur failly a leur besoing car Ilz sont mes cousins. Et vous sire roy leur aues tant fait quil vous deuroit souffire. Car Ilz ne sont mye tant coupables du fait dont lon les charge comme lon en fait semblant.

Mais par la doulce vierge marie tant comme Je viuray Je ne leur fauldray de riés que Je puisse. Trop cest Rolant haste de me frapper a tort et sans cause. Mais Je veulx bien quil saiche que se Il veoit regnault monte sur son bayart Il ne le tiendroit mye pour ribault ne Il ne se oseroit actandre corps a corps pour tout lor despaigne. Quant Rolant ouyt Ogier ainsi parler Il luy dist. Par dieu Ogier vous la ues grandement loue: et si le faictes merueilleusement hardy. Mais Je prie nostre seigneur que Je le puisse trouuer sur bayart son bon cheual tout acoustre de ses armes pour congnoistre se Il est si vaillant comme vous dictes. Saiches que dieu entendit la priere de Rolant auant long temps apres car Rolant trouua Regnault monte sur bayart. Et vous diz que Rolant ne le tint pas puis pour ribauld ne pour garson. Mais se tint pour le meilleur cheuallier du mode. Mais a present laisse le compte a parler du roy Charlemaigne de france et Rolant et de Oliuier et de Ogier le danois et des douze pers de france qui sont au siege de motauban Et retourne a parler de Regnault q̃ estoit moult a malaise pour richart q̃ estoit naure a mort en la roche mombron.

Omment par le secours que maugis amena a Regnault et a ses freres es plains de vaulx couleurs Ilz desconfirent les gens du roy Charlemaigne dont ogier en eut maints reprouches de Rolant pour aulcune honte quil auoit faicte a Regnault et a ses freres en la roche mobron. Et en fut ogier appelle traictre dont grant Inconuenient en vint apres deuant Charlemaigne.

Chapitre. vi.

Dit le compte que quant Regnault eut desconfit les francoys Il sen retourna vers la roche mombron la ou Il auoit laisse son frere richart si naure comme ouy aues. Et quant Il fut la venu et Il vit son frere richart si horiblement naure Il ne se peut tenir de plourer et dist. Helas que feray Je quant Jay perdu mon chier frere et le meilleur amy que Jaye au monde. Et quant Il eut dicte celle parolle Il cheut a terre et dessus bayart tout pasme. Et quat alart

o.iii.

et guichart virent leur frere q̃ estoit tõbe Ilz cõmencecent a regreter richart moult tendrement. Quant Regnault fut reuenu de pamoison Il cõmenca a farre le plus grant dueil du monde entre luy alart et guichart sur richart qui gisoit a terre ses loyaulx entre ses mais Et ce pendant vecy venir maugis monte sur broyquerre son bon cheual le meilleur que lon sceust fors que bayart. Et tenoit vng trãson de lance en sa main. Et quãt Il vit Regnault demener si grãt dueil Il en fut moult courrouce. Et quant Il vit richart ainsi naure Il en eut au cueur grant douleur et regardoit la playe qui estoit moult horible a regarder car lon luy veoit le foye dedens le corps. Lors dist a Regnault· Beau cousin entendez a moy et laissez ce grant dueil. Vons scaues bien que vous estes tous mes cousins si nous deuons parforcer de secourir lung lautre au besoing Je vous ay secouru maintesfois. Et saiches que tout le mal que Charlemaigne me veult cest a vostre occasion. Il occist na gueres mon pere dõt Jay au cueur tres grant tristesse qui estoit vostre oncle qui mourut par vostre amour ce scaues vous bien. Mais si vous me voules promectre deuãt tous voz barons de venir auecques moy en la tente de Charlemaigne et moy aider a lassaillir pour venger la mort de mon pere si nous le pouons faire Je vous prometz de vous rendre richart tout guery et tout sain orendroit sans nulle douleur.

ET quant Regnault entendit ces parolles Il sen vient a maugis et le baisa en la poictrine tout en plourãt et luy dist. Beau tres doulx cousin pour dieu mercy rendez moy mon frere richart guery si vous plaist et se voules aultre chose que Je face commandez le moy et Je le feray de tres bon cueur car vous scaues bien que Je ne fis oncques chose qui fust contre vostre volente. Et si na homme au monde pour qui Je fisse tant que Je feroye pour vous. Quant maugis vit Regnault si tendrement plourer Il en eut moult grant pitie et luy dist. Or ne vous esmayez mye beau cousin car vous aures richart sain et saulue tout a present. Et lors descend de son cheual a terre et prent vne bouteille de vin blanc si en laua la playe de richart moult bien et osta tout le sang qui estoit en tout. Ne vous esmayez point la ou Il prenoit toutes ses choses qui luy faisoient mestier car cestoit le plus subtil nigromencien qui oncques fust au monde. Et quant Il eut ce fait Il prist ses loyaulx et les luy mist dedens le corps et print vne aiguille et cousut la playe moult gētemēt sans luy faire sentir dou leur et puis prist vng oyngnement dont Il oygnit toute la playe. Et si tost que la playe fut oyngte elle fut toute saine cōme se Jamais ny eust eu mal. Et quāt Il eut tout ce fait Il print vng breuaige et don ne a loy re a richart. Et quāt richart eut beu Il saultē piedz tout de liure de sa douleur et dist a ses freres ou est ale ogier et ses gens nous sont Ilz eschappez.

Frere ce dist Regnault nous les auons desconfitz dieu mercy et maugis qui nous vint secourir car aultrement estions tous mors et si nous a saulue les vies a ceste fois. Or bien le deuōs aymer plus que nous mesmes. Frere ce dist richart vous dictes vray Et puis Alart dist. Maugis beau cousin guerissez moy Je vous en prie pour dieu car Jay vne grant playe emmy la cuisse. Et moy aussi Je suis naure ce dist Regnault. Et moy aussi ce dist Guichart pour dieu donnez nous guerison a tous. Lors maugis leur dist. Or ne vous esmayez mes cousins car vous serez gueriz en seure. Lors prit maugis du vin blanc dont Il auoit laue la playe de richart et leur la ua leurs playes a tous et puis Il les oygnit doulcement. Et lors Ilz furent tous gueriz. Et quāt Ilz furent tous gueriz Ilz firēt richart monter sur vng cheual et se mirent en voye pour eulx en retourner Et ainsi cōme Ilz sen retournoiēt a moult grāt Joye vne espie sen partit de la cōpaignie de Regnault et sen vit a mōtaubā au roy yon et luy dist. Sire nouuelles vous apporte or saiches que Regnault et ses freres sont eschappez des plains de vaulx couleurs ou vous les auies enuoyez. Et ont desconfit Ogier le dannois et tous les gēs de char lemaigne. Et si ont mys a mort Fouques de morillon. Et le conte

o.iiii

guimart et tant daultres nobles cheualliers dont ne vous scauroye dire le nombre.

Et quant le roy yon entendit ses nouuelles Il en fut si esbahy quil ne sceut que dire. Et puis dist. Helas comment vait cecy vecy maulnaises nouuelles. Comment peut il estre ne trouuerent ilz pas lembusche du roy Charlemaigne. Sire ce dist lespie ouy veritablement. Et y furent malement entrepzins se ne fust maugis leur cousin qui les vint secourir. Et pour le secours q maugis amena fut desconfit ogier et tous les gens de Charlemaigne que peu en sont eschappez Car maugis amena a Regnault bayart son bon cheual qui a este cause de tout le mal. Helas dloreup meschant ce dist le roy yon et que feray Je si Je atans Regnault Maugis Alart guichart et Richart. Je suis mort sans doubtance car tout le monde ne me pourroit deffendre. Et aussi ce seroit bien droit et ne scauroit en rien mesprendre se Il me occioit cruellement. Car Jay bien desserui la mort. Car oncques Judas ne lempereur de romme ne commirent si grant trahison comme Jay faicte moy qui vouloye faire mourir les meilleurs cheualliers du monde pour menasse de prince. Et quant Il eut dictes ces parolles Il commence a mener moult grant dueil et dist. Ha belle seur clere auiourduy departira nostre amour. Jamais plus vous ne me verrez. Auiourduy relinqueray gascongne car Jamais ny entreray et se escrie a haulte voix. Or despartons mes beaulx seigneurs pour dieu et soyez prestz car besoing en est venu. Et si menez les meilleurs cheuaulx que vous ayez. Et se nous pouons tant faire que nous puissons aler Jusques au boys de la serpente nous serons eschappez. Et si nous fougerons en labbaye de saint ladre et si prendros labit. Et ainsi pourrons nous estre saulnez. Car Je congnois tant en Regnault que Il ne nous fera point de mal quant Il nous trouuera moynes. Lors Illecques estoit vne espie q auoit nom pignaud qui estoit si grant quil auoit quinze piedz de long et aloit aussi tost que cheual ponoit aler. Celuy pignaud auoit ouy tout ce que le roy yon auoit dit. Et quant Il eut tout ouy Il le escript dedens vng parchemin et sen Issit hors de montauban par la porte faucon Et passa le boys de la serpente en peu deure. Et encontra Regnault ses freres et Maugis qui sen retournoient a montauban qui emmenoient les prisonniers auecques eulx. Et se grant larron les espioit Et puis sen vint autombendel au pauillon de Charlemeigne et appella Rolant et luy dist. Sire Je vous diray tieulles nouuelles dont vous gaignerez assez se croire me voules et vous diray chose dont vous serez tresioyeulx.

Eaulx amys ce dist Rolant tu soyes le tresbien venu. Et quelles nouuelles sont ce dis le nous Je ten prie. Sire ce dist pignaud saiches que le roy yon sen fuyt tout desarme luy et ses gens Et ne emmaynet somier ne mullet fors que leurs bons destriers Et sen vont dedans le boys de la serpente en vne maison de religion qui a nom saint ladre. Et luymesmes est delibere de prendre labit et deuiendra moyne. Par ma foy ce dist Rolant et Je les Iray assaillir a tout quatre mille cheualliers. Et si en vengeray Regnault et ses freres. Et si les feray pendre comme traictres. Car Je naymay oncques traictres en Iour de ma vie ne Jamais ne feray se dieu plaist. Sire dist pignaud encores ya Ilplus car Iay trouue Regnault et ses freres et maugis au gue de balancon qui emmenent plusieurs prisonniers de voz gens. Et fault si vous les voules trouuer aler celle part. Amy ce dist Rolant vous aues desserui vn grant guerdon. Car bonnes nouuelles nous aues apportees. Lors appella Oliuier et luy dist. Oliuier mon amy montez vistement a cheual. Et menons auecques nous Guiselon et Richart de normandie. Et vous sire Ogier de dennemarche viendrez auecques nous si vous plaist si verrez la grant prouesse de Regnault le filz aymon. Et si ne menerons auecques nous que quatre mille cheualliers. Regnault en a cinq mille bien montes. Et ainsi nous pourrons combattre a eulx sans nulle auantaige.

Certes ce dist Ogier Je Jray pour veoir comment vous la urez. Quant vous laurez prins Je vous prometz & vous prester vne corde si vous en aues mestier. Et quant Ilz eurent tout deuise Ilz monterent a cheual et ce mirent a la voye et le grant ribault les guidoit tout droit au gue de balancon. Et le roy de gascongne cheuauchoit alors parmy les boys de la serpente auecqs ses gens Et tant cheuaucha quil arriua au boys de la serpente au monastere saint ladre. Et tant prieret labbe quil les fist moynes & par le dable Ce pendant vecy venir Rolant et Oliuier auecques leurs gens qui entrerent dedens labbaye. Et quant labbe les vit venir Il leur vint a lencontre et tout le couuent chantant Te deum laudamus. Et quat Ilz eurent chante labbe dist a Rolant. Sire vous soyes le tresbien venu vous plaist Il riens que nous puissons. Seigneur abbe nous vo9 mercions cest assauoir du bon du cueur. Saiches que nous querons seans le plus mauluais traictre du monde que lon appelle le roy yon de gascongne le quel est seans car Je le veulx pendre comme larron.

Ors respond labbe non feres sire si vous plaist car Il est deuenu nostre moyne et aussi Il a pris labit et pource le deffendrons contre tout home. Quant Rolant ouyt ainsi parler labbe Il le prist par le chaperon. Et Oliuier prit le prieur q estoit couste luy et les bouteret tous deux si gentement encontre vng pilier de pierre qlz leurs firet sortir les yeulx hors de la teste. Et puis Rolant dist a labbe. Or sus tost redez moy ce dyable le roy yon q est le frere de Judas ou Je vo9 tue ray seuremet car Jay Jure ql ne cometra Jamays trahison. Quat lab be ouyt ce q Rolant disoit luy et ses moynes sen fouyret. Et quat rolant vit ce Il mist la main a durandal sa bone espee et sen entra ou cloistre la ou Il trouua le roy yon agenoille dnat vne ymaige de nostre dame et auoit vestu le froc et le chaperon sur la teste. Et quant rolant le vit Il le cogneut bie car Il lauoit veu aultrefois auecqs son oncle charlemaigne lors le prit et luy dist. Sire moyne de par le dable scauez vous bien vostre lecon Leuez vous sus en la malle heure venez vous en auecqs moy si verrez le roy Charlemaigne car Il vo(us) fera pēdre cõme traictre reprouue. Mauluais roy et felon ou sont les quatre filz aymon qua Charlemaigne deuiez rendre. Certes vous serez paye de la trahison. qua ues faicte. Et moymesmes vengeray regnault et ses freres. Et quant Il eut ce dit Il fist mõter le roy dessus vng cheual et luy fit bander ses yeulx et puis luy fit vestir vng chaperon et le mirēt a reculõs sur le cheual. Le roy yon ne faisoit aultre chose si non de regreter regnault et ses freres et disoit. Helas comme Je fis grant mal quãt Je consenti a celle mortelle trahison cõme ceste a este. Or vois Je bien mourir dix fois car la mort ay bien desseruie Quant le roy yon eut ce dit Il dist a vng de ses priues q(u)l sentoit auecqs luy non obstant ce q(u)l ne veoit goute. Amys alez a montauban et dictes a Regnault q(u)l me vienne secourir car Il est mon hõme et ne preigne mye garde a ma mauluaistie mais a sa franchise car se Il me laisse mourir Il en sera blasme et reprouue a tousiours mais et es senfans en serõt tenuz a garsons et po(ur) vilz et se Il me peut recourer Je veulx q(u)l me face tailler sa langue dont Je consentis a la trahison ou la teste selon luy semble car enuers luy lay Je bien desserui. Sire dist le cheuallier Je ny etreray Ja car Je scay bien q̃ regnault ny viendra Ja pour le mal q̃ vous luy aues fait. Si fera ce dist le roy yon car Je scay tant de luy q(u)l ne dira Jamais le contraire. Sire dist le cheuallier Je Jray doncques volentiers puis q(u)l vous plaist et dieu vueille que Regnault ses freres et maugis vous vueillent venir secourir car Je congnois que vous en aues bien mestier se dieu ne vo(us) ayde. Ce pendãt Oliuier dist a Rolant. Sire cõpaings que ferons no(us) de ce roy cy. Amys ce dist Rolant no(us) le menerõs a mõt faucon et laisserõs balancon a destre. Et ce firẽt pour trouuer regnault et ses freres. Car Rolant auoit grant volente de trouuer Regnault et ses freres et Maugis. Beau sire dieu ce dist Ogier le dannois par ta sainte pitie et misericorde octroye a Rolant sa priere et volente q̃ est tieulle que nous puissons trouuer regnault et ses freres et maugis pour veoir cõment Rolant se pourteroit et se Il les prandroit ou non car Je scay bien que nul ne pourra abatre son orgueil si non regnault le filz aymon. Mais a tant laisse a parler de rolāt et de oliuier et de ogier et de leurs gens et du roy yon de gascongne qlz em menoient pendre et retourne a parler des quatre filz aymon.

Omment apres ce que regnault et ses freres furent gueriz et sains des playes quilz auoient eues es plain e de vaulx couleurs Ilz sen retournerent a montauban. Mais quant le roy yon sceut leur destour Il sen fouyt et sen ala rendre moyne en vng moustier q̄ estoit dēs le boys de la serpente la ou rolant et oliuier et ogier le dānois se trouuerent et le voulurent faire pendre pour la trahison quil auoit faicte a regnault et a ses freres. Non obstāt que regnault fut leur ennemy. Mais regnault le recourut des gens de rolant.

Chapitre. vii.

N ceste partie dit le cōpte q̄ quant regnault et ses freres furēt biē gueriz de leurs playes par lay de maugis q̄ les auoit gueriz Ilz se mirēt au retour vers montauban. Et quāt Ilz furēt la venuz dame clere seur va a sencōtre et menoit auecq̄s elle ses deux enfans yōnet et aymōnet q̄ auoiēt tant ploure et egratine leurs visages q̄lz ne leur paroissoit ne yeulx ne bouche. Toutesfois Ilz ne scauoiēt pour quoy Ilz se faisoiēt car Ilz estoient moult Josnes. Et elle pareillement estoit toute deffiguree de force de plourer et de soy lamēter car elle scauoit bien commēt le roy yon auoit trahi regnault son mary et ses freres et cuidoit quilz fussent mors. Mais quāt elle les vit venir elle en fut moult Joyeuse. Et les deux petis enfans coururent aux piedz de leur pere et de leurs oncles et les vouloient baiser. Et quant regnault les vit Il les bouta si fort du pie que peu sen faillit quil ne les creua. Et la dame le vouloit baiser et acoler mais Il neut cure. Et luy dist dame fuyez de deuant moy alez a vostre frere le traictre felon cruel. Car Jamais vous nautres ma mour. Car Il na mye tenu en luy que nous ne soyons mors si dieu et nostre cousin maugis ne no⁹ eust secouru. Or vʾ en alez apres luy toute a pie sans cōpaignie car vʾ ne pourterez rien du mien et cōme mauluaise

vous en Jrez. Car vous estes seur du plus traictre et desloyal du mō
de et voz enfans Je les penseray. Car Jay peur quilz soyent traictres
comme leur oncle. Sire pour dieu mercy ce dist la dame Je vous Ju-
reray sur les sains que Javoye doubtance de vostre alee. Et par plu-
sieurs fois le vous dis a loccasion du songe que Je fis celle nuyt. Et
si vous dis que vous ne creussiez mye le roy yon mon frere Et non ob
stant quil soit mon frere Javoye doubtance de ce qui est avenu. Si
re pour dieu vous cry mercy car de ce Je nay nulle coulpe. Et ainsi
ait dieu mercy de mon ame. Car Jayme myeulx le maindre doy de vo
stre pie que tout le roy yon mon frere ne que tout le pays de gascon
gne. Et quant elle eut ce dit elle ce pasma sur les piedz de Regnault
Et quant Guichart vit sa dame pasmee Il la print par la main et
la redressa et luy dist. Dame or ne vous esmayez laissez dire a Re-
gnault sa volente car vo'estez nostre dame. Or ne soyez plus a mal
aise: tant que nous serons en vie nous ne vous faul
drons: et se Regnault vous fault si ne ferons nous
mye mais vous seruirons de bon cueur.
Rere ce dist Richart faisons une chose. Alons prier a no-
stre frere. Regnault quil pardonne a ma dame nostre seur son
mal talant car elle ny a nulle coulpe. Car si nous la eussions voulue
croire nous ny fussions mye alez. Maintenant nous devons mon-
strer ses vers ses gris ses manteaulx dermines les bons cheuaulx
et palefrois que ma dame nous a donnez souuentesfois plus que Re
gnault ne faisoit. Or luy rendons le guerdon car elle en a mainte-
nant mestier et au besoing son vrayt amy. Par ma foy ce dist Alart
vous dictes bien. Et lors sen vont a Regnault et se tirerent a part et
puis Alart luy dist. Beau frere pour dieu ne soyez si Ire. Car vous
scaues que ma dame na nulle coulpe de la trahison que son frere le
roy yon nous a faicte car se vous leussiez voulue croire nous ny fus
sions mye alez. Dont nous vous prions que vous luy vueillez par
doner. Lors dist Regnault mes freres po' lamour de vo' Je loctroye
et luy pardonne mon mal talant tout a plet. Quāt les freres louyrēt

Ilz en furent moult joyeulx. Et sen viēnēt a dame clere et luy dient dame ne vous esmayes de riens car nous auons fait vostre paix. Et lors la prennent cheseuny par vne main et la menerent deuers son mary. Et quant Regnault la vit Il la prist par le menton et la baisa par grant amour. Et adonc comenca la joye et la grant feste a montau ban. Et adonc ont laue les mains pour menger. Et ainsi come Ilz estoient a table vecy venir le messagier du roy yon qui venoit a Regnault. Et quant Il fut deuant Regnault Il luy dist. Sire le roy yon vous mande par moy que vous le venez secourir ou aultrement Il est mort Car Rolant et Oliuier le menent pendre a montfaucon et le faictes sire si vous plaist pour dieu et ne regardez mye sa mauluaistie mais a vostre bonte car nostre seigneur pardonna a marie magdalaine et a longis leurs pechiez Il scet bien q̄l a mort desseruie enuers vous et si vous le tues Il vous pardonne sa mort.

Jeu le confonde ce dist Alart q̄ me traīa les piedz et q̄ le racheterai dung pois de paille. Mais mauldit soit Rolant se Il ne le pend come vng traictre proune. Quant Regnault eut entendu ce q̄ le messagier dist Il baissa la teste vers terre et demoura vne grant piece sans mot sonner. Et quant Il eut assez pense Il comenca a plourer en regardāt ses freres car vng bon cueur ne peut mētir quāt Il vient au besoig. Lors dist vne bonne raison come noble cheualier. Seigneurs ce dist regnault a ses freres et a ses gēs. Or ouyez ce q̄ Je veulx dire. Vous scaues coment Je fus desherite a paris a moult grant tort par vne feste de penthecouste que Charlemaigne tenoit sa court planiere au palays la ou Il auoit belle compaignie de grans seigneurs car Il y auoit troys cens cheualliers de nom et darmes et cent que ducz que contes: et plus de cinquante euesques et plusieurs barons. Et adonc fut occis mon oncle le duc Benes daigremont qui estoit si bon cheuallier comme cheseun scet. Je demanday a Charlemaigne deuāt toute sa court dont le roy men Iniuria moult grādemēt Quāt Je viz q̄ le roy me reprouuoit ainsi Jen fus moult courrouce et voulant et regard mes freres et congneu leurs volentes. Et moye mes ennemys truant moy si nestoit mye mestier de les aler querir aultre part Il ne souffit mye de ce q̃ Je fuz oultraige par le roy mais puis me oultraiga berthelot son nepueu: moy et luy Jouãt aux esches dont Je prins leschaquier et luy en donnay si grant coup parmy la teste que Je le tuay. Et louyset vng aultre nepueu de Charlemaigne vouloit occire mõ frere Richart et lauoit Ja naure mais Je le frappay du poing tieullement que Je le tõbay mort par terre a mes piedz. Et quant charlemaigne sceut ce Il me cuida faire occire et les membres coupper mais mon lignaige ne luy souffrit mye car y eut grant meslee Et tieullement quil y eut mains coups donnez. Et quant la meslee fut acheuee Je monte sur bayart et Je y fis monter mes freres vng duant et deux derriere. Et men vins en ardeyne ou Je fis faire vng chastel. Et la Charlemaigne me vint assiger. Et me fist foriurer de mon pere Aymon que Jamais nauroye rien du sien. Et aussi me foriura de tous mes parens quil ny eust homme si hardi qui me osast ceser vng Jour. Beaulx freres vous scaues bien la grant pourete que nous auons endure vng si long temps. Et quant Je viz que Je ne scauoye ou aler Je men vins en ce pays a telle compaygnie comme vous scaues. Et si parlay au roy yon et luy dis comme Jauoye guerre au roy charlemaigne. Et Il me demonstra grant amour et me fist grant honneur tant quil me donna sa seur a femme et vne duche. Et me fist fermer montauban. Et daultre part mes enfans sont ses nepueuz. Dont lung porte son nom yonnet et tous les voyes Jcy. Et Je luy ay acqte sa terre et tout son pays et tous les orgueilleux de son pays Je les fis venir a Jube et a sa mercy et Je ne le trouuay Jamais en forfaiture Mais Charlemaigne est si grãt et si puissant roy que ce scaues vous bien quil a mains preudõmies vaincuz et deshonnourez. Et pour la doubte de luy le roy yon nous trahit dont Il nest point trop a blasmer. Car contre le roy Charlemaigne nulle chose na pouoir. Et pource se le roy yon me rendit au roy Charlemaigne ce fut par le mauluais et desloyal conseil que me rendit a Charlemaigne ce fut par mauluais conseil q̃ aulcuns de ses barons luy donnerent Car oncques dieu ne fist si preudomme que par mauluais conseil ne mespreigne aulcunefois. Et commēt le puis Je laisser quant Je ne lay point d'effie Il me semble que Je luy diz bonte contre felonnie. Pource vous prie a tous que vous vueil lez appareiller car Je le veulx aler secourir car ce seroit grant reprou che a mes enfans que leur oncle eust este pendu comme larron et si noꝰ seroit grant deshonneur car Il est nostre seigneu². Et se Il a malfait nous deuons bien faire. Et si ne deuons mye oublier toutes les bon tes que le roy yon nous a fait Et vous promets que le mal et la tray son quil a faicte nest mye par sa mauluaistie mais par mauluais cō seil car se Il auoit fait aultrement Je luy vouldroye traire le cueur hors du ventre. Mais Je scay bien que non car Charlemaigne a si grant pouoir que chescun le doubte. Et pource Je vous dy que Je le veulx aler secourir de mon pouoir. Par ma foy ce dist Alart vous Irez doncques sans moy car Je ny mectray Ja les piedz car Jamais traictre ne doit auoir secours ne ayde. Ne moy ce dist Guichart Je ny entreray Ja. Ce dist richart si ferez se Il vous plaist puis que Re gnault le veult car Il est nostre seigneur et nostre bien. Et pource vous prie beaulx freres que vous obeisses a luy. Quant Regnault eut conclu quil Iroit au secours du roy yon maulgre Alart et gui chart tous les gascons qui la estoient commencerent a crier benoiste soit leure que regnault fut oncques: ne car nul homme terrien ne le vault de bonte et de prouesse. Et lors dirent a regnault. Sire nous vous rendrons le pays de gascongne et vous en ferons seigneur car Jamais aultre roy naura en gascongne fors que vous tant que voꝰ serez en vie. Si que pour dieu tresdoulx sire ne souffrez que le roy yon soit mene car ce seroit grant deshonneur au royaulme de gascou gne que lon eust pendu leur roy. Par ma foy ce dist regnault vous dictes vray. Et lors prent sa trompecte et la sonna par troys fois si fort quil en fist tout mōtauban retentir. Et Incōtinēt sans demeure sen alerēt armer tous ceulx qui ouyēt le son de la trompe et vindrēt deuant Regnault. Et quant Ilz furent tous appareillez Regnault monte sur bayart lescu au coul la lance ou poing et furent bien six mille a cheual et bien mille a pie. Et quant Ilz furent hors de mont auban Regnault parle a ses gens et leur dist. Seigneurs remembrez vous que vostre seigneur est en grant dangier de mort. Et que se nous ne nous maintenons fort Il est mort sans remede dont Je vous prie a tous que faciez huy tieulle chose qui nous tourne a honneur.

Et quant Regnault eut dictes ses parolles Il se tourna devers ses freres et leur dist. Beaulx freres vous scaues que Yolant me hait mortellement et non mye par ma deffaulte mais seullement par enuie dont Je vous prie que pensez auiourduy de moy. Car Je vous diz que vous verrez huy que Je seray bon cheuallier. Et conuient que auiourduy soit abaisse lorgueil de Yolant ou le mien. Quant Alart ouyt ainsi parler Regnault Il luy dist. Et de quoy vous esmayez vous Soyez certain que tant que nous aurons vie au corps nous ne vous fauldrons. Et a ceste parolle Ilz ce mirent a la voye. Et Regnault prent deux mille cheualliers et les bailla a Alart et a Guichart et leur dist. Beaulx freres vous ferez lauantgarde et gardez bien vostre aroy. Et moy et mon frere Richart ferons larriere garde. Sire ce dist Alart nous le ferons bien se dieu plaist. Et lors cheuauchent leur chemin et cheuaucherent tant quilz virent les gens de Yolant de bien pres. Et quant Alart les vit Il se arresta et manda a regnault quil se hataft de cheuaucher car Il auoit trouue leurs ennemys. Et quant regnault sceut les nouuelles Il se hasta moult de cheuaucher et vint a Alart en peu deure. Et quant Il vit ses ennemys Il mist ses gens en arroy et deuisa ses batailles honnestement comme Il le scauoit bien faire.

Ors quant Yolant vit tant de gens Il appella larceuesque turpin et guide son de banieres et leur dist. Seigneurs or regardez Je voy la plusieurs gens armez pourroit ce estre regnault et ses freres

p.i.

res & quoy la renōmee est si grāde et & maugis le subtil cheuallier Sire ce dist larceuesque turpin ouy ce sont Ilz vrayement et si vous diz que Ilz se font bien a congnoistre par tout la ou Ilz sont et si vous diz que nous ne nous pouons sauluer sans auoir meslee auecques eulx. Quant Ogier vit regnault Il Joingt les mains vers le ciel et dist. He dieu loue soyes tu quant tu as souffert que Rolant a trouue regnault et ses freres. Certes qui me donneroit mille marcs dor Je ne seroye pas si Joyeulx car Rolant a tout son desir or verray Je maintenant comment Il se pourtera contre Regnault ses freres et maugis. Et quant Il eut ce dit Il se tourne deuers Rolant et luy dist. Rolant or auez vous ce que tant aues desire. Certes Il mest moult bel de ce que les auons trouues car maintenant nous verrons comment vous les prendrez. Car se vous poues faire tant que vous les prenes vifz et que vous les emmenez le roy Charlemaigne vous en scaura grāt Joye et si sera bayart vostre que tant aues desire Et la guerre toute faillie.

Gier Ogier ce dist Rolant ce sont reprouches que vous me dictes. Mais par saint denis de france vous verres auant le vespre le quel demourera de nous deux. Rolant ce dist Ogier or y perra que vous ferez. Quant rolant congneut quil auroit meslee a ses ennemys Il ordonna toutes ses batailles. Et puis mist tous ses gens en ordonnance au myeulx quil peut. Et quant regnault vit q rolant ordonnoit ses batailles Il appella ses freres et leur dist. Seigneurs vecy les francoys venir vees la Rolant et Oliuier et le duc naymes de bauieres et le danois ogier. Vous demourerez Icy pour faire larieregarde. Et se nous auons mestier dayde si nous venez secourir. Sire dist maugis vous faictes trop long sermon deliurez vous car nous demourons trop daffaillir Rolant. Cousin ce dist regnault vous parles comme bon cheuallier. Car encores nay meilleur cheuallier que vous quant Je vous voy arme de coste moy. Or pensez de bien faire car Je men voys des premiers pour oster lorgueil a Rolant qui est si grant que chescun scet et Je vous prie a tous que chescun face son deuoir.

Et quant les freres ouyrent que Regnault se vouloit aler esprouuer sur bayart Ilz commencerent tous a plourer et dirent. Ha frere Regnault et voulez vous que vous et nous soyons mors tout a vng coup car vous ne vous pourries myeulx occire que de vous essaier contre Rolant car Il est trop preuu et si ne peut estre naure de fer Mais nous vous prions que vous vous essaiez es aultres et laissez Rolant ester. Seigneurs ce dist Regnault moult aues bien parle bien scay que Rolant est preux et qui nest son pareil au monde de cheualerie mais Jay le droit et Il a le tort qui luy pourroit pourter dommaige et pource ne le veulx Je reffuser que Je ne aille encontre luy. Mais ce Il veult paix Il laura et se Il veult bataille Il laura et Jayme myeulx mourir que longuement languir. Or vous prie que cecy laissez en paix mais pensez de bien assaillir noz ennemys. Car nous auons affaire a moult de nobles cheualliers. Cousin ce dist maugis pensez de bien assaillir car vous serez bien secouru. Lors le vaillant cheuallier Regnault se meet tenant lescu au coul la lance ou poing monte sur bayart q̄ bien ressembloit cheuallier a seure Quant rolant vit venir Regnault et ses gens si ordonnez Il se moustre a Oliuier et luy dist. Compaings que vous semble de ses gens dieu comment Ilz viennent bien ordonnez. Plus scet Regnault de guerroier que cheuallier qui soit au monde et plus gracieulx car Il ny a si poure cheuallier au monde se Il vient a luy quil ne soit le bien venu et se Il vient a pie quil ne se mecte a cheual. Et se Il est mal vestu Il le remect tantost dessus. Nest ce mye grant bonte dist Oliuier. Certes ouy ce dist Rolant. Et Il fait bien car aultrement ne pourroit Il douter contre mon oncle Charlemaigne car trop est noble cheuallier et me semble quil a bien troys fois autant de gens que nous auons dont Il nous pourroit bien gaigner se nous ny prenons garde car Ilz sont moult subtilz gens.

p. ii.

L'iuier ce dist Rolant vous dictes vray mais vous sceaues q̃ les gascons sont couars gens autant quil en a point au mõde et si ne pourroient endurer coup d'espee quilz ne se meetent en fuyte. Il est vray dist larceuesque turpin. Mais Ilz ont vne si bonne guide que Il na point de meilleur au monde. Et saiches sire Rolant que se vaillant homme fait arrester ses hommes pres de soy car le vaillãt hõme est mirouer et exãplaire de bie̅ faire au paustres Quant Rolant ouyt ce a peu q̃l nentraige pource que son souoit tãt Regnault et ses gens. Si picque son cheual des esprons et esslongne bien ses gens dung trait darc et vient contre Regnault. Et quant Regnault vit Rolant venir tout seul Il dist a Alart. Beau frere gardez sur tout quant qua maymes que vous ne vous bouges dycy ne nul de voz gens Jusques a ce que Je retourne deuers Rolant qui est tout seul et pource y veulx Je aler seul. Quant regnault eut ce dit Il picque bayart des esperons et sen vient contre rolant si durement q̃l sembloit a ceulx qui le regardoient que bayart volast. Car le plus petit sault quil faisoit estoit de trente piedz et plus. Et quant Il fut pres de Rolant ainsi que pour Jouster Regnault descent a pie et mist sa lance en terre et y sya bayart qui ne se bouga et dessaint flamberge sa bonne espee et sen vint deuant Rolant et la luy presente. Et se meet a genoulx deuant luy et luy baisa les piedz tout en plourant et luy dist. Damps rolant Je vous crie mercy par Icelle pitie que nostre seigneur eut en larbre de la croix de sa mere quant Il la commanda a saint Jehan que vous ayez mercy de moy. Vous sceaues bien que Je suis vostre parent et tant soye pouure moy et mes freres serons voz hommes et si vous donray bayart. Et vous remectray montauban et quil vous plaise pourchasser nostre paix enuers le roy charlemaigne vostre oncle. Et si vous plaist le faire ainsi Je le feray acorder a toutes mes freres et si forjureray france a tout mon viuant. Et si vous promectz que Je men Jray oultre mer moy Maugis et mes freres faire guerre contre les sarrazins. Tresdoulx sire se Il vous semble que Je die bien si le faictes se vous poues. Car si vous le poues faire vous aurez vng compaignon et seruiteur en moy.

Tant pitie eut Yolant quant jl ouyt ainsi parler Regnault et comenca a plourer moult tendrement. Et puis luy dist. Par dieu regnault Je nen ouseroye parler se vous ne luy rendez mau gis. Helas ce dist regnault Jamais ne le feroye pour mourir, car maugis nest mye home a bailler pour paix auoir. Et lors se dresse et prent son espee et son escu et sen vient a bayart et monta dessus sans mectre le pie en lestrief et puis prent sa lance en son poing. Et quant Jl fut bien appareille Jl sen tourne vers Yolant et luy dist. Yolant saichez que Je ne vous crieray Jamais mercy pour peur que Jaye de vous. Mais Je vous criteay mercy pour vous faire honneur pource que vous estez de mon lignaige. Mais puis que Je voy que vous estez si orguilleux que vous ne voules rien faire pour moy ne pour ma priere. Or vous fais vng bon partaige affin que vous ne puissez pas dire aux aultres barons et cheualiers de france que Regnault le filz aymon vous ait crie mercy pour peur. Le cas est tieul vous aues beaucoup de gens auecques vous. Et Je en ay aussi la mercy dieu assez. Et se noz gens se assemblent Jl ne peut estre quil ny ait grant dommaige dung couste et daultre. Mais si vous voules nous combactrons nous deux sans aultre. Et se Je suis vaincu par vous vous me mantez a Charlemaigne qui en fera a son plaisir. Et si Je vous puis conquerre vous en viendrez auecques moy a montau ban par conuenant que vous nautres ne malne honte plus que ma personne.

Erez vous ce que dit aues ce dit Yolant. Ouy sans faille ce dist Regnault. Par mon chief ce dist Yolant vous le me af fermerez. Certes dist Regnault tresvolentiers. Et lors luy Jura sur sa part quil atant auoir en paradis de tenir loyaulment ce que auoit este deuise. Regnault ce dist Yolant Je veulx aler prandre congie de Oliuier mon copaignon car Je luy ay promis que toutes les batail les que Je entreprendray q̃ Jl les peut faire se Jl luy plaist. Alez ce dist regnault et ne demourez guieres. Et lors sen tourne rolant vers ses copaignons. Et quant Il fut a eulx venu hector le filz oedon et Olinier et Ogier le dannois qui luy demanderent en disant. Sire rolant que dit regnault avez vous parle a luy. Ouy ce dist Rolant. Et que vo9 en semble. Certes dist Rolant regnault est vng saige chevallier et bien aprins Il ma requis de combattre corps contre corps. Et que noz gens se tiennent coyz dung couste et daultre. Rolant ce dist Olinier vous en ferez a vostre plaisir mais vous ou moy le convient combattre. Mais Je conseille que vous y alez car tant comme Je vivray Je ne seray ennemy a Regnault seullement pour sa valleur car Regnault est moult chevallier & bien. Quãt larceuesque turpin et hector le filz oedon et les aultres contes ouyrent ce Ilz commencerent a dire. Rolant quest ce que vous voules faire pour dieu mercy et ne le faictes mye car regnault est de vostre parente et du nostre et se vous le mectez a mort Jamais ne vous pourrons aymer. Sire laissez le plet q̃ regnault vo9 offre et faictes voz gẽs assembler aux gẽs de regnault. Car Il vault myeulx de voz gens que de vous ou quilz soyent prins que lung de vous deux fust mort.

Voulez vous quil soit ainsi ce dist Rolant. Ouy sire si vous plaist. Certes dist rolant Il me plaist bien. Et lors dist a to9 ses gẽs Seigneurs pensez de bien vous deffendre car le besoing en est venu. Sire dirent les aultres nayes doubtance de riens car bien ferons vostre commandement. Et lors se mirent en arroy et puis rolant crie monioye saint denis. Et quant ce vint au lances baisser lors eussiez veu mains chevalliers trebucher et mains chevaulx courir par les champs sans maistre tant que cestoit grãt pitie a veoir & si grãt destruction de chevalliers cõme lon faisoit Illecques. Quant regnault vit que ses deux ostz faisoient assemblee dune part et daultre Il picque bayart des esperons et se mist en la plus grãt presse des francoys et frappa vng chevallier si durement parmy la poictrine quil labatit par terre luy et son cheval et puis en frappa vng aultre q̃ pour lescu ne pour le aubert ne demoura quil ne luy mist le fer & lance oustre se

corps et tõba mort par terre et lors brisa sa lãce et puis mect sa main
a son espee et commenca a crier montauban tant comme Il peut. Et
lors fait si grans abactemens ē francoys que nul ne se ousoit trou
uer deuant luy mais se sont tous fuyãt comme la mort. A brief par
ler Regnault fist tant par son effort et par sa haulte cheualerie ē
ses freres quil rompit la premiere bataille ēs francoys voul
sissent Ilz ou nen.

Uant le petit richart frere ē Regnault vit que les francoys
estoient baractes Il commence a crier dardeyne tant comme
Il peut et se met en la greigneur presse et commenca a faire si grãt
abactemēt ē gens que cestoit merueilles a veoir. Car Regnault ne
bataillsoit point pour se regarder. Et richart qui ne ce pouuoit lasser
ē coups donner. Et lors cõmence a crier son frere et dist. Regnault
beau frere ou sont voz grans coups alez que vous souliez faire. He
las frappes par ēdens car Ilz sont ēsconfitz. Faictez que les fran
coys orguilleup ne se puissent gaber ē vo9 et si faisons tieulle cho
se que son parle ē nous Jusques a paris. Quant Regnault ouyt ri
chart ainsi parler Il commenca a sourrire et puis picque bayart et cõ
mence ē myeulp ferir que par auãt. Qui adonc vist ses grãs coups
despartir Il eust bien peu dire que nul charpentier ne scauroit si bien
frapper en boys comme regnault faisoit sur les heaulmes et sus les
escus ēs francoys. Et quant les francoys virent que la desconfi
ture tournoit sur eulp Ilz commencerent a appeller Rolant et luy di
rent. Ha rolant et que faictes vous que ne venez vous secourir voz
gens car Ilz sont mors se vous ne les secoures. Rolant entend ceste
parolle dont Il fut moult courrouce. Et quãt Il vit ses gens a tieul'
martire liurez Il escrie monioye saint denis. Et puis picque son che
ual et se met ēdens la meslee et alort criant regnault ou estes vous
ale vez moy Jcy tout prest pour faire la bataille que me demanda
stes. Quant regnault ce ouyt ainsi nommer Il mist son espee en son
fourreau et prent vne lance courte et grosse. Et quant Il la eust sa
sie Il vient celle part ou rolant estoit et luy dist. Ou estez vous Ro

p. iiii.

tant auez vo‍ peur de moy q̄ tant aues demoure Je vo‍effie or gardez vous de moy. Et vous de moy ce dist rolāt. Et lors picquēt leurs cheuaulx des esperons et vont Jouster lung contre lautre. Et quant les francoys et les gascons virent ce Jlz ce retrairent arriere pour veoir les Joustes de deux si preux cheualliers car a la verite dire Jl n̄ en auoit point de tieulx au monde.

Quant salemon de bretaigne et hector le filz doon virent que les Joustes ce faisoient Jlz ce mirent a plourer moult tendrement et sen viennent au duc naymes et a larceuesque turpin et a oliuier et leur dirent. Coment seigneurs souffrez vous que deuant vo‍ soit occis et mort ung des meilleurs cheualliers du monde et homme du siecle que nous devons plus aymer Certes ce dist le duc naymes ce sera du leur a veoir. Et lors sen vient a oliuier et luy dist. Je vous prie que vous aissez a Rolant et luy dictes de par nous tous que Jl ne doit point combattre a regnault a lespee. Mais preigne vne lance et la brise sur regnault pour acquiter sa foy. Car se Jl occist regnault nous ne laymerōs Jamais. Seigneurs ce dist Ogier laisses ce ester vous ne congnoissez mye regnault si bien comme Je fais Regnault nest mye enfant pour si legierement epauenter come vous cuidez laissez leur faire. Car par la foy que Je vous diz rolant sera tout las au coups quil soit retourne. Et si aura aussi grant volente de laisser la bataille comme regnault aura Et que rolant ny vouldroit estre ase po‍ vne des meilleures citez que Charlemaigne aye. Ogier ce dist hector vous en parlez par ennie. Ceres se vous esties pour combattre a rolant vous ditiez aultrement que vous ne dictes. Et lors dist a oliuier. Tresdoulx sire faictes ceste bataille demourez si vous pouues Seigneurs ce dist Oliuier volentiers puis quil vous plaist. Et lors vint a Rolant et luy dist tout ce que les barons luy mandoient. Compaings ce dist rolant dieu les confonde car Jlz tollent auiourdhuy le desir de mon oncle Charlemaigne. Et lors se tourne vers regnault et luy dist. Sire regnault vous aues essaye de mon espee non mye de ma lance. Rolant ce dist regnault si vous estoiez vostre espee Je ne vous en scay ne gre ne grace car Je ne vous doubte riens. Mais achevons nostre bataille et a qui dieu en vouldra si en ait. Rolant ne vint mye mais fist comme homme courtois. Et fist ce que les barons luy mandoient. Car Il prist vne lance et va courir sur regnault tant comme Il peut. Et puis quant regnault vit ce Il va courir contre rolant et se entrefrapperent si durement quilz firent leurs lances voler en pieces. Et quant Ilz eurent froisse leurs lances Ilz ce entrerencontrerent des escuz si grans coups que leurs deux cheuaulx cest assauoir melantis et bayart sen alerent chancelant mais de ce coup rolant fut abatu luy et son cheual en vng monceau par terre. Et regnault sen passa tout oustre criant montauban tant comme Il peut Dont Je vous diz pour vray que oncques rolant ne cheut pour coup de lance fors que a celle fois. Mais Il nestoit pas de merueilles car Il ne se pouuoit pas tenir aux nues puis que son cheual luy estoit failly.

Dore quant rolant ce vit ainsi abatu Il en fut mal content Lors ce dresse moult vistement et mist la main a son espee et vient a son cheual melantis pour luy tailler la teste Et dist mauluais roucin tondu Il sen fault peu que Je ne te occie quant tu te es laisse tomber pour le coup dung seul garcon Jamais Je nauray en toy fiance. Se maist dieu rolant ce dist regnault vous aues tort car Il a long temps que vostre cheual ne mengua et pource ne se peut trauailler. Mais bayart a bien menge ceste nuyt et pource Il est plus fort que le vostre. Benoiste soit leure que oncques fut ne. Et lors descend regnault a terre pource que rolant estoit a pie. Quant bayart vit son maistre a terre Il courut sus melantis le cheual de rolant et le frappa des piedz derriere si durement que peu sen faillit ql ne luy rompist la cuisse. Quant rolant vit ce Il en fut moult courrouce si courut sur bayart pour luy trancher la teste. Et quant regnault le vit Il dist rolant et quest ce q v9 voulez faire Il napptient mye a v9 de frapper vne beste

Mais se vous voules faire armes venez a moy non mye a mon cheual car Je vous en diuray assez et tant que vous serez tout las quant vous partirez de moy. Mais gardez que ne vous occie. Laissez ester bayart car Il na au monde meilleur beste. Et bien le monstra quant Il gaigna la couronne de Charlemaigne vostre oncle en vostre presence. Et ce Il me fait aysé ql fait son deuoir et ce q bon cheual doit faire. Mais tournez a moy vostre escu si verrez comment flamberge taille. Regnault regnault ce dist Rolant ne menassez mye tant car auant quil soit auiourduy le vespre vous verrez chose qui ne vous plaira mye.

Il ne pleut mye a Regnault quant Il entend celles parolles et trembla tout de mal talant Incontinent court sur rolant et luy donna sur son heaulme vng si grant coup quil le estopit tout et le coup descent sur lescu si en trancha vng grant quartier et du haubert aussi mais de la cher ne trancha Il point. Et quant regnault eut fait ce coup Il dist par mocquerie a rolant. Que vous semble Il de mon espee tranche elle bien ou non car Je nay mye failly a ce coup. Or vous gardez de moy car Je ne suis mye si garcon come vous me faictes. Quant rolant sentit ce grant coup que regnault luy auoit donne Il en fut tout esbahy. Si se rettrait arriere pource quil ne vouloit pas que Regnault le frappast a celle fois. Si mist la main a durandal sa bonne espee et court sur regnault. Et regnault mist lescu encontre. Et rolant fiert en lescu si grant coup ql fendit lescu par le meilieu tout oultre. Et le coup descendit sur le heaulme mais Il ny fist nul mal. Quant rolant eut fait son coup Il dist a regnault. Vassal or vous ay Je rendu ce que vous me prestastes. Or sommes nous paregaulx Or verray Je qui recommencera. Par ma foy ce dist Regnault et mauldit soye Je si Je me fains maintenant. Car par auant Je ne me faisoye que Jouer. Ne Jamais vostre franchise ne vous vauldra riens enuers moy que Je ne mecte vostre orgueil a terre. Regnault ce dist rolant se vous le faictes vous ferez merueilles. Et tout ainsi cõme Ilz vouloient recõmencer la bataille a tant vecy venir maugis a toute sa cõpaignie et dist a regnault. Cousin mõtes dessus bayart car ce seroit dõmaige se vous ou rolant esties mors. Et illecques vint Ogier et Olivier et firent monter rolant sur son cheual mais bien saiches que ogier neust este si Joyeulx qui luy eust donne vne ci te cõme Il estoit de ce que regnault auoit abactu rolant. Et quant Ilz eurent monte rolant ilz cõmencerent vne grande bataille moult cru elle et si felonneuse q ceftoit grãt pitie a veoir car sung tuoit lautre sans nulle mercy.

T quant rolant vit q la bataille estoit toute meslee Il auoit le cueur si enfle de ce que regnault lauoit abactu si commence a crier tant cõme Il peut. Ou estez vous ale regnault le filz aymon tournez vous dune part et si finons nostre bataille car lon ne scet encores eslire le meilleur cheuallier de nous deux. Sire se dist regnault vo9 aues couraige dung cheuallier pour conquerir honneur mais se no9 bataillons icy noz gens ne le souffriront mye. Mais faisons vne chose que Je vous diray vous estes bien monte et moy aussi passons la riuiere et si nous en alons cõbatre au boys de la serpente cest vng delectable lieu. Et la nous pourrons cõbatre que nous ne serons Ja departiz et la pourrons finer nostre bataille et a q dieu en vorra lon neur si le preigne car cest le meilleur selon mon aduis. Certes dist rolant vous aues bien parle et Je loctroye cõme vous aues dit. Et lors picquẽt leurs cheuaulx pour aler au boys de la serpente mais olivier sen print garde et print rolant par la bride et le retint volsist ou non Et regnault sen aloit pour passer la riuiere sur bayart qui couroit comme le vent. Et aloit si roide ment quil faisoit la terre trembler par la ou Il passoit. Et ainsi comme Il sen aloit Il regarde deuant luy et vit le roy yon que bien quatre vingts cheualliers emmenoient secretement pour doubtace q regnault et ses freres ne le recouruffet et semmenoient moult honteusement cõme deuãt ouy aues. Quant Regnault vit le roy yon Il en fut moult Joyeulx et dist adoncques He beau sire dieu loue soyes vous quant vous maues octroye vne si belle aduenture. Et lors mist la main a son espee et picque bayart des esperons et cria tant côme Il peut laissez le roy yon mauluaises gens car vous nestes mye dignes de mectre la main a luy. Et lors se mect par dedens eulx. Et frappa vng cheuallier parmy le heaulme si durement quil se fendit Jusques aux dens et sabactit mort a terre Et quant les aultres virent venir regnault entre eulx Ilz ce mirêt tous en fuyte et dirêt lung a lautre. Don dyable est venu maintenât cest homme. Fuyôs tous maulsit soit Il qui lactandra car q ce fait tuer a son essient Jamais son amie naura pardon. Et lors ce mirent au plus espes de la forest et laissairent le roy yon quilz emmenoyêt pour prisonnier. Et regnault sen vint a luy et le deslie et luy desbande les yeulx et puis luy dist He mauluais roy cômêt eustes vous cueur de nous trahir si faulcemêt moy et mes freres vous fismes nous on ques chose q vous despleust Il nest mye demoure par vous q nous ne sommes tous penduz mais Je vous trancheray la teste tout maintenant si en vengeray mes freres et moy chetif serozge et mauluais hôme que vous estes. Quant le roy yon vit regnault qui sauoit deliure Il se agenoilla deuant luy et luy dist Certes noble cheuallier bien est raison que son me occie dont Je vous prie pour dieu que vous mesmes me tranchez la teste et ne le faictes point faire par aultre. Et si me tirez la sangue dont Je dis la trahison car Jay desserui plus grant martire. Et tout cecy me fist faire le conte danion et le conte anthoyne. Or tuez moy pour dieu car si mauluais côme Je suis ne doit gueres viure Jayme myeulx q me tuez que se cruel roy Charlemaigne Or montez ce dist regnault car bien en aurez vostre desserte. Mais a present laisse a parler du roy yon et de regnault qui sont au boys de la serpente ou Il actendoit rolant pour se côbactre a luy côme luy auoit promis. Et retourne a parler de rolant et de Oliuier qui parloient a leurs gens pour côpter vne partie de leur affaire et commêt Ilz auoient este pourrement desconfitz.

N ceste partie dit le compte que depuis que regnault sen fut parti de la bataille deuât dicte pour sen aler combactre corps a corps a rolant le nepueu de Charlemaigne ou boys de la serpente rolant et oliuier et le dannois ogier se combactirent a Alart Guichart et le petit richart et a Maugis ce a leurs gens Et y fut la bataille si dure et si aspre dune part et daultre tant quil y eut moult grant dommaige. Mais a la fin la desconfiture tourna sur rolant et sur ses gens. Et a tant vint que Il fut force que rolant et ogier sen tournassent descōfitz car les troys freres et maugis leur firēt si grant effort darmes quilz en eurent le pris Icelluy jour. Et ainsi comme Rolant sen retournoit tout desconfit Il baisse la teste de la grant honte quil auoit Et Ogier luy dist. Segneur rolant qui vous a ainsi atourne vostre escu. Je voy naure vostre cheual en la cuisse et en la croppe Il est tout le sur destre. Et vous aussi Il y pert a vostre cote. Je en de que vous aues trouue regnault le filz aymon. L'aues vous amene auecques vous ou laues vous mys. Quant Rolant entend le reprouche que Ogier luy faisoit Il en fut si Ire que a paine quil ne pert le sens. Si mist la main a son espee. Et courut sur Ogier pour le frapper parmy la teste. Mais quant Oliuier vit ce Il prent rolant par le frain. Et le conte pselon prist Ogier et en ce point ses departirent Et ainsi comme Ilz furent departiz rolant sen aloit. Et vecy venir le petit richart frere de regnault qui commence a crier tant comme Il peut. Damps rolant faulcement vous en alez retournez moy celluy escu si faisons une Iouste. Vassal ce dist rolant Je le vous octroye par ma foy. Et lors prequent leurs cheuaulx des esperons et rolant vient contre richart si durement quil labactit luy et son cheual en ung monceau par terre. Et quant richart ce vit ainsi par terre Il ce relieue moult vistement et puis vint a son cheual et remonta vistement dessus sans mectre le pie en lestrief. Et quant Il fut monte Il mist la main a son espee et se deffend moult noblement contre ses ennemys.

Quant rolant vit et cōgneut quil cestoit ung des quatre filz aymon Il cōmece a crier monioye et dist or aly mes amys car ce Il vous eschappe Je le diray a Charlemaigne. Quant les francoys virent que Rolant vouloit prendre richart Ilz ce mirent tous sur luy et luy jecterent plus de quarante espees tout ensemble. Si aduit que son cheual fut occis dessoubz luy et luy abactu par terre. Et quant richart vit son cheual par terre Il en fut moult doulant et se redresse moult legierement et meet la main a son espee et frappa le conte au thoyne si grant coup quil se naura moult malement. Humal se Breton vit ce et frappe richart. Et richart frappa luy si grant coup que luy et cheual versa par terre et si se naura durement a mort. Quant Rolant vit richart a terre Il luy dist. Or vous rendez ne soufftez mye que nous vous tuons car ce seroit dommaige. Sire dist richart Je me tendray a vous et non a aultre car a meilleur de vous ne me pourray Je rendre. Et lors luy bailla son espee. Et rolant la prent moult voulentiers et le fist monter sur ung mullet. Et ainsi lemmenerent Helas et quel dommaige ce sera se richart est pendu Il est bien assez pres de sestre se dieu et maugis ne se dellurent. Toute ceste meschance vit ung varlet de richart. Et quant Il vit que son emmenoit ainsi son maistre richart Il picque son cheual des esperons et passa la riuiere et sen vint a regnault et luy dist. Sire Je vous apporte maulaises nouuelles Saiches que rolant emmayne vostre frere richart pour prisonnier moult villainement. Quant regnault ouyt ses parolles Il eut si grant dueil que a peu quil ne pert le sens. Puis dist au varlet dy moy mon amy sont gueres loing ceulx qui emmenent mon frere richart. Sire ce dist le varlet ouy vous ne les pourries attaindre. Et quant regnault lentend Il en fut plus doulant que par auant et cheut de dessus bayart tout pasme a terre. Et quant Il fut reuenu de pamoison Il regarde et vit venir Alart et ses gens q venoient apres regnault par sa trasse car Ilz cuidoient que richart fust arriue deuant que eulx grant piece auoit. Et quant Alart vit Regnault demener ung si grant dueil adonc Il sen vient a luy et luy dist en ceste maniere. He beau sire et quauez vous Il napartient mye a ung tieul cheuallier comme vous estes de mener si grant dueil comme vous faictes.

Alart ce dist Regnault mauluaisement vous laues fait car Je vous ay laisse richart en garde et vous laues perdu car Rolant le mmaine pour prisonnier et est Ja si loing que nous ne le pourrions secourir. Quant Alart et Guichart ouyrent ces nouuelles Ilz commencerent a faire si grant dueil que cestoit merueille a veoir. Helas ce dist Regnault qui a departi nostre compaignie car huy matin estions quatre freres ensemble et maintenant nous ne somes que troys. Ha beau frere Richart q̃ cest grant dõmaige de v9 Car se v9 eussiez vescu vostre eage vous eussiez passe tous vo3 freres car v9 estiez le plus Josne et le pl9 hardi et par vostre hardiesse vous estes prins. Sire ce dist Alart tout ce aues vous fait qui no9 amenastes Icy maulgre nous pour secourir le roy yon. Or auons perdu richart dont la perte ne sera Jamais recouuree car Jamais ne le verrons en vie. Et quant Il eut ce dit Il dist a Guichart. Frere tirez vostre espee si en trancheron la teste a ce traictre roy yon par qui nous auons perdu nostre frere richart. Frere Je vous prie que pour lamour que vous aues a moy q̃ ne touchez au roy yon car Il cest rendu a moy. Mais menez le a montauban et le faictes bien garder et Je demouray Icy auecques bayart mon bon cheual et flãberge ma bonne espee sans plus de cõpaignie. Si men Iray au pauillon de charlemaigne ou Je recouureray mon frere richart ou vng aultre prisonnier ou Je mouray auecq̃s luy. Et quãt Il eut dicte celle parolle Il picq̃ bayart des esperons p9 sen aler mais alart le prit par le frain et guichart lembrasse par derriere pour le destourner de sen aler et puis luy dist alart. Par saint pierre de rome vous ny mectrez Ja les piedz Car Il vault myeulx que richart meure si ainsi aduient q̃ vous. Et ainsi comme les troys freres ce desconfortoient et faisoient si grãt dueil q̃ cestoit grant pitie a veoir a tant vecy venir maugis q̃ venoit apres Et quãt Il vit ses cousins demener si grant dueil Il fut tout effroye et leur dist. Et qauez vous mes beaulx cousins ce nest mye honneur a vo9 ne vie de bons chevalliers mais de femmes et mener le dueil que vous menez. Cousin cousin ce dist Alart Je vous diray la raison. Saiches que rolant emmaine pour prisonnier nostre frere richart le meilleur chevallier du monde fors que regnault. Et regnault veult aler au pauillon de charlemaigne. Et vous scaues que se Il y vait nous l'auons perdu a tousiours mais. Regnault ce dist maugis ce ne seroit mye sens dy aler car vostre alee ny profiteroit de riens. Mais vous en ales a montauban et Je Iray. Et se richart nest mort Je le ameneray et fust Il enclos dedens dix prisons maulgre Charlemaigne et france. Cousin ce dist regnault Je deuiendray vostre homme si vous le faictes. Cousin ce dist maugis Je le feray sans nulle doubtance mais laissez vostre douleur car Je le vous rendray se dieu plaist. Et quant Il eus ce dit ses troys freres ce mirent a la voye pour aler a montauban. Mais oncques ne fut fait vng si grant dueil comme ses troys freres faisoiēt pour richart leur frere. Helas ce dist regnault frere richart comme cest grāt dommaige de vous se vous estes mort car oncques chevallier ne vous value de hardiesse ne de prouesse. Et si estiez vng iosne enfant. Et se maist dieu Je plains plus la grant bonte de vous que Je ne fais ce que vous estes mon frere. Et en demenant leur grant dueil Ilz firent tant quilz sont venuz a montauban et descendirent en la court et puis monterēt au donion. Et quāt dame clere la femme de regnault sceut que son mary venoit elle luy vient a lencontre lyee et Joyeuse. Et menoit par chescune main ses deux enfans aueceques soy aymon et yon chescun pourtoit vng baston en sa main et comencerent a crier a leur oncle. Vassal si vous ne fussiez prisonnier vous esties mort. Et sen viennent a luy et luy dirent Maulvais roy et desloyal pour quoy aues vous trahi mon seigneur nostre pere et ses freres noz oncles qui vous auoient si bien serui certes vous estes digne de mourir honteusement de ville mort. Quant Alart ouyt ses nepueux ainsi parler Il commenca a plourer moult tendrement. Et ainsi cōme Il plouroit Il commēca a baiser aymon qui pourtoit le nem de leur pere et dist. He beau sire dieu cōment no9 sommes abaissez et destruitz. Quant la dame ouyt parler Alart ses parolles et le vit plourer elle pensa bien que ce nestoit mye sans cause si dist a alart. Beau frere pour dieu dictes moy loccasion de vostre courroup. Dame ce dist alart volentiers le vous diray. Or sachiez q̃ nous auõs pdu noſtre frere richart Rolant se nous emmaine pour prisonnier a Charlemeigne se noſtre seigneur nen pense Jamais non ne le verrons. Lasse chetiue que ferons nous ce dist la dame puis q̃ richart est perdu car Jamais nous naurons honneur. Et en disant celle parolle elle cheut toute pasmee. Et quant elle fut reuenue de pamoison elle commenca a faire vng si grant dueil que tous ceulx q̃ Illecques estoient en eurent grant pitie. Mais a tant laisse le conte a parler de regnault & alart et de guichart et des petis enfans et de dame clere. Et retourne a parler de Maugis le bon cheualier qui estoit en aduanture et en paine de deliurer richart des mains du roy Charlemaigne.

Ominent apres ce que Regnault alart et guichart sen furent tournez a montauban apres la bataille quilz eurent au boys de la serpente et quilz demenent moult grant dueil pour lamour de richart qui estoit entre les mains de Charlemaigne. et coment Il fut deliure par la sagesse de maugis.

Dit le conte que quant maugis fut reuenu a montauban tout courrouce quil ne pouoit plus pour lamour de richart car Il veoit le dueil que Regnault et ses freres en menoient. Incõtinent quil fut descendu Il sen vint en sa chambre et se desarma. Et quant Il fut desarme Il se despoilla tout nu et prist dune herbe et la mēga et si tost quil la eut mengee Il deuint tout enfle come vng crapauld et puis prist dune aultre herbe et la menga mais Il la retint entre ses dens et deuint noir comme vng charbon. Et se tourna les yeulx en telle maniere quil sembloit quil deust mourir. Et se abilla en si diuerse maniere que Jamais homme qui deuant seust veu ne seust congneu. Et quant Il fut ainsi contrefait Il prent vne grant chappe et vng grant chapperon et le vestit et puis prist vngs gros souliers q̃

q.i.

mist en ses piedz et prist vng bourdon en sa main et sen issit de mont
auban. Et quāt il fut hors il prist vne aleure de si grāt erre que nul
cheual ne seust peu actaindre et sen vit a mōt bendel deuant le pauillon
de charlemaigne auāt q̄ rolāt y fust arriue et la se tint tout coy sans
mot dire et regardoit le roy en son pauillon. Et quant il aloit il se clo
choit dung des piedz et se apuioit deuāt le pauillon du roy sur son ba
ston et lung des yeulx cloioit. Et quant il vit le roy q̄ sortit hors du
pauillon il se approucha et luy dist. Cellui dieu de gloire qui souffrit
passion en la croix vous deliure roy charlemaigne de mort et
de prison et de mauluaise trahison.

Assault dist charlemaigne dieu vous cō fonde car jamais na
uray france en hōme p^r lamour du larron maugis. car il ma
mainteffois deceu p^r ce que quāt il veult il est palmier cheuallier ou
griffon ou hermite par telle maniere que je ne me puis garder de luy
Et se dieu plaist et a sa mere je men vengeray vne fois cōmēt q̄ l en
soit. Et quant maugis entend ainsi parler le roy il ne respondit mot
Mais se tint tout coy vne grant piece et puis dist au roy. Sire se
maugis est larron ce ne sont mye tous les aultres pouures gens jay
plus grant mestier de sancte que je nay de trahison car il pert bien a
mon corps que je ne puis faire mal. Sire je viēs de jherusalem et a a
outer au temple de salomon et si jray encores a rome et a saint jaq̄s
se dieu plait mais je passay hier balancon et vins a gironde et entre
de deus vng dromon moy et dix hōmes que je menoye qui me seruoiēt
Et quant jeu passe gironde je vins par dessoubz montauban la ou je
trouuay des brigans qui mes gens tuerent et me tollurent quantque
jauoye et quant je men peuz deliurer beau me fut. Et quāt ilz sen fu
rent alez je demanday a des gens du pays quelz gens cestoient q̄ ai
si mauoient tue mes gens. Et ilz me dirent que cestoient les quatre
filz aymon et vng grant larron qui auoit non maugis. Et je leur
dis p^r quoy ilz faisoient si malseureux mestier veu quilz estoient si
gentilz hōmes. Et ilz me respōdirent quilz ne pouoient aultrement
faire car ilz auoient si grant pouurete dedens mōtauban quilz ne sca

uoient que faire mais Jamais ne viz si cruel home come cesluy mau
gis estoit car Il me lya les mains derriere le doz quant Il me eut des
robbe et me battit tant que Je cuiday mourir si ma ainsi adoube come
vous me voyez. Sire vous estes le meilleur roy du mode et si estez p̃
& tout ce pays Je vous prie pour dieu que vous me faciez raison de ces
quatre filz aymon et de maugis ce maulvais larron prouve
Et quant charlemaigne entendit ses parolles Il dressa la teste
contremont et dist. Pelerin est Il verite ce que tu dis. Ouy sire ce
dist maugis. Or comment as tu nom dist charlemaigne. Sire dist
maugis Jay nom gaydon et suis ne de bretaigne et suis grant home
en mon pays dont Je vous requiers par le saint sepulcre que vous men
faciez raison. Pelerin ce dist charlemaigne Je nen puis auoir raison
pour mon fait mesmes car se Je les tenoye Je te Jure que raison ne leur
auroit mestier que Je ne les fisse Incontinent mourir. Sire ce dist mau
gis puis que ne men pouues faire droit cesluy dieu qui est ou ciel la men
face. Sire dirent les barons ce pelerin semble estre preudome car Il pert
bien a sa facon donnez luy vostre aulmosne si vous plaist. Et lors le
roy comanda que on luy donne trente liures de monnoye Et maugis
les print et les met en son chapperon et dist entre ses dens donne ma
ues du vostre mais vous aures fait que fol moult chierement le vous
rendray auant que Je parte dicy. Et quant Il eut largent Il demanda
a menger pour dieu car des hier Il nauoit menge come Il disoit. Par
ma foy ce dist charlemaigne tu en auras assez. Et lors luy fit appor
ter viande a foyson et maugis sassist sur vng eschaquier et menga
bien car Il en auoit mestier. Et le roy luy dist or menge beau pelerin
car tu seras bien serui. Et maugis mange et ne respond riens mais
regarde le roy emmy le visaige. Et le roy luy dist dy moy pelerin sans
celer pour quoy mas tu tant regarde emmy le visaige. Sire ce dist mau
gis Je le vous diray volentiers. Saiches que Je suis assez ale par le
monde mais Je ne viz oncques crestien ne sarrazin si beau prince ne
si courtois come vous estes dont de tous ses pardons et voyaiges que
Jay gaignez Je vous y metz participant. Certes pelerin dist le roy et Je

q.ii

le prens tresvolentiers et si vous en scay moult grant gre. Et mau-
gis sen reuestit de son bourdon. Lors dirent les barons se pelerin vo9
a donne vng beau don or suy en redes se guierdon. Sire dist maugis
Je ne demande aultre guierdon car Je suis plus malade ql ne me fait
mestier. Et ainsi come le roy parloit a maugis adont veez venir Ro
lant et oliuier et tous leurs gens qui amenoient richart pour
prisonnier.

Et quant ogier et escouf le filz de doyet le duc naymes viret
que Rolant vouloit aler au pauillon de charlemaigne a tout richart
Jlz sen vindrent a rolant et suy diret. Sire rolant comet hayez vo
tant richart que se voulez rendre a charlemaigne. Seigneurs ce dist
rolant que voulez vous que Jen face dictes le moy et Je le feray. Si
re ce dirent Jlz que vous deliurez richart et vous dites que cestoit vng
austre prisonnier. Seigneurs ce dist rolant si Je le puis faire Je le fe
ray volentiers. Toutes ses parolles ouyt vng varlet qui Jncotinet
picque vng cheual et sen vint au pauillon de charlemaigne la ou
Jl vit le roy Jl luy dist. Sire Je vous apporte nouuelles moult estra
ges. Nous nous sommes cobactus au gue de balancon ou bie cest co
tenu regnault le filz aymon contre vostre nepueu rolant Jl ne le prise
vng bouton mais y pdit rolat plus ql ny gaigna. Quat le roy ouyt
celle parolle Jl fut tout esbahy puis dist au varlet dy moy mon amy
coment fut Jl de rolant mon nepueu. Sire dist le varlet cobactu cest
au gue de balancon contre les quatre filz aymon q bien se deffendi
rent de nous mais rolant emmaine richart pour prisonnier lung des
quatre freres qui est le plus hardi et le plus preup de tous en
toutes choses.

Charlemaigne tressault tout de Joye quat Jl entendit ses nou
uelles. Si Jssit hors de son pauillon et regarde et Jl vit venir
richart que Rolant son nepueu amenoit. Quant charlemaigne vit
richart Jl le congneut bien Jncontinent si comenca a crier de la grat
Joye quil eut. Par dieu mon nepueu Jl pert bien que vous y aues este
car si vo9 ny eussiez este richart neust mye este prins. Certes sire d st

rolant bien vous mentoit ogier car se Jl ne fust les quatre filz aymon ne nous fussent pas eschappez. Et lors dist le roy a richart filz de putain par la foy q̄ Je doiz a dieu v̄' serez pēdu par v̄ostre gorge mais auant aurez assez de maulx et de tourmēs. Sire dist richart Je suis en v̄ostre prison mais Je nay garde destre pendu tant q̄ regnault mon frere pourra mōter dessus bayart ne que maugis sera en vie et alart et guichart meschiers freres. Car se vous me faictes oultraige chasteau ville ne forteresse ne v̄' pourroiēt garentir q̄lz ne vous facēt mourir de malle mort auant deux Jours. Quāt charlemaigne ouyt richart si orguilleusement parler Jl en fut moult Jre si prent vng baston a deux mains et en frappa richart parmy la teste si durement q̄l en fit le sang sortir Jusq̄s a terre. Et quāt richart se sētit ainsi naure Jl se auance et prīt le roy charlemaigne par le faulx du corps et lucterent vne grant piece tieullement quilz tōberent tous deux lung ca lautre la. Et richart vuloit courir sur charlemaigne mais ogier et salomon se saisirent et lengardèrent et puis dirent a charlemaigne. Sire v̄' auez trop mespris de frapper vng prisonnier. Certes dist richart messeigneurs si le roy ma frappe cest plus grant deshonneur a luy que a moy mais Jl est coustumier de faire chetiuetez mais aussi ce nest pas la premiere et aussi ce ne sera pas la derriere. Quāt maugis vit que charlemaigne eut frappe richart Jl en fut si Jre que a peu quil ne frappa le roy de son bourdon. Mais Jl se pensa que sil le faisoit luy et richart seroient mors. Et quāt charlemaigne vit que richart parloit si hardiement Jl luy dist richart dieu me cōfonde se par toutes v̄z mauluaistiez v̄' meschappez car vous serez pendu en brief. Sire dist richart si vous plaist parlez plus courtoisemēt car Je vous verray auant escorchier que vous me voyez pendre ne Ja ne serez si hardi de le faire. Si ne meschapperez vous mye touteffois dist charlemaigne que vous ne le soyez auant quil soit nuyt. Et pleust a dieu que Je tenisse aussi bien tous v̄z aultres freres et Maugis Car Jlz seroient penduz auecques vous pour vous faire compaignie affin que vous neussiez peur.

Tout ainsi que richart seargnoit a charlemaigne Jl se retira et vit derriere luy maugis q̃ se tenoit tout quoy appuie sur son bourdon et Jl le cõgneut bien dont Jl fut moult Joyeulx. Car puis q̃ maugis estoit Jllecq̃s Jl scauoit bien q̃ nauoit garde de mourir. Et quant richart eut veu maugis Jl en fut moult asseure et dist a charlemaigne sire ou seray Je pendu dictes le moy. Certes dist charlemaigne au pũ de montfaucon si vous verrõt voz freres et maugis võstre cousin. Sire ce dist richart Jl nest mye rayson que tieul hõme cõme Je suis doiue estre pẽdu mais faictes paix a nõ si ferez que saige. Et si ne le faictes vous en serez courrouce et dolant si cõme Je croy

Quant maugis ouyt tout quant q̃ vouloit ouyr si ne fist plus nul se demeure mais sen Jssit du pauillon sans mot dire. Et quãt Jl fut hors Jl se print a cheminer si vistemẽt par si grãt erre que nul cheual ne scauroit si tost aler et passe le boys de la serpente. Et tant fist quil est venu a montauban et trouua regnault et ses gens q̃ sacdendoiẽt Et quant regnault le vit venir sans richart Jl eut si grant dueil q̃ cheut tout pasme et alart et guichart le courent releuer et luy dirent Sire regnault beau frere vous faictes cõme vng enfant Jl napartient mye a vous de mener vne telle vie. Taisez vous traictres ce dist Regnault dieu vous confonde car par vostre deffaulte a este perdu le meilleur cheuallier du monde car se vous leussiez suiuy Jl neust mye este prins mais vous ny ousastes mye aler pour crainte. Et aussi vous ne vouliez point que Je y alasse pour le secourir car Je y eusse bien este a temps. Or lauons nous perdu ne Jamais ne le verrõs car Je voy venir maugis tout seul pour quoy Je croy que richart est mort car se Jl fust vif maugis sen eust amene car Jl ne faillit Jamais.

Et quant alart et guichart ouyrẽt ses parolles Jlz en eurẽt si grant dueil q̃lz tõberent tous deux pasmez a terre. Et quãt Jlz furẽt reuenuz Jlz cõmencerẽt a mener si grant dueil q̃ cestoit grant pitie a voir. Et ce pendant veey venit maugis. Et quant Jl vit le grant dueil q̃ demenoiẽt ses cousins Jl en fut moult marry et leˢ dist. Qua

uez vous mes beaulx cousins q̃ demenez si faite chiere. Helas mau-
gis ce dist regnault quauez vous fait de mon frere richart. Cousin
ce dist maugis Richart est encores en prison mais charlemaigne a
dit q̃l le fera pendre au pin de montfaucon. Mais Il a dit q̃l me doub
te tant quil ne se veult gueres garder et vecy trente liures de monoye
que charlemaigne ma donnez en son pauillon et si me fit donner a men
ger a mon plaisir au pres de luy. Or y perra maintenant se vo' aymez
richart et si vous estes bon cheuallier car Il se vous conuient secourir et
deliurer par force darmes ou aultrement Il est mort car tout
lauoir du mõde ne se pourroit garentir·

Moult recõforte fut regnault quant Il ouyt celles paroles et
puis dist. Puis quil est ainsi que richart est encores en vie se Je
nauoye que moy mes freres et maugis si garderay Je richart de mort
maulgre le pouuoir de charlemaigne. Et lors maugis sans faire lõ
gue demeure osta sa chappe et prit vne herbe et la menga et Incõtinẽt
fut desenfle et puis se arma. Et quant Il fut arme Il se presenta a re
gnault moult honnorablemẽt. Et Incõtinent tous ses freres et to9
ses gens se mirent en armes et puis se mirent a la voye vers mõtfau
con. Et quant Ilz furent la arriuez a vng traict darc regnault dist
a ses gens. Seigneurs se oncques vous me aymastes pensez de fai-
re tant que mon frere richart soit recoup de ceste mort villaine. Car
Je vo9 prometz q̃ Je le ramantay ou moy mes freres et maugis mou
rõs auecques luy et Ilz sont tieulx cõme vous scaues. Sire de nous
nayez doubtance car nous ferõs nostre deuoir. Sire dist alart descen
dons Jcy et nous embuschons car se nous estions apperceuz les fran
coys pourroient occire nostre frere richart auant q̃lz veinssent. Fre
re ce dist regnault vous parles bien et saigement. Et lors se descendi
rent a pie et sembuscherent dedens vng boys de sappin regnault a de
stre part et alart a senestre auecq̃s luy guichart et maugis. Bien
auez ouy cõmẽt Ilz furẽt enoyez es plais de vaulx couleurs et la pai
ne que regnault et ses freres y souffrirẽt. Et puis cõment Ilz alerẽt
secourir le roy yon de gascongne qui les auoit trahiz. Et comment

q.iiii.

regnault c'estoit combatu a rolant dont Il estoit moult trauaillé et auoit ja esté troys jours sans dormir. Et pour ce ne ce fault esmayer se regnault ses freres et maugis sen dormirēt. A la verité dire si tost q̄ regnault ses freres et maugis furent en embusche dedens ses sapis

Ilz sen dormirent si durement q̄lz oublierent richart. Or en pēse dieu par sa pitié car aultrement Il est mort.

Et vous diros de charlemaigne q̄ est en son pauillon qui appella le duc Naymes et richart de normandie et leur dist. Seigneurs je vous prie q̄ me conseillez vous sçaues que richart le filz aymon est de grant puuoir je me doubte que regnault ne viengne pour le deliurer quant je le enuoyray pendre. Et pource me conuient auoir vng tieul homme de ma part qui nayt doubtāce de regnault ne de ses freres ne de maugis. Ainsi cōme le roy et le duc naymes parloient Il regarda deuāt soy et vit berrēgier de valoys si lapela et luy dist Berengier vous estes de mes hōmes car vous tenez de moy escosse et galles vous me deuez venir seruir en frāce a tout vostre puuoir vng chescun an a mon besoing Je vous franchis de vostre seruice vous et les vostres a tousiours mais mais que vous me ailles pendre richart le filz aymon. Et si regnault y vient pour le secourir Je vous prie que vous vueilles maintenir ma querelle.

E dist berrengier. Or sçy Je bien que bien petit vous me aymes quant vous me mandes ce faire ce seroit grant hōnte a moy si Je le faisoie. Car chose qui fust a mon deshonneur ne vouldroye Je faire nullement Vous ne le me deuriez pas conseiller ne souffrir aussi. Si vous ayme myeulx seruir comme suis tenu de faire que cela faire. Et quant charlemaigne vit que berrengier nen feroit riens Il appella le conte ysellon et luy dist ysellon vous estes mon homme et tenez de moy bauieres et si me deuez seruir a deux mille hōmes si vous me voulez aler pendre richart je vous donray la cité de mascon. Je nen feray riens dist le conte ysellon mais vous dis pour vray que richart naura nul mal a mon pouuoir si Je len puis garder nullement. Les

dist charlemaigne alez hors de devant moy car vous estes ung maul
uais homme. Et puis dist a richart par dieu richart si serez
vous pendu maulgre eulx.

Pres charlemaigne appella ogier le dannois et luy dist ogier
vous estes mon homme Il ma este dit que lautre Jour me fistes
trahison es plains de vaulx couleurs pour regnault or y perra main
tenant se Il est vray ou non. Si vous voulez aler pendre richart Je vous
donray la cite de lyon et si vous quiteray de tout le seruice que me de
uez a vous et a voz heritiers. Par ma foy ce dist ogier sire Je nen fe
ray riens. Car vous scaues que richart si est mon cousin germain et
vous dis que celluy qui pendra richart Je le deffie et siayderay a Re=
gnault de tout mon pouuoir. Alez ce dist charlemaigne que maul=
dit soyes de dieu. Non pourtant par ma barbe si sera Il pendu Et quãt
Il eut ce dit Il appella larceuesque turpin et luy dist. Arceuesque Je
vous feray pape si vous voules pendre richart. Sire ce dist larceues
que turpin quest ce que vous dictes vous scaues bien que Je suis pre=
stre et voules que Je pende ses gens. Si Je le faisoye Je perdroye ma
messe. Et daultre part vous scaues bien que richart est mon cousin
voules vous que Je commecte trahison dessus mes parens ce ne seroit
mye raison. Ainsi vous aist dieu dist charlemaigne car vous le lais=
sez plus pource quil est vostre parent que pour dieu ne pour vo
stre messe.

Et lors appella charlemaigne salomõ de bretaigne et luy dist
Salomon vous scaues q̃ vous estes mon hõme et si tenez de moy
bretaigne Je vous donray la duchie daniou si vous voulez pẽdre richart
Sire respõd salomon si vous plaist me cõmãder aultre chose si le faic
tes car cela ne feray Je mye. Et si vous dis pour vray que richart na
ura Jamais mal si Je puis. Solomõ dist le roy vous estes traictre puis
q̃ ne voulez faire ma volẽte et puis dist Richart Je veulx q̃ tu saiches
q̃ tu seras pẽdu en despit de tes parẽs. Sire ce dist richart non seray

par aueture. Puis charlemaigne se tourne deuers rolant et luy dist Beau nepueu pendez le Je vous eprie car bien est raison que vo9 faciez loffice puis que tous les francoys me sont failliz. Et aussi vous sauez pris pour quoy Il fault que vous le pendez. Et Je vous donray coulongne sur le rin et tant daustres terres que vous en aurez assez. Sire ce dist rolāt si Je le faisoye Je seroye traictre car Je asseuray richart auāt q̄ Je le prinse q̄l nauroit nul mal et si vous le faictes mourir Ja mais hōme naura fiance en ma foy pour quoy Je prie aux douze pers de france quil ny ait celluy q̄ vueille prēdre charge de le pendre car seJl estoit pendu Je seroye diffame. Et vous prometz q̄ qui pendra richart Je men Jray a regnault et me mectray en sa prison. Et seJl me veult pardonner sa mort Je luy Juretay de luy ayder a tous ses affaires enuers tous et cōtre tous a troys mille hōmes bien mōtez. Nepueu ce dist charlemaigne de dieu soyez vous mauldit.

T quāt charlemaigne vit quil ne pouuoit faire sa volente Il fut tant Jre quil ne scauoit que faire si se dresse empiedz et dist. Seigneurs vous scauez bien que Je suis filz au roy pepin et de la royne brethe. Mon pere fut nourry en france et Je men fouy en en espaigne a alūffre sur la mer. Et la Je fis tant darmes que Je fus fait cheualier et cōquis galienne ma mye qui laissa quize roys couronez pour lamour de moy et sen vint en la doulce france auecques moy. Et adonques Je fus couronē roy et espousay la dicte galienne a moult grant Joye et si cuidoye auoir mon royaulme en bonne paix. Mais le Jour de mon couronemēt les douze pers de france cōprindrēt de me faire mourir le Jour de noel ensuināt mais nostre sr me māda vng ange e: me fit dire q̄ Je men alasse musser la quelle chose Je fis et nousay dire du cōtraire et si ne scauoye ou me mectre. Mais dieu me adressa basin vng grant larron qui me mena en vne fosse. Ce pendant son cōspiroit ma mort. Mais basin me disoit tout et par son aide Je pris tous mes enemys et en fis la pugnicio q̄ scauez et si fer ay de vo9 aultres seJl y a nul q̄ aille cōtre ma volente et suis delibere de vo9 reqrir cheseū par son nom pour veoir ceulx qui serōt bons enuers moy et loaulx.

Quant charlemaigne eut ce dit Il se tourne devers le filz oe‑
don et luy dist escouf venez auant Je vous ay moult honore et
nourry moult chierement Vous scaues q̃ v9 tenez la(n)gres
& moy encores v9 feray Je plus de bien car Je vous donray la
conte de clermont et montferrand et que v9 me aillez pendre ce filz
de putain richart. Sire dist escouf vous scaues q̃ more oedon si tient
toute la terre dont vous parlez et si nen eu oncques riens mais suis
co(m)paignon de Rolant en armes. Et quant Je tiendray la terre q̃ mon
pere tient Je feray vostre volente et vostre co(m)mandement. Par saint de‑
nis de france Il v9 y couiet aler dist charlemaigne. Sire dist escouf
est ce a bon essient ce q(ue) v9 dictes. Ouy dist charlemaigne. Par mon
chief sire ce dist escouf vous ne vouldries estre auecq(ue)s moy p(our) pendre
richart pour la moytie de vostre royaulme. Quant charlemaigne se
ouyt ainsi reprouuer Il prit vng baston et le Jecta apres escouf pour
le frapper. Et escouf se tourna et le baston ala frapper au rubant si
grant coup que le baston en ala en deux pieces. Et quant les douze
pers de france virent ce Ilz Issirēt tous du pauillon de charlemaigne
Et quant charlemaigne se tourna et Il vit q̃ nulz des douze pers ne
stoiēt point demourez auecques luy lors dist au duc naymes. Ou sont
mes douze pers alez. Sire dist le duc naymes Ilz sont tous sortis de
hors et non sans cause car Il napartiēt mye a vng tieul roy
come v9 estes de frapper ses barons car vous en serez blasme

Ors quant charlemaigne vit ce Il appella richart & rolant
et luy dist Venez auāt richart & rolant entēdez mes dis vous
scaues q̃ vous estes vng des hommes q̃ Jayme myeulx au mode mais
Il fault q̃ vous faciez vne chose a ma requeste si est que vous aillez
pendre richart le filz aymon au pin de montfaucon. Lors richart &
rolant respōd. Sire Je le feray volentiers car Je suis vostre home si ne
vois mye reffuser vostre commandement. Mais par ma foy sire em‑
pereur se vous voulles que Je aille richart pendre vous y viendres
auecques moy a tout mille cheualliers bien armes. Et Je le pendray

auquel lieu qu'il vous plaira et se regnault et ses freres y viennent Je mectray mon corps abandon pour le vostre saulver Regardez se vous le voules faire car aultremēt ny rayJe mye Va glouton dist charlemaigne dieu te maulsōie.

Le roy appella le duc naymes et luy dist quel conseil me dōnez vous. Sire dist le duc naymes bon se vo9 me voules croire. Sire vo9 scaues que regnault ses freres et maugis sont des meilleurs chevalliers de france cōme bien scet ungchescun moult longuemēt a dure ceste guerre car Il a bien seze ans quelle est cōmēcee et en sont mors plusieurs nobles chevalliers si vous plaist vous manderez a alart guichait et maugis q̃lz deviennēt voz hōmes et vo9 lez rēdrez leur frere Richart et que faciez Regnault et alart des douze pers de france. Et quant Regnault et ses freres verrōt q̃ vo9 leur aurez fait si grāt hōneur Ilz vous serviront de bon cueur et si hardiement que le² en saurez bon gre. Et si vous certifie que vous en serez plus craint et doubte. Et se vous auez tous les quatre freres et maugis tous ensē ble Il nya si grāt prince en crestiente qui soit si hardi de mouvoir guer re contre vous. Et vous prometz sire que tant plus maintiendrez la guerre et plus y perdrez. Et puis daultre part Ilz sont tous de no stre maison et par aymon leur pere ce scaues vous bien. Et pour ce ne les puis hair nullement. Naymes ce dist charlemaigne Je nen feray riens car Ilz ont tous mesprins envers moy et si feray pendre Richart par la foy de mon corps. Sire dist le duc Naymes non ferez se dieu plaist car Il est de grant lignaige et de nostre parente et ne le pourrios souffrir ne endurer et vo9 mesmes en serez blasme mais se vous le voules faire mourir Je vous dōnray meilleur cōseil. Dic tes le moy dist charlemaigne et Je le feray s'il me semble bon. Sire dist le duc naymes puis quil vous plaist que Richart meute faict es le mectre en une prison soubz terre. Et Illecques faictes le bien garder et ne luy faictes rien dōner a menger. Et ainsi mourra Il de faim. Et ne serez de rien blasme si vous le faictes. Naymes ce dist Charlemaigne vous me gables Je le congnois quant cecy vo9 me dictes vous scaues bien que maugis est trop grant enchanteur car Je ny sauroie faire chose quil ne Jectast tantost richart hors de prison Et pource ne le feray Je mye. Lors vint ogier le dannois et dist au duc naymes trop faictes long sermon laissez faire a charlemaigne ce q luy plaira car tant plus le prierez Il en fera pis mais Il fera paix quant Il ne pourra plus aultre chose faire. Mais or y perra autour luy q aymera richart et combien q son lignaige soit huy tourne dune part et se Il ya nul q luy face mal Je les deffie de moy. Et quant ogier eut cecy dit Il sen Issit du pauillon et escout auecques luy et richart de normandie et larceuesque turpin et ysellon de bauieres et firent armer leurs gens. Et quant Ilz furent armez Ilz furent bien par compte fait .vii. mille Et lors ogier comence a crier a haulte voix Caps roy or y perra q sera si hardi q mara pendre richart car telse mantra q Jamais nen retournera qil nait le chief couppe. Et ogier sen vient au pauillon ou estoit richart q auoit les mains et les piedz liez et les yeulx bandez.

Et quant ogier vit richart ainsi atourne Il en eut grant pitie si a la celle part pour le deliurer mais Il se aduisa et dist qil ne le feroit pas mais attendroit pour veoir la fin q le roy en feroit.

Et quant richart ouyt parler ogier Il lappella et luy dist en la presence du duc naymes et de richart de normandie et de ysellon et de larceuesque turpin et de Roiant q suruint. Beaux seigneurs Je cognois bien q se Il estoit a vostre liberte vous me laisseriez aler q de et assez vous en estes trauaillez dont Je vous mercye mais puis quil conuient q Je soye mene aux fourches Il vault myeulx q Je pouure malheureux meure tout seul q vous ayez nul mal pour quoy ne souffrez q soyez en malle grace de charlemaigne. Et si vous prie que vous ailliez a luy et luy dictes qil face de moy a sa volente car Jayme myeulx mourir briefuement que languir longuement. Quant ogier vit ainsi parler richart Il en eut si grant dueil au cueur que peu sen faillit qil ne cheust pasme a terre. Et quant Il fut reuenu Il dist a richart par grãt Ire quest ce q tu dis fol detestable veulx tu estre pendu car se nous disons ce q tu dis a charlemaigne tout lor du monde ne te racheteroit que tu ne fusses pendu. Il ne men chault ce dist richart abuiengne ce que pourra. Et lors se tourne vers rolant et luy dist. Rolant Je vous pardonne et quicte Jcy et deuant dieu la foy que vous mauez promise et q me donnastes quant vous me prinstes au gue de balancon Quāt ogier ouyt ce Il eut si grāt dueil quil enrageoit tout vif si dist a rolāt Sire ne croyez mye richart car Il parle com̄e homme trouble et non sans cause mais maitenez luy la foy que luy auez promise et vous de mostrerez leaute et ce sera vostre honeur Ogier ce dist rolant ne doubtes point car Je feray a richart tout ce que Je luy ay promis sauf de le plus. Quāt richart entend celle parolle Il appella ogier et luy dist. Beau cousin pour dieu tenez vous en paix car Jay veu Jcy na guieres maugis et ne cuide mye quil me ait oublie car par la foy que Je vous doiz tiens me mātra au gibet qui perdra la teste et plusieurs aultres Cousin ce dist ogier est Il vray que vous aues veu maugis. Ouy ce dist richart sans nulle doubte. Lors dist ogier beau sire dieu benoist soyez de ceste nouuelle. Or nay Je doubtance de richart puis que mon cousin le scet. Et lors tous les douze pers de france descenditent a pie et sen vindrent a charlemaigne et luy dirēt. Sire nous sommes tous voz hommes pleuiz et Jurez tout ce que nous auons dit et fait nous le fismes pour veoir se nous eussiōs peu faire acorder que vous eussiez deliure nostre cousin richart mais puis quil ne vous plaist et que voules quil soit pendu nous ne vous en voulons plus parler pour ce que vous vous en courroucez si fort. Or mādez pendre richart a qui Il vous plaira car Il naura garde de nous.

Donc dist charlemaigne par ma foy vous dictes bien et saigement et si vous pardōne mon mal talant. Et lors charlemaigne appelle ripus de ripemont et luy dist. Ripus si vous voulez tant faire pour moy que vous ailles pendre richart Je vous donray grant terre. Et si serez mon chamberlain toute vostre vie. Sire droit empereur ce dist ripus Je suis tout prest de faire vostre volente. Car Regnaule occist mon oncle au gue de balancon. Or parles vous bien ce dist Ogier vous serez couhart si vous ne vous vengez a ceste fois Et quāt ripus ouyt ce Il sen fut plus asseure et se agenoilla deuāt le roy charlemaigne et luy baisa les piedz et puis dist. Sire Je suis or tōne a faire vostre seruice et vostre cōmandement. Se Il vous plaist vo9 me ferez promectre que quant Je seray reuenu de pendre richart que nulz des douze pers ne men rendra mauluais guierdoṅ. Par ma foy dist charlemaigne Je le feray volentiers. Lors dist a rolant et a ostuier et a to9 les douze pers de frāce par ma foy Je veulx q̄ vo9 assiez q̄ ne luy ferez nul mal ne ferez faire a cause que Je luy fais pendre richart. La quelle chose tous les douze pers firēt volentiers. Et quāt ripus eut pris le serment de tous les douze pers Il sen vint en sa tente et ce fit armer. Et quāt Il fut arme Il mōta sur son destrier et sen vit deuant charlemaigne. Et quant charlemaigne le vit Il luy dist. Et puis menez mille cheualliers aueques vous po9 vous garder et si regnault ou maugis y viennēt si les pendez aueq̄s richart. Sire ce dist ripus Je feray vostre cōmandemēt. Et lors le roy luy fit liurer richart. Et quant ripus le tint Il se mist a la voye et mōta richart sur vng mullet et puis luy mist vng cheuestre au cou et le mena si vilainement cōme se ce fust vng larron et le passa par deuāt le pauillon de charlemaigne. Et quant Il le vit Il en fut moult Joyeulx et dist a ripue. Mon amy vengez moy de ce truant. Sire dist ripus pleust a dieu q̄ to9 les aultres filz aymon fussent en ce poit cōme richart car bien vo9 vengeroye et moy aussi de mon mal talant.

Quāt les frāceys virēt richart mener pēdre si villainemēt Ilz cōmencerēt a mener si grāt dueil que ce fut merueilles et que Jamais ne fut veu pareil. Ripus cheuaucha et fit tant quil est venu a monfaucon. Et quant ripus vit les fourches leuees Il dist a richart. Par dieu richart vez la vostre logis ou vous serez mys de mes mains a grant vilite. Huy sera vengee la mort de fouques & morillon mon oncle que regnault occist au gue de balancon or vo9 est essloigne le secours de maugis car Il ne vo9 scauroit garder q̄ Je ne vo9 pēde en despit de regnault et de vos freres Quāt richart ouyt ripus si

orguilleusemēt parler et vit q'l'estoit si pres des fourches sans auoir
secours Jl eut grāt peur. Si se pourpēsa de tenir ripus en parolles et
luy dist Ripus pour dieu ayez mercy de moy car Je ne suis mye hōme pour
estre pendu mais vouldrois estre deliure par vous et si vous me voulez deliurer
Je vous dōnray deux cens marcs dor et si vous feray grant seigneur
Certes richart ce dist ripus pour neāt parlez car Je ne vous lerroye a
faire mourir pour les dix meilleures citez de france. Ripus ce dist ri
chart puis que ne voules auoir pour recōmāde mon corps ayez pour reco
mādee mon ame. Et vous prie q̄ me faciez venir vng prestre si me cō
fesseray Certes ce dist ripus Jl me plaist biē Et lors fit venir vng pre
stre aulcūs diēt que ce fut vng euesque pour se cōfesser et ce cōmēce a cō
fesser et disoit dix fois plus de pechiez q'l ne fist oncq̄s en sa vie. Et
ce faisoit pour veoir se Jl auroit point de secours. Et quāt richart vit q̄
son secours ne venoit point Jl se desesperoit tout vif et dist a son cōfes
seur sire Je ne scay plus que dire donnez moy absolucion. Et lors luy
donne penitēce selon le tetme de sa vie et puis luy dōna la benediction
et sen va plourāt le cōfesseur Et quāt ripus vit que richart fut cōfes
se Jl sen vit a luy et luy mist le cheuestre au coul' et le fit mōter sur les
chielle et ferma le cheynon. Quāt richart fut monte sur l'eschielle et
vit que regnault ne luy venoit point au secours Jl cuida alors mou
rir et en estoit delibere et lors dist a ripus. Mon amy Je te prie pour dieu
que tu me souffres tant q̄ Jaye dicte vne oraison que Je apris de mon
enfance a celle fin que dieu ait de mon ame pardon. Non feray ce dist
ripus Ja ny auras respit. Sire dirent ses hommes si ferez se Jl vous
plaist car se Jl peut tant faire que son ame soit sauluee vous en aurez
merite enuers dieu et nous aussi. Et lors dōna ripus respit a richart
dont Jl fit que fol. Et quant richart eut le respit Jl se tourne deuers
orient et commēca a dire son oraison de moult bon cueur et
en grāt deuocion car Jl cuidoit totalement mourir sans re
mission et dist en ceste maniere.
Zorieux Jhūs par ton sāctifie nom qui formas le ciel la ter
re et tous les e femēs q̄ sont. Et alas parmy la terre en guise

de pouure homme et sauuastes Jonas du ventre du poisson et en bethle
em ressuscitastes le ladre et deliurastes daniel de la fosse du lyon les
pechez pardonnastes en la croix ou larron. Quant vous crucifierent
les faulx Juifz felons. Aussi a la marie magdelaine ses peches per
donnastes en la maison symon car vous laua les piedz par grant de
uocion Judas le mauluais traictre murmura par enuie dont vo⁹ luy
demonstrastes quil faisoit grant folie. Et vous baisa Judas par grant
de trahison. Et vous liura aux Juifz dont eust mauluais guerdon.
Car pecha mallement a tort et sans raison. Dont faulcement mou
rust en desesperacion. Sire dieu vous formastes nostre pere du limon
vous le enluminastes de la grace du saint esperit. Et puis luy baston
donnastes de paradis les fruitz. Mais Il passa en oultre vostre comma
dement. Dont puis lumain lignage aloit a dampnement et to⁹ esti
ons dampnez sans nulle remission. Mais puis nous deliurastes par
vostre passion vous souffrites grans maulx et grans afflictions.
pour noz poures pecheurs sans nulle deuocion. Quant longis vo⁹
persa vostre digne coste leaue en sortist et aussi le sang cler dont le
sang voulla sus ses yeux dont Il recouura la clarte puis vo⁹ luy per
donnastes tous ses peches quant Il vous requist perdon. Aussi a no
el fistes par voz charpentiers faire vne arche pour le sauuer et de chef
cune beste vne pere en Josaphat beau sire menastes voz apostres la
ou vous fistes vng beau miracle car de cinq pains dorge et de deux
poissons vous soulastes cinq mille hommes toute leur recreacion.
Tres doulx sire si comment ce fermement croy gardes auiourduy mon
corps de mort qui est si pres de moy que Je ne soye pendu ne emprison
ne mais me deliurez des mains de tous mes ennemiz que Je ne soye
vitupere et a honte mis de ripus de ripemont qui me tient en ses lacz
Ha regnault mon treschier frere que nestes vous Icy pareillement
mes freres et mon bon cousin le saige maugis. Or mauez oublie et
me laisses Icy pour quoy me recommande a dieu de paradis lors Ri
chart se mist a plourer moult tendrement et puis dist a ripus Ripus
faictes de moy a vostre plaisir.

.t.i.

E tiros de baiart le bon cheual et de regnault et de ses freres et de maugis Il est vray que baiart fust fee et si entendoit la parolle quāt en lui disoit aussi biē que si ce fust vng homme Quant baiart ouyst la noise et le bruit des gens que ripus auoit amene auecques soy a mcy faucō et Il vist que regnault dormoit Il sen vint a regnault et le hurta si fort du pie en son escu quil se fist esueiller. Si saillist regnault en pie tout effroye et regarde q̄ cestoit. Et regarde vers mon faucon et vist q̄ son frere estoit en lesche sse si ne fist autre demeure mais mōta sus baiart qui couroit cōment le vent car a vng chescun sault Il saissoit trente piedz en plaine terre. Et alart et guichart et maugis sesueillerent pour lamour de baiart qui faisoit grant noyse. Et quant Ilz furēt tous esueillez maugis commenca a crier tant commēt Il peust a son cheual mauldicte soyez vo⁹ faulse beste que tant maues laisse dormir et puis mōta dessus car Il nauoit meilleur cheual au mōde apres baiart et sen va apres regnault.

Quant ripus de ripemont qui vloit estrangler richart vist venir ses freres et maugis Il en fust si esbahy quil ne scauoit que faire. Lors dist a richart richart vous estes deliure de mes mains. Car vecy regnault et maugis a toute leur puissance q̄ vous viennēt secourir dont Je me rens a vous beau sire. Et si vous plait vous aures mercy de moy car ce que Je fis de vous auoir Jcy amene ce fust pour oster le debat que charlemaigne auoit auecques ses douze pers de france et si scauoie bien que vous seriez recoup sans nulle doubte de voz freres et de maugis ripus se dist richart ne vous moquies point de moy car vecy trop dure mocquerie pour moy et ne gaignes guieres de ainsi vous gabler de moy. Par ma foy se dist ripus Je ne me mocque mye mais vous dis verite vez les Jcy a ūg traict dare et si ne quiers a vous faire nul mal mais ales bas de leschelle et ayez mercy de moy Je vous supplie pour dieu.

Merueille fust esbahy Richart quant Il ouist ripus parler et tourne la teste et vist regnault venir a moult grant erre et quant Jl se vist Jl dist a ripus Jamais ne reclameray mon frere regnault po[ur] mon frere sil ne vous pend de ses mains a ces mesmes fourches ou vous me vouliez pendre. Ce pendant que richart parloit a ripus Regnault fust arriue et ouyst ce que richart auoit dist a ripus. Et commence regnault a crier haultement. Si mait dieu ripus vous estes mort car vous estes mauluais homme et par vostre mauluaistie vo[us] pendray moy mesmes a ses fourches cy. Si tiendres le lieu de mon frere richart car tout le pouuoir de charlemaigne ne vous scauroit garentir. Ce pendant veez venir maugis moult effroye et dist a ripus. A ripus traictre mauluais tousiours auez este prest de faire chose contre nous mais puis que Jcy vous ay trouue Ja enaultre lieu ne vous querray. Et lors aulce sa lace pour le frapper mais regnault luy escrie cousin ne le touches car Je ne vouldroie pour grant chose q[ue] aultre soccist que moy car Jen vengeray mon chier frere richart. Et lors prent sa lance et en frappa ripus de ripemont du bout si durement quil labactist mort deuant ses piedz au pie de seschelle et puis dist a ses freres gardes mes freres que nul neschappe de ses gens quilz ne soient ou mors ou pris et puis regnault descet a pie et monta contre mont leschelle et prent richart entre ses bras et le descent a terre et luy deslia les mains et les piedz et puis le baisa en la bouche et luy dist frere coment vo[us] va Jl estes vous point a mal aise

Frere se dist richart Je nay nul mal mais faictes moy armer Je vous en prie. Par saint Jehan se dist regnault vous le seres Incontinent. Frere se dist richart faictes moy donner les armes de ripus de ripemont volentiers se dist regnault. Et Incontinent fait de sarmer ripus et en fist armer richart. Et le fist monter sus son cheual et luy fist prendre son escu et sa baniere et quant richart fust bien appareille regnault print le cheuestre q[ue] ripus auoit mis au col de richart et se mist au col de ripus et puis monta sus le schelle et se tita contremont tout mort et se pendist au lieu de richart luy mesme

.r.ii.

et bien .v.v. aultres des plus principaulx de sa cōpaignie de ceulx que plus le roy charlemaigne amoit et quāt Jl les eust penduz Jl dist a richart frere ceulx feront sa garde ou lieu de vous. Quant ce fut fait maugis vint a regnault et luy dist. Cousin q̄ vous esueilla si apoit comment vous auez este. Cousin se dist regnault par la foy que Je vous doy Je dormoye si fort cōment si Je neusse Jamais dormy mais Bayart le gētil cheual mesueilla lors dist maugis. He pere glorieux loue soyez vous qui creastes vug tel cheual ce nest mye la premiere bonte que baiart vous a faicte mon cousin ne aussi sera la derniere et lors vont tous baiart baiser pour le bien quil auoit fait.

SEsseigneurs se dist regnault que ferons nous bien auons exploicte puis que nous auōs recouẏ le gentil richart sain et Joyeux Jl me semble que nous nous en deuons aler a mont auban si reconforterons dame clere ma femme et mes deux enfans qui sont tous a mal aise pour amo² de richart et si mengerōs et dormirons a nostre aise car nous nauons bien mestier et si ferons la Justice du roy yon qui si faulcement nous trahist et puis demain nous assaulderons le roy charlemaigne que point naymons. Et si laisseront cinq cens hommes a montauban et autant dessus mon bandes qui nous donront secours si nous nauons mestier.

LT lors dist richart sire non feres sil vous plait car vous ne scauez mye le grant dueil et la grant doulseur que tous les franscois ont faicte pour amour de moy en lost de charlemaigne et vous prometz que vous deuez bien aymer Ogier rolant le filz de don escouf et richart de normandie et le bel pdelyon et sallemon de bretaigne et oliuier de Vienne car pour moy Jl ont tous pris grant debat a charlemaigne dedens son pauillon et tout ce faisoiēt pour amour de vous car Jlz cuydoient de voir que ripue me pendist et que Je neusse point de secours mais sil vous plait donnes moy cōge que Je me puisse demonstrer a ogier le dannois et a tous noz parens pour tant q̄lz en auront grant Joye silz me voient eschappe de mort

Donnques dist regnault par ma foy ogier fist comment vaillant homme car l'on doit aimer les sciens et leur aider a leur besoing et puis dist richart frere le soulleil est ja fort baisse Je me doubte moult de vous qui volez aler en l'ost de charlemaigne mais si vo⁹ y volez aler menez auecq̄s vous quatre cens cheualliers bien montez. Et si les faictes embucher pres de vous et Je seray Jcy auecques mes gēs et vous pourterez lōdic mō bōn cort Et si vous auez besoig baide si le sones haultement cōment bien scauez faire et Je vous secouray Jncontinent. Sire se dist richart ainsi soit Il cōmēt Il vous plaira. Et lors regnault bailla son cort a richart et quatre cēs cheualliers et puis se met a la voye et pourtoit la baniere de ripus auecq̄s soy et tāt fist richart qu'il vit ē l'ost de charlemaigne et le roy estoit arme deuāt son pauillon luy et ses gēs q̄ regardoiēt le chemī de mon faucon si virent venir la banniere de ripus monte sus son cheual.

Dant ogier vist venir Richart Il cuyda q̄ ce fust ripus de ripemont qui eut pendu richart. Et de la doulleur quil eut Il cheut pasme aterre et puis quāt Il fust reuenu Il dist. Helas perdu auōs richart Jamais ne le verrōs trahy l'a regnault et maugis. Or pert Il biē richart q̄ vous auez eu peu d'amis. Et lors picque son bon cheual broiffort et viēt cōtre richart car Il cuydoit que ce fust ripus Et quant charlemaigne vist que ogier le dannois s'en aloit vers ripus Il dist a ses gēs alez aps baros or Il parra q̄lz seront mes amis vez la venir ripus certes Il ma bien serui a mon gre car Il ma souiure de richart le filz aymon et maitenāt ogier le veult occire en trahison mais si Je le puis tenir Jen feray telle Justice quil en sera parle long tēps a venir. Et adōnt picquēt frācois et bourguignōs aps ogier et charlemaigne luy mesme mais ogier estoit moult loinge deuant eulx si Jrez cōmēt ung lion et escria tant comment Il peult si mait dieu ripus vous estes mort et si aurez le guerdon de ce que auez fait a mon cousin richart et vous prometz que charlemaigne vous sera mauluais garent Quāt richart ouist ainsi parler ogier Il dist

.r. iii

Ayez mercy de moy mon beau cousin car Je suis richart vostre cousin et ne suis mye ripus car nous auons pendu ripus en mon lieu et vo9 pmetz que mon frere regnault men a bien venge. Et pourtant me suis venu monstrer a vous et a mes aultres parens car Je scay q vo9 en serez bien aise vous mentes traictre se dist ogier ripus de ripemõt ainsi ne meschappes vous pas. Quant richart vist ogier si jrez contre luy Jl luy dist cousin ne me congnoisses vous mye non sans faulte dist ogier car vous pourtes ses armes et la baniere de ripus Je lay fait sire se dist richart pour ce que ne soye congneu. Par ma foy se dist ogier Je vous veulx voir descouuert car Je ne le croyray aultrement. Sire se dist richart et vous me verrez maintenãt. Et lors desferma son heaulme pour monstrer son visaige et quant ogier le vit Jl en fust moult Joyeux si courust acoller richart moult doulcement par plusieurs fois et luy dist tout en riãt cousin quauez vous fait de ripus le mauluais traictre. Par ma foy se dist richart Jl est arceues que de champs car mõ frere regnault la pendu de ses propres mais et si ne volust que aultre y mist la maĩ q luy. Par ma foy se dist ogier Jl a bien fait et puis dist a richart beau cousin gardes vous car vez Jcy charlemaigne et a dieu vous cõmet si sen tourna ogier et quant charlemaigne vist ogier Jl luy dist pour quoy ales vous apres ripus & uant que moy. Sire si vous ne fussies si pres de moy Je luy tranchasse la teste mais Je ne lose faire po9 lamour de vous ales a luy car Je laffie quil naura nul mal pour moy.

Ors charlemaigne dist par ma foy Je le deffendray contre tous hommes et lors picque son cheual des esperons et vient a richart cuydãt q ce fust ripus de ripemõt et luy dist venez auant ripus mon amy et nayez doubtance de riens car Je vous garderay contre tous quant richart ouist charlemaigne aĩsi parler Jl luy dist. Or ne suis mye se traictre ripus mais sus richart le filz aymõ et si suis frere de regnaule le meille2 cheuallier du mõde et de alart et guichart et cousi du vaillãt maugis q tant vous aimes vous me frappastes a mati dung baston en la teste dont me fistes grant mesprison. Et pour ce mon frere regnault vous a pendu ripus ou lieu ou Il me faisoit mectre et p v compaignons auecques luy pour luy tenir compaignie or vous gardes de moy Je vous deffie.

Quant charlemaigne entent ceste parolle Il en fust si irez que nul ne le pouuoit plus estre. Si picque son cheual et vient contre richart et richart contre luy et se donnerent si grans coups en my les escuz quilz font vouller leurs lances enpieces et apres le briser de leurs lances Ilz se entreferirent du corps des escuz si durement que le plus fort en habandonna les estriers mais Il dist bien a charlemaigne quil demoura dedens larçon mais richart tomba a terre et quant Il se vist par terre Il en fust moult irez si se relieue vistement et mit la main a son espee et va frapper charlemaigne sus son heaulme si grant cop qil lestonna tout mais lespee glissa sus son heaulme q bon estoit et acteing le cheual sus leschine si durement q'l se trancha en deux moyties et charlemaigne cheust a terre et quant Il se vist par terre si en eut moult grant dueil et saillist en piedz moult vistement. Et mist la main a son espee et en frappa richart sus son heaulme si durement qil le fist tout chanceller et lors comenca entre charlemaigne et richart vne aspre meslee et quant Ilz se furent vne grant piece combatuz charlemaigne comenca a crier montioie saint Denis et quant richart louist Il se tira arriere et prent socort et le sonna moult haultement si que ses freres sentendirent bien et maugis aussi et lors picquent leurs cheuaulx des esperons et sen viennent vers richart pour le secourir et lors dist maugis seigneurs Jay grant doubtance que richart ne soit pris ou tous y mourrons ou nous laurons.

Tant diligence fist regnault pour secourir richart et quant Il eust trouue Il escrie son enseigne sestoit montaubã et alart pauetayne et guichart balançon et richart dardaine et lors maugis va courir sus vng cheuallier quon appelloit mangon aultrement sanson fz de pierre ficte et le frappa si durement quil labactist mort

a terre et regnault en frappa vng aultre tellement quil luy mist la
lame oultre le corps. Et guichart en frappa ung aultre de son espee
si durement quil se fendist tout oultre et alart frappa le tiers sus son
heaulme si grát cop ql le mist mort par terre a ses piedz et puis sen
courust sus ung cheuallier moult riche et se donnerēt si grans coupz
quilz tomberent tous deux a terre et a tant vez venir regnault et fi
rent tant q̃ le cheuallier fust retenu q̃ lon appelloit huge dallemai
gne et senmenerēt par prisonier amōtaubā que vous diray Je plus
ba taille cōmeca si fiere et si aspre que cestoit pitie a veoir car
lung nespargnoit lanltre mais se tuoiēt si especement cōmēt
bestes.

Quant regnault vist que le soleil estoit Ja abaisse et que
la nuyt sapprouchoit moult fort Jl eut doubtance de ses fre
res et dist. Glorieux dieu par ta redēpcion et par ta pitie garde huy
moy et mes freres de mort et de prison car la nuit me fait paour et ainsi
quil disoit ses parolles vez venir le roy charlemaigne tát cōmēt sō
cheual pouuoit aler et vient contre regnault et regnault contre luy
pour ce q̃l ne le congnoit et se entreferirent si aspremet par my les
escuz q̃lz fōt leurs laces voller enpieces et sentrehurterent de corps
et descuz si durement quilz sabactirent tous deux a terre et puis se re
dresserent moult vistement et mirent les mains a leurs espees et
lors charlemaigne commenca a crier monioie saint denis et puis dit
si Je suis pour vng cheuallier oultraige Je ne dois mye estre roy ne
pourter couronne. Quant regnault entendit charlemaigne parler
Jl le congneut bien si se retira arriere et dist. Helas cōment Je suis
tiffames cest charlemaigne a qui Jay Jouste trop ay mespris quant
Jay mis la main a luy. He beau sire dieu Jl a biē quize ans que Je ne
parlay a luy mais Je y parleray maintenāt si Je deuoie mourir car par
rayson Je dois perdre le vig si luy en feray amende tout a present et
fasse de moy a sa volēte et quát Jl eut ce dist Jl se vit a charlemaigne
et se agenoilla deuant luy et luy dist sire pour dieu mercy dōnes moy
tresues tant que Jaye parle a vous volentiers se dist charlemaigne

mais Je ne scay q̃ vous estes mais vos Joustes moult bien.

Et vous mercye humblemẽt se dist regnault Sire sachés que Je suis regnault le filz ay mon et si vous crie mercy par Icelle pitié que nostre seigneur eut en la croix de sa mere quãt Il la commanda a saint Jehan son disciple que vous ayez mercy de moy et de mes freres. Vous scauez que Je suis vostre homme et vous maués desherité et chassé de vostre terre et de la mienne Il a lespace de .v.v. ans et a cause de ce sont mors tant de vaillans cheualliers et daultres gẽs quõ ne scauroit dire se nostre pour dieu vous veez bien comment Il vient de la guerre carp² q̃ na pitie si a cuer de pierre. Et pour ce sire vous supplie pour dieu qui ayez mercy de moy et de mes freres qui somes telz cheualliers cõmet vous scauez Je ne dis mye ses parolles pour doubtance de mort ne pour conuoitise car la dieu mercy nous auõs assés mais Je le dis pour auoir vostre amour tant seulement. Sire souffres que nous ayõs paix a vous et nous deuiẽdrõs voz hommes a tousiours mais et vous Jurerõs foy et le aulte et si vous donray montauban et baiart mon bon cheual qui est la chose que plus Jaime en ce monde apꝛs mes freres et maugis car Il na tel cheualier au monde comment Il est. Et si cecy ne vous agree Je feray encores plus plaise vous de pardonner a mes freres et Je foziureray france toute ma vie que Jamais ny seray trouue et si men Jray au benoit sepulcre nudz piedz pour remembrance de vous ne Jamais moy ne maugis ne retournerons en france mais ferons guerre contre les turcs.

Dont quant charlemaigne ouist ainsi parler regnault Il luy respondit et dist regnault vous parles pour neant trop fistes grãt folie quãt vous eustes hardiesse de parler a moy au palais cõmet vous fistes et encores fistes vous pis de tuer mon nepueu berthelot que tant Jamoye et maintenant me parles de paix et me venez crier mercy Je vous prometz pour voir que vous naures nulle paix auec moy si vous ne faictes ce q̃ Je vous diray. Sire se dist regnault q̃ sera ce dictes le moy Je vous en pe Je le vous diray

Volentiers dist charlemaigne et si vous le voulez faire vous et voz freres serez ducont avecques moy. Et si vous rendray tout vostre heritaige et vous donray du mien asses. Cest que vous me bailles maugis pour en faire ma volente car Je le hais plus que nulle riens du monde. Sire se dist regnault si Je le vous rendoie quen feriez vous. Regnault dist charlemaigne Je vous prometz que Je le feroie trainer a queues de chevaulx par my paris et puis luy feroie tollir tous ses membres & son corps lung apres laultre. Et puis le feroye ardre et Jecter la pouldre au vent et quant Il sera ainsi actourne comment Jay dit lors fasse ses enchantement ainsi quil voldra et Je luy perdonneray mon maltalant.

Lors dist regnault au roy. Sire le feriez vous ainsi comment vous dictes ouy se dist charlemaigne par ma foy. Empereur se dist regnault en prendries vous chasteaulx ne villes ne or nargent pour rancon de maugis certes non se dist charlemaigne par ma foy. Sire dist regnault dont ne serons nous Jamais dacord car Je vous dis & voir que si vous aviez tous mes freres emprison et vous fussies delibere de les faire pendre si ne vous donroye Je maugis pour eulx deliurer. Taises vous dist charlemaigne gardes vous dont & moy car Jamais naurons acord aultrement. Sire dist regnault ce pise a moy car nous ne sommes mye gens destre reffusez de vostre service et puis que vous me deffies Je me deffendray et nostre seigneur me fera grace sil luy plait que Je ne seray pris de vous et quant charlemaigne ouist ce Il en fust moult Irez et courust sus regnault et quant regnault le vist venir sur luy Il luy dist. Sire pour dieu mercy ne souffres mye que mecte la main a vous car si Je me laissoie occire a vous Je seroye vil et meschant. Vassault dist charlemaigne tout ce ne vous vault riens car deffendre vous conuient. Et lors charlemaigne le frappa de Joyeuse son espee sus son heaulme et le cop avalla sus lescu tellement quil en couppa vng grant cartier. Quant regnault se sentit vng si grant coup que le roy charlemaigne luy avoit

donne Il en fust moult Irez si se mist auant et embrasse le roy par les
rains a mode de luicte car Il ne le vouloit frapper de son espee floberge et le prent et se charga sur le col de son cheual baiart pour semmener auecques soy sans luy faire mal. Et quant charlemaigne se vist
ainsi malmene Il commenca a crier tant comment Il peult mo Ioie
saint denis et dire. Ha beau nepueu rolant ou estes vous. O oliuier
de vienne et vous duc naymes et vous arceuesque turpi me laisseres vous ainsi mener et si vous le faictes ce sera honte a vous

Regnault escria son enseigne tant comment Il peult quant Il
cuist charlemaigne ainsi parler et puis dist. Ha mes freres
et vous cousin maugis venez moy au secours car Iay pris vng tel
eschac que si nous le pourrons emmener nous aurons paix en france
Alors les nobles pers de france coment rolant et oliuier et les aultres sen viennent au secours de charlemaigne et daultre part Ily
viennet ses freres de regnault et maugis et bien quatre cens cheualliers bien armez. Et quant les vaillans cheualiers furent assemblees dune part et daultre Illecques eussies veu vne merueilleuse bataille car Ilz se occioient les vngs les aultres comment bestes car
Illecques auoit tant de lances brisees des escuz faulces et deshaubers
esmaillez et des cheuaulx trainans les boyaulx par my les
chaps q cestoit pitie a voir et vous pmetz ql en y eut tat de oc
cis dune part et daultre que lon ne scauoit le nombre et gra
de fust la pitie.

Or quant rolant fust arriue en la meslee Il vint dessus regnault et luy donna vng si grant cop sus son heaulme quil le
estonna tout et puis luy dist vassal mal auez fait qui cuydies emmener le roy en ceste maniere. Vous scauez que cest trop pesat faiz de
lauoir ainsi charge vous le laisserez et le compareres auant que vo
meschappes. Et quant regnault se vist ainsi reprouue et sentist le
grant cop que rolant luy auoit donne Il en fust moult Irez et print
son espee en sa main estant charlemaigne deuat luy dessus le col de so

cheual et sen vient a rolant et luy dist. Damps rolant venez auant si scaurez comment mon espee tranche. Quant rolant lentendist Il vit sur luy et quãt regnault lapperceust venir Il laissa tomber charlemaigne et courust sus rolant. Et Illec commenca entre eulx deux vne aspre meslee. Ce pendant vez venir alart guichart et le petit richart et vont courir sus rolant et luy donnerent tant daffaires ql luy conuint se mectre en fuicte voulsist ou non.

Quant regnault vist que Charlemaigne et rolant sestoient sauues Il en fust bien marry et dist a ses freres. Mes freres mal auez exploicte car si vous eussiez este auecques moy nous eussiõs bien besongne. Car Jauoie prins charlemaigne que nous eussions mene a mõraubay. Sire dirẽt ses freres ce poise a nous mais nous auions tant daffaires aultre part que bien nous est aduenu quant nous en sommes eschappez sauues noz vies. Mais or pensons de bien faire et faictes vostre cort sonner a cesle fin que vous ralliez voz gens qui sont fort espãches car il y a dangier a cause de la nuyt qui sapprouche et restirez vostre baniere car nous auons plus gaigne que perdu et nous en alons a montauban. Regnault qui estoit saige fist ce que ses freres et maugis luy conseillerent. Quãt charlemaigne vist que regnault eust retraicte sa banniere Il en fust moult Joyeux car Il veoit bien que ses gens auoient du pire si fist sonner la retraicte et passa balanconet fist tant quil vint a son ost. Et quant Il fust descendu a pie Il dist a ses gens par ma foy mal nous va car regnault nous a Jecte du champ. Sire se dist rolãt ne vous grementes riens car pour vous nest demoure que nayons este deshonnorez. Grant folie fistes quant alastes Jouster a regnault car silvous eust mis a mort ou prins sa guerre eust este finee qui si fouguement a dure dont me desplaist. Or a tant laisse le compte a parler du roy charlemaigne et de rolant son nepueu et de ses gens et retorne a parler de regnault et de ses freres et de maugis leur cousin et de leurs gens.

Omment apres ce que regnault et ses freres et maugis en
rēt descōfis charlemaigne au reuenir & secourir richart q̄ son
estoit ale padre a mōt faucō & rechiefz Ilz vindrēt abbatre son
pauillon et emporterent laigle dor q̄ estoit au dessus. Dont le roy fut
moult dolent tant quil voulsist tandre sa couronne a ses barōs di
sant quil ne se vouloit plus estre roy. Car Ilz luy auoient failly et habā
donne pour ses quatre filz aymon. Et leur dist quilz en couronnassēt
Regnault si seroit leur roy. Car Ilz laimēt beaucop plus que luy
Lors oliuier dist au roy quel reprist sa couronne et quil luy rendroit
maugis qui lauoit prins ainsi quil pilloit le pauillon. Car Il se mou
ra tout seul Quant charlemaigne ouyst ce Il reprint sa corōne et fut
moult Joyeulx de la prise de maugis qui l haioit tant

E dist le conte que quant regnault le filz aymon vist que le
roy charlemaigne sestoit mis a retour vers son host Il fist cheuau
cher sa banniere deuant soy et ratia ses gens. Et quāt Il eut mon
te le puis de mont faucon Il appella ses gens et leur dist. Mes amis
mectes vous en ordonnance. Et vous mectes a la voye vers mont au
ban. Et moy et mes freres et maugis Irons derriere car Jay doub
tance Que les francois qui sont si courroucez pour ce que nous les
auons desconfiz ne nous suiuent pour nous dommager. Se Il nous
suiuent nous souffrirons mieulx la paine que noz gens. Je ne vou
droie pour riens que. Rolant ne. Oliuier se moccassēt de nous ne que
Ilz nous trouuassent de sordonneemēt. Par ma foy se dist alart fre
re vous parles saigement. Et lors leurs gens se mirent en ordōna
ce et eulx demeurerent derrier. Et atendirent que leurs gens eurent
passe Balancon. Et quāt la plus part eut passe. Regnault prist trois
Mille hommes des milleurs de ses gens. Et dist es aultres ales v
en a mont auban. Car Je veulx aler assaillir le roy charlemaigne
en son pauillon quoy quil men doie aduenir. Et si luy monstreray a
luy et a ses gens que Je scay faire. Et que Je suis homme pour laisser
chercher non pas luy moy.   .A.i.

Uāt regnault eut ce dit Jl vint au gue de balancon et le passa
oustre. Et tant cheuaucha luy et ses gens quil vint en lost de
charlemaigne et le trouuerēt moult courrouce et dolāt de
ce quil auoit perdu le champ. Quāt Regnault vit le pauillon du roy
charlemaigne Jl dist a ses gens et a ses freres. Je vous prie que vo9
gouuernez saigement. Sire se dist Richart. Qui veult en pris mō
ter Jl ne doit regarder de si pres: mais se doit mectre a lauenture pour
conquester honneur et pris. Quant richart eut ce dit Jl mist la mai
a son espee et picque son cheual des esperons et sen vait au pauillon
de charlemaigne et trancha les cordes et fist le pauillon tomber a ter
re a tout laigle qui estoit dessus dor fin massis qui estoit de grāt val
leur. Quant Regnault vit ce Jl appella maugis et luy dist. Cousin
venez auant. Aydez moy a emmener se gaing. Sire ce dist maugis
volentiers. Et lors descendirēt a pie et prirent laigle dor et dist a ses
gens. Messeigneurs or ferez bien sans point vous faindre. Car qui
Jeu commence Jeu doit souffrir. Qui adonc vist les gens de charle
maigne se armer et sortir hors de leurs tentes. Et courir sur les filz
aymon cestoit pitie a regarder du grant cry et abatemens de gens q̄
son faisoit. Quant maugis eut remise laigle dor en mains seures
Jl retourne vers le pauillon du roy charlemaigne. Et le trouua et
luy dist. Par mon chief sire en. pereur moult no9 aues greuez lōgue
ment. Mais a ceste heure vous acheteres chier la venue de gascon-
gne. Et la mort de mon feu pere le duc benes daigremont. Car Je
vous donray tel coup que Jamais ne feres guerre ne a nous ne a aul
truy. Et lors Jecta sa lance pour frapper le roy charlemaigne par
my la poictrine. Mais charlemaigne natendit mye le coup mais se
tourna de lautre part et la lance entra dedens le lit du roy bien deux
piedz. Et quant charlemaigne vit ce Jl eust moult grant peur. Si
commenca a crier montioye saint denis. Et puis dist. Ha beau nep
ueu rolant ou estes vous. Quant maugis ouyt clamer rolant Jl re
garde entour luy et ne vit point regnault ne ses freres. Car Jlz ce-
stoient Ja mis a retour.

Icy est demoure maugis en lost de charlemaigne. Car regnault auoit ia passe basancon. Rolant et Oliuier estoient venus au cry du roy Charlemaigne moult effroyes. Mais quant maugis les vit Il ne fist longue demeure mais donna des esperōs a son cheual et sen ala apres regnault tant quil peut. Et quāt Il eut passe basancon Il ēcōtra vne grāt cōpaignie de gens q̄ venoiēt a luy & charlemaigne. Et maugis en frappa vng parmy lescu si durement que hōme et cheual jecta par terre. Et puis frappa le filz milson de puisle tellement quil luy faulsa lescu et labbatit a terre nature a mort. Et puis cria mont aubayn et puis dist. Ha beau cousin. Regnault ou estes vous secoures moy pour dieu. Car si vous me p̄des vous y aurez dōmaige a celle heure maugis se pensa bien que regnault sen estoit ale. Ce pendant veez venir oliuier par my la presse et sen vient contre. Maugis et le frappa si durement que pour escu ne pour haubert ne demoura quil ne luy fist playe grāde emmy la poictrine et se mist par terre.

Quant maugis se sentit ainsi blescie et abbatu Il en fust moult Irez si se lieue en piedz moult vistement et mist la main a son espee la nuyt estoit moult obscure sique lung ne pouuoit veoir laultre. Et quant Oliuier vist que Maugis se deffendoit ainsi bien. Et puis luy dist Je ne scay que tu es cheuallier mais si tu ne te rans a moy Je te trancheray la teste sans nul doubte. Comment as tu nom se dist maugis: car si tu es homme de bien Je me rendray a toy aultremēt non. Cheualier Jay nom Oliuier de vienne. Quāt maugis loist Il se cōgneut bien et luy dist. Ha gentil cheuallier oliuier Je me rēs a v̄ᵒ sus v̄ostre loyaulte et telle cōdicion q̄ ne me rendres a charlemaigne. Car si v̄ᵒ my rādes Je suis mort. Et me fera villainement mourir comment vng latron. Par ma foy dist Oliuier ce ne feray Je mye: car Je ne vous oseroye celler a charlemaigne Mais rādes v̄ᵒ et Je v̄ᵒ prometz q̄ Je vous ayderay a mon pouuoir de faire vostre appointement vers charlemaigne. Sire dist maugis

.A.ii.

Et Je me rens a vous sus vostre loyaulte et bailla son espee a oliuier Et Oliuier la prist et puis le fist monter sus vng petit cheual et lem mena au pauillon de charlemaigne la ou Ilz ne le trouuerent mye a cause quil estoit tout desbaratre commet ouy auez. Quant. Oliuier vist ce quil ne trouua pas charlemaigne Il eut grant doubtance que maugis ne luy eschappast par son enchantement. Si luy dist. Maugis. Vous scauez que Je vous ay pris pour armes et que vous estes mon prisonnier. Je veulx que vous me affiez foy aultrement que vous ne Istres hors de seans sans mon congie. Sire dist maugis volentiers. Et lors luy affia ce que. Oliuier vlust. Et quant. Oliuier eut le serement de maugis Il le fist desarmer et bander la playe quil auoit. Et le fist affubler dung mantel et puis le fist coucher dedens vng lict.

E laisserons vng peu a parler de. Charlemaigne et de oli uier et de. Maugis qui estoit prisonnier de oliuier. Et dirons de. Reg nault et de ses freres que Ilz firent quant lost de. Charlemaigne fust esmeu. Et comment Ilz auoient gaigne laigle dor qui estoit de si grant value. Et comment. Regnault dist a ses freres. Seigne urs or pensons de exploicter. Car le demourer Icy nous pourroit bie tourner a dommaige. Et lors fist retraire ses ges et les fist mectre a la voye. Et ainsi comment Ilz sen aloiet. Richart dist a. Regnault Sire bon eschac auons gaigne la dieu mercy. Car charlemaigne en sera mains Jours courrouce. Certes se dist. Regnault beau frere vous dictes voir. Car nous en auos occis belle compaignie. He dieu se dist a part ou est ce maugis q Je ne voy mye frere se dist. Richart nayes Ja doubtance de maugis. Car Je croy quil sen soit ale a mont auban. Certes se dist. Regnault dieu le conduye en quelle part quil soit. Car moult est saige et noble cheuallier Je ne vouldroye p' tout lor du monde que mon cousi maugis eut mal ne fust pris. Mais or lais serons vng peu a parler de. Regnault et de ses freres q sen vont a mont auban liez et Joyeulx. Et parlerons de. Charlemaigne qui est si Irez comment deuant ay dist.

Vant. Charlemaigne fust desarme Il se pasma du grāt duueil quil auoit de ce quil auoit este ainsi destrousse. Et quant Il fust reuenu de pasmoison Il demanda le duc naymes larceuesque. Turpin et. Escouf le filz oedon. Salemon de bretaigne. Richart de normādie le conte. Guiinart et. Ogier le danois. Et tous les grans barons de france. Et quant Ilz furent tous assemblez le roy commence a dire ses complaictes par ceste maniere Et dist. Seigneurs Je vous ay maintenuz soubz moy passe a cinquante ans. Que nul homme viuant ne vous a riens oste du vostre Et si nauez voisin qui vous osast riens demāder. Or mest Il aduis que pour ce que Je suis vieulx Je ne suis plus que vng demy homme et non mye si boy comment Je vouldroie estre. Or ne puis estre roy sans vous. Et quant vous me failles Je ne suis mye roy. Vous saues que vous mauez laisse pour lamour de. Regnault. dont Je suis moult dolāt et dois biē estre par raisō. Car. Regnault ma peau pieseue et ma dechasse hors du champ. Certes Jen suis pis que enraige de ce que mauez le dos tourne pour. Regnault. Et puis quil est ainsi Je ne quiers plus viure ne estre roy. Or vous tans la coronne et la donnez a. Regnault quant vous plaira et si le faictes roy de frāce. Car Je ne veulx plus estre vostre roy

Vāt les douze pers de france et les aultres barons ouyrēt charlemaigne si doloreusement parler Ilz furent si esbahiz quil ny eut vng si hardy qui osast sonner vng tout seul mot. Et lung commenca a regarder laustre par moult grant honte. Et quāt le duc. Naymes de bauiere entent la parolle de. Charlemaigne Il se mist auant et dist. Sire empereur Ja dieu ne plaise que facez ce que vous dictes. Car ce seroit grant honte a nous et a vous. Mais Je scay bien de vir que nous auons enuers vous mespris de ce que nous auons. Regnault suppourte. Mais vous deuez regarder que ce que nous auons fait ne vient mye de mauuaistie mais de bounne part Car nous cuydions faire la paix de la guerre qui a si longuement

.A.iii.

dure dont mains preudommes en sont mors. Mais puis que nous voions quil ne vous plait faire paix es filz aymon. Reprenez vostre courone. Et ne soyez mye si Irez contre nous. Et nous vous prmet tons tous loyaulment vous seruir. Et que nous prandrons mont aubant auant vng moys passe. Ou nous y mourrons tous Et dresenauant qui vouldra espargner les filz aymon se ront occis par nous.

Ors dist le roy. Charlemaigne Laissez toutce cy en paix Je vous dis tout certainement que Jamais ne seray vostre roy se vous ne me rendes. Regnault ou maugis le mauuais larron qui ma tant de fois gabbe. Et quant. Charlemaigne eut ce dit Il sen entra en son trefz moult Irez. Et adonc veez venir oliuier qui fust moult esbahy de ce q le roy faisoit si malle chiere. Et puis dist au roy. Si re de quoy estes vous si corrouce. Par ma foy se dist le duc. Naymes Il nous a tous diffamez. Car Il a relicqui sa courone et son royaul me. Sire dist. Oliuier ne le faictes point sil vous plait. Mais re prenez vostre courone et soyez seigneur et qui ne fera vostre coman dement. Chasties le en telle maniere que lon y preigne exemple. O li uier dist. Charlemaigne pour neant en parles. Car Je nen feray riens si Je nay. Regnault ou maugis mors ou vifz. Sire se dist. Oliuier or nous pardones vostre maltalēt. Et Je vous randray maugis tout maintenant

Amps. Oliuier dist charlemaigne Je ne suis mye enfāt de quoy vō se doiue gabber. Car Je scay bien que maugis ne vous doubte riens. Sire dist. Oliuier si vous me promectes que repren dres vostre courone. Et que nous maintiendres adroit Je se vous amā ray tout a present. Par ma foy se dist. Charlemaigne se ainsi est Je feray ce que vous vouldres si vous me randes maugis a faire ma vo lente. Car Je le hay plus que nul homme qui soit ou mōde. Et si vous dontay de ma terre assez tant que vous autres cause de vous conten ter de moy. Car si maugis ne fust les quatre filz aymō ne pourro ient durer contre moy. Car si Je les tenoye en prisō et Je seusse Iure

si les me ēbleroit Il tout a sa volente. Sire se dist. Oliuier Je le cō-
amentay sans nul doubte. Et lors. Oliuier sen vient a son pauillon
et. Rolāt aueques luy et moult daultres cheualiers pour veoir mau
gis. Oliuier dist a maugis. Maugis Il vous conuient venir vers
Charlemaigne. Oliuier dist maugis vous mauez trahy mais Je
scay bien que. Charlemaigne sera plus courtois que vous car Il ne
me fera Ja mal. Et alors de par dieu quāt vous plaira. Et lors. Oli-
uier maine maugis a. Charlemaigne. Et quāt Il fust dedens le pa
uillon Il sen ala droit au roy et luy dist. Sire vous mauez affie
que si Je vous rendoie maugis que vous reprendries vostre cou-
ronne et que vous nous maintiendries adroit et par raison comment
aues fait le temps passe. Certes dist. Charlemaigne Il est verite et
se vous me tenez ce que promis maues Je vous tiendray ce que vous
ay affie. Or tenez sire vecy maugis que Je vous rēs a en faire vre
volēte le quel Jay pris par force darmes.

Quant le roy charlemaigne vist maugis Il fust si Joyeux
que nul ne se pouuoit plus estre. Et puis dist par ma foy
or ay Je vne partie de mes desirs. O faulx larrō maugis or te tiens
Je or te sera mercye sorgueil que tu mas fait quāt tu emportas lai-
gle dor. Et aussi tous les bons tours et larcins que tu mas fait en
ta vie. Car maintes fois tu mas courrouce dont tu en seras paye a ta
desserte. Sire se dist maugis vous feres de moy vostre plaisir car
Je suis en voz mains. Mais Je vous loue en droit conseil que vous
me deliures. Et que vous faces paix a regnault et a ses freres car
vous ne gaigneres riens en ma mort. Et mes cousins sont tieulx
que bien la vengeront par force darmes. Et si vous faictes ce que
Je vous dis vous aures aueques vous la fleur de toute cheualerie
du monde. Ha larron dist. Charlemaigne comment grant paour
auez. Certes ce que tu dis ne te vauldra riens. Sire se dist mau-
gis Je ne suis mye larron. Or ne puis aultre chose faire puis que Je
suis entre voz mains. Et quant vous maures mis a mort vous ne

.A.iiii.

ne pourres plus riens faire. Et si seres courroucé de moy auant qͥl soit .xxiiii. heures. Tibault dist charlemaigne ne parles si rudemēt et vous ferez que saige. Car si Ie puis tu auras malle nuyt auant q̄ tu meschappes. Ne tes gloutons cousins ne te sauroient garentir de mes mains que tu ne preignes mort en despit de tous tes enchantemens que tu sces faire. Or laisserons vng peu a parler de Charlemaigne et de mangis. Et parleros du bon cheuallier. Regnault de Alart. Guichart et du petit Richart ses freres

¶ Vant. Regnault se fut parti de lost de Charlemaigne Il cheuaucha tant quil vint a mont auban luy et ses gēs Et quant la dame sceut que son seigneur venoit elle luy vint au deuant et luy dist. Sire bien soies venu aues vous deliure. Richart ouy seurement se dist. Regnault la dieu mercy. Et dieu en soit loué se dist la dame. Et puis sen vint a Richart et le accolla moult tēdrement plus de dix fois. Et la fust menee vne feste moult amiable. Puis apres que lon eut mene grant feste. Regnault commēce a demander son cousin. La dame respond nanny mon seigneur par ma foy. Et quant regnault ouyst ce Il en fust moult effroié. Si se retorne vers ses freres et leur dist. Mes freres Ie vous prie que lon saiche Incontinent se nr̄e cousin. Maugis est point arriué et le queres en son logis. Car a lauenture sest Il ale desarmer. Et Incontinent. Guichart et richart le alerent chercher en son logis et le demanderēt a ceulx de ses gēs lesquelz leur dirent quilz ne le auoiēt point veu depuis quil estoit ale auecques eulx. Et quant Ilz ouyrent ce Ilz en furent moult dolans et sen retournerent devers leur frere regnault et luy dirent comment Ilz ne sauoient point trouue. Quant regnault entent quilz ne sauoient point trouue Il commenca a faire plus grant dueil que se tous ses freres fussent mors. Et a lors qui vist demener le dueil a Alart. a Guichart et au petit richart cestoit pitie a veoir. Car Ilz arrachoient leurs cheueulx de leurs testes et se graffinoient leurs visaiges moult asprement Quant la bonne dame vist le grant dueil que regnault son mary et ses freres faisoient elle cheust pasmee a terre Je vous prometz q̃ eut veu ce dueil Il nest si dur cueur q̃ se fust sceu tenir de plourer

Pres que Regnault eut mene grant dueil Il se reffreignist vng peu et puis dist a mon cousin maugis bien vous estes emble de nous. Et que ferons nous desormais puis que nous vous auons perdu. Quant Ilz eurent demene leur dueil vne grant piece regnault dist a ses gẽs. Messeigneurs Je vous prie que nous laissons nostre dueil ester car de mener grant dueil pour vng affaire ce nest pas le souuerain remede que lon y puisse trouuer Je vous prie que vous vueilles reconforter: car Je me veulx mectre a la voie pour aler au bois de la serpente pour parler a labbe de saint sidoine se Il en scet nouuelles: car le cueur me dist que auant .xxiiii. heures Jen sauray nouuelles seures. et a dieu mes freres Jusques au retour.

Ous parles bien et saigement dist alart mais nous Irõs auecques vous pour vous garder certes se dist regnault vous ny metres Ja le pie et lors Regnault si sen va en sa chambre et se fist armer et monta sur baiart son bon cheual et sen Issit de mont aubã son escu au col et la lance ou poing et sen vint a balançon et passa le gue et quant Il eut passe oultre Il trouua deux pages q̃ venoient de abreuuer lescheuaulx de lost de charlemaigne quant les paiges virent regnault q̃ estoit si grant et tout seul Ilz luy dirent vassal q̃ estes vous qui estes tout seul et vous semble estre si homme de bien enfans se dist regnault Je suis des gens de ripus qui suis eschappe quant les filz aymon lõt pandu a mõt faucon et puis leur dist et que fait le vaillant roy charlemaigne est Il encores prest pour souppeer. Sire dirent les paiges charlemaigne fait moult grant chiere et a oublie tout le dueil qui auoit de vre maistre ripus car lõ luy a dit re maugis que tant haissoit or me dictes se dist regnault maugis est Il mort sire dirent les paiges Il est encores en vie

Dvant. Regnault entendit que maugis estoit en vie Il tressault tout de Joye. Et puis dist mes beaulx enfans benoitz soies vous puis que maugis nest mye mort. Or nay Je doubtance quil puisse huy mais mourir Tout ainsi que Regnault parloit les pages sen vont et regnault demoura tout seul pensant sur le gue. Et quant Il eut asses pense Il dist a soy mesmes beau sire dieu que feray Je or ne scay Je que Je doy faire enpenser. Car se Je vois assaillir charlemaigne a son souper la nuyt est obscure et cuydera que Jaye grans gens auecques moy et aura paour que Il ne perde maugis et se occira. Mais puis que a tant est Je actedray demain matin. Et se Il senmaine mourir Je le deffendray de ma puissance ou Je mourray auecques luy. Atant laisse le conte a parler de regnault q est sur le gue de balancon tout seul sus bayart et retorne a parler de charlemaigne roy et empereur de france

Comment le roy. Charlemaigne voulust faire pendre maugis Incontinent que oliuier de vienne le luy eut baille. Mais par le moyen des douze pers de france qui a la requeste de maugis le plegerent pour vne nuyt tant seulement. Il fist tant quil eschappa a lonneur et quitance de ses pleges et de luy. Et empourta a mont auban la couronne et lespee du roy charlemaigne celle mesme nuyt. Et aussi celles des douze pers de france dont le roy si en fust moult dolent. Et pour ce manda le roy a regnault qil luy renuoiast sa couronne et son espee et tout ce q maugis nauoit empourte. Et Il luy donroit treues de vy ans. A la quelle chose. Regnault se acorda dont luy en vint apres plusieurs grans maulx.

En ceste partie dist le conte que quant. Charlemaigne se vist saisy de maugis Il appella. Rolant et oliuier et. Ogier le dannois et larceuesque. Turpin. Richart de normandie Jesson de baineres et le duc naymes et leur dist messeigneurs Je vous prie que vous me faces faire vnes grans fourches. Car Je suis delibere que auant souper maugis le larro sera pendu et estrangle. Car si tout le mode lauoit Iure si ne le garderoie Ie mye Iusqs au Jo². Sire dist le duc naymes puis ql vo⁹ plait q maugis meure vo⁹ le feres aultrement mourir si vous me voles croire. Et comment dist. Charlemaigne Sire Ie vous conseille que vous ne pandes point maugis de nuyt Car regnault et ses freres se mocqroient de vous. Et diront que vous ne sosastes faire mourir de Jour pour doubtance deulx. Et po² ce sire actedes ql soit Jour pour le faire pandre. Et quant sera seute que vous le vouldres faire enuoyez y tât de gens que se. Regnault et ses freres y viennent pour le secourir quilz soient pris et que lon les pande tous ensemble. Naymes se dist le roy vous vous gabbes de moy car si le larrō meschappe Ie suis diffame. Sire se dist maugis si vous aues peur que Ie ne men aille Ie vous dontray plege que Ie ne men Iray point sans prendre congie de vous.

Qi te plegera dist charlemaigne a maugis a Il nul homme au môde si hardi q losast faire ne entreprédre. Sire se dist maugis Ien trouueray asses se Il vous plait. Or Il parra dist charlemaigne cōmēt vous les trouuerez. Et lors maugis regarda entour soy et vist les douze pers. Si appella. Oliuier et luy dist. Sire oliuier vous me promictes quant Ie me rédis a vous que vous me aideries enuers charlemaigne. Or vous reqers que vous me pleges se Il vous plait. Volentiers dist. Oliuier Ie vous plege sur ma vie et sur ma terre. Et vous sire. Rolant dist maugis me plegerez po² dieu. Et vous duc. Naymes et vous. Ogier et vous escouf. Et vous arceuesque. Turpin. Et vous damps. Richart de normandie. Et vous. Iefroy de bauiere Ie vous prie a tous que vous me pleges po² amo² du bon cheualier. Regnault maugis dist le duc. Naymes nous promectes vous sur vrē foy de nō poit vo⁹ naller sans nrē conge oy dist maugis sur ma foy. Et lors sen vint le duc naymes auecques ses aultres pers de frāce deuāt le roy charlemaigne et luy dist. sire nous plegons maugis sur nrē foy sur noz vies et sus nostres terres que nous tenons de vous ne daultres que il ne sen Ira poit sans vostre congie et sans vo° dire a dieu et a toute la compaignie. Et que nous le vo° rendrons de main au matin

Esseigneurs dit le roy puis q̃ se pleges Je le remez en vr̃e garde par telle cõdiciõ que seje ne lay demain au matin au point du Jour que vous perdres toutes vo͛z terres ne que Jamais en dulce frãce ne pourres tourner. Sire dist. Oliuier nous le oultroions ainsi que dist auez. Seigneurs dist le duc naymes puis que cecy est fait alons reconforter maugis et le resiouir car Il est bien cortouce seigneurs se dist maugis puis que vo° me auez fait vng bien faictes men ẽny. Je vo° supplie faictes moy donner a mẽger. car Je meurs de malle fain. Quant. Charlemaigne entent parler. Maugis Il le regarda et luy dist en riant. Et mangeras tu dist. Charlemaigne Ouy se dist. Maugis seulemement que Jaye de quoy. Or ouyes dist Charlemaigne que cest de ce diable cy qui demande a menger qui si petit de terme doit viure. Car se Jestoie ou point ou Il est Je ne pourroie auoir couraige de mẽger. Sire se dist le duc naymes vo° dictes mal car q̃ a bien menge Il en est plus aise dont Je vous prie que luy facez donner a menger. Et lors le roy laua ses mains pour souper et dist ou sera maugis pour menger. Sire se dist rolant Il sera bien de coste vous: nepueu se dist le roy vo° dictes bie͂ et aussi Je lauoie en pensee. Car Je ne mẽ fieroie a hõme q̃ a moy Et lors le roy sassist a table et fist asseoir maugis au p̃s de luy. Et si le seruoit a table car tout le lõg du souper Il nosa boire ne menger po² doubtãce que maugis ne senchantast. Mais maugis mengea bie͂ car Il ẽ auoit mestier.

Uant. Oliuier vit ce Il cõmenca a rire et bouta rolant et luy dist auez vous veu comment le roy si na onques ose mẽger po² doubtãce que maugis ne senchantast. Seurement dist. Rolãt Il est verite. Apres souper charlemaigne appella son seneschal et luy dist faictes moy appourter trẽte torches et q̃ elles soiẽt ardãs toute la nuyt. Sire Je feray vostre cõmãdemẽt. Quãt charlemaig

gne eut ce ordonne Il se retorne devers. Rolant et luy dist. Beau nep
ueu Je vous prie. Que vous et oliuier et tous les douze pers de fran
ce que vous vueillez veiller anuyt auecques moy pour garder ce lar
ron maugis. Et si faictes armer. Cent hommes qui veillerōt auec
ques nous. Et si faictes Jouer aux tables et aux eschecz. Et aussi
a tous Jeux a celle fin que lon ne se puisse endormir. Et si faictes
faire le guet amille des meilleurs cheualliers. A celle fin q si mau
gis nous eschappoit ceulx la le retiendroient. Quant Charlemai
gne eut ce ordonne Il se assist dessus son lict et fist asseoir maugis
de coste luy et daultre part. Rolāt. et Oliuier et Ogier le dannois
Et tous les aultres douze pers. Sire se dist maugis ou doy Je res-
puser. Comment dist charlemaigne volez vous dormir. Oy sire se
dist maugis volētiers se Il vous plait. Par ma foy se dist le roy vo⁹
aurez mauuais respous. Car vous ne dormirez de vostre vie. Car
vous serez demain pendu au poing du Jour. Sire dist maugis vous
aues tort pour quoy vous ay Je donne mes plaiges si nō pour ce peu
que Jay a viure que Jaye mes volentes. Ou me laissez reposer et dor
mir ou aqctes mes ostaigez. Certes larrō dist Charlemaigne tout
ce ne vous vauldra riens. Car Je veulx bien que voz pleges soient
quictes. Mais pour tant nestes vous pas hors de mes mains. Et
lors fit apporter vngs gros fers et les luy fist mectre es piedz. Et
vne longue chaine par entour les raings estache a vng pillier. Et
puis luy fist mectre vng collier de fer au col dont luy mesmes retint
la clef. Et quant Il fust ainsi actourne charlemaigne luy dist par
ma foy maugis vous ne me eschaperes mye maintenāt. Sire se dist
maugis v⁹ v⁹ mocques bien de moy. Mais Je vous dis deuāt les
douze pers de france que Je verray mont auban auant quil
soit demain prime

Dant. Charlemaigne ouyst ce que maugis dist luy auoit
Il cuyda enraiger tout vifz. Si se dressa et mist la main
a son espee et sen vient a maugis toutIre pour luy trancher la teste
Quāt rolāt vit Il se aduāce et dist au roy. Sire po² dieu mercy car

se vous le occiez nous en serons tous diffames a tousiours mais sire vous ne deuez prendre piedz a ce quil vous dist. Car ce quil dist Il se dist comme vng homme desepere. Et comment se pourroit Il faire quil vous eschappast ainsi comme vous le tenez. Seuremēt mon nepueu Je ne scay commēt mais ce quil ma tant de fois mocque me fait doubter de luy. Mais puis que a tant vient Je le leiray en paix Jusques a demain quil sera pandu. Sire dist rolant vous dictes bien et lors tous ceulx qui Illecques estoient commēcerent a Jouer aux tables et a plusieurs aultres Jeux. Et quant Ilz eurent beaucop Joue Ilz commencerent tous a auoir soing. Et quant maugis vit quil auoit si grant fain de dormir Il comēca a faire son charme. Et quāt Il eut fait chescun se commenca a endormir moult formēt. Et charlemaigne mesmez sendormist si fort quil cheut a reuers sur son lict Et quāt maugis vist que charlemaigne estoit si ēdormy et tous les douze pers de france Il commenca a faire vng aultre cherme q estoit de sig rant vertu que les fers quil auoit es piedz et le collier et chaines de fer tout tomba a terre. Et quant maugis vist ce Il sault en piedz et vist charlemaigne qui dormoit si bien la teste a trauers Il prant vng outcillier et luy dressa la teste. Et puis luy dessaint Joycuse son espee et la saignit sur ses rains. Et puis sen vint a. Rolāt et luy dessaignit durandal sa bonne espee a. Oliuier haulte clere. A Ogier le dannois courtine. Et puis sen vint aux coffres ou la couronne et le tresor de charlemaigne estoit et prāt tout et sen va a mōt auban. Et quant Il eut se pris Il prist dune herbe et en frota le nez et la bouche de charlemaigne et le dechaussa. et puis le bouta du doy et luy dist. Sire roy empereur leuez vous sus Je vous dis au soir que Je ne men Iroye sans vostre congie. Et quāt Il eut ce dist Il sen Issit du pauillon et se mist a la voie vers mōt auban. Quant le roy charlemaigne oyst ce que maugis luy auoit dist Il sault en piedz si Irez q mieulx ne le pouoit plus estre. Et sen vit a ses douze pers ql ne pouoit esueiller. Et quāt Il vist ce Il se aduisa dune herbe ql auoit autrefois apoutte doultre mer. Et en prist et ē frota le nez et la bouche et les yeulx a rolant. Et pareillement a tous les aultres pers de france. Et Incontinent Ilz furent esueillez et saillirent tous empiedz moult esbahiz. Et quant Ilz furent tous esueillez lung regarda lautre. Et le premier qui commenca a parler se fut le duc naymes qui dist au roy ou est maugis. Par ma foy dist charlemaigne vous le m[e] rendres car vous sen aues fait aler tout a essient. Car se vo[us] ne me eussiez laisse hier pendre Jen fusse aultrement deliure. Rolant se dist ogier sen vistes v[ou]s aler. Nenny par sait denis se dist Rolant. Je sen viz bien aler dist charlemaigne. Sire se dist. Rolant vous se nous deuiez dont dire car Il ne sen fust mye ainsi ale. Et en ce disãt Il regarda a son couste et ne vit point durandal son espee. Dont en Jecta vng grant souspir Et puis charlemaigne luy dist. Nepueu ou est vostre espee. Par mon chief Je congnois bien que le larron maugis nous a enchantez: car nul de nous na son espee. Or nous a Il bien tous mocquez a la rigueur.

Quant les douze pers virent quilz eurent tous perduz leurs bonnes espees Ilz en furent moult dolens plus que lon ne sauroit dire. Et puis dist. Rolant. Par ma foy maugis a fait vng grãt gaing quãt Il eporte ainsi noz espees: car elles vallet pl[us] q̃ paris Quant charlemaigne se apperceut q̃ ses coffres estoiẽt ouuers Il y ala veoir Incontinent et fut moult Ire et esbahy quãt Il ne troua point sa couronne ne le meilleur de son tresor dont en mena grãt dueil et puis dist. A larron maugis que Je nay gueres gaigne en ta prise. Et lors qui vist demener le dueil aux pers de france Il neust eu talent de rire. Or vous dirons vng peu de maugis qui sen aloit tant cõme Il pouoit aler le chemin de montaubany. Et sen vint p[our] passer le gue la ou estoit regnault moult triste et dolãt pour ce q̃l ne scauoit nouuelles de maugis. Quãt maugis eust passe le gue bayart le sentit. Si cõmeça a hynner moult fort et sen vit vers maugis souffist regnault ou non. Quãt maugis vit regnault Il le congnet bien et luy dist en riãt. Vassal q̃ estes v[ou]s q̃ alez a tielle heure. Et

Regnault luy dist vous scauez bien. Car Je suis vostre cousin. Regnault le filz aymon. Et lors descent de dessus bayart et vint a maugis et le baisa par moult grant amour par plusieurs fois et luy dist Beau cousin loue soit nostre seigneur de ce que Je vous vois deliure des mais de charlemaigne. Par ma foy se dist maugis vo⁹ me obliastes bien. Cousin se dist. Regnault par ma foy Je nen puis mais Car Je suis Jcy depuis vespre. Et si vous prometz que Jestoie delibere de vous secourir ou de mourir auecques vous. Mon cosin se dist maugis grant mercy or montes sur vostre cheual si nous nyrons a mont auban. Quant regnault fust remonte a cheual Il dist a maugis: Mon cousin quest ce que vo⁹ pourtes auecques vous. Cosin se dist maugis si est la courõne charlemaigne et Joyeuse son espee. Et durandal lespee de rolant et ceulx de tous les douze pers. Cousin se dist regnault vous aues bien exploicte la dieu mercy. Mais de lespee de ogier me desplaist. Cosin se dist maugis Je lay fait tout a esfiãt a celle fin que le roy ny pensast nul mal et quil ne leust accuse de trahison. Et lors luy cõpta tout le cas et la fasson que charlemaigne tenu luy auoit.

Cousin se dist regnault vous fistes pour le mieulx. Et puis quant Il eut ce dist Ilz se mirent a la voye vers mont aubã Et encontrerent en leur chemin. Alart. Guichart et le petit. Richart qui aloient demenant moult grant dueil pour doubtance de. Regnault. Quant regnault les vit venir Il leur dist: ou alez vous mes beaulx freres. Sire dirent Ilz nous vous alions querãt Vous mauez trouue se dist regnault. Et si ay trouue nostre cousin maugis. Quant Ilz oyrẽt ses parolles Ilz en furent moult Joyeulx Si en louerẽt nostre seigneur. Et puis alart dist a maugis. Beau cousin que deuinstes vous que vous ne vous enuinstes auecques nous. Alart se dist maugis quant richart fust entre dedens le pauillon de charlemaigne et Il eut prise laigle dor Je demouray au pauillon pour le occire et peu sen faillit que Je ne le occis. Et quant Je

men cuyday tourner apres vous Je trouuay vne grant rocte de che﹅
ualiers qui me arresterent. Et si me deffendis de tout mon pouuoir
Et alors vint oliuier de vienne qui me abbatit et me randis a luy
pour son prisonnier lequel me randit a. Charlemaigne qui me vo﹅
loit faire pandre moult villainement. Mais la dieu mercy Jay tāt
fait que Je suis eschappe. Cousin se dist. Alart bien vous en est ps
Quant Ilz eurent assez deuise Ilz sen vont a mont auban menant
grant feste. Quant Ilz furent arriuez Il ne fault demander se clere
la bonne dame fut bien Joyeuse. Car Incontinent elle fist apprester
grans viandes pour le souper. Et quant Ilz eurent souppe bien Jo
yeusement Ilz sen alerent tous coucher et respouser car Ilz en auo
ient bien mestier. Au lendemain au matin chescun estre leue Ilz sē
alerent a la messe en lesglise de mont auban. Quant Ilz eurent la
messe ouye. Regnault appella. Maugis son cousin et ses freres et
leur dist. Seigneurs mostres moy vostre buti que gua ignastes hyer
Sire dist. Richart tresuolentiers puis quil vous plait. Et lors prēt
laigle qui estoit dor et de pierres precieuses et la donna a Regnault
Et quāt regnault vist ce don si riche Il en fust moult Joyeux a cau
se de la grant valeur que celle aigle estoit. Regnault appella mau
gis et luy dist mon cousin que ferons nous de ceste aigle. Mon cou
sin se dist maugis Il me semble que lon le doit mectre sus le pomel de
la grant tour. A celle fi que. Charlemaigne et tout son host la puis
sent veoir. Par ma foy se dist regnault vous dictes bie. Et lors fi﹅
rent prendre laigle dor et la firent mectre sus la grant tour de mont
auban. Et quant le soleil luy soit encontre laigle elle gectoit si grāt
clarte que lon la pouuoit veoir de v lieux. Quant charlemaigne et
ses gens lapperceurent Ilz en furent moult Irez.

Vant. Charlemaigne vit que les quatre filz aymō se moc
quoyent de luy Il appella. Rolant et. Oliuier et tous les
aultres pers de france. Et leur dist. Seigneurs moult nous est mes
cheu depuis que somes en gascongne. Car Jay perdue ma courōne
.B.i.

et Joyeuse ma bonne espee et mon aigle dor qui estoit de si grant valseur comment tous bien sauez. Et vous tous aues pardues voz bonnes espees dont sommes bien diffames. Et si auons estez chassez du champ moult villainement. Or nous ont bien les quatre filz aymon alaide & ce larron maugis bien vituperes. pour quoy mes beaux seigneurs Je me plains a vous q̃ vous me aydes a moy venger deulx. Car Ilz m'ont fait honte cõmēt a moy.

Jrēt ses peres sire nous sommes tous prestz de faire ce q̃ vous vouldres Je veux se dist. Charlemaigne que vous. Ogier aussi le duc. Naymes larceuesque Turpin et Escouf le filz Oedon qui estes du parente de Regnault que vous alez a mont auban. Et si dites a. Regnault et a ses freres et a maugis quilz me rendent ma couronne Joyeuse mon espee et mõ aigle dor. Et les espees de tous vous. Et Je leur dontray tresues por deux annees. Et si en feray aler tout mon ost en france. Sire respond. Ogier volẽtiers feray vostre commandement mais Je me doubte moult de. Regnault quil ne nous retienne par prisonniers. Ha ogier dist. Charlemaigne que vous le doubtes bien peu. Quant les barons ouyrent le commandement du roy Ilz ne firent demeure: mais monterent a cheual et sen alerēt a mont auban. Quant Ilz furent deuant le pont leuis le portier q̃ estoit sur le portal q̃ faisoit le guet leur dist. Seigneurs qui estes vous qui estes deuant ce pont. Mon amy se dist. Ogier nous sommes des gens de charlemaigne. va dire a. Regnault que le duc naymes et larceuesque turpin et escouf le filz Oedon et. Ogier le dannois veulent pler a luy. messeigneurs dist le portier Je m'en y vois apertement. Et quant Il eut ce dist Il sen va vers. Regnault et luy dist Sire la dehors a quatre cheualiers qui veulent parler a vous que sont Ilz se dist. Regnault. Sire dist le portier Ilz m'ont dit que lung se appelle le duc naymes lautre larceuesque turpin lautre escouf le filz Oedon et lautre Ogier le dannois quant. Regnault ouist ce Il se dressa ẽ piedz et dist a ses freres. Messeigneurs vecy ve

cy venir de vaillans chevaliers et saiges Je vous supplie a tous q̃
nous nous vueillons demonstrer que nous ne sommes poit en sus
pour endormir a la musecte. Cousin se dist maugis vous parles bien
et saigement Il me semble se dist regnault que il seroit boy de sauoir
pour quoy Ilz sont venuz a ceste fin que nous leur puissons mieulx
respondre. Lors sen vindrent a la porte et firent baisser le pont le
uis. Et quant Il fust baisse. Richart sault le premier sur le pont et
leur vint alencontre et leur fist grant honneur et si les salua et
puis leur dist messeigneurs vous soyes les tresbien venuz. Ce cha
stel est a vostre comãdement. Car Je me tiens seur de mon frere reg
nault q̃ le vous puis bien offrir et doner. Cousi diret les messagiers
grãt mercy. Et lors. Regnault se auãca et les salua honorablemẽt
et puis prist. Ogier par la main et luy et les aultres trois mena ou
donion la ou Ilz furent receuz honnestement par dame clere la fẽ
me de regnault. Quãt regnault les eut receuz Il les fist asseoir sus
vng banc et puis leur dist Beaux seigneurs Je vous prie que
vo[us] vueillez dire ce p[ou]r quoy vous estes venuz car vo[us] ne ve
nez pas sans cause.

Ous sauez bien sire regnault dist ogier que tous ceulx qui
sont Jcy vous auons tousiours bien ayme. Et vous prometz que sil
eut este a nostre vouloir vous eussies eu bonne paix auecque le roy
charlemaigne. Mais par plusieurs fois Il nous a reprouche que
nous sommes tieulx q̃ vous. Regnault vous deuez sauoir que mau
gis vr̃e cousin nous a tous deshonnores. Car nous le auons tous
plege enuers le roy. Charlemaigne sus nostre foy et serement de le
luy redre a sa volente. Et se dist. Maugis Icy est venu sans nostre
conge oultre sa promesse. Et qui pis est Il a desrobe la couronne du
roy charlemaigne et son espee. Et aussi les espees de tous nous aul
tres douze pers. Pour quoy vous mãde charlemaigne par nous aul
tres que Jcy soyez que vous luy randes sa courõne laigle dor et tous
noz espees et Il vous dõrra treíues p[ou]r deux ans et si en fera retour
ner toute son armee en frãce. Apres que. Ogier eut ce dist maugis

.B.ii.

se leua en piedz et parla par licence &. Regnault et a ses freres et dist seigneurs vous soyes les tresbien venuz en ce chasteau de mont auban et a tresgrant Joye receup. Et sil vous plait de ceste matiere ne parleres plus a present si demourerez par ceste nuyt sceans auecques nous. Et demain lon vous fera responce de ce que dist auez regnault dist ogier auoiez vous ce q̃ maugis a dist. Ouy sans faille Puis quil vous plait se dist. Ogier nous demourerons pour amour de vous. Et lors quant maugis vit ce Il sen vient au seneschal de mont auban et luy deuisa les viandes de quoy lon deuoit festier les cheualiers de charlemaigne et luy dist que comment quil fust quilz fussent si ayses quil ny faillist riens. Et gardes que le grant anap soit mis deuant le duc naymes le quel Je conquis a rains. Seigneurs respond le seneschal ne doubtes que vous seres bien aise a mon pouoir. Et lors maugis sen retourna deuers les aultres dont Il estoit party. Et quant regnault le vit venir Il le appella et luy dist Mon cousin Je vous prie que vous entendes que nous soyons bien aises. Sire se dist Maugis Jay tout pourueu en cella et ordonne ce que se doit faire.

Quant Regnault ouyst ce Il en fust moult Joyeux. Et lors se mist a deuiser auec les gens de Charlemaigne moult honnestement de plusieurs choses. Et quãt Il vit que les viandes pouuoient bien estre prestes luy et ses freres prirent les quatre cheualiers et les menarent en la salle pour menger. Quant Ilz furet Illecques maugis leur fit lauer les mais a tous. Et puis prist le duc naymes et le fist asseoir et dame clere empres luy. Et puis fit asseoir larceuesque. Turpi et regnault. Puis. Ogier et alart aps Guichart et escouf le filz oedon et puis le petit. Richart. Quant Ilz furent tous assis les mes des viandes commencerent a venir sung apres laultre par bon ordre et de plusieurs manieres. A dire verite Ilz furent bien aises et bien seruiz honnorablement. Apres q̃lz eurent bien menge a leur aise le duc naymes appella. Regnault et luy dist mon beau parent Je vous prie que vous deliures de nous fai re bonne responce de ce que ouy auez. Seigneurs se dist regnault Je feray tant que le roy aura cause de soy contenter de moy. Car Je feray ce quil vouldra pour auoir paix a luy et son amytie. Et pour lamo^r de vous et de tous les aultres messeigneurs q̃ Jcy sont Et a celle heure regnault fist apourter lespee de charlemaigne et de ses dou ze pers et aussi la couronne et laigle dor. Et quant Ogier vist ce Jl commeça a rire et dist. Par ma foy. Regnault vous auyez Jcy vng beau guain si vous leussiez gardé. Quant Richart vit q̃ regnault son frere vouloit rendre laigle dor Jl commeça a dire par saint pol mon beau frere Jl nen sera riens que vous rendes ce que Jay gaigne bien et loyaulment par force darmes. Frere se dist regnault laisses moy faire Je vous en prie. Par ma foy se dist richart Je nen feray riens. Car charlemaigne luy mesmes me batist moy estant prisonnier en son pauillon moult vilainement. Seigneurs se dist le duc. Naymes laissons en paix cecy et prenons en gre ce q̃ regnault nous Baille: car Jl en fait assez par ma foy dist larceuesq̃ turpin si fait moy. Et lors Jlz prirent la couronne de Charlemaigne et toutes leurs espees. Et quant Jlz les eurent Ogier dist a Regnault. Mon cousin Je vous conseille que vous en venez auecques nous. Et Alart Guichart et Richart et Maugis demourerōt Jcy pour garder vostre chasteau. Sire se dist regnault Jay trop grāt doubte que le roy ne me fist occire moult oultrageusement. Venez hardiment dist le duc naymes car nous vous conduirons bien seurement car puis que vous serez auecques nous Jl ne vous conuient de riens doubter. Seigneurs se dist regnault Je feray vostre commandement a vostre asseurance.

Q̃uant Regnault se fut acorde de aler auecques le duc naymes et auecques larceuesque turpin et auecques Ogier le dannoiset. Escoufle filz oedon Jlz monterent tous sur leurs cheuaulx et regnault menta sus baiart et se fist bien armer et pareillement alart. Quant la duchesse vit que regnault son seigneu^r

.B.iii

vouloit aler auecques les gens de charlemaigne elle sey vient deuāt eulx. Quant elle y fut elle se agenoilla deuāt eulx et leur dist. Mes seigneurs Je vous remercie le bien et lonneur que vous aues fait a maugis. Or de rechief Je vous supplie quil vous plaise dauoir pour recommandé Regnault mon seigneur et mon mary le quel vous em menes auecques vous. Dame dist Ogier nayes doubtance que Re gnault aye nul mal car nous ne le souffririons mye pour tous noz membres couper. Et lors se mirent a la voye pour eulx en aler. Et Regnault prist v. cheualliers auecques luy pour luy faire compai gnie. Quant Ilz furent a la riuiere de balancon Ilz chercherent le gue et passerent oultre. Quant Ilz eurent tous passe Ogier commē ca a dire. Seigneurs vous scaues tous comment le roy a mauluais couraige et mauluais talant Jay grant doubtance de regnault que nous auons Jcy amene auecques nous. Je conseille que nous sai chons la voulente de Charlemaigne auāt q̄ Il voye regnault Ogier dist le duc Naymes vous parles bien et saigement. Nous Jrōs v9 et moy parler a Charlemaigne et regnault demourera Jcy Jusques a ce que soyons retournez. Seigneurs se dist Regnault Je feray ce que me conseilleres mais Je vous prie que me tenez ce que me aues promis si est le sauluement de mon corps et de mes mēbres. regnault dist le duc naymes auant mourrons que ayes mal. Et lors luy et Ogier prirent leur chemin duers lost de Charlemaigne Et Re gnault demoura tout seul auecques la renestrue turpin et escouf le filz oe don. Or oyes de pinabel vne espie qui estoit a Charlemaigne Saiches que ladicte espie estoit sur le gue de balancon en la compai gnie quant les dessus ditz parlerent de ce que ouy aues. Quant Il eut bien entendu toute la conclusion Il se embla de la compaignie et cheuaucha tant erramment comme Il peut et sen vint a Charlemai gne au quel Il dist par ceste maniere. Sire nouuelles vous apporte dōt v9 seres tresbiē Joyeulx. Mon amy se dist charlemaigne tu soyes le tresbien venu Je te prie q̄ tu me dyes ce q̄ te maine E saiches sire q̄ Jay laisse Regnault et Alart dessus le gue

& balancon auecques larceuesque turpin et Escouf le filz de don et le duc naymes et ogier sen viennent par deuers vous pour vous demander congé silz lamenront a asseurance. Est Il verite ce que tu dis dist Charlemaigne ouy sans faille dist pinabel. Par mō chief se dist le roy tu en auras de moy guerdon mais garde bien que a nul ne dies ses paroles sur ta vie car Je y mectray bien remede. Et lors regarda entour luy et vist Oliuier et luy dist: Oliuier Incontinēt et sans delay prenez deux cens cheualliers bien mōtes et bien armez et les menez sur le gue de balancon la ou vous trouueres regnault et alart et si les prenez cōmēt quil soit et puis Jcy les amenes et si ainsi le faictes demandes moy ce que vouldres.

Et lors dist oliuier sire biē feray vostre cōmādemēt. Et lors Il prent deux cens cheualliers commēt charlemaigne luy auoit ordōne et se mist a la voye deuers le gue de balancon. Or pance dieu par sa pitie du vaillāt cheuallier regnault. Et de alart sō tresbeau frere. Car Ilz sont en grant dangier de prandre mort. Ce pendant que oliuier sen estoit ale deuers le gue de balancon le duc naymes et ogier le dannois arriuerent deuant le pauillon du roy et entrerent dedens Incōtinent. Quant Ilz furent deuant le roy: Ogier salua charlemaigne moult honnorablement dont le roy charlemaigne ne luy rēdit point son salut et ne luy respondit ung seul mot. Quant ogier vit ce Il luy dist. Sire quel semblant nous monstres vous Je me merueille comment vous nous monstres si male chiere veu que nous venons de la ou Il vous auoit pleu de nous mander ce a este a mont aubā la ou auons parle a regnault le filz aymō le quel si est tout prest de faire ce que vous vouldres. Et si nous a rendu vostre couronne et pareillement noz espees. De vostre aigle vous laurez quant Il vous plaira. Ogier dist charlemaigne que auez vous fait de regnault car Je suis seur que vous laues amene auecques vous Sire se dist ogier Il est vray veritablement. Et si lauons amene sur nrē foy pour prēdre ostaige des trefues que vʹ luy auez donnees Par
.B.iiii.

saint denis dist charlemaigne Je nen feray riens. Car si Je le puis tenir vne fois tout soz du monde ne se garentiroit que Je ne le fasse de mort mourir. Sire se dist ogier quest ce q̃ vo⁹ dictes Je me merueille de ce que aues dist. Damps empereur dist le duc naymes vng si grãt roy cõmẽt vous estes ne deuroit auoir dictes telles parolles pour la moytie de son royaulme. Tres doulx sire pour dieu mercy ne donnez sur vous si grant blasme. Et si vous faictes ce que vous dictes Je vous prometz que moy Ogier Larceuesque turpin et escoufle filz oedon nous vous rendrons du mal le mal et si sauuerons Regnault a nostre pouoir tant que ne luy ferez nul mal puis que nous lauons amene sur nostre foy. Or y perra dist Charlemaigne comment vo⁹ luy pourres ayder. Sire se dist Ogier se vous nous faictes oultrage ne deshonneur Je vous prometz que nous vous rendrons lommaige et la foy que nous vous deuons. Et si ferons du pis queno⁹ pourrons a sencõtre de vous et de voftre royaulme. A present parserons vng peu de Oliuier qui sen estoit ale a bafancon pour prendre Regnault et son frere.

Et saiches que quant Oliuier de vienne fut arriue sur bafancon Il aduint ainsi que par fortune que ledit oliuier surprist Regnault de si pres se quel estoit a pie queIl ne peut auoir espace de remonter dessus bayart. Quant Regnault vit quil ne peut monter sur son cheual a cause que Oliuier lauoit si fort surpris Il en fut si Ire que a peu quil nenraiga tout vif. Et loɾs se tourne deuers larceuesque turpin et deuers Escoufle filz oedon et leur dist. Vassaulx vous maues faulcement trahy et ne seusse Jamais cui de dont aues fait mal et pechie. Sire dist larceuesque turpin Je vo⁹ Jure sur ma foy que de ce ne scauions nous riens. Et si vous promets que nous vous deffendrons Jusques a noz membres coupper Puis Regnault se tourna deuers Oliuier et luy dist. Oliuier or me pouues vous maintenant rendre la bonte que Je vous fis quant mõ cousin maugis vous abacit es pleins de vaulx de colleures vo⁹ saues que vne courtoisie requiert laultre. Car quãt vous fustes par

terre Je vous randis vostre cheual et vous ayday a remonter. Sire dist Oliuier Il est vray. Et si vous prometz que Je suis bien marry de vous auoir Icy trouue. Car Je ne sçay homme au monde que s'il vous faisoit nul mal que Il ne fust bien mal de moy. Ce pendant q̃ regnault et oliuier parloient ensemble Il va arriuer rolant q̃ estoit venu ap̃s oliuier p̃ luy ayder a p̃dre regnault. Et quāt Il fut p̃s Il commença a crier a par dieu regnault vous estes pris maintenāt estes actrappe. Quant Il eut ce dist la fust derrier luy ogier le dan-nois qui l'auoit suiuy a haste d'esperons qui luy dist par mon chief sire rolant a regnault ne feres nul mal. Car le duc naymes et moy l'auons amene sus nostre foy et serement a charlemaigne pour p̃-dre les ostaigez des trefuez que nous luy auons donnees de la part du roy charlemaigne cōmēt vo⁹ sauez quil nous auoit enchargez Et vous dis sire rolāt que si vous luy faictes oultraige que vous le nous ferez. Ogier se dist rolant maintenant vous luy seres mau-uais garent rolant se dist ogier Je vous Jure que si vous assailles regnault que nous aultres luy ayderons rolant dist oliuier Je vous prie que laissez ester regnault. Car Je vous promez que vne fois Il me fist vne grant courtoisie et plaisir que maintenant Je luy veulx rendre. Si me voles croire Je vo⁹ diray que nous ferōs. Nous men-rons regnault deuant charlemaigne. Et luy prierons quil le tracte honnestement et nous perforcons tous a luy faire son appoitement Seigneurs dist le duc naymes oliuier a parle honnestement Je con-seille que nous menons regnault a charlemaigne pour voir quil en vuldra faire. Se Il nous fait demonstrer traictres ce sera grant honte pour luy et p̃ nous. Et Jure dieu que si veusse faire nul oul-traige a regnault que nous ne le souffrirons mye. Et si luy ayderōs a se sauuer de tout n̄re pouuoir. Apres toutes ses parolles Ilz semirēt en la voye p̃ mener regnault a charlemaigne
Vant rolant et oliuier eurent amene regnault au paui-llon du roy charlemaigne saiches que le duc naymes l'arce-uesque Turpin Ogier le dannois. Et aussi escous le filz oe doy ne

abandonnerent oncques regnault dung pas. Mais quāt oliuier se volut presenter a charlemaigne. Ogier se auāca et dist au roy par ceste maniere. Sire roy empereur vous sauez comēt vous nous mandastes nous quatre qui sommes Jcy par deuant vous en messaige a mont aubā pour dire a regnault ce de quoy vous nous chargastes Et luy dismes de par vous que se Il vouloit rendre vostre courōne et les espees que maugis en auoit empourtees et laigle dor que vous luy dōnries trefues de cy a deux ans. Et que vous en feriez aler en france tout vostre ost. Saiches que regnault a fait tout ce de quoy nous le auons requis de vostre part. Et si lauons amene soubz vostre saufconduit et si le prismes sur nostre charge que Il nauroit Ja nul mal au plus que nous. Nonobstant vous laues fait prendre ce quelle chose nous neussions Jamais cuyde: veu que vecy vostre couronne et pareillement les espees. De laigle dor vous saures quant Il vous plaira. Et oultre nous luy promismes que quant vous luy feries nul mal que aussi se feriez vous a nous. Et vous prometz q̄ si vous luy faictes nul mal que vous en seres grandement blasme de tout le mōde. Mais si vous en vlez ouurer honnestement et comēt loyal seigneur pour garder que vous ne nous ne ayons blasme. En uoyez en regnault a mōt aubā auec ce quil nous a baille Et quāt Il sera dedēs si luy faictes alors au myeulx et au pie que pourres.

Ogier dist charlemaigne de ce vous parles pour neant et toꝰ voz consors aussi. Car Je nen feray riens mais en feray ma volente et scussies vous tous Jure. Et si ne feres mye de Regnault cōme du larron maugis. Quant Il eut ce dist Il se tourna devers Regnault et luy dist. Regnault regnault or vous tiens Je et pencez que vous nauez garde de moy trahir ne enchanter. Comment fist le larron maugis. Car Je vous feray aduir et tous les mēbres coupper Sire se dist regnault non feres mye si dieu plait. Ogier dist charlemaigne vlez vous contre moy deffendre mon mortel ennemy si te dist ogier Je ne veulx mye deffendre voz ennemis encontre vous

Mais Je vous promectz que Je deffendray ma leaute contre tous. Sire dist Regnault que vous plaist Il que Je face vous maues appelle traictre. Saiches que Je ne le fus Jamais non pas homme de mon lignaige. Et si ne say homme au monde que se Il disoit que Jay este traictre ne commis trahison enuers vous que Je ne combatisse corps a corps. Par ma foy ce dist Charlemaigne Je le vous prouueray a force darmes. Sire se dist regnault maintenant parles come roy. Et vecy mon gaige que Je baille que Je dis q̄ Je suis aussi loyal que Il est point homme au mōde et pareillemēt mon lignaige. Lors Charlemaigne luy dist regnault se tu me donnes pleiges saiches que Je leueray ton gaige aultremēt non. Sire dist regnault de pleiges trouueray assez. Lors se tourna et vit Ogier et luy dist dāps Ogier venez auant et vous pareillement duc Naymes aussi arceuesq̄ turpi et vous Escoufle filz oedon pleigez moy car b{p}{le} {u}ues faire. Vous scaues q̄ Je ne fis oncq̄s desloyaute. regnault dist le duc Naymes nous vous pleigerons volentiers.

Ors dist regnault. Sire vecy mes plaiges que Je vous baille dictes si vous en aues assez. Ouy dist Charlemaigne certes Je nē demande plus. Sire dist regnault qui fera la bataille contre moy. Par ma foy ce dist charlemaigne moy mesmes la feray. Sire dist rolant non feres se Il vous plaist car Je la feray p{o} vous. Sire dist regnault medez y cellui qui vous plaira. Quant Il eut dictes ses paroles bayart fut rendu a regnault lequel mōta dessus et sen va deuers mōtauban et sen ala auecques luy Ogier le dannoys le duc Naymes et escoufle filz oedon ensemble Alart qui auoit este pris cōme regnault. Quāt Ilz furēt pres de mōtaubā Guichart richart et maugis les virēt venir et se{2} vindrēt au deuāt. Quāt richart le vit Il luy demāda cōmēt Il leur estoit ale. Par ma foy dist regnault n{9} fusmes les tresmal venuz car le roy sceut que nous estions a balancon la ou ogier nous auoit laisse et nous enuoya prendre par oliui er de vienne et rolant. Et fusmes surpris de si pres que nous ne peufmes oncques monter sur noz cheuaulx. Et fufmes menez a Charlemaigne. Et vous prometz quil est vng cruel homme rampły de maltalent saiches que regnault copta a ses freres et a maugis tout le fait comment dessus ouy aues sans faillir de riens.

Celle nuyt Regnault et toute sa compaignie firent grant chiere a mont auban et furent bien festiez les gens de charlemaigne a mont auban par dame clere la femme de regnault moult honorablement. Quant Ilz se furent bien festiez chescun se ala resposer par celle nuyt. Et quant ce vient au point du Jour que chescun fut leue regnault et sa compaignie aleret ouyr la messe en la chappelle saint nycolas. Et offrit regnault quatre marcz dor. Quant la messe fut chantee regnault et tous ses barons demanderent leurs armes pour eulx armer. Quant Ilz furent bien armes regnault prist conge de sa femme & uant toute sa compaignie puis appella ses freres et maugis et leur dist messeigneurs Je laisse ce chastel en vostre proteccion et sauuegarde et vous recommande ma femme et mes enfans. Car a present men vois combatre au meilleur cheualier du monde. Or ne scay que auiendra de moy pour quoy vous prie q vueillez bien garder ce chasteau cy. Car Je vous prometz que si Je meurs que il vous fera bien mestier. Veez. Ogier qui sen viendra auecques moy et se tue. Naymes aussi car Ilz sont mes pleges vers charlemaigne. Par ma foy se dist alart pour neant parlez. Car nous Irons auecques vous et vous acompaignerons. Et si verrons la bataille et comment vous seres soustenu en vostre droit. Et si vous auez nul besoing de aide vous nous trouuerez par secours. Par saint pol se dist. Ogier le dannois. Alart a parle saigement. Quant regnault vit ce Il appella. Maugis et luy dist mon beau cousin Je vous prie que vueilles demourer Jcy et que ayez tout pour recommande puis que mes freres veulet venir auecques moy. Regnault se dist maugis Je feray ce que vous plaira. Et vous prometz que par mon default que mont auban ne aura doubtance de riens q soit. Quant

Regnault eust tout son fait fuise Incontinent Il se mist en voye en la compaignie de ses freres et des aultres barons dessus ditz quant Ilz furent venuz au pin de mont faucon la ou la bataille estoit devisee. Regnault descent a pie en actendant rolant. A present laisse listoire a parler de regnault et semblablement de ses freres et des aultres barons qui estoient en la compaignie du dit regnault et retourne a parler de rolant comment luy et regnault firét la bataille et commét leurs armes furent faictes et comét le champ fust fuise ne a q Il demoura a la fin des armes.

Cy devise comét regnault se combatit a rolant lequel conquist par la volente de dieu. Et lenmena a mont auban dont charlemaigne fut moult dolent. et aussi parle comment maugis emporta le roy charlemaigne a mont auban dessus baiart tout endormy. Puis le rendit a regnault et eus ung lict puis sen ala en guise dermite pourement habitue. et laissa tous ses parens et amis pour ce quil ne voloit point destourner la paix de regnault envers charlemaigne car sa guerre navoit que trop longuement dure.

.Chapitre.pvii.

E dist le conte que quant rolant vit le Jour Il se leua et puis se ala ouyr messe. Et offrit ung moult riche don a lofferande dessus laultel. Quant la messe fut chátee rolant demanda ses armes pour soy armer lesquelles luy furent apourtees Incontinent quant Il fut arme Il monta a cheual moult vistement. Et charlemaigne luy dist. Beau nepueu Je vous commande a dieu quil vous conduye vostre voye et si vous aye en sa garde et vous vueille garder de mort et de prison. Car vous sauez que. Regnault a droit sur nous et nous auons grát tort envers luy. Pour quoy Je ne vouldroie pour la moytie de mon royaulme quel vous aduint nul mal. Sire se dist rolát vostre repentir est trop tart. Car puis que vous sauiez que vous auiez mauuaise querelle vous ne deuiez pas affecter la bataille que vous mesmes auez entreprise. Mais puis que tant est que la chose est tãt venue auãt que Je ne la sauroie laisser quil ne fust a mõ grãt hôte or me aydē dieu sil luy plait par sa misicordē

Quant rolant eut dictes ses parolles Il se mist a la voie pour aler vers le pin de mont faucon. Quant Il fust pres du dit mont fancon Il vist regnault qui le actendoit et Incontinant luy commeca acrier par dieu regnault huy autez a faire a moy et vous prometz que quant vous partires du champ que Jamais vous naures gardē de faire darmes cõtre moy ne contre aultre. Quant regnault ouyst rolant ainsi crier Il luy vint a lencontre et luy dist sire rolant Il nappertient mye a vng Itieul cheualier commēt vous estes de moy menasser ainsi. Et si vous dis que veez moy Jcy tout prest. Si vous voles paix vous laures a moy: et si vous voles bataille vous laures aussi semblablement a moy regnault se dist rolant Je ne suis mye Jcy venup² paix auoir mais vous gardes de moy si fiēres que saige rolant se dist regnault et vous de moy parīs lemēt Car Je suis certain que Je abbatray au Jourduy vostre orgueil qu auez si grant.

Quant regnault eut dicte celle parolle Il picqua baiart des esperons et vient contre rolant et rolant contre regnault Et lors se donnerent si grans coups contre les poictrines que Ilz briserent leurs lances et de la cource quilz auoient prise se enhurtarent si grandement de leurs escuz quil conuient a regnault tomber par terre sa selle entre ses cuisses. Et rolãt en habandonna ses estricup. Quant regnault se vit par terre Il se dressa moult vistemēt et remonta sus baiart sans selle et sen vient sus rolant lespee au poingt et luy donna si grant coup que rolant sen sentit moult greue. Quant Il vit que regnault sauoit si fort estonne Il mist la main a durandal sa bonne espee et courust sus regnault quant regnault se vist venir Il sen vint contre rolant moult fierement. Et lors commenca vne merueilleuse et aspre bataille entre les deux cheualiers car Je vous prometz q Ilz ne se laisserēt oncques de leurs aubers ne de seurs escuz pièce entière. Tant que tous les barons q̃ les regardoient eurent grant pitié de l'ung et de l'aultre. Quant le duc naymes eut une grãt pièce regardé ceste merueilleuse bataille Il se mist a crier tant q̃ faire peust par ceste maniere. He roy charlemaigne maudicte soit vostre cruaulté car par vostre felonnie faictes mettre a mort les deux meilleurs cheualiers du monde dont une fois vous autres a faire auant quil soit guieres de temps.

Quant regnault vit que l'ung ne pouuoit gaigner l'aultre Il dist a Rolant sire Rolant si vous me volez croire nous descendrons tous deux a pie a celle fin que nous ne tuons noz cheuaulx. Car si nous les occions Jamais nen trouuerons de tieulx ne de si bons. Certes regnault se dist rolant vous parlez bien. Et lors descendirent a pie enmy le pré. rolant se dist regnault or sommes nous maintenant per a per. Or Il parra le quel de nous deux demourera. Et lors se alerent courir l'ung contre l'aultre si asprement comment silz fussent deux lions qui eut veu adont les grans coups donner et dangereux que l'ung donnoit a l'aultre Il eut dist que c'estoiẽt les deux non pareilz cheualiers du monde. Quant rolant vit quil ne pouoit auoir regnault Il sen vint a luy et sembrassa a plain bras et regnault luy a mode de suite. Et lors se tournearẽt ung grãt tẽps tant que l'ung ne peust oncques faire tomber l'aultre. et Je vous promez que l'on fust a demy lieue auant que l'ung habandonnast l'aultre. quant Ilz virent quilz ne se pouuoient abbatre Ilz se laisserẽt aler et se reculerẽt l'ung de ca l'aultre de la pour reprẽdre leur alaine. Car Ilz estoient moult las et trauaillez tãt que a poine se pouuoient Ilz soustenir. et leurs escus et leurs aubers et heaulmes estoient tous detranches et la ou Ilz s'estoient combatuz la terre estoit toute fosee cõmẽt q̃ eut batu le blé.

Charlemaigne vit que l'ung ne pouuoit gaigner l'aultre et vit comment tous deux estoient tresmal menez. Il eut moult grãt paour de son nepueu Rolant. Et lors se mist a genoulx et Joingt ses mains vers le ciel et commenca a dire en plorant. Beau pere glorieux qui creastes le monde la mer le ciel et la terre. Et deliurastes la benoite saincte marguerite du ventre de son ible dragon et Jonas du ventre du poisson. Ainsi Je vous supplie quil vous plaise de deliurer mon nepueur rolant de ceste mortelle bataille. Et moy enuoyer vng tel signe pour quoy Je les puisse faire departir a honneur de lung et de laustre quant alart guichart et richart virent leur frere regnault si lasse Ilz eurent grant paour de sa personne. Et lors se mirent a prier nostre seigneur quil luy pleut de garder leur frere de mort et de prison. Quant Ilz eurent faictes leurs oraisons nostre seigneur pour la priere de charlemaigne demonstra vng beau miracle. Car Il fist leuer vne si grant nue que lung ne pouuoit veoir laustre. Lors rolant dist a regnault. Ou estes vous ale regnault. Ou Il est nuyt ou Je ny voy goucte. Seurement se dist regnault ne moy aussi regnault se dist rolant Je vous prie que me facez vne courtoisie et vne aultre fois Je feray bien autant pour vous si me requetes

Sire rolant se dist regnault Je suis prest de faire tout ce de quoy me voulores requerre. Mais que mon honneur y soit saune grant mercy se dist rolant de ce que mauez otroye. Saiches que la chose dont Je vous veulx requerre si est que vous me emmenes a mont au ban. Sire rolant se dist regnault si vous volez ce faire Jen seray grandement Joyeux. Par ma foy se dist rolant Je y ray sans point faillir. Sire dist regnault dieu vous rende par sa pitie honneur quil vous plait a moy faire car Je ne say mye deseruy enuers vous. Sire regnault se dist rolant saichez que Je le fois a cause que Je scay bien que vous aues le droit et moy le tort quant rolant eut ce dist Il recouura la veue et Il vist si clerement que par auant. Et lors vist vilanche son bon cheual et monta dessus et pareillement regnault monta sus baiart. Quant Charlemaigne vit ce Il fust tout esbahy et commenca a crier seigneurs seigneurs or regardes Je ne scay que cest a dire car regnault enmaine rolant. Or Il parra comment vous se laisserez emmener. Quant charlemaigne eut ce dist il sen vint a son cheual et monta dessus. Et puis commenca a crier or il parra qui seront mes amis. Quant les barons de france ouyrent aisi parler Charlemaigne il picquerent cheuaulx des esperons et sen coururent apres regnault.

Quant ogier vit venir regnault qui menoit rolant auecqs luy si en fut moult Joyeulx. Et sen vint au deuant de regnault et luy dist. Sire bien auez exploicte auiourduy de auoir pris Itieulle proie. Ogier ce dist Regnault Je vous prometz que rolant sest laisse prendre de son bon gre. Dieu en soit loue dist le duc naymes regnault ce dist ogier alez vous en amont auban. Et Je restourneray arriere moy et larceuesque turpin et escouf le filz oedon si arresterons charlemaigne le quel vous vient apres. Et ferons tant que vous et rolant pourres estre a mont auban auant quil vous ateigne. Ogier ce dist rolant vo dictes bien et vous mercye de ceste courtoisie. Quant ilz eurent tout ce deuise regnault et rolant cheuaucherent si erremét quilz arriuerent a mont auban Il ne fault demander se rolant fut bien festoie a mont auban Je vous prometz quil nest possible de mieulx festoier ung prince ne plus honnorablement quil fut a mont auban. Ce pendant ogier sen estoit venu au deuant du roy charlemaigne et fist tant par ses beaulx sengaiges quil en tretint le roy Jusques a ce quil se pensa que regnault et rolant pouoient estre a mont auban. Quant il eut ce fait il picque son cheual et sen va deuers mont auban apres les aultres. Saiches quil y pouuoit bien aler sans reprouche. Car il estoit lung des pleges de regnault cómment ouy auez. Quant charlemaigne vit ce Il les suiuit Jusques es portes de mont auban et quant il fut a la porte Il cómmenca a crier a haulte voix. Par dieu regnault peu vous vauldra ce que auez fait. Car tant comment Je viuray vous naurez paix a moy. Quant il eut ce dist il se retourna deuers la porte et vit oliuier ou ql Il dist Oliuier alez vous en a monban det faictes venir Icy trestout mon ost car Je veulx assiger ce chastel.

.C.i.

Ors dist oliuier sire Je y iray tresuolētiers mais sil vo‘plait vous y viendres auecques moy. Car je vous promettz que si vous ny venez que jl‘ne viendront point pour moy. Seurement je y iray auecques vous se dist le roy. Et lors passa son chemin deuers son ost a men bandel. Quant ses gens le virent venir Jlz luy vindrent au deuant et luy commencerent a dire. Sire que auez vous fait de rolant. Segneurs dist charlemaigne rolāt sen est ale a mont auban. Mais Je vous commāde a tous que Jncontinent et sans delay que mon siege soit transpourte tout alentour de mont auban. Et vous damps oliuier pourteres loriflam et damps richart de normādie conduira nostre ost. Quāt charlemaigne eut tout ce commāde Jl ny eust nessun qui dist le contraire mais se miret a abactre pauillons et tentes pour mener deuāt mont auban Quant tout lost fut trousse Richart de normandie sen vit dessus le gue de balancon a tout dix mille combatans pour garder jl‘ceqs Jusques lost eut trestout passe. Ce pēdāt charlemaigne cestoit mis deuant pour aler voir la ou Jl mectroit son siege et la ou Jl mectroit son pauillon. Quant tout lost fut arriue deuant mōt auban Jncontinent le roy fit tendre son pauillon deuāt la porte. Quant tout lost fut assis la guecte qui faisoit le guet de la grande tour sen vint a maugis et luy dist. Sire saiches q̄ charlemaigne est arriue a tout son ost. Et si a tendu son pauillon deuant la maistresse porte. Est jl vray se dist maugis ouy sās faulte se dist ‘le guet. Or ne tē chaille se dist maugis car charlemaigne quiert son dommaige. Et si laura plustost quil ne cuyde. Lors sen vint a regnault et luy compta comment charlemaigne estoit venu a tout son ost et luy sestoit louge deuant la maistresse porte. Quant Regnault ouyt ce Jl sen vit a rolāt et luy dist. Sire vous deues sauoir que charlemaigne a mis deuant nous son siege. Mais Je vous promettz que sil ne fust pour lamour de vous Je luy monstreroye que Jl na pas bien fait. Regnault se dist Rolant Ji vous remercie. Mais vne chose je vous diray sauue vostre correccion Jl me semble que Je vis enuoyer deuers

mon oncle le duc naymes ogier le dannoys et aussi larceuesque tur
pin quilz luy dirent par ceste maniere. Sire roy empereur saichez q̄
regnault pour lamour de vous na pot volu enferrer ne emprisoner
vostre nepueu rolant mais luy fait faire bonne chiere comment a
luy bien appertient. et encores plus regnault et ses freres et
maugis se presentent de eulx rendre a vostre volente saunes
leurs vies.

Ous parles bien et saigement sire rolant se dist regnault
Et si suis prest de faire ce que vous voulores. Rolant dist le duc
naymes Je ny oseroie aler. Si feres se dist rolant vous nestes pot
hayz du roy. Duc naymes dit ogier nous yrons si vous me volez
croire. Et lors se acorderent de aler tout ainsi que rolant sauoit de-
uise. Quant les princes furent venuz au pauillon de charlemaigne
Ilz se commencerent a saluer et le duc naymes luy dist par ceste ma
niere. Sire roy empereur rolant vostre nepueu se recommande hum
blement a vostre bonne grace le quel Regnault tient dedens mont
aubā par son prisonier no mye mauuaisement mais luy fait bonne
chiere et honneur comment si cestoit son frere et son souuerain seig-
neur. Et tout ce fait p̄ lamour de vous. Et vous demande paix et
acord par Iticulse maniere que Il vous voura mont auban et laisse
dor et leirra aller rolant asa liberte sans ranson. Et si se tedra a v̄
luy et ses freres et maugis a en faire vostre volente saunes leurs
vies. Et vous promettrons que se Il vous plait seruir de eulx q̄ Ilz
v̄ seruiront enuers to⁹ et cōtre tous de tout leur pouuoir et puisāce
tellement que vous naures que honneur par eulx.

Quant charlemaigne entendit ses parolles Il trembla tout
de maltalant. Et commenca a dire au duc Naymes et es
aultres. Fuiez dehors de mon pauillon mauuaises gens Je me mer
ueille comment vous estes osez Icy entrer. Et vous dis que regnault
ne aura point dapointement auecques moy si Je nay maugis pour
en faire ma volente. Quant les barons entedirent ainsi parler char

.E.ij.

lemaigne Ilʒ sen Issirent hors de son pauillion sans prandre congie
de luy et sen retournerent vers mont aubay. Quant Ilz furent ar
tinez rolant et regnault leur demanderent comment Ilz auoient ex
ploicte enuers charlemaigne. Seigneurs dit le duc naymes Il nen
fault point demander. Car charlemaigne nen fera riens si lon ne
luy rent maugis pour en faire sa volēte. Seigneurs se dist regnault
ce poise a moy que charlemaigne a le cueur si dur. Et si prometz a
dieu que maugis naura Il mye apres ses parolles Ilz sen alerent mē
ger et maugis les fit seruir moult plantureusement. Et quant Ilz
eurent souppe les lictz furent faitz. Si sen alerent tous coucher
Quant Regnault se voulut aler coucher Il appella maugis et luy
dist. Cousin Je vous prie que anuyt faces faire bon guet car vous sa
ues que nous nauons bien mestier. Sire dist maugis nayez doub
tance de responser car Je vous prometz que ce chastel sera bien gar₂
de a laide de dieu. Quant tous les barons furēt couchez Maugis
sen vint en lescuirie de regnault et mist la selle a Baiart et puis mō
ta dessus. Si sen vint a la porte et appella le pourtier et luy dist mō
amy ouure moy la porte. Car Je veulx vng peu Issir dehors et si me
adens Jcy car Je ne domoureray guieres. Sire dist le pourtier Je le
feray volētiers. Et lors sen Issit Maugis et sen ala au pauillō de
charlemaigne. Quant Il fut la arriue Il se mit a faire son cherme
et endormit tous ceulx de lost. Quant Il eut ce fait Il sen vint au
lict de charlemaigne et le prent entre ses bras et le mist dessus baiart
Quant Il eut ce fait Il sen restourna a mont aubay et emporta
charlemaigne quant et luy. Et le pourta en sa chambre et le coucha
dedens son lict. Quant tout ce fut fait Il prent vne torche et la alu
ma et puis la planta au cheuet du lict de charlemaigne le droit de sa
teste. Puis sen ala en la chambre de regnault et luy dist. Sire cou₂
sin que donries vous bien qui vous remectroit charlemaigne entre
voz mains. Par ma foy se dist regnault ne nay riens que Je don₂
nasse pour moyen ce que Je leusse sceans en ce chastel. Cousin dist
maugis me promectes vous que vous ne luy ferez nul mal ne gu₂

si voz freres ne souffrires faire pour aultruy. Et Je le vous mettray entre voz mains. Cousin se dist Regnault Je le vous promets seurement dessus ma foy. Or venes auecques moy se dist maugis. Et lors maugis mena regnault en sa chambre et luy monstra charlemaigne qui estoit couche en son lict et puis luy dist. Mon cousin regnault or auez vous Jcy charlemaigne gardez le si bien quil ne vous puisse point eschapper.

Et quant maugis eut rendu charlemaigne a Regnault Jl sen vint a lestable la ou Jl auoit mis bayart. Et prent de la paille et luy frota le dos et puis la teste et puis le baisa tout en plorant et prist conge de luy. Puis ala prendre vne eschirpe et vng bourdon et sen vit au pourtier ouquel Jl donna tout son abillement qil pourtoit par auant et puis sen Jssit hors de mont auban. Or a present laisse le copte des choses dessusdictes et tourne a parler de maugis qui laissa tout son ligneaige et sen ala hors de mont auban habitue moult pouurement.

Comment apres ce que maugis eut rendu charlemaigne es mains de son bon cousin Jl sen ala sans conge de mont auban en vng bois oultre la riuiere de dordonne en vng hermitaige la ou Jl demoura comme hermite et quant pouurement pour son ame sauuer. Chapitre. vviii

Et dit le compte que quant maugis eut rendu charlemaigne par prisonnier a regnault que Jl sen ala de mont auban sans licéce de regnault et sans la sceue de nesšun du chastel excepte le pourtier Saiches que le dit maugis chemina tant quil vint a dordonne et passa la riuiere dedens vng bateau quant Jl fut oultre passe Jl se mist dedens vng bois bien espes et chemina Jusques a heure de nonne. Quant Jl eut asses chemine par my ce bois Jl regarda a mont vne terre et vit au dessus vng hermitaige moult ácié. Quát Jl cogneut que sestoit vng hermitaige Jl sen alast a celle part et trouua le lieu moult plaisant. Car deuant la porte sourdoit vne belle fontaine. Lors Maugis descent et entra dedens la chappelle et se mist

.E.iii.

a genoulx deuant vng ymaige de nostre dame qui estoit moult de uocte. Et pria nostre seigneur quil eust mercy de ses pechez. Ainsi ql faisoit ses prieres vne deuocion luy prit si grande quil voua quil feroit sa demourance en ce lieu ci. Et quil seruiroit nostre seigneur desormais. Et que mengeroit que des herbes sauuages Et lors pria nostre seigneur quil luy pleust que regnault et ses freres puissent auoir paix auecques charlemaigne. Quant maugis eut fine sa priere Il se leua et sen Issit hors de la chappelle et osta la selle a son cheual et la bride et puis se laissa aler pestre. Et puis sen retourna dens la chappelle pour faire ce quil auoit en pensee. Mais a present laisse se compte a parler de maugis qui est deuenu hermite et retourne a parler de regnault et de ses freres q ont charlemaigne prisonnier dedens mont auban.

Comment ses barons de france qui estoient a mont auban se guementoient pour ce quilz ne pouuoient esueiller le roy charlemaigne que maugis auoit endormy par son art et aporte a mont auban. Mais quant seure de senchantement de maugis fut passee le roy se esueilla. Quant Il se vit a mont auban Il iura quil ne feroit Iamais paix a regnault tant quil seroit prisonnier. Si le rennoya regnault tout quicte sus son cheual bayart dont puis apres regnault se repentit grandement. Car tantost apres charlemaigne fist assieger mont auban de si pres quil affama regnault et ses freres sa femme et ses enfans.   Chapitre .xix.

En ceste partie dit le compte q quat maugis eut rendu charlemaigne a regnault et quil sen fut ale commēt ouy auez regnault a ppella ses freres et leur dist. Venez auāt mes freres dictes moy que nous deuōs faire de charlemaigne que nous tenons entre noz mais. Vous sauez quil nous a long temps donmaiges et fait plusieurs maulx et sans raison. Pour quoy Il me semble que nous nous deuons venger de luy puis que nous le tenons. Sire dist Richart Ie ne scay que vous en ferez mais se vous me volez croire Inco tinent Il sera pendu car apres sa mort Il na homme en frace qui nous doubtons de riens. Quant regnault entend le conseil q richart son frere luy auoit donne. Il enclina le chief vers terre et se mist a penser moult grandement. Quant Richart vit ce Il luy dist que pensez vous mon frere vous souciez vous qui sera loffice. Je vous prometz que aultre ne le fera que moy. Et si sera tout a preset se liurer le me voles. Apres ses parolles regnault leua la teste et dist mes freres vous saues que charlemaigne est nostre souuerai seigne. Et dautre part vous viez comment rolant le duc naymes ogier le danois larceuesque Turpin et aussi escouf le filz de dyon sont sceans pour faire nostre apointement. Car Ilz congnoissent bien que nous auons le droit et charlemaigne le tort. Et par ainsi se nous le occions soit a droit ou a tort tout le monde nous courra sus ne Jamais tant que nous soions en vie guerre ne nous fauldra.

Quant regnault eut ce dit Alart parla en ceste maniere frere vous auez parle saigement. Mais vous viez que nous ne pouuons auoir paix auecques charlemaigne nullement. Il me semble que nous la suy deuons demander maintenant vne fois par toutes. Et sil la nous oultroie dieu en soit loue. Et sil ne la nous done gardons le sans le faire mourir par telle maniere que Jamais ne nous fasse guerre ne ennuy frere se dit guichart vous dictes bien mais le cueur me dit que Jamais tat qlz viura nous naurons ne paix ne amour seigneurs dit richart Il me semble que nous auons bon chief en nostre frere regnault sa dieu mercy qui bien nous a coduit et gouuerne. laissons luy faire a sa volente et ce quil fera soit fait. Par ma foy dist alart richart parle bien. Quant Ilz se furent tous acordes de faire a la volete de regnault Ilz laisserent le roy endormir et sen alerent en la chambre de rolant. Quant Ilz furent la regnault commenca a dire. Sire rolant leuez sus et vous prie que vous mandes querir ogier larceuesque turpin et tous les aultres qui sont sceans. Car vne chose vous veulx dire. Quant rolant vit regnault a celle heure Il se esmerueilla moult non pourtant Il enuoya querir

.C.iiii.

tous ses compaignons comment regnault suy auoit dit. Quant
Ilz furent tous venuz regnault se leua en piedz et dist. Seigneurs
vous estes tous mes amis la dieu mercy et vous. Et pour ce ne vous
quiers riens celer. Vous deuez sauoir que Jay sceans vng prison
nier par le quel Je auray paix et aussi tout mon heritaige reg
nault se dist rolāt Je vous prie que vous nous dies quil est.
Car Jcy na nul q de vostre bien ennuye. Par ma foy se dist
regnault ce est charlemaigne le grāt a q toute france appēt
⁊ quant Rolant entendit ces nouuelles Il sen esbahit grā
dement et dist. Regnault or memerueille Je comment vous
auez pris mon oncle si legierement dictes moy sil vous plait cōmēt
vous lauez eu sceans. Car de le auoir pris en bataille ne en champ
ne son ost et pauillon oncques ne fut si recreant. Lauez vous pris
par force nenny seurement se dist richart dictes moy donc comment
Je vous en prie se dist rolant. Saiches se dist richart que anuyt Je
ne scay comment maugis a ouure. Car Il a apourte le roy sceans
et si la couche dedens vng lict en sa chambre la ou Il est tout endor
my. Quant rolant et tous ses compaignons ouyrent ces nouuelles
Ilz en furent tous esbahiz. Seigneurs dist le duc naymes biē fait
nostre seigneur a ceulx quil luy plait. Comment ce peult ce faire q
maugis ait pris le roy si legierement. Car vous sauez que le roy se
faisoit garder de nuyt moult seurement. Seigneurs se dist Ogier
tout ce a fait nostre seigneur pour lamour de regnault pour ce quil
estoit a meschief. Car trop auoit dure la guerre si que elle sera des
ormais finee dont Je loue dieu car mains bons cheualliers en sont
mors. Quant Ogier eut ce dit regnault prēt Rolant et les aultres
et les mena tousiours en parlant Jusques en la chambre ou estoit
le roy charlemaigne endormy si forment que Il ne se sceut esueiller
pour nulle chose q lō luy sceut faire car maugis lauoit ainsi endormi

Quant les barons virent le roy si endormy Ilz en furent to9
esbahiz lors rolant parla le premier et dist regnault ou

est maugis qui a anuyt si bien exploicte Je vous prie que le fasses
Jcy venir. Et quil esueille mõ oncle charlemaigne. Et quãt il sera
esueille nous Irons tous a ses piedz pour luy crier mercy. Et si vous
prie pour dieu et pour lamour de moy que si vous tenez le roy mon on
cle entre voz mains que ney soies de riens plus orguilleux ne oul-
traigeux en parolle par ma foy se dist regnault sire rolant Je veulx
que vous sachez que Je aimeroie mieulx mourir enraige que Je di
fisse au roy mon suuerain seigneur vne villaine parolle. Mais me
mectray mey et mes biens et tous mes freres a en faire sa volente
et quil luy plaise que nous ayons auec luy paix. Et Je men vois que
rir maugis pour en faire ce que vous voulores. Et lors regnault se
va chercher maugis le quel Il ne trouua point dont Il estoit bien
mary. Quant le pourtier congneut que regnault cherchoit mau-
gis Il luy dist sire pour neant le querez car Il sen est ale na guieres et
comment se dist regnault le sces tu. Sire sachez que anuyt Il me
fist ouurir la porte et sortit hors monte sur vostre cheual bayart et
ne demoura guieres quil apourta dessus le col du cheual deuant luy
vng rgant homme et gros. Et puis ne demoura guieres quil reuit
monte sus vng aultre cheual et se vestit de poures abillemens et
me fist ouurir la porte et puis Il sortit dehors ne oncque puis Je ne
le vis tout ce est veritablement coment vous ay compte.

Quãt Regnault eut entendu ses parolles Il fust si Irez quil
ne sauoit que dire car Il congneut bien a soy mesmes q̃
maugis sen estoit ale pour ce quil ne vouloit plus auoir le courroux du
roy charlemaigne ne estre en sa mala grace. Et lors comméca Reg
nault a plorer moult tendrement. Et tout en plorant Il sen vint
aux barons et leur dist comment maugis sen estoit ale sans mot di
re dont guieres ne sen failloit quil ne perdit le sens de courroux
Quant Alart Guichart et Richart eurent bien entendu ce Ilz com
mencerent a desmener vng grãt dueil a merueilles et lors richart
commenca a dire. Ha mon beau cousin que ferons nous desormais

puis que nous tous auons perdu bien pouuons dire que nous sommes
desconfiz. Car vous esties nostre sauuement nostre secours nostre
esperãce nostre conseil nostre reffuge nostre deffence nostre guidon
Car Il na guieres que Ieusse pris mort villaine sil neust este par
vous. Helas tout lennuy que vous auez et la male grace de charle
maigne ce nest que pour lamour de nous. Quant Il eut ce dit Il de-
straint ses dens de male Ire et puis dit. Puis que nous auõs perdu
maugis or sommes nous bien tous perduz. Et lors mist la main
a son espee et volust occire charlemaigne mais Regnault se tira ar
riere adont ogier et le duc naymes luy dirent richart richart reffrei
gnes vostre couraige. Car ce seroit pouurement fait de tuer vng hõ
me qui dort. Et daultre part sil plait a dieu auant que departons di
cy nous mectrons en tout bonne paix. A brief parler ogier et
le duc naymes dirent detãt belles parolles a richart qlz luy fi
rẽt promectre quil ne feroit nul mal a charlemaigne.

Oŋ pourtant richart ne laissa point a demener son grant
dueil por ce quil auoit pardu maugis son bõ cousin. Car tous ceulx
qui le voient demener son dueil en auoient pitie richart nauoit pas
tort sil demenoit dueil pour la perte de maugis. Car Ie vous prometz
que auant long temps apres Il en eut bien mestier et luy et ses fre
res comment orrez si apres si escouter me voles. Tout ainsi que les
quatre filz aymon demenoient leur grant dueil pour lamour de leur
bon cousin maugis le duc Naymes se mist a parler et dist ainsi par
dieu seigneurs vous auez tort de demener vng si grant dueil car
Ie ne vis Iamais riens gaigner en perte que lon fasse pour en deme
ner dueil. Et pour ce vous prie que vous vueillez appaiser et que cõ
mencons a parler de vostre paix quil conuient faire auecques le roy
charlemaigne. Et que lon mecte fiŋ a ceste guerre qui a si longue
ment dure. Par dieu se dist Rolãt vous y pensez lachement et daul
tre part Il nous fault auoir mercy de luy auant que luy parlons de
faire paix. Car vous sauez q̃ Ie le sescay a cause que la paix se fist
qui a trop dure. Sire dist le duc Naymes vous parlez saigement et

dictes bien mais coment pourrons nous parler a luy sans maugis nous ne le saurions esueiller. Et si dieu ny met remede Jamais ne parlerons a luy. Ainsi que ses barons parloient ensemble leure & le chantement q̃ maugis auoit fait commenca a passer. Et lors ilz ne se donnerēt garde que charlemaigne fust esueille. Quant Il fut esueille Il se dressa sus ses piedz et coméca a regarder entour soy et fut tout esbahy. Quant Il apperceut quil estoit amont auban en la subiection de regnault Il fut si Irez et demena tel dueil q̃ tous ceulx qui la estoient cuydoient quil fust deuenu enraige. Quant Il fust reuenu Il cogneut bien que ce auoit fait maugis. Et Jura que tant q̃l seroit homme vif paix Il ne fera tant quil sera a mont auban et Jusques a ce que lon luy ait liure maugis pour en faire sa volente Quant Richart entendit ce q̃ charlemaigne disoit Il commenca a dire par ceste maniere. Et comment diable sire roy oses vous ainsi parler. Vous voyez que vous estes nostre prisonier et encores nous menassez Je voue a dieu et a saint pierre sil ne fust ce que Jay promis de non vo9 faire mal a present vous coupasse la teste. Tay sez vous glouton se dist regnault laissez au roy dire sa volete et luy rions mercy q̃l luy plaise no9 pardoner son mal talāt car la guerre a trop longuement dure mauldit soit qui la comē ca tant de maulx en sont aduenuz.

Oult fut saige regnault et bien aprie quāt Il appela ses freres et puis leur dist. Messeigneurs mes freres sil vous plait vo9 viendres auecques moy pour crier mercy a nostre souuerain seigneur le roy charlemaigne Regnault dist alart nous ferons ce que vo9 plaira. Par ma foy dist le duc naymes messeigneurs vous faictes saigement. Et vous prometz que tout bien vous viendra lors regnault et tous ses freres et rolant et oliuier et ogier le dannois le duc naymes larceuesque turpin et escouf le filz oedon se agenoillerent semblablement. Et regnault parla le premier et dist par ceste maniere. Sire droit empereur pour dieu ayez mercy de nous car moy et mes freres nous rendons a vous a en faire vostre desir et vostre volente sauue noz vies. Et Il ne sera chose que nous ne fassons pour amour de vous si vous plait mectre paix entre vous et nous Mon tresdoulx sire ayez pitie de nous pour Icelle pitie et pardon que dieu donna a la magdelaine quāt elle luy laua les piedz en la maison de symon. Et sil ne vous plait de moy pardonner au moins pardonnes a mes freres et leur rendes leurs heritaiges et Je vous donray mont aubā et baiart mon si bon cheual. Et si men Jray oultre mer moy et maugis la ou nous seruirōs le temple de nostre seigneur Quant charlemaigne ouyst regnault ainsi parler Il rougist tout de maltalāt et puis dist par Icelluy dieu qui fist le mōt se tout le monde men parloit si nen feray Je riens si Je nay maugis a en faire ma volente a celle fin q̄ Je luy face tout detrācher

Elas se dist regnault or ay Je ouy se mot amer dont Je suis tout desespere. Car Je me laisseroie auant pendre que Je concentisse a la mort de maugis mon bon cousin car Il na mye vers nous desseruy quil doiue estre de nous trahy. Mais seroit bien raison quil fust seigneur et maistre sur nous. Regnault dit charlemaigne ne pensses point puis que Je suis vostre prisonnier que Je fasse nulle chose q̄ soit oultre mon gre. Sire dist regnault sachez que Je me veulx humilier enuers vous. Car Jayme mieulx que vous ayes tort de nous que nous de vous. Or me dictes sire comment Je vous rendray maugis qui est nostre vie nostre secours et nostre esperance aussi cōfort Nostre escu et nostre lance aussi espee nostre pain nostre vin nostre cher aussi reffuge nostre maistre nostre guide nostre deffēce en tous lieux. Pour quoy sire vous dis que si vous auies tous mes freres en voz prisons et vous les deussiez tous faire pendre et Je tenisse maugis en mon pouuoir et quil fut auecques moy sin e se vous donroye Je pour rembre mes freres. Et si vous Jure sus ma foy et serement que Je ne scay ont Il est ale dieu le sache. Ha dist charlemaigne le corps dieu le maudie. Car Je suis seur quil est sceans auecques vo° Non est sans faulte dist regnault sus mō baptesme. Et lors le dit regnault se tourna deuers rolant et deuers les aultres barōs et les̄ dist seigneurs Je vous supplie pour dieu ql vous plaise de prier nr̄e sou uerain p̄e le roy charlemaigne ql ait mercy de moy et de mes freres a celle fin quil puisse auoir paix en france se Il luy plait. Lors nay mes estoit en genoulx q auoit ouy ce q regnault auoit dit et sauoit bien quil ne disoit q tout bien si parla a charlemaigne et luy dist si re Je vous prie quil ne vous desplaise de ce q Je vous veulx dire vous sa ues sire q Je suis plege de regnault pareillement ogier le dannois Il mest aduis q nous sōmes qctes de nostre plege cōment sauez mais vne aultre chose vous veulx dire Il me seble que vous deues prendre celle belle offerte que le conte regnault vous a faicte auāt ql naviē gne plus de mal. Et si maide dieu vous ferez biē car tous ceulx de vostre court en seront bien Joyeux. Quant les barons ouyrent ce q le duc naymes auoit dit au roy. Lors Ilz dirent tous ensemble sire droit empereur faictes ce que le duc naymes vous a dit. Car Il vous a donne bon cōseil et loyal. Et si vous ne le faictes vous vous en repentires a tart. Et de ce faire vous prions·

Quant charlemaigne ētēdit ce que le duc naymes luy auoit dit Il en fust moult Ire car Il auoit le cueur si endurcy ql ne vouloit nulz cōseilz. Si Jura saint denis de france que Il nen fera riens sil na maudis pour en faire sa volēte quāt regnault ouyst ses paroiles Il rogist tout de mal talant si se leua de genoulx luy et ses freres et les aultres barons aussi. Lors regnault parla a rolāt et luy dist. Sire rolāt et aussi tous vous aultres barōs de frāce Je veulx biē que charlemaigne saiche ma volēte la quelle luy diray de uāt vous saiches puis que Je ne puis mercy trouuer vers luy Je vous prie que ne me vueilles mye blasmer dores en auāt si Je qers mō droit Car Je le querray en toutes les manieres que loyal cheuallier doit faire. Quant Il eut dicte celle parolle Il se tourna deuers le roy et luy dist sire quāt Il vous plaira vous vous ē pourres aler. Car par ma foy Je ne vous feray nul desplaisir car vous estes mon souuerain p̄e Et quāt dieu plaira nous serons en bonne paix auecques vous.

Les barons de france qui Illecques estoient se esmerueille
rent moult de la grant franchise de regnault. Lors dist
le duc naymes. Ha dieu auez vous ouy la grant humilite du
noble cheualier regnault. Par ma foy dist oliuier regnault
dit merueilles Je ne leusse Jamais cuyde. Quant Richart
entedit ce q̃ son frere regnault auoit dit Il dist frere regnault de
able entaige que volez vous faire vous veez que nous tenõs ce mau
uais roy en nostre pouuoir. Et si le pouuons faire viure ou mourir
Et si a vng si grant orgueil que Il ne veult riens faire que son no
ble conseil luy loue: mais nous menasse tousiours plus fort. Et si
volez que Il sen aille. Frere Je vous Jure sur tous les sains se Il sen
va que Il nous fera dommaige. Et vous prometz que se Il nous te
noit ainsi comment nous le tenons que Il nous feroit mourir hon
teusement ne tout lor du monde ne nous sauroit garentir. Et pour
ce vous dis que vous faictes folie de le laisser ainsi aler. Car si vous
volez maintenant ferez nostre paix. Mais Il me semble que ne que
rez que vostre mort dont Je prie a nostre seigneur que se vous len lais
sez aler quil vous puisse faire mourir de mort villaine. Quant Reg
nault ouyst ainsi parler son frere richart Il en fut moult Ire et luy
dist par courroux. Tais toy garson dieu te cõfonde. Car maulgre
toy Il sen Ira tout quicte quant luy plaira. Et quant dieu plaira la
paix se fera aultrement non. Et oste toy de deuant ma vie.

Quant regnault eut ce dit Il appella vng de ses gentilz hõ
mes et luy dit ales Incontinent et sans demeure en mon
escuirie et me faictes Icy amener mon cheual baiart. Car Je veulx
q̃ mon souuerain fr̃e le cheuauche et quil sen voise sus Jusques en son
ost car oncq̃s meilleur ne cheuaucha. Quant richart ouyst ce Il sen
depart dilecques Ire comme vng lion acause quil congnoissoit biẽ
q̃ charlemaigne sẽ Iroit tout quicte. Saiches q̃ le roy escoutoit tou
tes ses parolles le quel ne osoit sonner mot pour sa fureur quil cõg
noissoit en richart. Ce pendant le gentil homme qui estoit ale qrir

Bayart arriua Illecques Incõtinēt. Quant regnault le vit Il prent bayart par le frein et sen vient a charlemaigne et luy dist sire or pouues vous monter quant Il vous plaira et aler a vostre liberte reconforter voz gēs dõt Je suis seur quilz sont marriz de vostre prise quāt charlemaigne vit ce Il mõta sans demeure sus bayart et sortit hors de mont aubay pour aler vers ses gens. Saiches que regnault le conuoya Jusques a la porce de mont auban. Et quant le roy fut dehors Regnault fit fermer la porte. Quant les franscois virent leur seigneur venir Ilz en furent moult liez si le saluerent moult honorablemēt. Cõmēt a roy appertenoit. Et puis luy demanderēt cõmēt Il luy estoit ale et sil auoit oultroye la paix. Seigneurs dit charlemaigne Il me vait bien la dieu mercy mais de paix Je nen ay point faicte ne Jamais ne sera pour moy tant que Je seray homme vif pour homme qui men parle si Je nay le traictre maugis pour en faire ma volente. Sire dirent aucuns de ses barons commēt auez vous este deliure. Par ma foy dit charlemaigne Regnault ma deliure maulgre ses freres tout quicte du tout a ma volente. Sire dirent les barons aues vous point veu rolant ne oliuier ne le duc Naymes ne Ogier le dannois ne larceuesque Turpin ne Escouf le filz oedon Ouy seuremēt dist charlemaigne mais Ilz mont tous habandõne pour lamour de regnault dont par celluy dieu qui pendit en la croix si Je les puis tenir Je leur monstreray que Ilz ont mal fait quant Il eut ce dit Il descent de bayart et le fist ramener a regnault quāt regnault vit bayart que charlemaigne luy auoit renoye Il appella rolant et ses cõpaignons et leur dit. Beaux seigneurs Je congnois bien q̃ v9 auez la male grace du grãt roy charlemaigne pour lamour de moy la quelle chose Je ne veulx mye que souffres pour moy ne pour mes freres. Et pour ce mes beaux seigneurs vous qite to9 de toute q̃relle q̃ Je pourroie auoir sur vous. Et vous donne congé que v9 en alez quant Il vous plaira.

Quant le duc naymes ētēdit la demõstrāce du cueur de regnault q̃ estoit si noble Il le mercya honnorablement et si le acola par grant amour. Et si se vouloit agenoiller deuant luy mais regnault ne le souffrit pas. Lors le duc naymes commença a dire Sire rolãt pensons de nous en aler apres le roy charlemaigne puis quil plait a regnault. Naymes se dist rolant comment pourrons nous ce faire voles vous laisser regnault le quel vous veez que mõ oncle charlemaigne veust a tort deffaire. Sire dist le duc naymes escoutes moy sil vous plait. Je conseille que nous nous en alons Et quant nous serons deuant charlemaigne nous luy demãderõs comment Regnault se deliura. Car si nous luy parlons de paix Il nen fera Ja riens. Mais quant luy souuiendra de la grant bonte et courtoisie de regnault son cueur se amolira et ne pourra estre que Il ne luy fasse aucune grace et doulceur. Car Il congnoistra bien quil a grant tort et trop dur cueur. Certes dirẽt les barons naymes vo⁹ parles bien et si donnes tresbon conseil quant Ilz furent acordes au conseil du duc naymes rolant demanda son cheual et chescun des aultres barons aussi. Quant Ilz furent tous prestz de monter a cheual. Veez vous venir dame clere la femme de regnault qui acola rolant et olinier et tous les aultres ensuiuant. Quant elle les eut tous acolez et festoiez au myeulx quelle sceut elle leur dist par ceste maniere. Seigneurs qui estes cy presens Je vous supplie au nom de dieu et de sa glorieuse passion quil vous plaise a pourchasser la paix de monsᵣ Regnault et semblablement de ses freres enuers le grãt roy charlemaigne. Vous sauez messeigneurs q̃ le roy a grant tort deulx et les guerroye a tort et sãs cause en oultre vous sauez la grãt courtoisie que mon baron Regnault a faicte au roy comment de le laisser aler. Et bien sauez q̃ sil ne fust richart luy eut oste la teste dame dist le duc naymes nayez doubtance car si dieu plait la paix sera faicte auant trois Jours. Et adoncques Ilz monterent tous a cheual et les freres de regnault les conuoierent Jusques a la porte et regnault les actendit sur le pont. Quant Ilz furent au dit pont regnault leur dist messeigneurs Je vous commande a dieu plus ne puis aler auecques vous vous priant que ayez de moy souuenance

Lors tous ses pers qui Illecques estoient se mirent a plourer tendrement en luy commandant a dieu disant regnault dieu vo9 benye Et si vous aye en sa garde. Quant Ilz eurent ce dist rolant et ses compaignons sen alerent en lost de charlemaigne. Quãt le roy les vist venir Il appella ses barons et leur monstra ceulx qui venoient Quant les barons les virent Ilz en furent moult emerueillez et si eurent grant paour car Ilz ne scauoient que cestoit. Sa dieu dist le conte ydellon nous auons recouure rolant et ses compaignons Voire se dist le roy dieu les maudie ce pendant rolant et ses compaignons arriuerent deuant charlemaigne et descendirent a pie. Et Incontinent se mirent a genoulx deuant le roy moult humblement Le duc naymes parla le premier et dist. Damps roy empere9 nous sommes venuz en vostre presence vous crier mercy vous suppliant pour dieu quil vous plaise nous pardonner vostre mal talant. Car nous nauons rien fait encontre vous si non pour vostre bien. Mais puis que nous auons congneu que la paix ne vous agreoit. Nous auons habandonne regnault et tous ses freres ne Jamais tant que serons en vie Il naura secours de nous. Seigneurs dist charlemaigne Je vous pardonne mon mal talant. Mais Je vous dis que se nous demourons Icy longuement nous ny aurons guieres de gaing suqe chose vous prie que nous alons assaillir mont auban tant de Jour q de nuyt par telle maniere que Incontinent soit pris. Et ceulx de dedens tous mis a mort. Sire dist le duc naymes vo9 dictes bien mais si mal nous suruient a cest assault comment aultresfois a fait Je vous prometz quil vous tournera a grant dommaige. Mais Je vo9 dis sur ma foy que myeulx vauldroit la paix que la guerre comment Je croy.

Et quant les barons de france ouyrent ce que le duc naymes auoit dit au roy Ilz commencerẽt a crier tous a haulte vix Sire roy empereur nous vous prions pour dieu que fasses ce que naymes vous conseille. Car Il vo9 donne bon conseil. Quant char lemaigne vit le cry que ses gens luy faisoient Il sen vint au duc naymes qui estoit agenoille devant luy et le releue. Et pareillement son nepueu rolant et tous les aultres ensuiuãt et puis leur dist seigneurs vous saues que Je vous ay pardonne mon mal talant de bon gre. Mais Je veulx bien que vous sachez que se vous ne vous gardes de ayder a mon ennemy mortel que Je vous corrouceray du corps Car Je les hay tant que se Je deuoye estre Icy toute ma vie Il conuient quilz soiẽt destruitz et mal menez. Saiches que Charlemaigne estoit moult Joyeulx sans faire semblant de ce quil auoit recoure Rolant et ses aultres pers. Et de rechief Il dist que Jamais ne partira de son siege quil naye prins montauban et tous les quatre filz aymõ dont Il fera aspre Justice et si fera ardre maugis le mauluais traictre. Sire dist Rolant Je vous prometz que maugis nest point lassus des hier matin car Il vous doubte tant quil ne vous ou sa actendre car Il auoit peur que vous le fissiez pendre pource quil vous auoit si faulcement emble en vostre ost. Ha dieu dist Charlemaigne quant verray Je que Je le tiengne pour en faire ma volente car alors seront les filz aymon dacord a moy.

Lors quant le roy charlemaigne eut asses deuise Il donna conge a tous ses barons de eulx en aler en leurs tentes pour veoir leurs gens. Quant ce vint lendemain au matin tous ses barons se mirent en ordre pour reuenir a charlemaigne. Quant le roy les vit tous ensemble dens son pauillon Il en fut moult Joyeulx. Si leur parla en ceste maniere et dist. Seigneurs Jay assige mõt auban si de pres comment vous voyes. Et suis delibere de non men partir ne pour froit ne pour chault ne pour famine Jusques a ce que laye pris la quelle chose sara legiere a faire. Car Je suis seur que Ilz nont plus guieres de viures. Et que pis est Ilz ont pardu le traictre maugis q̃ estoit leur esperance et confort mais sen est ale dont Je v9 dis quilz ne pourront durer longuement. Quant les barons ouyrẽt que charlemaigne menaffoit si fort regnault Il ny eut cellup a qui

Il ne déspleut. Car la plus grant partie amoit moult regnault pour la valeur et bontez en luy estoit. Lors parla le duc naymes et dist Damps roy empereur vous dictes que ceulx de mont aubanne nont que menger et que vous ne vous partires du siege Jusques a ce que laies pris. Et que cest moult legiere chose a faire Je vous prometz sire que se vous y demoures Jusques a ce que layes affame que vous y demoureres plus que vous ne penses. Sire Je vous supplie quil vous plaise de croire mon conseil sil vous semble que Je die bien. Premierement regardes en la courtoisie que regnault vous a faicte car vous saues que sil ne fust tout lor du monde ne vous eut eschappe que richart son frere ne vous tranchast la teste. Item penses aussi en la grant humilité quil vous a tousiours faicte. Aussi en la grant fiance quil eut en vous quant Il vous bailla son cheual qui est le non pareil du monde. Sire si vous penses bien en tout vous trouueres que Jamais homme ne fist si grant courtoisie a aultre comment regnault vous a faicte. Et daultre part Ilz sont tieulx cheualliers comment vng chescun scet Je vous Jure sire sur tous les sains que auant que prenes mont auban regnault ne ses freres. Que Ilz vous ferõt tel dommaige dont vous en seres long temps courrouce. Et encoures tres doulx sire deuez bien regarder comment nous gastons les champs et si despendes vostre argent. Mieulx vaulsist pour lonneur de vous que vous emploissiez ce que vous despendes sur les sarrazis que de le despendre contre les quatre filz aymon. Car les sarrazins sont maintenant en repoux menans grant Joye a loccasion de ceste guerre et Ilz ont bien raison car guerre leur est faillie. Et nous lauons sur nous mesmes prise la quelle est si cruelle et si orrible que plusieurs nobles et vaillans cheualliers en sont mors.

Le roy charlemaigne fust moult esbahy quant Il ouyst le duc naymes ainsi parler et luy mua tout le sang et deuint tout passe comment vng drap blãc de la grãt Ire quil auoit en son cueur si se mist

.D.ii.

a regarder le duc naymes de trauers et luy dist par grant felonnie Duc naymes par la foy que Je dois a celle benoicte dame qui conceut le benoit filz de dieu en sa virginite. Que sil y a si hardy qui Jamais me parle de faire acord enuers ses quatre filz aymon ne nulle paix Jamais ne lameray. et si sen feray marry du corps. Car Je ne suis point delibere den fere riens pour homme qui men parle. Et si les prendray quoy quil me couste. Ou Jamais dicy ne partiray. Quant les barons ouyrent ainsi Charlemaigne parler si fierement. Ilz en furent moult esbays. Si laissairent tous a parler de celle matiere. Quant Ogier vit que tous les barons laisserent a parler Il commenca a dire. Roy Charlemaigne. Mauldicte soit leure que Regnault ne vous laissa trencher la teste a Richart. Car vous ne le menassicies pas maintenant. Quant charlemaigne ouyt ce que Ogier luy disoit Il baissa le chief vers terre tout pensif et puis dist. Or sus barons Je vous commande que chescun se mecte en armes. car Je veulx que montauban soit assailly tout maintenant. Quant les francoys virent et ouyrent ainsi parler charlemaigne Ilz ne firent aultre demeure mais se alerent tous armer. Quant Ilz furent bien appareilles Ilz sen vindrent par bonne ordonnance pourtant eschielles martheaulx de paulx de fer et begs agus pour les murailles enfondrer et se presenterent a charlemaigne pour acomplir sa volente. Quant le roy les vit si bien aprestez Il leur commandast daler assaillir le fort chastel de montauban.

Antost que regnault apperceut venir ses ennemis Il appella alart son frere et luy dist mon frere Je vous prie humblement que vous prenes bondie mon bon cor et si le sonnes haultement a celle fin que noz gens se voisent armer. Car vecy les francois qui nous viennent assaillir. Quant Alart ouyst le commandement de regnault Il prit bondie et si le sonna si treshault par troys fois que tous ceulx du chastel qui le ouyrent en furent moult esbahyz et sans faire aultre demeure Ilz se alerent tous armer et sen alerent mectre

en deffence sus les murailles du chastel. Non pourtant les francois arriuerent qui se Jecterent dedens les fossez comment pourceaulx et mirent leurs eschelles contre les murs. Mais saches que ceulx de dedens le chastel se commencerent si grandement a deffendre a force de Jecter pierres quilz dommagerent fort les francois entant quil ny auoit grant foison de mors dedens les fossez et auez assauoir que regnault et ses freres faisoiét si merueilleuses armes que nessun ne pouuoit endurer leurs coups. Qui vist a celluy assault la poure duchesse et ses petitz enfans pourter pierres a regnault et a ses freres sur les murs Il en eut eu grant pitie. Car les deux enfans de regnault disoient a leurs oncles. Tenes noz oncles ses pierres car elles sont asses grosses. Telle deffence firent ceulx de mont auban quilz firét trebucher ceulx qui estoiét sur les eschelles dedens les fossez tous mors ou bleciez. Quant le roy charlemaigne vist ce Il en fust moult Irez. Car Il congneut bien que par force Il ne prendroit Jamais mont auban. Ne aussi les nobles cheualliers qui estoient dedens comment regnault et ses freres et lors fist sonner la retraicte si Irez que a peu quil nentragoit de dueil quát les francois ouyrent sonner la retraicte Ilz en furent bien Joyeux car Ilz estoient moult mal menez. Et vous prometz que charlemaigne laissa tel gaige aux fosses de môt auban dont bien marry fust long temps apres. Quant charlemaigne et tous ses gens furent retraitz Il commenca a Jurer saint denis de france q Jamais ne se partira dilecques Jusques a tant quil aura affame regnault et ses freres et tous ses gens de dedens le chastel de mont auban. Et lors commanda que a vne chescune porte et venue de mont auban que on establist deux cens cheualliers pour garder que nul ne puisse Issir sans estre mort ou pris. Quant regnault vit ce Il se mist a genoulx et Jouigt les mains vers le ciel et dist. Beau sire dieu qui en croix mort souffrites Je vous supplie quil vous plaise de permectre q nous ayons bon acord vers charlemaigne sauues noz vies quant richart ouyst la priere que regnault faisoit Il le escouta et puis dit
.D.iii.

Frere regnault Je vous prometz q̄ se vous me eussiez creu que main
tenant nous fussions en bonne paix. Et de ce faire eut este charle-
maigne tout liez pour sauuer sa vie. Vous sauez que ce que nostre
cousin auoit fait de le nous auoir baille seeans par prisonnier Il ne
lauoit par aultre Intencion si non pour faire nostre paix. Mais vo
ny aues voulu entendre nullement dont Je vous prometz que
Il ne nous en prendra Ja bien.

Ous auez assauoir que tant demoura charlemaigne ou sie
ge de montauban q̄ ceulx qui estoyent dedans auoyent grant souf
ferte de viures. Car qui pouoit auoir vng peu de victaille Il la
mussoit Incontinēt. Et fut a tant quilz ne pouoyent auoir vintes
pour or ne pour argent. Et commenca le pays a lentour a deffaillir
de viures tant que cestoit vne grant pitie. Et deues scauoir que
les gens se pasmoyent par my les rues de montauban par force de
fain. Bien eust eu le cueur endurcy qui leust veu qui ne ust eu pitie
Car la famine y estoit si grande: car lung frere a lautre mussoy-
ent la viande. Et le pere a lenfant: et le filz a la mere. A fere brief
Je vous prometz que ses poures gens mouroyēt tous par my les ru
es. Et auoit dedans montauban si grande puanteur des mors que
lon ny pouuoit durer. Quāt Regnault vit ce Il en eust moult grāt
duleur. Et lors Il fist faire vng grant charnier la ou fist
mectre tous les mors.

T quant Richart vit si grande mortalite dedans montau
bay a cause de la famine qui estoit. Et vit son frere Reg
nault en si grande detresse Il ne se peut tenir quil ne luy dist. Par
dieu mon frere or va Il pis que Jamais. Or vaulsist Il mieulx q̄
vous me eussies creu Car se vous me laissicies occire charlemai-
ne nous ne fussions pas en ceste pourete cy: ne voz gens ne fussiōs
pas mors de famine cōmēt Ilz sont. Et lors se mist a plourer mōlt
tendrement et puis dist. Helas pour quoy plain Je aultruy car Je me

deusse plaindre moy me sm̄s. Car Jl me conuient mourir et estre mis au charnier commēt le maindre. He maugis mon beau cousin ou estes vous car si vous fussies seans auecques nous nous ne aurions garde de mourir de famine et si ne doubterions guieres charlemaigne. Car vous nous trouueries asses viādes pour nous et pour tous noz gens. Or nous conuient mourir de famine comment le loup dessus la mer. Car charlemaigne nous hait plus que ne fait les sarrazins et pour ce ne fault actendre que Jl aye pitie de nous car cest le plus cruel roy de tout le monde.

Charlemaigne sceut par aucunes gens la grant famine qui estoit dedens mont auban dont Jl fut moult Joyeux lors appella ses gens et leur dist seigneurs or ne peult eschapper regnault que en brief Jl ne soit pendu. Et le mauuais richart traine a la cueue dūg roussin. Et Alart et Guichart aussi et si leur vauldra peu leur valeur. Quant le roy charlemaigne eut dictes ses parolles Jl manda querir tous ses pers et barons. Et quant Jlz furent tous arriuez dedens son pauillon Jl en fut moult Joyeux et dist. Seigneurs la dieu mercy Jay tenu mōt auban de si pres par si long temps que regnault ne ses freres nont plus que menger dedens. Et maintenant seront Jlz miens maulgre leurs dens. Car la pluspart de ses gens sont mors de fain et meurent tous les Jours. Vous deues sauoir que Je veulx que regnault soit pēdu et ses freres aussi. Mais auāt veulx que richart soit traine par vng roussin. Et si vous deffens a tous que Jl ny aye nul si hardy qui me parle que ne fasse ma volente Car Je nen feroie aultre chose. Quant le duc Naymes et Rolant et Oliuier et Ogier et larceuesque Turpin et Escouf le filz oedon qui Jllecques estoient ouyrent le roy ainsi parler Jlz furent bien mal contens pour lamour de regnault et de ses freres. Et lors baisserent leurs testes vers terre sās mot dire et peu sen faillit que ogier le dannois nen plourast. Mais Jl se reffreignit pour doubtance quil eut du roy charlemaigne.

.D.iiii.

Ous deues sauoir que durant le temps que charlemaigne estoit au sige de montauban persecutant les quatre filz aymon regnault alart guichart et richart. Aymō le pere estoit de la partie de charlemaigne menant guerre contre ses enfans. Car Il auoit promis a charlemaigne comment dessus ouy auez. Sachés que quant Il ouyst les menasses que le roy faisoit de ses enfans nonobstant quil les eut foriurez Il en fust moult Irez Car Il congnoissoit bien que se ses enfans prenoient mort quil nauroit Iamais Ioye. Car quelque guerre qlz leur menast si les amoit Il naturellement comment ses filz car nature ne peult mentier et pour ce eut Il si grant doleur quant Il ouyst menasser ses enfans de la vie perdre que a peu quil ne tomba mort a terre. Et du grant dueil quil auoit ne se peult tenir de dire. Damps roy empereur Je vous supplie quil vous plaise de mener mes enfans a droit. Car si Je les ay foriures touteffois Ilz sont extraitz de mon corps et de mon sang. Taises vous dist charlemaigne Je veulx quil soit ainsi car regnault me occit mon nepueu bertholot que tant amoye. Puis Il se restourna et vit que les barons parloient lung a laultre si leur dist. Seigneurs laisses le murmuter car Je vous dis pour verite que Je ne laisseray pour homme du monde que Je ne face ma volente. Vous saues quil y a trois ans quauons assige ce chastel. Et si ny auons Iamais donne assault que plusieurs de noz gens ny aions perduz. Si que Je veulx et vous commande que vng chescun de vo' face faire engins pour abbatre celle grant tour et tout le surplus aussi. Car en ceste maniere les esbahyrons nous grandement. Et vous mon nepueu rolant des engins ferez faire. vii. Et Oliuier en fera faire. vi. le duc naymes quatre Larceuesq̃ Turpin et Ogier le danois aultres quatre. Et vous duc aymon dist le roy charlemaigne en ferez faire trois.

Omment pourray Je cecy faire. Beau sire dieu se dist aymon. Car sire roy vous saues q̃ Ilz sont mes enfans nō mye truans mais les milleurs cheualliers du monde. Et si vous dis sire que se Je les voie mourir que Je fourcenneroie. Quāt charlemaigne ouyst ainsi parler Aymon Il en fust moult Ire et se mist a ronger vng baston quil tenoit en sa main et puis dist. Par Icelluy dieu qui me crea se Il ya celluy de vous qui ne face ma volente Je luy trencheray la teste de ceste espee. Sire dist le duc Naymes Ne vous courouces mye:car Il sera fait ce que aues commande tout a present. Quant les barons ouyerent le commandement de charlemaigne Ilz sen alletent pour faire les engins que le roy auoit commande: lesquielx furent prestement faitz. Et estoyent ces engins pour Jecter grant multitude de pierres. Et Incontinēt eulx estre faitz lon les fist Jecter contre montauban:et en brief temps Ilz le dommagerent grantdement. Et si vous promets que dedans ledit chastel auoit grāt cry de femmes et denfans. Et pour doubtance des pierres Ilz se aloyēt soubz terre muffant. Ceulx de montauban endurerent celle perplecite Jusques a ce quilz neurēt plus que mengier. Et vous promets quil y eust si grande mortalite de famine que lon ne sauoit plus ou mectre les mors: car le charnier estoit tout plain. Helas qui eust veu les Joſnes bacheliers qui se aloient appuyant dung baston par my montauban p̄ ce quilz estoyent si foibles a cause de famine Il en eust eu grant pitie. car auant que le chastel fut assige Ilz estoyent si fors et si vertueulx q̄ nul ne les pouuoit greuer. Mais a lors estoyent si affoibliz quilz aloyent trabuchant par my les rues mē grant comment pourceaulx

T quant Regnault vist la grant pitie qui estoit en ses gēs Il en eust moult grant douleur pour ce quil ny pouuoit mectre remede. Lors comenca a dire a soy mesmes Beau sire dieu que pourray Je faire. Or voy Je bien q̄ mō sens ne me vault riēs car Je ne scay ou prēdre victaille. Helas dieu en quelle part est maugis q̄ ne seet Il mō affaire et soultraige q̄ charlemaigne nous fait. Quāt dame clere ouyst regnault si angoisseusemēt plaindre elle luy dist.

Par dieu mon seigneur regnault vous aues tort & ainsi vous descō forter car vous nous descouraiges tous sceans. En oultre Je vous prometz q̄ Il a encores sceās pl⁹ de cēt cheuaulx Je vous prie que en fa cies tuer vng & quoy vous mengeres vous et nous et voz pouures enfans qui a deux Jours quilz ne mengerēt q̄ bien seur fist ne moy aussi. Quant elle eut ce dit elle cheut toute pasmee aux piedz de reg nault son mary de grant foiblesse par faulte de menger. Quāt reg nault vit ce Il la redressa et la tint entre ses bras. Et quant elle fust reuenue tout en plourāt se prit a dire par ceste maniere. Helas vierge marie que feray Je moy dolāte car trestout le cueur me fault peu sen fault que Je ne rens lame tant suis affoiblie et ce pour cau se de faim. Helas mes enfans qui eut cuydé Jamais voir que mourissies par famine.

Quant Regnault vit la grant detresse en quoy sa femme estoit Il en eut moult grant pitie. Lors se mist a plourer ai grement et tout en plourant sen ala en son estable la ou Il fist tu er vng cheual le quel Il fist appareiller et cuire pour donner a men ger a ses gens Je vous prometz que celluy cheual ne dura guieres car Ilz estoient asses de gens. Vous deuez sauoir que tous les che uaulx qui estoient au chastel furent menges lung apres laultre ex cepte quatre baiart et les cheuaulx des trois freres de regnault mais Ilz ne les vouloient point menger car Ilz ne vouloient pas de mourer a pie. Quant regnault vit quil ny auoit plus riens que Ilz peussent menger Il appella ses freres et leur dist. Beaulx freres q̄ ferons nous nous nauons plus que menger fors que noz quatre cheuaulx qui nous sont demourees faisons en tuer vng si menge ront noz gens. Par mō chief dist richart ce ne sera pas le mien et si vo⁹ auez talant de menger si faictes tuer le vostre car le miē naurez vo⁹ ja. Et si vous auez grant meschief cest bien a droit car par vr̄e orgueil no⁹ sommes venuz en ce point po⁹ ce q̄ en laissastes aler char lemaigne et si vous me eussiez creu ceste grant meschance ne nous fust Jamais aduenue. Ce pendant veez vous venir le petit aymon le filz de regnault qui dist a Richart par ceste maniere. Taises vo‍9 mon oncle car la chose que lon ne peult amender. Lon la dit passer le mieulx que lon peult. Car trop est fait a respendre les choses passees. Mais faictes ce que mon pere vous commande et vous ferez bien. Car vous faictes mal de ainsi le courroucer. Et sil a failly a son entente Il la bien chier compare et souffert grant paine se charlemaigne vous a long temps dommaigez. Alauenture dieu vous ay dera auant peu de heure se Il luy plait. Et croy certainement que si fera Il. Car la bonte que mon pere fist au roy charlemaigne ne doit estre perdue comment Je croy.

Tant pitie eut richart de son nepueu quant Il se ouyst parler ainsi saigement et le prit entre ses bras et le baisa tout en plourat. Lors dist a regnault. Sire faictes tuer mon cheual quant Il vous plaira si en donnez a menger a ses gens et a madame vostre femme et a mes petiz nepueuz car mon petit nepueu que vecy a bien deserui a menger pour le bon conseil que Il ma donne. Frere se dist alart faictes tuer le quel quil vous plaira fors seullement bayart car cellui ne mourra point se seroit grant dommaige. Et vous dy que Jayme myeulx mourir que se bayart estoit occis. Frere se dist richart vous dictes bien. Et lors lon fist tuer le cheual de richart et le mengerent. Quant Regnault vit quil nauoit plus que men‍ger Il ne sceut que faire car Il estoit plus dolant de ses freres et de sa femme quil nestoit pas de luy. Lors commeca a dire en ceste maniere. Helas que feray Je Je suis vaincu sans coup ferir. Or me vaulsist myeulx auoir creu mo frere richart car Je ne fusse pas e ce ste misere que Je suis. Or voy Je bien que le roy ma tant chasse quil ma mys en ses lacz et si nen puis eschapper mais Je congnoys bien que nul ne men doit plaindre car moymesmes ay fait la verge dont Je suis maitenat batu mon repentir est trop tard. Quat richart vit son frē regnault ainsi plourer Il cognent bie dot la pesee luy ve noit si en eut si grant doulleur qil troubla tout de mal talant si ne

sceut que dire. Car sil eut sceu q̃ regnault eut volu de sa cher Il luy
en eut baille volentiers. Quãt Il eut este vne grant piesse en ceste
detresse Il dist a ses freres. Mes freres que ferons nous Il nous cõ
uiendra randre puis q̃ nous ne sauons plus que faire. Et si ne pou
uons plus dresenauãt. Quesse que vous dictes se dist regnault vo
ulez vꝰ rẽdre au plus felõroy du mõde et au plus orguilleuy car
Il nous feroit tous pendre honteusement. Sil eut pitie en luy Je me
rendisse volentiers mais Il nen a point en luy. Et pour ce suis deli¬
bere que nous ne nous rendrons mye auant mẽgerons mes enfans
et puis nous mesmes. Touteffois si vous volez menger baiart Jen
suis contant pour tousiours aler en auant. Car Jay tousiours ouy
dire que vng Jour de respit vault moult. Toutesfois quelq̃ chose
quil dist Il nauoit pas couraige de menger baiart
Car cestoit tout son secours.

Pere se dist alart Je conseille que nous mẽgons baiart auãt
que de nous randre au roy charlemaigne car Il est trop cru
el ne Jamais naura mercy de nous. Quant regnault vit quilz volo
ient occire bayart son bõ cheual Il en eut si grant douleur au cueur
que peu sen failust quil ne cheut pasme a terre. Toutesfois Il eut
tãt de pouuoir quil se tint tout droit. Et commenca a dire. Beaulx
freres que volez vous faire volez vous mẽger baiart mon noble che
ual qui nous a tant de fois garde de mort et de perilz mortelz Je vꝰ
prie que auant que vous le occies que vous me occies moy mesmes
Car Je ne le pourroie voir mourir. Et quant vous me aurez occis
les tues hardiment baiart. Et si vous ne volez ce faire Je vous de f
fens si chier cõment vous me aymes que vous ne touches a baiart
Car qui luy fera mal Il le fera a moy mesmes Quant la duchesse
ouyst regnault ainsi parler elle ne sceut que faire fors dist a Reg
nault moult en grant regret. Ha gentil duc debonnaire et que ferõt
voz poures enfans. Volez vous quilz meurent de faim pour def¬
fault de vostre cheual car Il a desia trois Jours passez que riens ne

mengerent et en brief leur fauldra la vie et a moy aussi car le cueur me fault pour force de faim. Et si me verres a present mourir si Je nay secours. Quant les enfans ouyrent ainsi parler leur mere Ilz dirent a Regnault pere pour dieu liures nous vostre cheual car aussi bien mourra Il de faim. Et mieulx vault quil meure des premiers que nous. Quant Alart Guichart et richart ouyrent ainsi parler leurs nepueux lors Richart dist a son frere. He gentil duc pour dieu ne souffres mye que voz enfans ne ma dame vostre femme meurent de faim et nous aussi. Quant regnault ouyst ainsi parler son frere le cueur luy actendrit moult si comença a plourer et dist mes beaulx freres puis qlpl vous plait que bayart meure Je vous prie q loccies Quant tous se furent acordes que bayart seroit occis Ilz sen viennent a lestable et vont trouuer bayart qui leur Jecta vng grant souspir. Quant Regnault vit ce Il va dire que Il se occiroit luy mesme auant que bayart eur mal. Car plusieurs fois Il lauoit garde de prendre mort. Quant les enfans ouyrent ce Ilz sen tournerent a leur mere en plourant mourans de faim.

Lors quant regnault vit que ses enfans sen estoient alez Il sen vint a bayart et luy donna vng peu de foin car Il nauoit aultre chose que luy donner. Et puis sen vient a ses freres et trouua Alart qui tenoit aymon son nepueu qui plouroit. Et richart tenoit yon. Et Guichart la duchesse qui estoit pasmee. Et leur dist. Helas pour dieu mercy. Je vous prie que preignes couraige Jusques a la nuyt. Et Je vous prometz que Je feray tant que nous aurons a mengier. Frere se dist Alart Il le nous conuient a souffrir vueillons ou non. Tant actendirent ses cheualiers que la nuyt vint. et quat elle fut venue regnault dist a ses freres. Mes freres Je veulx aler parler a nostre pere pour voir quil me dira et se Il nous lairra mourir de faim. Frere se dist Richar Je y veulx aler auecques vous si vous plaist et vous en seres plus asseure. Mon frere se dist le bon cheualier regnault vous ny viendres mye car Je y veulx aler trestout seul. Et se Je ne vous apporte a menger Je vous deliure bayart Quant regnault eut ce dit Il se fist tresbien armer et monta sus bayart et sortit bien secretement de mont auban et sen ala au pauillon de son pere. Car Il congnoissoit le pauillon car Il auoit chysi de Jo et dessus la grant tour aduint quil trouua aymon son pere hors du pauillon tout seul qui estoit en espie pour sauoir sil pourroit auoir nouuelles du chastel. Quant regnault vit son pere Il luy dist qui es tu qui vas a ceste heure tout seul. Quãt aymon ouyst parler regnault Il se congneut bien a sa parolle si en fust moult Joyeux mais Il nen fist nul semblant et luy dist mais toy q̃ es tu qui vas a ceste heure si hault monte. Quant Regnault ouyst parler son pere Il se congneut bien si luy dist. Sire pour dieu ayez mercy de nous car nous mourons trestous de faim. Et tous mes gens sont Ja mors. Et si nauons plus que bayart qui ne mourra tant que Je viue. Auãt me lerray escourcher car a moy et a mes freres plusieurs fois a sauué la vie. Helas pere sil ne vous plait auoir mercy de nous ayez la de mes petiz enfans.

Beau filz dist Aymon Je ne vous puis de riens ayder mais vous en alez car vous sauez q̃ Je vous ay foriurez. Et pour tant ne me pariureroie pour chose qui au monde soit et de ce que ne vous puis ayder ne donner secours Jen ay le cueur moult dolant si tresse dist Regnault vous parles mal ne vous desplaise car Je vous prometz q̃ ce vous ne nous donez aulcũ secours q̃ auant trois Jours ma fẽme mes enfãs mes freres et moy mourrõs par force de famine. Car Il a desia trois Jours passes q̃ nul de nous na riẽs mẽge et si ne scay q̃lle chose faire. Helas vous estes nre pere si nous deuez re conforter. Car Je scay bien que se le roy nous tient Il nous fera trestous pendre et mourir villainemẽt et ce ne vous seroit pas honneur Pour ce pere vous ne nous deues pas faillir se la loy est droicturiere mõ pere pour dieu ayez mercy de nous et ne tenez point vostre couraige écõtre voz pouures enfans car ce seroit grãt cruaulte et aussi vous sauez bien que charlemaigne a grant tort de nous et ainsi nous persecuter. Quant aymon ouyst ainsi parler regnault Il luy en prit si grant pitie et si grant dueil que a peu quil ne tomba pasme a terre Puis se mist a regarder son enfant tout en plorāt et luy dist beaulx filz vous aues dit verite que le roy a grant tort de vous. Et pour ce descēdes et entres dedens mon pauillon et prenes ce que vous plaira Car riens ne vous sera contredit. Mais Je ne vous diray riens pour sauuer mon serement.

T quant regnault ouyst son pere ainsi parler Il descent a pie et se agenoilla deuāt luy et luy dist cent mille mercy. Et lors entra dedens le pauillon de son pere. Et charga bayart de pain de cher salee et de fresche. Saches que baiart en portoit plus q̄ neussēt porte dix aultres cheuaulx. Quāt regnault eut charge baiart de viures Il prit congie de son pere et sen tourna a mont aubā Il ne fault pas dire quel bien venue regnault eut de ses freres et de sa fēme et de ses gēs. Saches q̄ quāt Ilz le virēt q̄l menoit tant de viures Ilz cheurent tous pasmez de Joye. Quant Regnault vit ce Il cuida quilz fussent tous mors de famine et quil eust trop demoure si commēca a mener grant dueil et non sans cause. Cependant que Regnault demenoit son dueil ses freres se commancerent a reuenir de pasmoison et sa femme aussi et puis apres ses deux enfans. Quant Regnault les vit tous de bout Il en fut moult Joyeulx si leur presenta a menger et au remenant de ses gens. Tous ensemble demenerent grant Joye et mengerent a leur aise. Et quant Ilz furent bien soubz Ilz sen alerent reposer excepte Regnault qui voulsist faire le guet Quant ce vint a lendemain que le Jour fut venu Ilz se leuerent tous et alerent ouyr la messe. Et puis alerēt menger le demourant de la viande que Regnault auoit apporte

Dāt la nuyt fut venue aymō q̄ ne pouoit oublier ses ēfans fit venir son maistre dostel et quant luy et luy dist vo[us] scaues cōmēt Jay forture mes enfans dont se poise a moy q̄ onq̄s Je le fiz

Et daustre part Jay ouy dire que au besoing son congnoit lamy. Et vez sauoir que mes enfans sont leans en grant pouurete et detresse combien que Je les aye fourniures Je ne leur doy ne puis faillir nous auons trois engins que charlemaigne ma fait faire pour dommager mes enfans dont nous les auons dommages tant comme nous auons peu. Or conuient que nous leur aidons selon le dommaige et Je vous diray comment. Faictes que vous mectes dedens les engins du pain & la cher salee et de la fresche a grant plante en lieu de pierres et les faictes Jecter dedens le chastel. Car si Je deuoie mourir de faim si ne leur fauldray Je Jamais tant comment Jauray de quoy. Et si me repens du mal que Je leur ay tant fait car tout le monde men deuroit blasmer. Et par rayson Il auroient droit. Car mes enfans ont le droit et nous auons le tort. Sire dist le maistre dostel vous dictes bien car vous en auez tant fait que chescun vous en blasme grandement. Mais Incontinent feray vostre commandement et lors le maistre dostel fist ramplir les engis de vitaille et puis commanda au maistre de les Jecter dedens mont auban. Et deues scauoir que plusieurs le lost blasmoient aymon de ce quil tiroit contre ses enfans car Ilz cuydoient que ce fussent pierres. Lendemain au matin quant Regnault fut leue Il sen aloit parmy son chastel et trouua des viures a foison q son pere luy auoit fait gecter si en fut moult lez et dist. Beau sire dieu benoit soyez vous. Or voy Je bien que a nul qui ait en vous son esperance ne peult nullement mal deuenir puis appella ses freres et sa femme et puis dist mes freres vous voyez comment nostre pere si a eu pitie de nous. Et lors fist amasser les viures et les fist mectre en seur lieu. Si en mengerent a leur aise car Ilz en auoient bien mestier. Car Ilz auoient si grant faim q cestoit grant pitie sachez q aymon fist tant Jecter de viures dedens mont auban que ceulx de dedens en deuoient auoir asses pour trois moys a gouuerner honestement.

Ous deues sauoir que charlemaigne sceut aucunement comment le viel aymon auoit donne des viures a ses enfans si en fust moult dolent et Incontinent fist venir aymon par devant luy et luy dist. Aymon comment es tu si hardy ne ose de auoir donne a menger a mes ennemis mortelz. Or scay Je bien toute la chose tu ne ten peulz pas excuser. Mais par la foy que Je dois a dieu Je men vengeray si bien auant que la nuyt viengne que si Je puis vous en perdres la teste. Sire dist le duc aymon Je ne le veulx point nyer Je vous dis seaulment que si vous me vulies faire mourir et Jecter dedens vug feu que Je ne fauldray a mes enfans ta nt q Je auray de quoy Damps roy mes enfans ne sont mye larrons ne traictres ne murtricts. Mais sont des meilleurs cheualliers du monde et des plus loyaulx. Damps roy ne cuydes Ja occire mes enfans en telle maniere. Vous aues trop longuement mene ceste folie si que Il vous deuroit souffire de ce q vous en auez fait. Quat charlemaigne ouyst ainsi parler aymon Il en fut moult dolent. Et du grant dueil quil eut les yeulx luy rogirent en la teste coment chandilles et peu sen fallit quil ne frappa aymon. Quant le duc naymes vist ce Il se trait auant et dist. Sire roy enuoyes en aymon car trop laues tenu Icy Vous deuez bien sauoir que aymon ne souffriroit mye que ses enfans fussẽt destruitz. Et pour ce ne len deues blasmer ne aussi frapper.

Pres que charlemaigne eut ouy parler le duc naymes Il luy dist naymes puis que vous laues Juge vous nen seres Ja desdit. Et lors se tourna deuers le duc aymo et luy dist aymon or tost vuides mon ost car vous my aues fait plus de domaige que de proufsit. Sire dist aymon volentiers feray vostre commandement et lors monta a cheual et puis dist aux douze pers de france. Seigneurs Je vous prie a tous que mes enfans vous soient pour recommandes car Ilz sont extraictz de vostre sang. Et bien se garde le roy car sil fait mourir mes enfans par si grant oustraige comment Il a dist si Je deuoie deuenir sarrazin et demourer en auffriq tous les Jours de ma vie si luy trancheray Je la teste car aultre gaige nen veulx prendre. Quant aymõ eut ce dist Il se part de lost et sen ala en frãce

.E.i.

en sa contree moult dolent de ce qu'auoit laisse ses enfans en si grāt misere. Quant charlemaigne vit que aymon sen aloit ainsi quice et quil auoit garny montaubay de viures Il en fut moult dolent Si pensa sur ce fait longuement. Et a ceste cause Il mist son entente en plusieurs lieux. Quant Il eut asses pense Il estoit si dolēt que nul ne le pouuoit plus estre. Si se tourna vers ses barōs et le dist. Seigneurs Je vous commande que vous fasses deffaire tous noz engins. Car par eulx ay pardu de auoir le chastel de mont aubay Incontinent les barons firent deffaire les engins comment le roy leur auoit commande. Et par ainsi regnault demoura vng long temps en bonne paix. Mais quāt Il eut asses dure les viures commencerent fort a appetisser. Quāt regnault vit que ses viures estoient cours Il en fut moult Irez si commenca a se complaindre a soy mesmes et dist. Beau sire dieu et que feray Je Je congnois que au long aler nous ne pourrōs mye tenir. Et si naura charlemaigne nulle mercy de nous que Il ne nous face mourir. Helas Maugis ou estes vous. Car si vous fussies auecques nous nous neussions doubtance de riens. Et si ne souffriroie ceste grāt detresse q̄ Je souffre. Ainsi que Regnault se complaignoit a soy mesme advnt veez

vus venir alart q̄ estoit si foible que a poine se pouuoit Il soustenir sur ses piedz si dist a Regnault pour dieu frere faictes occire baiart car Je ne puis plus viure sās mēger ne aussi mes freres.

Or 26 quant Regnault ouyst son frere ainsi parler Il en eut moult grant dueil. Et lors prēt son espee et sen vint a bayart pour se occire. Quant baiart vit regnault Il commenca a demener grāt Joye Quant regnault vit la feste que baiart luy faisoit Il luy dit A baiart bonne beste se Je auoie cueur de vous mal faire certes bien seroie cruel. Quant yonnet lung de ses enfans ouyt ce Il escrie a son pere. Sire que attendes vous que vous ne tuez baiart puis quil doit mourir. Car Jenrage de malle fain. Et si vous dis que si Je nay aucune chose a menger en brief tps me verres mourir quāt vos y eusz aussi mon frere et pareillement ma mere. Car nous ne pouuons plus viure dors en auant tant sommes destrains de famine. Quant Regnault ouyst son filz ainsi parler Il en eust grand pitie et angoysse. Et daultre part de ce quil ne ousoit tuer bayart a cause qui luy faisoit si grant feste. Lors ne sceut que dire ne que faire si comenca a penser grandement. Quant Il eut pense vne grant piesse Il se va aduiser comment baiart ne mourroit point. Lors demanda vng bacsin et seigna baiart dedens le quel Jecta grant sang. Quant Il eut asses seigne regnault banda la plaie et alart prist le sang et le porta abiller. Et quant Il fut cuit Ilz en mengerent chescun vng petit qui leur donna grant substance. A dire verite regnault et sa compaignie demourerent bien quatre Jours quilz ne mengerent aultre chose. Quant ce vient au cinquiesme Jour que lon cuyda resseigner baiart Il estoit si mat quil ne Jecta point de sang. Quant la duchesse se vit ce elle se mist a plourer moult tendrement et dist sire pour dieu puis quil ne rend plus de sang si le faictes tuer si en mengeront voz poures enfans qui meurent de male famine et moy aussi

Amie se dist regnault Je nen feray riens car baiart nous a faicte bonne compaignie a la vie et aussi Il la nous fera a la mort car nous mourrons tous ensemble. Vous deues entendre et sauoir que regnault et ses gens estoient venuz atant quilz nac tendoient que la mort et Ja estoient asses pres. Et atant veez vous venir vng viel homme qui estoit de leans qui dist a regnault sire que sera ce Je voy que vous et mont auban serez destruitz et en vous nest mye demoure que vous ne laiez deffendu tant comment vous aues peu comment appert. Puis que Je voy que vous ny pouues faire aultre chose venez apres moy et Je vous monstreray vne voye par la quelle nous nous en pourrons aler sans nul dangier. Et veulx bien que vous saches que mont auban fust vne fois ferme auant que vous le fissiez faire. Et le seigneur qui le fist faire y fist faire vne voye soubz terre qui va Jusques au bois de la serpente Je estoie

.E.ii.

a dont vng josne enfant quant la vie fut faicte. Et si scay bien ou elle est. Faictes fouyr la ou je vous monstreray et vous la trou‍nerés sans faille. Si nous en irons tous quites sans nul dägier Quant regnault entëdist ses paroles Il en fust si joyeux que nul ne se pouuoit plus estre tant quil en oublia toute sa faim et puis dist Beau sire dieu qui tout creastes benoit soies vous. Or ay je trouue ce que je questoie. Car je men iray a ordonne que je doy chier tenir Et lors prent le viel homme par la main et se fist mener ou lieu ou Il auoit dit. Et la Il fist fouir en la terre et trouua la voye q̃ le viel homme luy auoit dist dont Il fust moult joyeux. Et lors sen vint en lestable et mist la selle a baiart et puis se mist dedens la voye mais saches que baiart estoit si fort affebly que a paine pouuoit Il aler le pas. Puis prist la duchesse sa femme ses freres et ses enfäs et le residu de ses gens et les mist tous a la voye dedens terre en tant quil ne laissa personne dedens montauban.

Tant plante de torches fist alumer regnault quant luy et ses gens furent dedens la caue et ce fist pour veoir plus cle‍rement dedens. Puis ordonna son auant garde de ce peu de gens qĩ auoit par bonne ordonnance sa banniere desploiee. Et luy fist la rie regarde auecques ses freres. Quant regnault eut bien ordonne sa besongne Ilz se mirent a la voye par dedens la caue qui estoit grãde et plantureuse. Quant Ilz eurent ale vne grant piece Regnault se arresta vne grant piece et dist a ses freres mes freres nous auons tresmal eypsloicte. Car nous auons laisse le roy yon en la prison Certes je aymeroye mieulx mourir que si je le laissoie ainsi. Car Il mourroit de famine comment vng loup enraige car ce seroit a nous peche par dieu se dist richart Il la bien desseruy. Car dung hõ‍me qui est traictre lon ne doit poit auoir pitie. Frere se dist regnault vous dictes mal. Et lors sen retourne et sen vient en la chartre ou estoit le roy yon si le desliura et lemena auecques luy. Quant la du‍chesse vit venir le roy võ elle luy dist. Ha frere võ soyes le tresmal venu car tout ce mal que nous auons vous nestes cause ce poise a moy que vous nestes pourri dedens la prison car vo' lauez bien deſſeruy. Dame se dist regnault laisses ester Je vous en prie. Car il ne mourra mye que Je puisse. Car Je luy ay fait hommaige si le doy porter et obeir combien quil aie grandement mespris enuers nous Jamais ne seray pariure enuers luy. Quant ses freres le ouyrent ainsi parler Ilz luy dirent frere vous parles bien et saigement vo' faictes ce que vous ne Jamais par nous ney seres mespris faictes en ceque vous plaira a pres ce dist Ilz semirent a leur voye.

Ant ont les cheuailliers ale quilz sont sortiz hors de la fosse et se trouuerent au bois de la serpente droictement au poig du Jour Incontinent quilz furent hors de la caue moult Joyeux p' ce quilz estoient eschappes de charlemaigne yonnet le petit enfāt de Regnault se pasma de force de faim. Quant regnault vit ce Il en fut moult dolent si le prit et se redressa et luy dist. Beau filz Je vous prie que fasses bonne chiere. Car nous aurons asses tost a menger a grant plante. Quant Il eut ce dist Il prit aymon son aultre filz entre ses bras et se commeca moult fort a reconforter. Quant regnault eut ce fait Il regarda entour de luy et congnent bien ou Il estoit si appella ses freres et leur dist. Messeigneurs Il me semble que nous sommes pres de lermitaige bernard mon bon amy. Sire se dist alart vous dictes verite mais que ferōs nous. Frere se dist regnault Je cōseille p' le plus prouffitable q̄ nous alōs la et demourerons Illecques tant que la nuyt soit venue et nous en Irons puis a dordōne car de Jour Je ne conseille mye que nous y alōs. Et daultre part Il ne peult estre que lermite ne aye quelque chose a menger que nous durons a ma fēme et a mes enfans. Frere se dist alart vous dictes bien par ma foy. Et lors se mirent a la voye et neurent guieres ale quilz trouuerent lermitaige. Mais tout en alant par my le bois Ilz se commencerent a departir comment bestes sauuaigees mengeans les herbes comment si ce fussent pommes ou poires

.E.iii.

tant auoient grant faim. Quant regnault vit ce Jl en fust moult dolent si les appella et leur dist. Seigneurs ce que vous faictes co⁹ pourroit bien tourner a dommaige de vous separer ainsi Je vous prie que chescun se ralie et nous en alons en lermitaige car nous y trouuerõs Bernard lermite q̃ nous fera bonne chiere Je le scay biẽ quãt regnault eut ce dist chescun se ralia ensemble et sen vont vers lermitaige. Et quant Jlz furent la regnault hurta a la porte et quãt bernard louyst Jl vint ouurir Incontinent. Quant lermite vit regnault et ses gens Jl en fut moult liez Incontinent sen vint a Regnault et la la embrasser et puis luy dist beau seigneur vous soyes le tresbien venu dont venez vous ne comẽt co⁹ ve Jl

On amy Bernard se dist regnault saiches que Jay laisse mon heritaige a charlemaigne pour force de faim. Si men vis a dordonne car ne puis aultre chose faire pour le presẽt. Si vous prie que si vous auez nulle rien que nous puissons donner a menger a ma femme et a mes enfans quil vous plaise leur en donner po² dieu Car Jlz sont tsi affamez quilz meurẽt de faim silz nont aucune chose a menger. Quãt Bernard larmite ouyt les parolles de regnault Jl en eut moult grant pitie pour la detresse ou Jl veoit regnault et ses gens. Et daultre part Jl fut moult Joyeux quant Jl les vit q̃lz estoient sortiz hors des daugiers de charlemaigne. Si sen vint a la duchesse et luy dist. Dame vous soyes la tresbien venue Je vous prie que nayez doubtance de riens car vous estes arriuee en bon lieu pour auoir respouy et Joye. Et lors entra en sa chambre et apporta pain et vin et tout ce que dieu luy auoit donne. Puis se assist de coste regnault et dist seigneurs prenes en gre se Jl vous plait vez la les biens que dieu ma donnez Je vous donray a menger en despit de charlemaigne. Grant mercy sire se dist regnault Jcy a tresbonnes nouuelles pour nous mais quant la nuyt sera venue nous no⁹ en Jrons a dordonne. Car Je doubte moult charlemaigne quil ne se appercoiue que nous sommes departiz car se dieu me donne fortune que Je puisse aler a dordonne Je ne doubteray le roy Charlemaigne vne pomme pourrie car Je me deffendray bien de luy. Sire se dist lermite vous dictes bien nostre p̄ en face a vr̄e guise

Tout ce Jour seiourna regnault et ses gens chiez lermite lequel les seruit et conforta de son pouoir. Et si donna de la uoine de son asne a baiart qui estoit si rescreu tant quil en peust meget. Quant la nuyt fut venue regnault sen volut departir et comanda a dieu lermite. Quant lermite vit quilz sen vouloient aler Il trouua maniere de trouuer trois cheuaulx dont la duchesse en eut lung et les enfans les aultres. Quant lermite eut ce fait regnault et sa compaignie sen alerent leur chemin et tant errerent quilz arriueret a dordonne. Quant ceulx de la cite sceurent que leur seigneur estoit venu que tant auoient desire Ilz en furent moult liez si luy vindrēt au deuant moult belle compaignie de gens et le receurent moult honorablement. Et le conuoierent Jusques a la forteresse. Puis les bourgois se mirent a dancer menans grant feste par my la ville comment se dieu fust descendu. Quant les barons du pais sceurent que regnault et ses freres estoiēt arriuez a dordonne Ilz en furēt moult Joyeux. Si le vindrēt tous Incontinent veoir et luy firent grant reuerence. Mais a present laisse le compte a parler de regnault et de ses freres et de sa femme et de ses enfans qui sont a dordonne bien aises et ont bien apaise leur faim. Et retorne a parler de charlemaigne et de ses douze pers pour compter comment Il entra dedens mōt auban apres que regnault en fut party.

Comment apres ce que charlemaigne eut assige mont auban et quil eut affamez tous ceulx qui estoient dedēs Il sceut comment regnault sen estoit ale et auoit habandonne mont auban et sen estoit ale luy et ses freres sa femme et ses enfans par dessoubz terre et se estoiēt alez a dordōne la ou le roy charlemaigne

.E.iiii.

ſes aſſa de rechief aſſieger mais auant quil miſt ſon ſiege regnault et ſes freres luy firent vne ſaillie ſus doy pluſieurs en perdirent la vie dune part et daultre et y fuſt retenu le duc richart de normādie pert de frāce dōt charlemaigne fut moult dolāt. Le pj chappitre.

EN ceſte partie diſt le compte que charlemaigne eſtoit ou ſiege de montauban moult dolant pour ce quil ne pouuoit prēdre regnault et ſes freres. Or aduint vng Jour que charlemaigne cheuauchoit pour ſauoir comment lon ſe pourroit dedens montauban. Quant Il fuſt au pres du chaſtel Il regarda contremont et Il ne vit perſonne du monde ſur les murs comment Il auoit acouſtume. Quant Il vit ce Il en fut moult eſbahy ſi ſen vint en ſon paueillon. Et Incontinent manda querir tous ſes barons quant Ilz furent tous venuz charlemaigne leur diſt ſeigneurs Il a bien huit Jours que Je nay veu nully deſſus les murs de montauban. Pour quoy Je croy que regnault ſoit mort et tous ſes gens. Sire diſt le duc naymes Il ſeroit bon que lon en ſceut la verite mandes y ſire ſil vous plait. Quant charlemaigne ouyſt ce luy meſme monta a cheual et tous ſes barons et ſen aſerent vers mont auban. Quant Ilz furent a la porte Ilz firent ſemblant de aſſaillir le chaſtel mais regnault en eſtoit trop loing pour le deffendre. Quant charlemaigne vit ce que neſſuy ne ſe appariſſoit pour le chaſtel deffendre Il cuyda propremēt que regnault et tous ſes gēs fuſſēt mors de fai et de detreſſe. Lors fiſt appourter vne eſchelle moult hauſee et la fiſt appuier es murs. Et Incontinent rolant monta ſus le premier et puis Ogier et Oliuier et le duc naymes. Quāt Ilz furent ſus les murs Ilz regarderent dedens et Ilz ne virent homme ne femme ſi deſcendirent dedens et vindrent ouurir la porte et firent entrer charlemaigne et tous ſes gens dedens mais ſaches que charlemaigne y entra ſi Irez que nul ne ſe pouuoit plus eſtre. Quant Il fut dedēs et Il ne trouua nulz Il fut ſi eſmerueille quil ne ſauoit que dire ne que faire. Si ſen mōta au donion et Il ny trouua nul dont fuſt pl' emerueilléz que par auant lors cōmēça a dire. Par ma foy beaulx seigneurs veey merueilles et diablerie. Sachez q̃ regnault sen est alé et ses freres et toutes ses gens et tout ce a fait maugis car Il a esté seeans car aultrement Il ne peult estre.

Pres que charlemaigne eut dictes ses paroles Il se mist a aler par my le chastel de mont auban querant pour sauoir se Il pourroit trouuer regnault ne aucun de ses freres. Tant ala par my le chastel de montauban quil trouua la voye par ou regnault et ses gens sen estoient alez. Quant le roy charlemaigne vit la caue Il en fut moult fort esbahy lors appella ogier le dannois et luy dist Ogier vecy la voye par ou ses traictres sen sōt alez et tout ce ma fait maugis. Car Il a faicte ceste caue en despit de moy dont Il me fera creuer le cueur au ventre. Sire dist le duc naymes nō blasmez maugis mais ceste caue demonstre estre faicte de plus de cēt ans et si vous dis de vrir que sarrazins la firent. Quant charlemaigne ouyst ses paroles Il se mist a rire de mal talant si maudist ceulx qui la caue firēt et ē fust moult Irez. Car Il congnoissoit que par la ca ue Il auoit failly a aduenir a son entente. Lors dist a ses gens or tost cherches ceste caue pour sauoir ou elle va. Car Je ne seray Ja mais aise Jusques Je sache ou elle va. Quant rolant entend charle maigne Il se mist dedēs la caue et fist alumer grant plante de tor ches pour y voir cler par dedens. Apres rolant entra grant plante de francois. Et tant alerent quilz vindrent Jusques au bout de la ca ue et quant Ilz furent au bout Ilz se trouuerent au bois de la serpen te. Quant rolant fut Issu hors de la caue Il regarda pour sauoir ou Il estoit mais luy mesme ne se sauoit recongnoistre. Et lors dist a ses gens seigneurs Il me semble que de aler plus auant ne de quer re regnault ce seroit grāt folie car Il scez bien la contree et nous ne sauons ou aler. Sire dirent ses compaignons vous dictes bien por ce retournons vers charlemaigne vostre oncle pour luy dire ce que nous auons trouué dedens ceste fosse.

Quant Rolant et ses compaignons se furent acordez Ilz se
mirent en voye pour tourner de la ou Ilz estoient venuz quāt
le roy charlemaigne les vist venir Il leur commenca a dire.
Rolant mon beau nepueu que auez vous trouue auez vo⁹
point trouue nulle part lissue de la caue. Sire se dist rolant ouy sās
nulle faulte. Saches q̄ regnault et ses gens tous sont eschappez
et si en maínent baiart et vez vo⁹ Icy les pas tous formez. Quāt
le roy charlemaigne apperceut que regnault et ses gens sen estoient
alez Il en fut si Irez que plus ne se pouuoit estre. Et de celle mesme
heure Il manda ses messagiers par tous paiz et conttrees po² sauoir
se Il pourroit auoir nouuelles de regnault et de ses freres. Quant
Il eut ce fait Il commanda que lost fust deloge et quilz venissēt to⁹
a montauban. Quant les barons ouyrent le roy si firent son com-
mandement et alerent tous a montauban et se logerēt tous dedēs
au mieulx quilz peurent. Et demourerent dedens bien six Iours me
nans grant Ioye de ce que regnault et ses freres estoient ainsi des-
chassez. Ainsi que ses barons se desduisoient dedens montauban
vecy venir vng messagier qui sen vint droit au roy charlemaigne
et le salua moult honnorablement et puis luy dist par ceste maniere
Sire saches que Iay veu regnault alart guichart et richart menās
grant Ioye a moult grant compaignie de cheualliers tenans grant
court dedens dordonne la ou Il fait de moult riches dons a vng che
cun et suis esmerueille ou Il a pris si grant tresor. Et si y est le roy
yon de gascongne. Et qui plus est Ie vous dis de vir que regnault
a fait moult grande assemblee de gens pour se deffedre cōtre
vous si vous le ales assaillir en quelque fasson q̄ ce soit.

Oult fust Ire le roy charlemaigne quant Il ouyst son me
sagier si Iura saint denis quil ne couchera Iamais en lict quil naye
assige dordonne. Quant Il eut ce dist Il commanda a tous ses ba
rons que chescun trousse ses bagues et quilz se mecten t a la voye se
droit chemi vers dordonne. Quāt les barons ouyrēt charlemaigne

ainsi parler sans faire longue demeure Ilz se mirent a la voye. Et tant cheuaucherent quilz arriuerēt a mont argueil qui estoit assez pres de dordonne tant que lon pouuoit bien veoir ses clochiers celle nuyt lougea la lost de charlemaigne mais Je vous prometz quil fist faire toute la nuyt moult grant guet pour doubtāce des quatre filz aymon. Quant le Jour fut venu charlemaigne fist mectre ses gens en belle ordonnāce sa banniere desploiee et se mist a cheuaucher vers dordonne. Quant regnault sceut que charlemaigne estoit venu pour le assiger dedēs dordonne Il commenca a Jurer que point ne se laissera assiger comment Il fist dedēs mont auban car Il se combatra a charlemaigne. Et se Il peust frapper entre ses mains Il sera mal venu car Il ne naura pas la pitie quil na eu autreffois a cause quil est si felon et sans pitie. Frere se dist richart or voy je maintenant que vous parles en cheuallier. Et par la foy que Je vous doy Je vous promtz que auant que Jamais le roy charlemaigne nous assige Jen occiray plus de cent. Et se dieu ne nous fault nous ferōs telle chose que charlemaigne en sera dolāt et marry toute sa vie car Il a maniere de villain qui plus le prie et moins en fait. Frere se dist alart par la foy que je vous doy vous parles bien et honnestemēt et si vous en sauray bon gre tous les Jours de ma vie.

Ous deuez sauoir que quant regnault vist que charlemaigne le venoit assiger a tout grant puissance de gens Il nen fust de riens esbahy. Mais Incontinent fist sonner bondie son bon cort et fist armer ses gens prestement qui estoient grant nombre et les fist Issir hors de la cite. Quāt son armee fust ensemble enmy les champs cestoit moult noble chose a veoir. Et lors Il ordonna ses batailles par bonne ordonnance comment saige combatant. Quāt Il eut ce fait Il appella ses freres et leur dist. Mes beaux freres auiourduy est le Jour que nous mourrons tous ou nous ferons tāt que nous finerons nostre guerre par la quelle nous pourrōs auoir paix finie. Pour quoy Je vo? prie q̄ cheseū se demōstre estre vaillāt cheuaulliers. Car Jay en vous toute mon esperance. Et si vous prometz que Je ayme mieulx mourir vaillamment en bataille que estre pendu honteusement comment larron. Mes freres Je vous prie que venez tous au pres de moy et me suiues car Je veulx que nous soyons des premiers ferans. Frere se dist alart nous ferons vostre commandement point ney doubtes et vous medes deuant quant vous plaira. Quant Ilz se furent a ce acordez regnault elist cent des meilleurs cheualliers de sa compaignie et leur dist. Seigneurs Je vous prie que vous vueillez estre auecques moy en la premiere bataille et vous me feres grant honneur. Sire dirent les cheualliers volentiers ferons vostre commandement et ne vous lairons tant que nous aurons ou corps la vie. Et si vous remercions de lonneur que vous nous faictes de ce quil vous plait que nous soyons en vostre compaignie. Car nous scauons bien que tant que nous serons auecques vous nous naurons garde de auoir mal ne peril.

Quant Regnault eust bien ordonne ses batailles Il ne fist aultre demeure mais se mist le premier lescu au col et la lance au poing et monta sus baiart qui regardoit entour soy menant grant noyse. Et lors regnault luy baille de lesperon et se mist auant entre les gens du roy charlemaigne. Quant charlemaigne vist venir baiart qui faisoit si grant bruit et regnault dessus qui venoit en si belle ordonnance Il en fut moult esbahy si dist a soy mesmes. He beau sire dieu et ou dyables ont maintenant si tost pris les quatre filz aymon tant de gens Je croy moy que cest vne diablerie. Car Je ne luy auoie riens laisse na mye encores qui eres de temps. Et maintenant Il est de rechief si puissant que Il ne me prise de riens. Mais Je prometz a dieu que tout ce ne luy vauldra riens que de eulx ne face Justice auant qlsoit peu de temps et Incontinent fist ordonner ses batailles au mieulx qlpeut et monta a cheual pour soy venir combatre a regnault. Quant le duc naymes vit que charlemaigne estoit si enrage quil se vloit aler combatre contre regnault Il sen vint a luy et luy dist. Sire quest ce que vous volez faire Je vous prometz que ce seroit grant folie de combatre a ses gens. Mais seroit le meilleur de faire bonne paix entre vous et regnault. Car Je suis seur que regnault fera tout tant que luy commanderes. Et si vous dis bien que si nous combactons a eulx que vous verrez a mainstes bons chevalliers trainer ses boiaulx par my les champs dont sera grant dommaige pour lune partie et pour laustre. Et telle sera la perte que Jamais ne sara recouuree. Naymes se dist le roy charlemaigne laisse cella en paix car Je nen feray riens pour homme vivant qui en parle. Plustost me laisseroie tous les membres trancher. Quant le duc naymes eut entendues ses paroles Il en fust moult dolent et laissa de ce se parler. Et de celleheure charlemaigne se delibera de combatre et tousiours cheuauchoit en auant en grant fureur

Regnault vit que ses deux ostz se approuchoient moult lung de laustre a point de frapper lors se tourna devers son frere richart et luy dist frere Je veulx aler parler au roy pour savoir de luy se Il nous vouldroit pardonner son maltalant car se Il le vouloit faire Je feroie tout son plaisir entierement comment a nostre souverain seigneur. Par dieu frere se dist richart vous ne valles pas ung boton de haye car se cuer vous est Ja failly. Va meschant si dist regnault touteffois si y veulx Je aler et personne qui soit vivant au monde ne men gardera. Et se Il reffuse la paix quant Je la luy demanderay Je voue a dieu que Jamais ne len requerray Jo² de ma vie Frere se dist alart vous dictes bien et saigement alez y faictes en vostre volete. Et lors regnault ne fist aultre demeure mais frappe baiart des esperons et vint Incontinent vers le roy charlemaigne et luy dist. Sire pour dieu mercy souffres se Il est de vostre plaisir que nous ayons acord entre vous. Et que ceste guerre qui a tant dure preigne fin et que vostre Ire nous soit pardonnee. Et Je feray ce que vous plaira et si vous donray baiart mon bon cheual. Fuiez dicy glouton lieu v⁹ maudie se dist le roy charlemaigne car tout le

monde ne te sautoit garentir que Je ne te occie. Sire se dist regnault
ne ferez pas si dieu plait. Car Je me deffendray bien et puis que a ce
vient sachez que ne serez par nous espargne mais vous ferons le
pis que nous pourrons. Ferez vassault se dist le roy Jamais ne vo9
prise riens si ce maulvais glocton meschappe. Quant regnault vit
ce Il dist. Damps roy de france Je vous deffy. Puis picqua baiart
des esperons et va courir sa lance baissee et frappa vng cheuallier
par my la poitrine si durement quil labatit mort a terre puis se re
tourna a ses gens. Quant charlemaigne vit ce Il escrie a
haulte voix ferez cheualliers ferez maintenāt seront descōfiz

Lors quant rolant ouyst le roy Charlemaigne ainsi crier Il
picqua apres Regnault et maintes aulttes cheualliers mais
Ilz ne le acoussurent mye. Quant richart vit venir regnault Il luy
vint alencontre et luy dist frere quelles nouuelles apportes vous
autōs no9 paix ou du tout guerre. Frere se dist regnault pensōs de
bien faire car la paix naurons pas. Frere se dist richart dieu vous
benie des nouuelles que apportes. Car Je pēse faire auiourd uy tel
le chose dont charlemaigne sera courrouce. Frere se dist Regnault
Je vous prie que vous demonstres vertueulx encontre de noz enne
mis. Quāt le roy charlemaigne vit quil estoit tēps de ferir Il appel
la le duc naymes moult hastiuement et luy dist naymes tenez mon
oriflant et penses de bien et vaillamment ferir comment bon che
uallier doit faire a dextre et a senestre en gardant mon bon heur Je
vous en prie. Sire se dist le duc naymes Il ne fault point que vous
me pries car Je suis tenu de le faire. Bien me gresue que vous na
ues fait aultrement se est de auoir bonne paix car la guerre a trop
longuement dure. Naymes Je vous commande q de ce ne me parles
Car tant que Je viue Ilz nauront a moy nulle paix sire dist le duc
naymes ce poise a moy or Il perra que vous ferez. Car Je men vip
en la bataille des premiers penses de moy suiure se vous vulez car
Je me mectray en tel lieu dont vous seres moult fort esmerueille et

non sans cause. Car Il nest homme si froit qui ne si eschauffast en bien peu de heure. Maintenant me suiue qui vouldra.

Quant regnault vit louflant vent Il picqua baiart des esperons et sen ala courir en la plus grant presse. Et frappa vng cheuallier si durement qlˈ le jecta mort par terre. Puis se tourne deuers ses gens et les recoforta honnestement puis se mist de rechief a frapper ses ennemis moult asprement. Et sans cesser en toba de sa lance Jusques a quatre. Quant ce vint au quatriesme Il brisa sa lance. Et quant Il leut brisee Il mist la main a son espee et en frappa vng cheuallier sur son heaulme si durement quil se fendit Jusques aux dens. Puis en frappa vng aultre a qui Il fist voler la teste Jus des espaulles. Quant Il eut fait ses deux coupz Il escria dordonne tant comment Il peult pour esbaudir ses gens quãt Il eut ainsi crie Il leur dist. Or a eulx francz cheualliers. Car auiourduy vengerons le grant honte que charlemaigne nous a fait si longuement et sans raison. Quant Alart Guichart et Richart ouyrent ainsi parler regnault Ilz se mirent a courir sur leurs ennemis par telle maniere quilz abatiret chescun deulx sept cheualliers de celle pointe. Qui a lors fust Illecques Il eut veu faire moult noble cheuallerie darmes aux quatre filz aymon. Car depuis quilz furent la assemblés les gens du roy charlemaigne ne peurent oncques auoir enuers eulx duree. Car regnault et ses freres les aloient abatant deuant eulx comment bestes si que la pluspart furent mors ou desconfiz. Quant le roy charlemaigne vit le grant dommaige que les quatre filz aymon luy faisoient Il en fust moult dolent et comment fourcene Il va courir sus ses gens de regnault et va frapper vng cheuallier si durement quil labatit mort a terre dõt sa lance vola en piesses. Et lors Il mist la main a son espee durant dal si en fist merueilles darmes tant que ses gens luy en donnerent los et pris si bien et si vaillammẽt se y pourta. Saches que celle merueilleuse bataille fut si cruelle qˈ cestoit pitie a veoir.

L est vray que rolant eut moult grant paour de charlemaigne son oncle quil ne fust abbatu quant Il se vit par my la meslee. Si sen va Incontinent au pres de luy et Oliuier et Ogier et tous ses douze pers pour garder que Il neust nul mal. Quant les grosses batailles se furent assemblees lune contre laultre vous eussies veu Illecques vne moult aspre et douloureuse bataille tant que cestoit pitie a veoir. Car depuis que Rolant et Oliuier et les douze pers de france furent arriuez en la meslee Ilz commencerent a faire si grant abatement des gens de regnault quilz leur faisoient laisser la place. Quant Regnault et ses freres virent ce Ilz se meslerent si asprement contre les francois que chescun leur faisoit voie a cause des grans coups quilz donnoient. Car Ilz ne ateignoient homme quil ne tombast mort a terre En tant quil nestoit riés qui ne fremist deuant eulx. Vous deues sauoir que depuis heure de prime Jusques a heure de nonne dura la bataille moult fiere si que lon ne sauoit le quel des deux auroit le meilleur mais quant nonne fut passee les gens de regnault se commencerent a reffraindre. Car Ilz ne pouuoient plus. Et a la verite dire se les gens de Regnault se retiroient arriere nul ne les en doit blasmer. Car charlemaigne auoit quatre fois autant de gens que regnault sans les douze pers que chescun scet quelz cheualliers ce stoient. Mais ce que les gens de regnault faisoient cestoit pour le bon exemple qlz veoient en regnault et en ses freres

T quant le noble cheuallier regnault apperceut q ses gens se retrahyoyẽt Il sen vint a celluy qui portoit son enseigne et luy dist mon amy cheuauche vers dordonne au plus saigement q tu pourras. Car trop nous somes huy combactuz Il est huy mais temps de repouser. Sire dist le cheuallier bien feray vostre commandement. Et Incontinent se mist en voie vers dordonne. Lors regnault appella ses freres et leur dist. Mes freres tenons nous derriere car aultrement sommes perduz. Frere se dist Richart nayez doubtance car tant que dieu dōra vie a vous et a baiart nous nau̇rons doubtance de riens. Quant charlemaigne vit que regnault se estoit alé et toute sa cōpaignie Il escrie a haulte voix. Or apres seigneurs apres car maintenant sont desconfiz. Par Icelle parolle mais vaillans cheualliers perdirent la vie car tel eschauffa regnault q̄ sen repentit chierement. Car regnault et ses freres en firent mourir plus dung cent a grant martire. Et en despit de charlemaigne regnault et ses freres sen entrerent dēns dordonne. Et deues scauoir que richart le frere de regnault Jousta a richart de normandie au pres de la porte de dordonne ainsi comment Ilz sen vouloiēt entrer dēns. Et fut abatu richart de normandie le quel richart frere de regnault retint et le mist dēns la cite maulgre les gens de charlemaigne. Quant regnault et tous ses gens furent dēns dordonne Il fist serrer les portes et puis sen aseret desarmer luy et ses gēs pour eulx mectre a leur aise car Ilz nauoiēt bien mestier

Vous deuez sauoir que quant charlemaigne vit que les quatre filz aymon sestoient saunez. Et quilz auoient retenu richart de normandie par prisonnier qui estoit lung des douze pers Il fust si dolant que nul ne le pouuoit plus estre. Car Il auoit paour que regnault ne fist mourir richart de normandie. Quant Il vit quil ne sauoit aultre chose que faire Il commāda que lon assigeast la cite de toutes pars. La quelle chose fut Incotinent faicte ainsi quil lauoit commāde. Et lors Jura charlemaigne que dilec ne partira Jusques a ce quil ait la cite prise et les quatre filz aymon aura fait pandre honteusement. Sire se dist rolant vous sauez que Je suis celluy qui pis ay fait aux quatre filz aymon et que Jamais Je ne vous parlay de paix entre vous et eulx. Mais de formais raison me commande q̄ Je vous en diue parler. Sire vous sauez bien quil a passe .v. ans que vous auez guerroie les quatre filz aymon. Et si auons eu tousiours le pis de la guerre et non sans cause. Car regnault et ses freres sont moult vaillās cheualliers et ne sont mye legiers a descōfire

.F.i.

comment son cuyde. Et vous prometz que si vous eussiez tant guer
royez les sarrazins que les filz aymon vous en fussiez seigneur et
de la plus grant partie et a plus grant honneur et a moins de do
mayge. Et qui pis est vous sauez que richart de normandie est pris
ung des bons cheualiers que vous eussies. Et sil vous en vient des
honneur Il sera bien emploie. Car si regnault se fait occire vous en
aurez honte et grant dommaige et si en verrez france toute troublee
Car le dit richart de normandie a moult de grans amyz et parente
Et si vous dis q̃ si Je estoie ou lieu de regnault q̃ Je le occiroie puis
que Je ne pourroie auoir paix auecques vous. Pour quoy sire si vo9
me voulez croire pour vostre honneur et prouffit vo9 manderes a reg
nault quil vous rende le duc richart de normandie tout arme sus
son cheual et vous ferez accord auecques luy. Et Je vous prometz
sire que Il se fera volentiers. Et tout ce quil vous plaira luy com
mander aussi ses freres.

ROlant se dist le roy voles vous plus riens dire. Non sire se
dist rolant. Et Je vous Jure sus ma foy dist charlemaigne
que les quatre filz aymon nauront Jamais paix auecques moy et
si vous dis que Je nay nulle doubtance de richart de normandie car
regnault se lairoit auãt creuer le yeulx quil luy fist nul mal quãt
ses barons ouyrent ainsi parler charlemaigne Ilz se mirent tous a
plourer pour la grant paour quilz auoient que richart de normãdie
eust aulcũ mal. Apres toutes ses choses regnault et ses freres et
tous ses gens estoient dedens dordonne menans grant feste. Quãt
Ilz se furent tous desarmez regnault ordonna son guet dessus les
murs de la cite. Puis fist venir le duc richart de normandie deuant
luy et puis luy dist duc richart vous sauez bien le grant tort que le
roy charlemaigne a de moy et pareillemẽt de mes freres sans raisõ
dont Je vous dis de voir que si vous ne faictes la paix que en nul de
voz membres ne vous fiez car Je les feray decouppe tous. Sire dist
le duc richart de normandie Je suis en vostre dãgier si pouues faire

de moy a voſtre bon plaiſir. Vous me aues pris de guerre et nō aul
trement ſi vous me faictes oultraige vous en aures deſhonneur eter
nellement. Et ſi veulx bien que vous ſaches que tant comment Je
viue Je ne fauldray a charlemaigne pour doubtāce de mort. Quāt
regnault ouyſt parler ainſi richart de normandie Il ſe reffreingna
vng peu de ſon mal talant. Et lors commanda quil fuſt mis es
fers en ſa chambre et quil fuſt bien gardé et courtoiſement et bien
ſeruy de tout ce qui luy appertenoit a ſon eſtat et tout ce quil demāt
eroit luy fuſt baillé. Or eſt le duc richart de normandie empriſon
ne mais Il eſtoit bien aiſe et ſerui de bonnes viandes et ſi auoit bō
ne compaignie pour Jouer a quelque Jeu quil luy plaiſoit. Et auſſi
la bonne ducheſſe dame clere le venoit ſouuent viſiter et le recon
fortoit de ſes belles paroles

Quant charlemaigne viſt et congneut facillement que pour
aſſault ne pourroit auoir la cite de vardonne Il fiſt faire
des engins pour Jecter des pierres dedens vardonne. Mais quelque
choſe quil fiſt regnault et ſes freres et auſſi ſes gens ſortiſſoient
ſouuent tant de nuyt que de Jour deſſus loſt du roy charlemaigne
au quel Ilz faiſoient grant deſplaiſir. Car regnault ne prenoit hō
me quil ne gardaſt pour priſonier pour voir ſe Il pourroit auoir nul
le paix auecques le roy charlemaigne. En celluy temps que le roy
charlemaigne eſtoit deuant vardonne. Le roy yon de gaſcongne tō
ba au lict malade dune moult grande maladie et ſe confeſſa de to
ſes pechez. Et prioit a noſtre ſeigneur moult deuotement quil luy
pleuſt auoit pitie et miſericorde de luy et luy pardonner ſes pechez. Et
quant Il eut aſſes maladie Il mourut dieu en ait lame. Et deuez ſa
uoir que regnault le fiſt enterrer moult honnorablement comment
a roy appertenoit. Mais Il ny eut homme leans qui en ploraſt car
tous luy voloient mal pour ſa grant trahiſon quil auoit commiſe
enuers les quatre filz aymon. Or a preſent laiſſe le cōpte a parler
de ceſte matiere et retorne a parler de maugis qui eſtoit en ſon her
.F.ii.

Cmitaige qui seruoit nostre seigneur & bon cueur tant quil auoit oublie regnault ses freres et ses amis.

Comment maugis luy estant en son hermitaige Il luy vint volente par vne aduision quil eut de nuyt en son dormant de aler voir regnault et ses freres. Au matin se mist a chemin et trouua en sa voie deux marchans que sept larrons auoiēt destroussez en vng bois desquelz sept larrons maugis en occit les cinq. Et rendit aux marchans tout leur auoir. Puis sen ala a dardōne voir regnault et ses freres ses bons cousins.
Chapitre xxi

Et dist Icy le compte que quant maugis estoit en son hermitage Et quil auoit moult veille en faisant son orayson et ses prieres a dieu Il se endormit en son oratoyre. Et luy fust aduis en son dormāt quil estoit a mont auban et veoit regnault et ses freres qui luy venoient au deuant et se plaignoient a luy de charlemaigne qui leur voloit tollir baiart le bon cheual. Mais regnault, lauoit pris par le fraing et ne sen laissoit mye mener saches que maugis eust si grant douleur en son songe quil sen esueilla tout furieux Et se leua en piedz Incontinent. Et lors Jura nostre seigneur que Jamais de sa vie Il ne cessera Jusques a ce quil aie veu regnault et ses freres ses bons cousins. Quant maugis eut ce dist Il ne fist aultre demeure mais ferma la porte de sa chappelle et prit sa chappe et son bourdon et se mist a la voie au plus tost quil peult et se trouua enuiron heure de nonne en vng grant bois la ou Il trouua deux hōmes qui faisoient mauuaise chiere et menoient grant dueil. Quāt maugis les vist Il sen vint a eulx et leur dist dieu soit auecques vous. Et lung deux respondit. Certes dieu nest mye auecq̄ nous mais y est le diable car malleureuse fust leure pour nous que Jamais vinsmes en ce bois. Car nous en sommes desers et destruitz et si serons a tousiours mais.

Esseigneurs ce dist maugis quest ce que vous aues qui ainsi vous guermentes. Bon homme dist vng des deux cop si scauāt a des larrōs qui nous ont detrousse des draps que nous portions vendre. Et si ont tue vng de noz compaignons pour ce quil parla a eulx trop rudement. Quant maugis vist ses deux pouures marchās ainsi parler Il en eust moult grant pitie si leur dist Mes amis venes auecques moy et Je prieray les larrons de la part de nostre seigneur quilz vous rendent le vostre et silz ne le font Je me courrousseray a eulx. Et si me combattray a eulx si rudement q̄ Je scauray de mon bourdon se Ilz ont dure teste. Quant les marchans ouyrent maugis ainsi parler Ilz le commencerent a regarder a celle fin quilz le sachent congnoistre. Lors lung deulx commenca a dire par ceste maniere. Et quest ce q̄ diable vous dictes Ilz sont sept et vous estes tout seul et tout nudz et Ilz sont tous armes Et daultre part a grant poine pouues aler ne tenir vostre bourdon Taises vous se dist laultre laisses ester ce fol car Il ne scet quil dist Voyez comment Il crosle la teste tant est affolle. Quant Ilz eurent ce dist a maugis Ilz luy dirēt frere va ta voye et nous laisse en paix Ou Je te donray tel coup de ce baston que tu le sentiras biē

Vant maugis vist le marchāt ainsi parler Il luy dist frere tu as grant tort Je ne te puis faire bien a force. Et lors sen partit maugis des marchans. Et tant erra quil acōceust les larrons et leur dist seigneurs dieu vous sault Je vous prie que vous me dictes pour quoy vous aues pris lauoir de ses pouures marchans vous saues bien quil nest point vostre et que lon na riēs en laultruy pour quoy Je vous prie que leur rendes leur marchandise. Et dieu vous en saura bon gre. Quāt les larrons ouyrent maugis ainsi parler Ilz en furent moult Irez si regarderent maugis de trauers comment sil fust sarrazin. Lors parla le maistre des larrons qui estoit de mauluaise part et dist a maugis. Va ten filz de putein ou Je te donray tel coup du pie que Je te creueray le ventre. Quant maugis

.F.iii.

ouyst ce et congneut que le larron ne creignoit dieu ne sa mere Il en fust moult Irez. Si aulsa son bourdon et en frappa ce mauluais larron par my le chief si durement quil le mist mort par terre. Quant les aultres larrons virent leur maistre mort Ilz coururet tous sus maugis pour le tuer mais maugis les mist en tel point de son bourdon quil en tua cinq en peu de heure. Et les aultres deux se mirent en fuite par my le bois. Quant maugis vit quilz laisserent la place Il ne les chassa mye plus auāt mais leur cria a haulte voix. Ha mauuais larrons tournez arriere si rendes vostre larrecin. Quant les marchans ouyrent ainsi crier maugis Ilz sen vindrent Incontinent vers luy et trouuerent que les larrons qui les auoient destrobez estoient mors lors dirent lung a laultre vecy vng tresbon pelerin Je crey que cest mon seigneur saint martin.

Quant les marchans virent ce que maugis auoit fait Ilz en furent moult liez. Si sen viengnent vers maugis et se agenoillerent deuant luy en luy criant mercy de ce quilz lauoient blasme a tort et sans cause. Seigneurs dist maugis. Si vous me distes grosses parolles les larrons men dirent encores plus. Car Ilz me appellerent ribault putanier truant paillart filz de putain mais Ilz lot moult chierement achete. Et suis moult corrouce de ce que les deux me sont eschappez si vo9 leuez sus et prenez voz bagues et vous en alez a dieu et priez p9 moy. Mais dune chose vo9 veulx parler auant que vous en alez Je vous prie que vous me dictes nouuelles de charlemaigne si vous en sauez ne se Il a pris mont auban et les quatre filz aymon qui estoyent dedans. Sire dirent les marchans. Seurement charlemaigne a prins montauban mais Il na point prins les quatre filz aymon ne ses gens Car Ilz sen estoient ale par vne caue soubz terre et sen alerent a dourdonne la ou charlemaigne les a de nouuel assiges come lon dist. Et si ne veust paix ne cōcorde auec regnault. Certes se dit maugis ce poise a moy car trop sont bons cheualiers les quatre filz aymon. Quāt maugis ouyt les

nouuelles que charlemaigne auoit assige regnault dedens dordon
ne Il commanda a dieu ces marchans et puis prit sa voye vers dordon
ne. Et tant ala quil arriua en lost de charlemaigne puis sadressa
vers la cite et faisoit semblant destre moult foible car il se aloit apu
iant a son bourdon. Quant les gens du roy charlemaigne virent
maugis ainsi aler Ilz le commencerent a regarder et disoient lung
a laultre ce pelerin va moult lassement Il nest pas bien pour aler guie
res loingt. Par mon serement se dist vng aultre ce pourroit bien estre
maugis qui sest ainsi deguise pour nous decepuoir. Non est dirent
les aultres maugis nest mye en vie. Ainsi quilz disoient ses parol
les maugis se approucha du guichet de la porte et trouua maniere
de entrer dedens en demandant du pain pour dieu. Quant Il fust de
dens dordone Il sen ala hault au palais la ou Il trouua reg
nault qui tenoit sa court.

Et quant maugis fust au palais Il sen entra dedens la grant
sale la ou regnault et ses freres mangeoient la ou Il trou
ua regnault et ses freres entour luy et dame clere. Et les deux be
aulx enfans yonnet et aymonet. Et moult daultres vaillans che
ualliers. Quant maugis eust ce veu Il se appuia a vng grant pi
lier qui estoit ou meilleu de la sale deuant regnault. Lors comme
ca a regarder ses beaulx cousins quil amoit tant qui tant luy plai
soient plus que chose du monde. Quant le seneschal apperceut mau
gis cuydant que ce fust vng pouure hermite commanda quil fust
seruy au nom de dieu. Et que on luy appourtast et pain et vin aussi
de cher a grant plante la quelle chose fust Incontinent faicte ainsi
que le seneschal lauoit commande. Quant maugis vist la viande
que on luy auoit appourtee Il dist. Messeigneurs Je vous supplie au
nom de dieu quil vous plaise moy faire appourter du pain noir et de
leau en vng anap de bois. Et lors Je seray seruy comment a moy appe
tient. Car Je ne oseroye aultres viandes vser. Quant le seneschal
ouyst ce Il fist appourter ce que maugis auoit demande Incontinent

.F.iiii.

Quant maugis eust ce quilz ma dit Il prit son pain noir et en faisoit des souppes en leaue et en ung anap de bois. Et en mangeoit de bon appetit. Quant regnault vist deuant luy ce pouure homme qui viuoit si pourement et qui estoit si maigre et si palle Il en eut grant pitie. Si prit vng plat quil auoit deuant luy qui estoit plain de venoison et la luy va ennoyer par vng sien escuyer lequel la presenta a maugis luy disant. Tenez preudomme recy que le duc vo[us] ennoye. Dieu la luy rende se dist maugis. Et lors la prit et la mist deuant soy mais Il nen mengea oncques. Quant Regnault vist ce Il en fust moult esmerueille. Si dist a soy mesmes dieu qui est ce preudomme qui maine si estroicte vie se Il ne fust si maigre Je disse que cest mon cousin maugis qui nous a fait souffrir maintes detresses. Mais ce me monstre que ce nest mye luy ce est que Il ne se celleroit poit a moy en nulle maniere.

Egnault regarda moult maugis et tant le regarda quil en laissa son menger. Quant les tables furent leuees que chescun eust mege a son aise chescun se leua et puis sen alerent armer pour chescun se aler mectre en deffence comment estoient acoustumez. Quāt regnault vit que chescun sen estoit ale et que Il nauoit nul de de[da]ns la salle pour qui Il laissast de dire sa volente Il sen vint a maugis et luy mist ses bras au col et luy dist. Beau sire Je vous prie pour reuerēce de celluy dieu que vous seruez que vous me dictes si v[ous] estes maugis ou non. Car vous le ressembles moult bien. Quant maugis ouyst regnault ainsi parler Il ne se peult plus celler et adōt dist moult haultemēt. Cousin Je suis maugis sans doubte Je vous suis venu voir et suiz moult Joyeux de ce que Je vous vois aussi v[ou]z freres tous en bon point. Quant regnault entendit que cestoit son cousin homme du monde que plus aimoit et qui plus sauoit garde de dangier Il neust este si Joyeux qui luy eust donne la moytie du monde Si le courust embrasser et se baisa plus de cent fois. Et puis luy dist. Beau cousin Je vous prie que vueilles oster ceste chappe que vous pourres. Car Je nay yeulx qui vous puissent regarder en ce povure abit. Lors luy respond maugis mon cousin ne vous desplaise ce que Je vo⁹ diray. Vous deuez sauoir que Jay fait veu que Jamais Je ne mengeray si non pain et herbes sauuaiges et ne beuray Jamais que deaue tant seulement. Et que Jamais de ma vie Je ne vestiray aultre drapt. Car Je me suis donne toutellemēt a nostre benoit sauueur et a sa glorieuse mere pour mectre mō ame a saluacion. Quāt Regnault ouyst maugis ainsi parler Il se pourpensa que ce nestoit mye maugis. Car Il ne se recongnoissoit poit bien pour ce quil estoit si empire de sa personne. Si se recommenca moult fort a regarder Et ne seust Jamais recongneu si ne fust vne petite plaie quil auoit pres de lueil. Quant Il leut bien recongneu Il luy fist moult grant Joye. Et de rechief se pria humblement en luy disant par ceste maniere. Beau cousin Je vous prie par la foy que vous me deuez que vous me dictes la verite de ce que vous demāderay. Sire se dist maugis volentiers la vous diray. Cousin se dist regnault Je veulx sauoir ou vous auez este ne dont vo⁹ venez. Sire se dist maugis puis que vous volez sauoir de ma vie volentiers Je la vous diray vous deuez sauoir mō beau cousin pour certain que Je me suis fait hermite et ay laisse le monde pour seruir nostre benoit sauueur et la glorieuse vierge marie pour auoir pardon de mes pechez que Jay commis en ma vie. Car Jay moult fait de maulx pour tant que pour moy sont mors tant de gens dont Je voy courrouce nostre seigneᵘ grandement contre moy.

Pres ce que regnault eut ouy ainsi parler maugis Il en eust si grant pitie quil ne se peult tenir de plourer pour lamour de son bon cousin lors appella ses freres et leur dist venez auant mes freres si verrez vostre cousin maugis. Quant Alart Guichart et Richart ouyrēt ses paroles Ilz tressaillirent to⁹ de Joye. Lors coururent tous a maugis et se commencerent tous a embrasser moult doulcemēt quant la duchesse sceut q̄ maugis estoit venu, Incōtinēt a sa cesse part et se courust baiser et embrasser tout en plourant. Et a lors veez venir aymonnet et yonnet qui luy firent moult grãt joie Et par toute la cite fust sceu la venue de maugis dont plusieurs gens se vindrent veoir mais Il estoit si change que cestoit pitie a le regarder. Moult fust joyeux regnault de la venue de maugis son bon cousin. Quant Ilz eurent demene leur joie vne grant piesse regnault appella richart et luy dist. Frere alez Incõtinẽt qrir vne bõne robbe pour nostre cousin maugis. Et si luy faictes appourter vngs soliers qui soient assez larges. Car Je cõgnois bien quil a les piedz affolez. Et puis dist a sa fẽme dame leues vous sus alez luy qrir du linge. Sire dist la dame vous en aurez tantost assez. Quãt maugis ouyst ses paroles Il dist a regnault. Sire Je vous dis leaulmẽt que Jay Jure que Jamais ne pourteray souliers ne aussi ne vestiray draps ne lige mais faictes moy tant de bien se Il vous plait que me donnez vne chappe et vng large chapperon. Et vne eschirpe dune vache et vng bourdon ferre. Et vous me aures serui a gre. Et quãt me aurez ce fait Je vous commanderay a dieu puis men Jr ay ma vye car Je ne suis Jcy venu si non tant seulement pour vous veoir dont Jauoie si grant desir.

Moult fust regnault dolant en son cueur quant Il ouyst ainsi parler maugis tant que poy sen falust quil ne cheust pasme a terre Regnault se dist maugis laisses vostre duelle car Je me suis donne a dieu entierement pour mectre mõ ame a salust. Et si me veulx aler oultre la mer pour aler seruir au saint sepulcre en Jherusalem trois ou quatre ans. Et si dieu me donne la grace que Je puisse la venir Je mectray toute ma poine pourse seruir et quant Je lauray serui Je men retourneray vous voir. Et puis apres men Jray a mon hermitage et viuray comment vne beste de racines de bois ainsi comment Je viuoie par auant que Je vinsse Jcy. Quant regnault ouyst ce Il en fust moult dolent en son cueur si dist ainsi beau cousin pour dieu prenez vng bon cheual et de largent car Je nay asses.

Taises vous se dist maugis Je nen prendray point. Car quant Je
auray du pain cest assez. Car mon esperance est en dieu au quel Je
prie quil me vint retourner sain et saulue. Apres toutes ses chosez
dictes maugis pria regnault quil se abregea de luy faire fere ce que
Il luy auoit demande: laquelle chose fist regnault quant Il vit ql
ne pouuoit Jouyr de luy aultrement. Quant ce vint au lendemain
que maugis eust toutes ses besongnes Il se appareilla et puis sen
ala ouyr messe. Quant Il leut ouye a loysir Il prit conge dung ches-
cun et se mist a la voye. Et regnault le conuoya Jusques au guichet
de la porte de la cite. Puis le baisa tout en plourant et ses freres au
si et dame clere et ses enfans. Quant tous eurent baise maugis Il
les commanda a dieu et sen Issit hors de la ville et se mist a la voie
son droit chemin mais Il neust guieres ale quil fust tout enuirone
des gens de charlemaigne. Et lung disoit a laultre vez la lermite
que nous vismes hyer mais Il est myeulx vestu quil nestoit hyer
ce pourroit bien estre maugis le cousin de regnault q nous a tant de
fois mocque. Certes dirent les aultres cest Il vrayement tuons le
et nous ferons bien. Non ferons dirēt aucuns cestuy cy a passe cēt
ans Il ne peult estre quil ne soit preudomme et seroit peche qui luy fe
roit mal. Ainsi que ses gens disoient ses parolles maugis escoutoit
tout et ne sonnoit mot mais aloit tousiours son chemin a trauers
soit sans que nul larrestast. A tant laisse le compte a parler de mau
gis q sen ala oultre mer et retorne a parler de charlemaigne
q auoit assige dordonne regnault et ses freres dedens

Omment regnault voulut faire pendre le duc richart de nor-
mandie pour ce quil ne pouuoit auoir paix au roy charlema
maigne. Et quant les douze pers de france sceurent ce commēt Ilz
vindrent a charlemaigne et luy prierent de faire paix a regnault
pour auoir leur compaignon le duc richart de normandie a la qlle
chose charlemaigne respōdit quil nen feroit riens dot Ilz furent si
marriz quilz le laisserent mais le roy enuoya apres et leur manda

quilz tournassent arriere et quil feroit paix a regnault par
ce moyen que regnault Iroit oultre mer son pain querant.
.Le.xvii.chapitre.

E N ceste partie dist le compte que le roy charlemaigne estoit
ou siege de dordonne moult Irez pour ce quil ne pouuoit sca
uoir nouuelles de richart de normandie si manda tous ses barons
pour venir a luy. Et quant Ilz furet arriuez Il leur dist. Seigneurs
Je voy bien quil me vait bien mallement. Pource que Je voy que reg
nault ne ma point enuoye richart de normandie Il ma tant fait de
mal quil se me pourroit bien enuoyer tout quicte. Oncle se dist Ro
lant Je memerueille fort de ce que vous dictes: bien nous monstres
que vous estes sans conseil Par la foy que Je vous doy Je vous pro
metz que Jamais ne verres le duc richart de normandie: si vous ne
pardonnes vostre mal talant a regnault et a ses freres. Car plu
sieurs fois sest vers vous humilie a faire vostre volente et vous ne
luy volez pardoner ne vous vueilles esmerueiller si regnault est de
piteux. Car si vous consideres bien la grant courtoisie quil vous a
faicte et quil vous fist quant Il vous tenoit a sa volente que Il vous
delivra de deens mont auban et la grant humilite quil vous fist
et quil vous a fait tousiours. Vous feriez enuers luy aultre chose
que vo ne faictes. Mais puis que regnault voit quil ne peult vers
vous mercy trouuer Il ne veult plus perdre sa courtoisie mais vous
fera au pis quil pourra. Et bien en pouues clerement apperceuoir
tous les Jours sexperience. Car Il nous dommaige cheścun Jour et
nous tient le meille² cheualier que vo eussies ce est richart
de normandie le quel Je cuyde quil est mort.

N Epucu se dist le roy Je vous prometz que regnault ne la poit
mis a mort mais se tient moult aise et a grant honneur. Sire dist
le duc naymes puis que les parolles sont a ce venues Il conuient
que Je die ma volente et ce quil me semble estre vray. Sire si reg
nault vous fait dommaige vous ne len pouues blasmer. Car Il vous

a tant de fois prie humblement quil vous plaise auoir mercy de luy ne Jamais ne le voulsites ouyr mais vous estes tousiours demostre le plus orguilleux roy du monde et le plus aigre. Et si ne volez croi re conseil. Et si vous dis que si regnault ne na fait mourir le duc richart de normandie que Il a faicte la plus grant debonnairete que oncques fist homme. Mais Je croy myeulx quil soit mort que aultre ment. Car nul ne scet nulles nouuelles ou de sa mort ou de sa vie Quant le roy charlemaigne ouyst ainsi parler le duc naymes Il cõg neut bien quil disoit voir si commēca a souspirer du parfond du cuer Et a ses paroles se auanca larceuesque turpin et Ogier le dannois qui dist par ceste maniere. Sire sachez que naymes vous dist veri te car regnault a moult grant rayson destre Irez encontre vo⁹. Quāt charlemaigne ouyst ses barons ainsi parler Il fust tout esbahy. Si appella le duc naymes larceuesque turpin Ogier le dannois et es couf le filz oedon et leur dist. Seigneurs Je vous prie que vous alez a dordonne et dictes a regnault de par moy quil me rende le duc Ri h art de normandie. Et quant Il le maura rendu si me rende mau gis et adont Il aura paix auecques moy et si luy rendray sa terre et tiendray ses deux enfans auecques moy.

Hier sire dist le duc naymes vous nous enuoyez pour neant car Je scay bien que maugis seg e st fouy passe a trois ans et si regnault le voloit bien liurer si ne pourroit Il car Il ne scet ou Il est. Naymes se dist le roy vous ouyres ce que regnault vous dira et si saures q̃ richart de normādie fait. Si redist le duc naymes puis que ainsi est quil vous plait que Je y aille Il me plait bien mais Je prie a nostre seigneur quil luy plaise que nous nous en retournons sains et sauues de noz personnes et sans estre deshonnorez. Quant les barons virent que charlemaigne voloit quilz alassent a dordon ne faire son messaige Ilz ne luy oserent contredire si se mirent In continent a la voye et ne cesserent Jusques a ce quilz furent a dor donne. Et chescū deulx pourtoit en sa main vne branche doliuier en signifiance de paix. Quant Ilz furent a sa porte Ilz la trouuerent ouuerte Car regnault les auoit veu de loing venir si auoit comma~dé que le guichet fust ouuert. Quant les barons virent que le guichet estoit ouuert Ilz entrerent dedens et sen alerent au palais quât regnault sceut quilz estoient au palais Il se assist sus ung lit et mist sung pie sus laultre. Et Jura dieu et sa mere que de riens ne prieroit charlemaigne. Car trop luy auoit fait de dõmaige car par le roy charlemaigne Il auoit perdu son bon cousin maugis et mont auban que tant amoit. Ce pendant vez cy venir les messagiers du roy charlemaigne deuant regnault. Quât le duc naymes qui estoit le premier vist regnault Il le salua moult honnestement et puis luy dist. Sire dieu soit auecques vous et vous gard de mort et de prison Sire regnault le roy charlemaigne vous mande par nous que vo[us] luy rendez le duc richart de normandie. Et en oultre vous mande que si vous luy volez rendre maugis de quoy Il a si grant enuie que vous aures a luy la paix et si vous rendra toutes voz terres. Et tiendra voz deux enfans auecques soy a sa court et si les fera cheualliers tous deux de sa propre main

Esseigneurs se dist regnault vous soyez les tresbien venuz comment les cheualliers du monde que Je doys le plus aymer mais Je mesmerueille moult de charlemaigne que cecy me mande car chescun scet que Je nay point maugis mais lay perdu pour luy et pleut a celluy seigneur qui prit cher humaine ou ventre de la vierge que Je tenisse Je aussi bien charlemaigne entre mes mains comment Je tiens le duc richart de normandie. Et se Il ne me voloit donner paix Je vous prometz q'l me laisseroit sa teste en gaige si seroye abon venge de tous les oultraiges quil ma fait despuis que Je suis cheuallier. Seigneurs Je cuy doie q̃ charlemaigne fust plus courtois q'l nest car si Jeusse sceu q'l fust si aigre sur moy Je me fusse bie~ venge de luy mais mon repêtir est trop tard dont Je vous prie que vuidez mõ palais et alez dire a vostre roy orguilleux q̃ Jentay mie maugis mais lay perdu pour luy. Et daustre part si Je sauoie si ne sauroit Il pas. Et pour ce que Jay faulcement perdu maugis pour luy pēdray demain le duc richart de normandie a celle porte lassus en despit de luy. Car aultre respit naura de moy nonobstant quil est de mon lignaige et vous dis que vous ne viēnez Jamais sceans ne homme qui soit a charlemaigne. Car Je vous prometz que tous ceulx qui y viēdront que Je leur feray trancher les testes. Car puis que lon est en folie lon l'a dit maintenir

Quant Ogier le dannois vit regnault si irez et quil respondit si orguilleusement Il sen esmerueilla moult si se tira vers regnault et luy dist. Beau cousin Je vous prie que vous nous monstrez le duc richart de normandie a celle fin que nous puissons dire au roy charlemaigne que nous lauons veu. Ogier Je vous ay bien entendu se dist regnault mais vous ne le verrez Jamais auant que Je laye pendu. Et si charlemaigne en est dolent alencontre de moy si se face venger. Or vous en alez tous. Car par la foy que Je doy a ma dame ma mere. Se vo' ne vous en alez Je vous feray vilsenie et dommaige du corps. Quant ses barons virēt que regnault estoit si corroucé Ilz ne oserent plus Illecques demourer. Mais prirent congé de luy et sen Issirent hors de la cité. Et sans faire longue demeure sen alerent en lost du roy charlemaigne le quel les attendoit. Quant le roy vit venir ses barons Il leur dist Seigneurs bien soyez venuz. Quelles nouuelles mapportez vous auez vous point veu richart de normandie. Sire dist le duc naymes regnault vous mande que tant quil pourra monter sus baiart vous naurez maugis car Il l'a perdu par vo'. Et pour vengance de ce regnault vo' mādé qu'il pendra demain richart de normandie sus la grāt porte. Et pareillement fera Il de tous voz gens quil tiendra et encores dist Il plus que se Il vous tenoit aussi bien comment Il fait richart de normandie que si vous ne luy donniez paix vous y lairriez vostre teste pour gaige ne austre chose ney prendroit.

Quant rolant ouyst les parolles q̃ le duc naymes auoit dist a son oncle charlemaigne lors Il dist sire ne vous desplaise mye de ce que Je vous diray Il mest aduis que Jamais ne verrez le duc richart de normandie par vostre orgueil. Sire nous trouuõs en la saincte escripture que dieu maudist le fruit qui Jamais nest meur. Ainsi aduiendra de vous qui ne vous volez meurer ne condescendre a nulle paix enuers les quatre filz aymon qui tant de fois vous en ont prie et requis moult piteusement dont Je vous Jure sus tous les sains que si le duc richart est pandu vous en perdrez honneur toute vostre vie. Quant charlemaigne ouyt rolant ainsi parler qui disoit que richart de normãdie deuoit estre pendu Il en fust tant dolent quil rongeoit ses ongles par fureur. Vous deuez sauoir que charlemaigne estoit si Jrez a celle heure que sil eut tenu vng baston Il eut volentiers frappe rolant. Mais quant Il vist quil ne puuoit acomplir sa volente Il appella ses barons et leꝰ dist Seigneurs vous me cuydes espouenter par voz parolles Je ne suis mye enfant pour ainsi abuser. Et si vous Jure sus ma foy que si regnault estoit si hardy quil fist nul mal au duc richart Je le pendroie de ma main luy et tout son lignaige q̃ vng seul nẽ demoureroit ne Il ne se sauroit eschapper en espaigne q̃ est tãt grãt.

Tel se fust Jre charlemaigne quant Il ouyst dire q̃ regnault vloit faire pendre le duc richart de normandie mais quant Ogier ouyst ainsi Jurer charlemaigne quil feroit pendre tout le lignaige de regnault. Il ne se peult tenir de plourer lors dist a larceuesque turpin. Sire que vous semble de nostre roy qui dist quil pendra tous nous par son orgueil. Car tout ce quil fait ne luy procede daultre chose mais dieu me confonde si de son courroux ne me chault. Car se regnault ne nous a menty Il fera pendre demain le duc richart et en tel lieu que le roy le pourra veoir de ses yeux. Cependant le duc naymes vist que charlemaigne estoit si Jrez si se aproucha de luy et luy dist. Sire pour dieu ouyez ce que Je vous veulx dire. Sire sachez

que tous nous sommes bien esbahyz et en mauuais point et non
sãs cause de ce que vous nous menassez dune part et regnault daul
tre. Je ne me esmerueille point de regnault. Car Il est si Irez a cause
que luy auez fait perdre maugis que nul ne se pourroit plus estre
Et vous prometz que pour le dueil quil a Il fera pendre le duc Ri-
chart de normandie. Et a vous mesmes trancheroit la teste sil vo9
tenoit. Et se Il pẽd richart que en pouuons nous mais dont si fort
vo9 nous menassez. Pour quoy Je cõseille a tous mes compaignõs
qui sommes du parente de regnault que nous nous en alons et que
nous vous laissons acheuer la guerre contre ses quatre filz
aymon. Par dieu dirent les aultres pers naymes dist bien.

Lors quant charlemaigne vist ses barons si courroussez
Il ne sceust que faire si leur donna congie de eulx retraire
Jusques a lendemain. Et luy sen ala coucher mais toute la nuyt Il
ne peust oncques dormir mais que tourner par my son lict sans nul
respouy car Il ne scauoit que faire. Quant ce vint lendemain au
matin le roy charlemaigne se leua et manda querir tous ses barons.
Quant Ilz furent tous arriuez Il leur dist. Seigneurs que ferõs
nous de regnault qui veult pendre le duc richart de normandie de-
uant mes yeulx. Sire dist le duc naymes pour neant quier conseil
qui ne le veult tenir. Pour quoy nous demandes vous conseil veu
que vous ne voulez croire si non vostre teste. Mais si vous volez croi
re mon conseil a ceste fois Je vous jure sus ma foy que tout biẽ vo9
en aduiendra. Sire faictes paix a regnault et vous aurez le duc ri-
chart. Et si aurez la bonne amo2 de tous voz hommes. Car
Il ny a cellluy a qui sa guerre nennuye et Ilz ont formẽt rayso

Aymes se dist le roy Je nen feray riẽs. Taises vous de cel-
la car ce sera le dernier mot que Je diray en ma vie. Sire dist ro-
lant vous auez tort par ma foy. Car si vous souffrez pendre le bon
duc richart de normandie qui tant vous a ayme et honnore ce vous
.G.i.

fera grant honte. Et si vous Jure sus tous les sains que si Je voy pendre le duc richart de celle mesme heure Je partiray de vostre ost et de vostre seruice. Et si men Iray si loingt que Jamais naures ay‍de de moy. Rolant dist Oliuier ne cuydes point q̃ Je demeure apres Car le roy a tort de Regnault nostre cousin. Moult fust Irez le roy de ouyr ses parolles et se tint tout quoy sans mot respondre. Sa‍ches que tout lost fut fort esmeu a cause de la paour quilz auoient que regnault ne fist pendre le duc richart de normandie car Il estoit moult ayme de tous les gens de charlemaigne. Et aussi Il estoit de grant parente.

A ce mesme matin regnault q̃ estoit de dens dordonne apres ce quil eut ouy sa messe Il appella ses freres et leur dist mes freres Il nous vait bien mal de ce que ne pouuõs auoir paix a char‍lemaigne. Puis quil est ainsi par la foy que Je dois au viel aymõ nostre pere Je le courrousseray moult durement. Car Je suis seur q̃ se Il nous tenoit Il nauroit de nous nulle pitie. Et pour ce suis de libere de luy faire au pis que Je pourray. Car deuant luy Je luy pen‍dray tout a present le duc richart de normandie car Je suis seur que charlemaigne en fourcenera quant le verra. Frere se dist alart Je vous prie que vous facez ce que vous dictes. Et moy mesmes le pen‍dray se Il vous plait. Frere se dist regnault Je le veulx bien. Or cõ mandes que les fourches soient dessus la grant tour du pourtal a celle fin que charlemaigne le puisse bien voir et tous ceulx de lost Pour parler brief regnault fist faire les fourches en tel lieu que charlemaigne les pouuoit voir aussi bien que si fust au pres. Et de‍nez sauoir que le premier qui les apperceut ce fust rolant qui se mist a crier tant comment Il peult. Sire sire or regardes comment lon pend le duc richart a grant honte. Helas Il a bien mal emploie le seruice quil vous a fait. Vous luy en rendes bon guierdon. Et si moustres bon exemple a tous ceulx qui vous seruent. Helas se dist Oliuier or sera pendu le bon duc richart a grant deshonneur. Car Je voy les fourches le uees. Taises vous dist charlemaigne Ilz se

font pour moy espouenter pour ce quilz ayent a moy paix mais pᵒ
ce ne lauront Ilz mye. Et vous promectz qlne luy oseroit faire mal
Ainsi se reconfortoit charlemaigne cuidant que regnault ne fust
si hardy de pendre le duc richart. Ce pendāt oliuier qui auoit la cho-
se au cueur regardant tousiours deuers la ville vist que lon dres-
soit lescehelle si dist a Rolant. A rolāt mon amy vella leschelle tou
te dressee. Helas mal a emploie son bon seruice quil a tant fait
a charlemaigne sire. oliuier voꝰ dictes voir mais cestuy dieu
le secoure qui de liura Ionas du ventre du poisson.

Apres ce que leschelle fust dressee aux fourches dessus le por
tal regnault appella dyp & ses gens et leur dist. Gallans
alez moy querir le duc richart car Ie veulx quil soit pendu a present
Sire dirent les gallans nous le ferons tresuolentiers et lors sen
vont en la chambre ou le noble duc richart de normandie estoit et le
trouuerent quil se Iouoit auecques yonnet le filz de regnault lors
ses gens se prirēt et luy dirent. Sire duc venes auāt car regnault
a commandē que Incontinent lon vous pende. Quant le duc richart
de normandie ouyst ainsi parler ses gens Il les regarda de trauers
et ne leur daigna respondre mais dist. Mon fil yonnet astes vous de
Iouer car Il est temps de menger. Quant les gallans virent que le
duc richart ne leur respondit mot Ilz se commencerent a prendre lug
deca lauultre dela et luy dirent leues sus duc richart car pour amoꝛ
de charlemaigne qui vous aymoit tāt serez maintenāt pendu. Quāt
le duc richart vist que ses ꝑgens le tenoiēt par les braz Il tenoit en
sa main vne dame diuoire de quoy Il vloit macker yonnet si en don-
na a vng des sergens par my le fronc si durement quil se Iecta a ses
piedz. Puis prit vng roc et en frappa vng aultre par my la teste si
durement quil la luy froissa toute. Et puis en frappa vng aultre
du poingt si grāt coup quil luy rompit le colet tomba moꝛt a terre.
Quant les aultres virent leurs compaignons ainsi atournez Ilz
commencerent a fouyr. Quant richart les en vist aler Il leur dist
.G.ii.

Asez ribault dieu vous mauldie Jamais ne puissez vous tourner Quant Il eut ce dist Il dist a yonnet qui estoit tout esbahy Jouez bien mon enfant car vous serez macte Je croy que ses truans estoient yures qui ainsi men vouloient mener mais malheur en est pris. Quant yonnet se ouyst ainsi parler Il ne luy osa de riens contredire car Il le voit si Irez. Si Joua de son roc pour se garder de macter mais Il ne peult oncques. Quant le duc richart eut macte yonnet Il appella vng varlet qui estoit Illec et luy dist. Va prendre ses villains qui sont Illecques mors et les Jecte par ses fenestres le varlet fist Incontinent son commandement. Car Il ne se osa de riens contredire pour doubtance quil auoit quil ne luy fist comment es aultres quil auoit veu tuer en sa presence.

Lart estoit hors du chasteau actendant le duc richart de normandie pour se aler pendre et vist coment lon Jecta les mors par ses fenestres de la tour. Si en fust moult Irez et sen ala a regnault et luy dist. Sire Je congnois que le duc richart ne se veult laisser prendre et costera moult chier auant quil soit pris. Veez coment Il a occis voz gens et comment Il les a Jectez par les fenestres. Frere se dist regnault le duc richart est moult a doubter a prendre. Alons a layde de noz gens aultrement Ilz sont en dangier ainsi comment Ilz y vouloient aler vez venir ses sergens quil auoit enuoye pour amener le duc richart. Quant Ilz virent regnault Ilz luy dirent. Par dieu sire le duc richart ne sera point pris sans meslee car Il a mis a mort troys de noz compaignons. Quant nous vimes ce nous nous mismes en fuite. Et le laissames Jouant auecques vostre filz yonnet. Quant Regnault entend ses parolles Il en fust moult dolant. Si Jura par to^9 les sains que se Il na celluy Jo^9 paix auec charlemaigne que richart de normandie sera pendu quoy quil en doiue aduenir. Quant Il eut dictes ses parolles Il sen vint vers la tour ou le duc richart estoit et ses freres sen alerent auecq^9 luy. Car Ilz ne le vouloient mye laisser. Et aussi pl^9 hommes bien ar mes pour prendre le duc richart se il se vloit deffendre. Quant regnault fust a la porte de la tour Il la fist ouurir puis entra dedens. Quant Il fust dedens Il dist au duc richart. Vassal pour quoy auez vous mes gens occis. Cousin se dist Richart. Or escoutez se Il vous plaist Il est vray quilz vindrent dix ribaulx qui mirent la main a moy et disoient que vous leur auiez commande la quelle chose ne peulz croire car si vous seussiez dist vous eussiez oultrageusement parle. Si les fiz Issir de sceans a moult grant haste. Et en occis Je ne scay quant pour ce que ne men peulz oncques tenir. Puis les fis Jecter hors de sceans par ses fenestres. Et sil vous semble beau sire que Jaye mal fait si en prenez lamende sur moy mais Je veulx bien que vous saches que Je ne vous eusse pas tost fait ceste honte que vous mauez faicte quant Je vous tenisse comment vous me tettez Regnault si Jay de riens mespris Je suis prest de lamender mais vous scauez bien quil nest mye raison que nul villain Juge vng tel homme que moy. Car Il appertient a roy ou a duc ou a conte cest la costume vous le scauez bien. Se ses villains sont compare qui de ce se sont meslez nul ne men doit blasmer. Par dieu richart se dist regnault vous direz ce que vous vuldrez mais si Je nay ma paix en ce stuy Jour Je vous pendray en tel lieu que charlemaigne vous pourra bien voir et si ne vous pourra donner ayde ne secours. Quant regnault eut ce dist Il fist prendre richart et luy fist lier les mains et puis luy dist richart Je vous dis sur ma foy que si Je nay auiourduy ma paix a charlemaigne que Je ne laisseray pour prescher que vous fasses ne pour homme du monde que Je ne vous fasse mourir honteusement. Par dieu se dist le duc richart regnault Je nay nulle paour que vous fasses ce que vous dictes. Car vous ne le oseriez faire tant que charlemaigne sera en vie. Quant regnault ouyst le duc richart ainsi parler Il en fut moult Irez si deuint tout noir dire qui seut et lors dist a richart. Par cessluy dieu qui me forma or scaurez vous q̃ Je scay faire si Je suis couhart ou hardy. Et lors se fist prendre et mener la ou les fourches estoient dressees et puis luy dist richart Je

.G.iii.

uulp que bous penses de deux choses la meilleur. Ou que fassez q̃
Je aye paix. Ou que bous habandonnes charlemaigne pour moy
ayder. Et sachez certainement que se lung de deux ne faictes que
a present bous feray pẽ n dre et estrangler. Et si ne le serray pour ce
que estes de mon signaige et se bous bolez estre de ma part Incontinent serez deliure car puis apres feray grant dommage a charlemaigne se bous me bolez ayder de tout bostre pouuoir.

Ar dieu Regnault se dist richart or bʳ ay Je ouy parler comment enfant. Cuydez bous que Je fasse ce que bous me dictes pour
doubtance de mort certes non. Car le roy charlemaigne est mon souuerain seigneur et de luy tiẽs mon heritaige. Et se Il a tort de moy
pour tant ne luy dois point faillir mais se tort quil aura de moy Il
se trouuera au Jour du Jugement mais si bous bolez faire bien prestez moy ung messagier le quel Je enuoyeray deuers charlemaigne
et a ses barons sauoir mon se Il est delibere de moy laisser ainsi mourir honteusement. Par ma foy se dist regnault richart bous parlez
saigement. Et lors Il appella ung de ses gens et luy dist. Alez et
faictes le messaige le quel bʳ dira richart de normãdie. Mon amy
dist richart au messagier. Vous bous en Irez a charlemaigne et si
luy direz de ma part que Je luy prie comment a mon souuerain seigneur que si oncques Il me ayma quil pardonne son mal talant a regnault. Et Je prendray sur moy se Il luy a de riens meffait quil se
amendera a la dicte des douze pers. Et se Il ne le veult faire quil re
garde par deca et Il me verra pendre honteusement. Et daultre part
tu diras a rolant et a tous mes compaignõs que se oncques Ilz me
aymerent quilz demonstrent a charlemaigne quil sera grant honte
a luy sil souffre que Je meure ainsi honteusement. Sire dist
le messagier point ne doubtez Je feray bien bostre besongne.

Pres ses choses dictes le messagier sortit hors de la cite et
sen ala en lost de charlemaigne le quel Il trouua en son pa

uiſſon bien penſif. Quant le meſſagier le viſt Il ſe ſalua et puis luy
diſt. Sire dieu vous ſauf auſſi la belle compaignie. Sachés que
le duc richart de normandie ſe recommande humblement a vous
Et vous prie tant humblement comment Il peult et comment a ſon
ſouuerain ſeigneur que ſe vous oncques laimaſtes que a preſent le
luy moſtrés. Car Il en a bien meſtier pour tant que ſe regnault na
paix en ce Jour moy eſtre retourné regardés ſus le portal et vous le
verrés pendre honteuſement. Quant le meſſagier eut ce diſt au roy
Il ſe tourna et viſt entour ſoy ſes douze pers et leur diſt premiere-
mét a rolāt et puis es auſtres. Seigneurs le duc richart vous prie
a tous en general que ſi oncques laimaſtes que vous priés a charle-
maigne quil faſſe paix auecques regnault ou auſtremēt Il eſt mort
ſans nulle mercy. Quant rolant ouyſt ce Il parla au roy et luy diſt
Sire pour dieu mercy Je vous ſupplie ne ſouffres mye que vous ſo-
yés blaſme. Vous ſaués bien que le duc richart eſt lung des meille-
urs cheualliers du monde. Et celluy qui mieulx vous a ſeruy a voz
affaires ſans point fauſſer. Pour dieu ſire faictes paix a regnault
pour recouurer vng tel cheuallier que le duc richart de normādie eſt
Car grant honte ſeroit a vous de le laiſſer ainſi mourir. Quant le
duc naymes et ogier et larceueſque turpin et eſcouf le fitz odon et
oliuier de vienne ouyrent ainſi parler rolant Ilz commencerent a di
re au roy. Par dieu ſire ſi vous ne faictes paix a regnault pᵒ recou
urer noſtre compaignon le duc richart de normandie vous y perdrés
moult. Car en peu de téps vous verrés toute voſtre terre de-
ſtruicte ducant vous.

Quant charlemaigne viſt que ſes pers eſtoient ſi fort eſ-
meuz pour richart de normandie. Et quilz ſe acordoient
tous a faire paix Il en cuida entrager lors Jura par grant Ire com-
ment homme forcené que Jamais regnault naura paix a luy ſe Il
na maugis a en faire ſa volente. Quant Il eut ce diſt Il ſe tourna
vers ſes douze pers et leur diſt mes amiz nayés doubtāce de richart
Car regnault ſe lairroit auant traire lung des yeulx auāt quil luy
.G.iiii.

fist nul mal ne villenie. Sire dist larceuesque turpin Il mest aduis que vous estes trouble du sens. Car Ja voyez vous que richart est Juge a mort. Arceuesque dist charlemaigne vous parles bien folement ne scauez vous mye bien que le duc richart de normandie est du lignage de regnault Je vous prometz que Il ne luy oseroit mal faire en nulle maniere. Par dieu sire dist Oliuier vous nous auez bien paye de ce dire. Pour quoy ne oseroit pendre regnault le duc richart Car Je le congnois bien et tant que sil vous tenoit Il vous pendroit vous mesmes vous et tous les aultres de ceans. Sire ol iuier dist le messagier Je vous Jure sus ma foy que regnault ne cessa huy de prier le duc richart quil foriurast charlemaigne et Il luy sauueroit la vie dont le duc richart de normandie nen a riens voulu faire mais dist de grosses parolles a regnault.

Quant le messagier eut ce dist Il dist au roy. Sire sil vous plait donnes moy conge dictes moy quil vous plait que Je die au duc richart de normandie de par vous. Amis dist charlemaigne vous luy direz de par moy qil naye doubtance de riens car regnault ne sera Ja si hardy quil luy fasse mal. Quant le messagier q estoit vng saige cheuallier entendit charlemaigne Il ne se peult tenir qil ne luy dist. Sire roy empereur trop estes orguilleux mais Je vous prometz que regnault prise bien peu vostre orgueil. Et vous promets que alart acent bien mon retour. Car Il ne prendroit pas. Cent. mille escuz quil ne pende le duc richart luy mesme Quant Il eut ce dist sans prendre conge du roy Il prit son chemin vers dordonne quat les douze pers virent q le messagier sen aloit qui emportoit mauuaise responce Ilz en furent moult Irez. He dieu se dist ogier comment diable le roy est dur qui ne veult ne paix ne concorde Je suis seur quil fera pendre le duc richart par son orgueil. Ogier se dist rolant vous dictes voir mais si Je le voy pendre Ja dieu ne mait si Jamais Je demeure auecques charlemaigne. Quant Il eut ce dist Il fust moult Irez si sen vint es aultres pers et leur dist. Seigneurs

que feros nous lairrons nous ainsi pendre le duc richart de norman
die nostre compaignon sung des bons cheualiers du mode et le pl9
hardy. Car par sa prouesse Il est la ou Il est. Oncques de la bouche
de luy ne saillist vne villenne parolle. Helas maintenant le verrons
pendre a moult grant honte. Certes si nous le souffrons nous som
mes a honte mis toutes noz vies.

Olāt commēt homme desespete apres ce quil eut parle aux
aultres pers Il sen vint a charlemaigne et luy dist tout Irez
Sire par ma foy Je men vois de vostre seruice sans prendre conge
de vous. Et puis dist a ogier. Damps ogier que ferez vous vous
en viendres vous auecques moy laissons ce diable cy car Il est tout
rassoute. Pour ce que luy auos tant obey et tant de fois prie et pour
ce Il sen tient si fier et si orguilleux. Par mon chief dist ogier ro
lant vous dictes verite et si ny demoureray Jamais mais men Jray
auecques vous. Car puis quil souffre que le duc richart de norman
die soit pendu quil amoit bien le souffriroit de nous. Car Il na en
luy ne amo² ne pitie. Quant oliuier de vienne entendist ses parol
les Il se leua sus et dist. Seigneurs Je men veulx aler auecqs v9
trop Je ay Icy demoure et moy aussi dist le duc naymes et pareille
ment escouf le filz oedon. Quant larceuesque turpin vist ce Il Jec
ta vng moult grāt souspir et dist. Par ma foy charlemaigne Il v9
fait mauuais seruir car pour bon seruice vous rendes mauuais guer
don comment bien en monstres exemple au duc richart de norman
die qui vous a si bien et si loyaulsinēt seruy et si plus y demeu
re que Je soye a honte mis.

Ors quant le roy charlemaigne vist ses pers qestoient si
courroucez Il leur dist Seigneurs ne ayes doubtance de riens car
le duc richart naura Ja mal. Sire dist le duc naymes v9 aues tort

& cesta dire car fol ne croit tãt quil a pris cuydes vous nous abuser par voz parolles nous voyõs les fourches leuees pour pendre nostre compaignon dont Je vous dis que malle mort me frappe si Je demeure plus auecques vous. Quant le duc naymes eut ce dist Il sen Issit hors du pauillon de charlemaigne et pareillement tous les douze pers de france apres luy. Et sen alla en sa tempte laquelle Il fist abactre Incontinent. Quant ceulx de lost de charlemaigne virent ce Ilz en furẽt tous effreez. Et deuez scauoir quilz furẽt si esmeuz en peu de heure que Il ne demoura en lost de charlemaigne vng seul baron ne cheuallier si non les simples gentilz hommes et menues gens. Quant rolant vist ce Il se mist a la voye auecques les aultres pers. Et saches que a celle heure fust rapetisse lost de charlemaigne de plus de pl. mille hommes.

Egnault qui estoit dessus le portal de dordonne vist venir si grant nombre de gens ensemble Il appella le messagier ql vist arriuer a celle heure q auoit este vers charlemaigne et luy dist par ceste maniere venez auãt messagier dictes moy que vous a dist le roy charlemaigne. Sire dist le messagier saches que vº auez failly a auoir paix. Car charlemaigne nen veult riens faire mais vº mandé pour moy q vous ne soyez si hardy sur les yeulx de vostre chief de faire nul mal au duc richart de normandie. Quant Il eut ce dist Il se tourna deuers le duc richart et luy dist. Sire duc or pouuez vous congnoistre comment charlemaigne vous ayme saches vrayment que vous naurez nayde ne secors de luy et pour amour de vº rolant et tous les aultres douze pers de fráce se sont forment courroncez a luy. Car vous les pouuez bien apperceuoir comment Ilz ont deffait leurs tẽptes. Et si suis seur que la plusgrant partie de lost sen Ira pour lamour de vous et si ny demoura que le conte ganellon et son lignage car leurs temptes sont dresseces et les aultres sont abactues. Quant Regnault sceut que les fráçois sestoiẽt courroncez a charlemaigne pour amour du duc richart de normãdie

ſen courage luy changea tout/ſi ſe miſt a plourer moult tendremẽt
Puis ſe retourna devers le duc richart et luy dist. Pour dieu mon
couſin Je vous prie que vous me pardonnes la grant villenie que Je
vous ay faicte regnault ſe diſt richart Je ne vous blaſme mye. Car
Je ſcay bien que vous nen pouues mais. Car tout ce vous fait faire
charlemaigne par ſa cruaulte. Quant regnault eut crie mercy au
duc richart de normãdie Il ſe prit et le beſia. Et Alart et Guichart
luy coururent aider. Car Ilz furent moult Joyeux de ce que richart
estoit delivre nonobſtant que par auant eſtoient deliberez de le faire
mourir mauluaiſement. Quant ce fuſt fait regnault dist. Couſin
appuies vous deſſus ce mur et verrons que charlemaigne voulđra
faire. Sire dist le duc richart vous dictes bien Il le fault voir

Quant charlemaigne vit que ſes barons ſen aloient Il en
fuſt ſi dolant quil enragoit tout vif. Et tenoit vne demy
lance en ſa main quil ſe miſt a ronger par grant felonnie. Quant
ſon Ire luy fuſt vng peu paſſee Il appella vng cheualier et luy dist
Or toſt montes a cheual ſi vous en alez apres rolant et apres les
aultres barons et leur dictes de par moy q̃ſz ſen viennent a moy par
ler. Par tel conuenant que Je feray ce quilz vouđront. Et que Je par
donneray a regnault mon mal talãt ſe Ilz veulent retourner a moy
Sire diſt le cheualier benoicte ſoit leure que noſtre ſeigneur vous
a donne ceſte volente. Et lors monta le cheualier a cheual moult
haſtiuement et ſen ala apres les douze pers de france ſi roydement
quil ſembloit que la terre duſt fendre deſſoubz les piedz de ſon che-
ual. Quant regnault qui eſtoit ſuy et le duc richart ſus le portal de
dordonne apperceut le cheualier q̃ cheuauchoit ſi roydement Il dist
au duc richart couſin Je voy venir vng cheualier moult viſtemẽt
q̃ eſt Iſſu du pauillon de charlemaigne Je croy quil va apres les dou
ze pers pour eulx faire retourner Je pence que nous aurons huy paix
ſe dieu plait. Sire diſt le duc richart vous aurez paix maulgre tõ
ceulx qui la deſtorbẽt. Moult vous chierement ayner mes cõpaignõs

q̃ sont cause de moy garder de mort villaine aussi de auoir paix Sachés que le cheuallier cheuaucha si asprement quil aconceut rolant et tous ses douze pers et leur dist. Seigneurs le roy vous mande que vueillez retourner arriere. Et Il pardonnera a regnault son mal talant pour amour de vous pour dieu retornez tost car oncques puis que vous partites de luy Il ne fina de plourer. Naymes se dist rolant retournons. Car Je tiens la paix pour faicte dont ceste douloreuse guerre finera desormais qui a dure si longuement. Quant le duc naymes ouyst rolant ainsi parler Il en fust moult liez si Joingt ses mains vers le ciel et dist. Beau pere Jhūcrist benoit soiez vous de ce quil vous a pleu dauoir donne courage a nostre roy de faire finir ceste malheureuse guerre. Quāt le duc naymes eut ce dist Ilz se mirēt tous a retourner vers charlemaigne. Quāt regnault apperceut que les pers tournoient arriere Il dist au duc richart de normādie. Cousin les barons sen retornent Je croy que la paix sera faicte Huy mais pourrons Issir de la mue. Or pourra bien dire rolant q̃ moy et mes freres sommes a son commandement et serons tout le temps de noz vies.

Oult furent Joyeux les barons dune part et daustre de ce q̃ dieu auoit souffert que paix fust faicte. Quant charlemaigne vit ses barons qui reuenoient Il leur vint alencontre et leur dist. Par ma foy mes seigneurs moult estes plains de grant orgueil quant vous me faictes faire paix oultre mō vouloir. Vous scauez que Jay tant hay regnault que pour riens ne le pourroie voir que tousiours ne fusse Irez a cause de son orgueil quil a si grant. Si vous voles que face paix a luy Je veulx quil sen vise dela la mer pourement vestu tout a pie. Et si veulx quil me rende baiart. Et Je tourneray a ses freres toutes leurs terres et heritaiges. Pour tant se ainsi le veult faire Je me acorde a sa paix aultremēt non. Car Je prometz a dieu que Jamais ny feray aultre chose. Et pour ce regardez entre vous le quel fera le messaige. Sire dist le duc Naymes Je y Iray uolentiers se Il vous plait. Naymes se dist. Charlemaigne Il me plait bien. Et lors Incontinent le duc naymes sen ala a ordonne Quant regnault vit venir le duc naymes Il le congneut bien et luy vint a lencontre. Et aussi le duc richart et tous les freres de reg̃nault. Quant le duc naymes vist les nobles barons venir au deuant de luy Il mist Incontinent pie a terre et puis les ala acoller moult doulcement. Quant Il les eut tous festoiez Il dist. Damps regnault charlemaigne menuoye a vous et vous mande salut dieu le luy rende par sa grace dist regnault. Or ay Je ce que tant ay desire si long temps a Naymes auray Jeuoit de paix. Ouy dist le duc naymes par ceste maniere que Je vous diray ce est que vous vous en Irez oultre la mer pouurement vestu querãt vostre vie pour dieu et si lairrez baiart a charlemaigne. Et en ce faisant vous aurez paix Et si rendra voz heritaiges a voz freres. Duc Naymes dist regnault vo9 soyez le tresbien venu. Et vous promets que Je suis prest a faire le commandement du roy. Et sil veult aultre chose que Je face Jen feray encores plus et suis contant de partir demain se Il luy plaist. Or seray Je bon truant Je scauray bien demander du pain quant Jen auray mestier. Quant le duc naymes ouyt regnault ainsi parler Il en fust moult liez et le duc richart de ce quilz virent comment le noble regnault obtemperoit au voloir du roy charlemaigne pour auoir paix.

Ores que regnault se fust acorde a ce q̃ luy auoit dist le duc naymes Il sen ala en son estable et prist baiart et puis le bailla au duc naymes. Puis prist sa banniere et la mist sur la grant tour en signe de paix. Quant le roy charlemaigne vist la banniere de regnault Il la monstra a rolant. Ha dieu dist rolant comment regnault est souffrant et de noble nature quant Il a faicte paix en ceste maniere. Benoit soit Jhus qui luy a donne volete de aler a pie dont bien se plains. Rolant dist Ogier regnault est vug aignel tout plain dumilite. Et en luy est bien tout ce que en vug bon cheuallier doit estre. Ce pendant vez venir le bon duc Naymes qui

amenoit baiart a la main et se preséta au roy et luy dist. Sire reg-
nault est tout prest a faire ce que auez commandé et partira demain
se il vous plait Il me plait bien dist charlemaigne puis que ainsi va
Or me dictes ou est le duc richart car Je le veulx scauoir. Sire dist
le duc naymes sachez que le duc richart est en bon point et est de meu
re auecqz regnault car il se veult cōuoier quātil sen Jra. Sachez q̄
ce pendant regnault fist moult grant chiere et māgeatout a son ai
se et puis dist a ses gēs. Seigneurs Je vous prie que ne soyes a mal
aise de ce que Je men vois. Car ceste paix que Jay faicte Je lay plus
faicte pour vous que pour moy Je vous prie que vous maintenez bien
ensemble Jusques a ma venue. Quant Il eut ce dist Il sen ala en sa
chambre et se despouilla et se vestit dune sarge viollee. Puis vestit
vng gros souliers sās chausses et se fist apourter vng gros bour
don ferré pour pourter en sa main. Et devez sauoir q̄ le duc richart
estoit tousiours auecques luy au quel Il recommandoit ses freres
sa femme et ses enfans. Et quil priast au roy q̄ luy pleust les auoir
pour recommandés. Quant Il eut ce fait Il sen Issit en la salle et
sen vint vers la duchesse.

Dāt c̄ā clere la duchesse vit regnault son mary aisi actour
né elle eut si grāt douille² au cueur q̄lle cheut pasmee a terre
comment morte. Quant regnault la vit Il la corust releuer et puis
luy dist. Dame pour dieu ne soyez si a mal aise car Je reuiendray tā
tost se dieu plait. Auecques vous demoureront mes freres qui vous
seruiront comment leur dame. Et si vous dis que Je suis si Joyeux
de la paix q̄l mest aduis que Je suis Ja retourne. Ma dame mamye
Je prie a dieu quil vous deffende de mort et decombrier. Et en disāt
ce Il la baisa moult tendrement et sen depart. Quant la duchesse
dame clere sen vist aler elle eut si grant douille² au cueur que de re
chief cheust toute pasmee et demoura vne grāt piesse que ses damoy
selles cuydoient quelle fust morte. Puis apres elle se reuint et com
menca a faire vng grant dueil. Car elle se egractignoit le visaige

et de rompit tous ses cheueulx. Quant elle eust demene vne grāt piesse son dueil elle commenca a dire. Tresdoulx sire regnault le nō pareil du monde a dieu soyez vous car Je scay bien q̄ Jamais ne v[ous] verray. Quant elle eust dictes ses paroles elle sen ala en sa chābre et prit toutes ses robbes et les Jecta dedens le feu quant elles furēt arces elle prit vne sarge viollee commēt auoit fait son mary et la vestit et dist que Jamais ne vestira aultre drap Jusques a ce quelle verra son seigneur & mary.

Pres ce que regnault eust pris congie de sa femme Jl se mist a sa voie le duc richart et ses freres et ses gēs auecques luy et le conuoyerent vne grant piesse tousiours parlant que cestoit pitie a les ouyr. Quant Jlz eurēt assez ale regnault se tourna deuers eulx et leur dist. Seigneurs Je vous prie humblement que vous v[ous] en tournez. Car tant que Je seray auecques vous Je ne pourroie estre aise. Alez vous en ou non de dieu et reconfortes la duchesse qui ait si p[ese]ure. Et a tous mes freres Je la vous recommande et mes enfans. Sachez que quant regnault eut ce dist Jl ny eut nessun de ses freres qui peust prendre conge de luy tant estoient doulloreux excepte alart qui luy dist mon chier frere Je vous prie hūblemēt q̄ p[our] ses de brief retourner car Jl me fait si grant mal vostre departie que peu sen fault que Je ne meure. Et si vous dis pour voir que Je nJstray Jamais de ce val que vous ne soiez retourne. Quant Alart eut ce dist Jl acolla son frere et prist conge de luy menant grant dueil puis le duc richart de normandie pareillement au quel regnault dist mon cousin de rechief Je vous recommāde mes freres ma femme et mes pouures enfans. Car Jl sont de vostre sang bien le sauez regnault dist le duc richart Je vous prometz et Jure comment cheualier que Je le[s] ayderay enuers tous et cōtre tous excepte le roy et de eulx ne vous souciez car Jlz nauront faulte de riēs. Or a present laisse le cōpte a parler de regnault qui sen ala oultre la mer en lestat que ouy auez. Et retorne a parler de ses freres comment Jlz vindrent au roy charlemaigne auec le duc richart de normandie.

Comment apres ce que regnault se fust party de dordonne pour faire son voyage oultre mer pourement habitue en guise de pelleryn querāt son pain pour dieu richart de normandie print baiart et lenmena. Et richart alart et guichart et les presenta au roy charlemaigne lesquelz Il resceupt moult honnorablement et par grant amour. Puis apres fist lever son siege et sen partit pour aler a paris. Mais quant Il fust en la cite du liege sus le pont de meuse Il fist Jecter baiart dedens vne pierre de mollin au col mais lon dist que baiart eschappa et quil est encore en vie en la forest dardaine comment lon dist.

Le.xxviii. chapitre

En ceste partie dist le compte que quant regnault se fust mis a la voye aisi comment ouy aues richart de norm ādie et ses freres sen tournerent a dordonne moult dolans. La ou Ilz trouverent dame clere la duchesse qui demenoit grant dueil. Quant Ilz furēt la arrivez le duc richart print la duchesse par la main et la commenca a reconforter. Et tant luy dist de belles parolles que la duchesse laissa vng peu son dueil. Apres ce le duc richart dist aux freres de regnault par ceste maniere. Seigneurs alez vous appareiller. Si nous en Irons a charlemaigne. Sire dirent les trois freres alons y quant Il vous plaira. Et lors sen alerēt vestir des plus beaux abillemens quilz eussent. Et vous prometz que cestoiēt trois beaux chevalliers. Apres ce quilz furent bien appareillez Ilz monterent chescun sus vng palleffroy de hault pair moult beaulx sans nulles armes. Et pour faire brief Ilz sen Issirent de dordonne et sen alerēt au pavillon de charlemaigne. Quant le roy les vist Il en fust moult Joyeux. Si commāda a tous ses barons quilz leur alassent a sencōtre. He dieu se dist rolāt or se viēnēt les trois freres moult dulās Certes Ilz ont bien droit car Ilz ont perdu leur hay de secours et esperance Or voy Je que le duc richart vient dont Il fait bien Car Il est de leur parente aussi dung sang

Ous deues scauoir que les trois freres de regnault arriuerent au pauillon de charlemaigne moult honnestemēt abituez. Quant Ilz furent deuant le roy charlemaigne Ilz se agenoisserēt a ses piedz moult humblement. Et Alart par la le premier et dist. Sire regnault nostre frere se recōmande moult humblement a vostre bonne grace et vous salue comment son souuerain roy. Et vous enuoye le duc richart de normandie le quel vecy Et si vous supplie que vous nous ayez pour recommandez Car Il sen est alez oultre mer pour acomplir vostre comandement. Amis se dist le roy vous soyez les tresbien venuz. Puis quil plait a nostre seigneur que nous soyons amiz. Sachez que Ie vous feray des biēs et des honneurs comment Il appertient a telz cheualliers que vous estes. Et si dieu veult que regnault puisse retourner Ie lauray aussi chier que rolāt mon nepueu. Car Il est ramply de grant valleur sire dist richart dieu le ramaine. Quant le roy charlemaigne eust parle aux freres de regnault sen vint au duc richart de normandie et le baisa plus de dix fois. Quant Il leut assez sostoye Il luy dist. Duc richart Ie vous prie que vous me dictes quelles prisons vous donna regnault ne qlles viandes a menger. Sire dist le duc de normādie Par ma foy ne par celle que Ie vous doy Ieuy meilleur prison que ja mais neust cheuallier et plus aise. Car Iestoye seruy comment regnault et souuent myeulx. Et vous prometz sire que la gentil duchesse me faisoit bonne chiere et bonne cōpaignie auecques ses deux beaulx enfans. Sire Ie vous supplie se onecques vous me aimastes que fasses honneur a Alart et a ses freres. Car Ilz mont fait de moult riches dons. Et sil vous plait vous aurez pour recommande la duchesse et ses enfans. Car cest la plus humble dame du monde et la plus saige. Richart dist le roy charlemaigne sachez q Ie ne le fauldray tant que Iauray vie ou corps. Et quāt les enfans de regnault seront en eage destre cheualliers Ie les feray cheualliers de ma main en moult grant honneur. Et si leur donray asses terres et heritaiges pour bien viure..

.H.i.

Grant mercy sire dist le duc richart et dieu le vous rende. Quant ilz eurent asses deuise des choses dessus dictes charlemaigne commāda que lost fust deloge. Quāt il seut commande incontinent lost fust debaratre et puis chescun se mist a voye pour soy en aler. Quant charlemaigne vist quil estoit temps de deloger il monta a cheual et se mist a la voye devers se siege. Quant il fust au siege il se loga dessus le pont de muse. Quant ce vit au matin charlemaigne se fist amener baiart le bon cheual de regnault. Quant il le vist il commenca a dire a baiart Baiart tu mas maintesfois courrouce mais Je suis venu au point la dieu mercy pour moy venger. Et vous prometz que Je vous rendray moult chier la felonnie et le torment que Jay eu maintesfois pour vous. Quant le roy eut ce dist il fist prendre Baiart et luy fist lier vne grāt pierre au col et se fist Jecter du pont abas dedens la riuiere de muse. Quant baiart fu tombe en leaue il sen ala au fond. Quāt le roy vist ce il en eut moult grant Joye si dist baiart or ay Je ce que demandoye. Car vous estes mort si vous ne puuez toute la riuiere boire. Quant les francois virent la grant cruaulte de charlemaigne de soy venger dune pouure beste ilz en furent mal contans. Et adont parla larceuesque turpin et dist. Ogier ogier de dannemarche que vous semble il de charlemaigne. Or a il bien mōstre a ceste fois vne grant partie de sa grant felonnie. Sire dist ogier vous dictes voir trop a faicte grant folie dauoir fait mourir vne telle beste comment ce cheual estoit. Sire dist oliuier a rolant certes charlemaigne est tout assouti vous dictes voir se dist rolant Je le congnois bien. A dire voir il ny eut nul des douze pers qui ne plourast pour lamour de Baiart le bon cheual mais qui en fust dolant charlemaigne en estoit bien Joyeux.

Ous deuez sauoir que apres ce que baiart fust Jecte dedens la reuiere de muse il ala au fond comment ouy auez le quel ne puuoit venir sus a cause de la meulle de molin que lon luy auoit

pēdu au ceſ q̄ eſtoit fort peſāte. Quāt baiart vit ce et qſ ne pouuoit
auſtrement eſchapper Il frappa tāt des piedz ſur la dicte pierre qͥl la
froiſſa toute et reuit deſſus quāt Il fuſt ſus leaue Il ſe miſt a noer et
paſſa de lautre part de la riuiere. Quant Il fuſt ſus la riue Il ſe ſe-
court pͬ leaue et puis ſe miſt a hynner moult haultemēt. Et puis
ſe miſt a courir ſi roydement quil ſembloit que la fouldre le chaſſaſt
et ſen entra dedens dardaine la grant foreſt. Quant le roy charle-
maigne viſt que bayart eſtoit eſchappe Il en eut ſi grant dueil que
peu ſen faillit quil ne perdit le ſens. Mais tous les barōs en furēt
bien joyeux. Ainſi eſchappa baiart des mains de charlemaigne cō-
ment ouy auez. Et ſaches pour verite que les gens dient en celluy
pais que baiart eſt encores en vie dedens le bois dardaine. Mais
ſaches que quant Il voit homme ne femme Il fuit ſi que nul ne ſe
peult approucher. Apres toutes ces choſes charlemaigne tout irez
cōment Il l'eſtoit Il ſe partit de deſſus muſe et ſen ala en la chappelle
qui eſtoit Illecques pres et appella tous ſes barons et leur dōna cō-
ge de eulx en aler cheſcun en ſa maiſon. dont Ilz furēt moult joyeux
car Ilz eſtoient moult deſirans de aller voir leurs pais auſſi leur fē-
mes et enfans. Mais a tant laiſſe le compte a parler de charlemai-
gne et de ſes barons et retourne a parler du noble regnault qui eſt
en ſon viage pour aler oultre mer

Omment apres ce que regnault fuſt departy de dordonne de
ſes freres de ſa femme et enfans en moult grans regretz et
lamentacions pour aler oultre mer acomplir ſon viage ou ſaint
ſepulcre Il trouua en ſon chemin au pais de conſtantinoble maugis
ſon bon couſin. Et puis Ilz ſen alerent enſemble Juſques deuant la
cite de Jheruſalem la quelle auoit priſe ladmiral de perſe vng roy ſar-
razin par trahyſon mais regnault et maugis ſon couſin firent tāt
auecques les gens du pais que la cite de Jheruſalem fuſt de rechief
repriſe par les creſtiens.　　　　Le xxiiii. chapitre.

.h.ii.

Et dist le compte que apres ce q̃ regnault se fust party de dor
donne pour aler oultre mer Il ala tant par ses Journees quil
arriua en constãtinoble. Et se logea chiez vne fẽme de sai
te vie la quelle le seruit au mieulx quelle peult et luy donna
a menger de ce que dieu luy auoit donne. Et puis luy laua
les piedz comment es aultres pellerins auoit acostume. Quant la
bonne femme eust ce fait elle prit regnault par la main et le mena
en sa chambre et luy dist bon hõme vous coucheres Icy. Car en mon
aultre chambre ne pourriez dormir car Il y a vng pouure pellerin
qui est moult mallade dame se dist regnault Je v9 prie q̃ me vueil
lez monstrer le pellerin qui est sceans qui est si fort mallade. Volẽ
tiers dist la dame puis quil vous plait car Je vous prometz quil y a
grant pitie et lors prit regnault par la main et le mena la ou estoit le
pellerin qui estoit ou lict couche. Quant regnault le vist Il cong
neut bien que cestoit son cousin maugis dont Il fust moult Joyeux
Si luy commenca a dire amis comment vait a vostre personne
Quant maugis ouyst parler regnault Il tressaillit hors du lict cõ
ment si Jamais neust mal si acolla regnault plus de vint fois et
puis luy dist. Cousin comment vous va Il et quelle aduenture v9
a Icy amene en ce pouure abit dictes moy sil vous plait si vous auez
eu paix a charlemaigne. Sire dist regnault ouy par telle maniere
comment Je vous diray. Et lors luy compta toute la matiere com
ment dessus ouy auez et tout le tractie quil auoit eu au roy charle
maigne sãs laisser vng seul mot.

Quant maugis entendit les parolles de regnault Il en fust
moult liez si en loua nostre p̃ puis acolla regnault de re
chief et luy dist. Cousin Je suis guery pour les bonnes nouuelles q̃
vous me dictes et pour ce suis delibere que nous nous en Irons en
semble et ne vous souciez car nous ne mourrons point de faim car Je
suis maistre de pain querre. Et moy se dist regnault seullement q̃ Je
aye faim. Quant la bonne dame vist que les deux pellerins se firẽt

si grant feste si se pensa bien quil ne pouuoit estre quilz ne fussent de grât lignage et quilz auoient eu quelque grant affaire si les dist Beuv seigneurs Je voy bien que vous vous entrecongnoissez dont Je vous prie que vous me dictes que vous estes et dont vous venez dame se dist maugis puis que vo⁹ volez scauoir nostre estre Je le vous diray en partie. Saches dame que nous sommes deux pouures gen tilz hommes qui sommes banniz de france si nous conuient aler en tel habit que vous voyez oultre la mer et si somes cousins germains et ferons nostre voiage ensemble se dieu plait. Quant la dame en tendit ce elle en eut moult grant Joye. Lors fist venir des viures a grant plante. Maugis qui si long temps auoit quil nauoit point beu de vin Il en beut cestuy soir pour lamour de regnault. A brief par ler nul ne pourroit penser ne dire la grant feste que les deux cousis se firent. Quant le Jour fust venu regnault et maugis se leuerent et prindrêt congé de la bonne dame et se mirent a leur voye. Saches que tant alerent les deux pelserins par leurs Journees quilz arriue rent pres de Jherusalem a vne lieue tant quilz pouuoient bien voir le temple et la tour de dauid et la plus part de Jherusalem. Quant regnault et maugis virent ce Ilz en furent moult Joyeux et rendi rent graces a dieu de ce quil auoit souffert quilz estoient venuz Jus ques en la sainte cite. Quant Ilz eurent faictes leurs prieres Ilz se mirent a la voye pour aler dedens Jherusalem mais Ilz neurent gui eres ale quilz apperceurent vng grant ost entour la cite proprement deuant la tour dauid la ou auoit maintz pauillons et tétes de crestiens qui la estoient pour desconfire ladmiral de perse qui par force tenoit Jherusalem.

Regnault se arresta quant Il vit lost qui estoit deuant Jhe rusalem et dist a son cousin maugis. Cousin que vous sem ble quelz gens ce sont en ce grant ost qui est deuant Jherusalem sôt Ilz sarrazins ou crestiens quen dictes vous. Seurement dist mau gis Je nen scay riens et si suis fort esmerueille que ce peult estre ain si que regnault et maugis parloient Il arriua vng viel homme mô te

.h.iii.

sus vng cousin qui venoit de lost. Quant regnault le vist Il luy vit au deuant et luy dist. Dieu vous sault bon homme dictes nous sil vous plait quelz gens ce sont qui sont deuant la sainte cite sont ce crestiens ou sarrazins. Pellerins dist le bon homme ce sont crestiens qui ont assige Jherusalem et ne se peuuent prendre mais vous y pou uez aler seurement sans doubtance. Or me dictes dist regnault qui est dedens Jherusalem. Saches dist le bon homme que cest lami ral de perse qui la prise par trahison. Et comment la Il prise par tra hison dist regnault. Vous deuez scauoir dist le bon homme que la miral se vestit en habit de pellerin et moult daultres gens auecques luy et entrerent dedens Jherusalem lung apres laultre. Et quant Ilz furent tous dedens Ilz sonnerent vng cord moult haultement et mi rent la main aux espees et se combactirent moult asprement si que Ilz furent maistres de la cite auant que le roy thomas fust arme ne ses gens le quel se est sauue auecques ce peu de gens que luy est de moure. Et le pais sest Incontinent esmeu en tant que les persans sont estroictement assigez dedens la cite et espere lon a laide de dieu que auant long temps la cite sera reprise. Or me dictes bon homme dist regnault ceulx de dedens la cite Issent Ilz souuent dehors sur les crestiens. Luy dist le bon homme car Ilz sont moult grans gés Et la chose qui plus nous griefue ce est que noz gens nont point de seigneur ne de chief. Et vous scauez que gens qui nont point de seigneur ne peuuent faire chose q guieres vaille. Quant Regnault ouyst ses parolles Il commenca a soubrire et puis dist a dieu bon hō me nous y alons pour voir a quoy Il aduiendra. Quant Il eut ce dist Il se mist a la voye luy et son cousin maugis et ne cesserent Jusques Ilz furent dedens lost. Quant Ilz furent dedens lost chescun regar doit regnault qui estoit vng si beau pellerin regnault regardoit sa et la et ne scauoit ou se mectre. Puis se aduisa et dist a maugis mō cousin Il nous conuient trouuer maniere de auoir vng peu de foilla ge pour nous faire vng peu de loge Illecques a ce coingt de ce mur Quant regnault eut ce dist maugis ne cessa Jusques a ce quil eut faicte vne petite loge. Ce pendant quilz acheuoient leur loge. Lamiral de perse sortit hors de Jherusalem a bien trois mille combatans et se bouta en lost par devers saint estiene.

¶ Et a lors quant le bon conte de rames et gallerant de siaecte et geoffroy de nazareth virent ce Jlz corurent aux armes. Et vous dis que le conte Jaffas fust moult tost arme plustost que les aultres. Et Incontinent sen corust sus les turcs et commenca a crier Jaffa tant comment Jl peult. Et commenca a moult dommager les persans car Jl estoit moult vaillant homme. Quant tous ceulx de lost furent armez a lors commenca vne bataille dune part et daultre moult cruelle. Et a tant veez venir le conte de rames monte sus vng destrier. Et se frappa en la greigneur presse des sarrazins et les commenca moult fort a abactre ainsi coment loupz les brebiz. A brief parler la meslee fust moult grande et mortelle. Car Jl y eut maintes lances froissees maintz aubers derompuz. Et du ne part et daultre mains homes abactuz. Et devez scauoir que geoffroy de nazareth y faisoit grant abactement de turcz et de persans Car celluy qƚ acteignoit dung coup nauoit enuie de plus viure ne nessu ne losoit acendre mais fuioit deuant luy qui pouuoit quant lamiral vist ce Jl dist a soy mesme qƚ ne se pse ries sil ne se venge de geoffroy de nazareth q̄ luy fait si grant ēnuy.

¶ Lamiral de perse eust moult le cueur dolant de ce quil veoit que geoffroy luy faisoit a luy et a ses gēs lors prit vne lāce en son poigt et ala courir sus geoffroy. Quant geoffroy vit ce Jl courut sur luy moult asprement si se donnerent si grans coups contre leurs escuz que leurs lances volerent en pieces et des cours des cheuaulx si se encontrerent si grans coups lung contre laultre quil enconuint tomber lamiral mais geoffroy de nazareth demoura en ses arcons quāt lamiral se vit par terre Jl en fust moult dolant si se redressa moult vistement et mist la main a son espee et fist grant semblant de soy

.h.iiii.

deffendre. Quãt geoffroy de nazareth vist ce Il se tourna sus l'amiral et le frappa si grant cop de son espee sur son heaulme quil se estõna tout. Quant Il leut frappe Il vist quil ne faisoit semblant de soy deffendre si se baissa et le prit par son heaulme et len volust mener. Quãt l'amital vist ce quil estoit pris Il escria per se moult haultement et tant cria que ses gens le ouyrent si coururent celle part et le deliurerent des mains de geoffroy de nazareth et le mõterent sus vng cheual et lenmenerent. Quant regnault vist que la bataille estoit si cruelle Il dist a maugis. Helas cousi se Je eusse mes armes Je alasse volentiers secourir noz gens. Car cest la chose au monde que plus Jay desire que pourter armes en la sainte terre contre les sarrazins. Sire se dist maugis vous auez tort de ce dire. Vous scauez q̃ nous auons eu tãt de trauail en nrẽ pelletinage quil est temps de nous repouser. Et daultre part la guerre ne finera pas si tost q̃ vo? ne vous puisses mõstrer en armes deuant la sainte cite. Pour quoy Je vous prie que vo? vous repousses pour anuyt et demain nous nous combactrons. Car Jay delibere que tant que nous serons ensemble Je ne seray point hermite mais vous ayderay de tout mon pouuoir mais vne chose vous dis que tant que Je viuray Je ne feray enchãtement. Car Je l'ay voue a dieu et a tous les sains auquel Je prie qil me doint couraige de non Jamais faire aultremẽt mais Je vous dis que Je vous ayme si perfaictement que si Je deuoye estre dampne si sourtiroye Je hors de mon hermitaige po² vous venir secourir quant vous nauriez mestier. Mon cousin se dist regnault Je vous mercye humblement. Et congnois bien que vous dictes voir que nous auõs bien mestier de repouser mais Je ne me puis tenir de aler en bataille en nulle guise. Helas que Je nay bayart et flamberge ma bonne espee car Je feroye auiourduy telle chose dont dieu me sauroit bon gre. Moult fust a mal aise regnault de ce quil ne auoit armes et cheual pour ayder es crestiens. Ce pendant que regnault et maugis parloient ensemble le conte de rames geoffroy de nazareth et le cõte de Jaffes firent moult grant murtre de turcz et de persans. Quant l'ami ral vit ce Il en fust moult dolant si fist sonner retraicte pour soy en tourner devers Jherusalem. Car Il ne pouuoit plus suppor-ter le grant dommage que luy faisoient les crestiens.

Dant les crestiens virent que les sarrazins estoient descon-fiz Ilz les chasserent moult rudement et en tuerent tant que nul ne scet le nombre. Quant le conte de Jaffes qui estoit moult vaillant cheuallier vit ce Il sen ala au portal saint estiene et se tit Illecques. Et quant les turcz venoient pour eulx sauuer dedens Jhe-rusalem le conte de Jaffes leur venoit au deuant et leur tranchoit le pas et les gardoit dentrer dedens la cite. Et en mourut Illecques assez de rechief. Quant lamiral vist ce Il en fust moult Irez. Si destorne son chemin deuers la porte fore. Et aduint que en ce che-min passerent les turcz deuant la loge de regnault. Et par la for-ce du folle des cheuaulx Ilz mirent la loge par terre dont regnault en fust moult dolant. Lors regnault regarda entour soy et neust aul-tre chose de quoy combatre si non vne fourche qui soustenoit leur loge qui estoit grade et grosse. Si la prent a deux mains et sen mon-ta sur vng mur qui estoit sur le chemin. Et ainsi que les turcz pas-soient brisdes auallees regnault les abactoit a tout ce grant leuier deux et de ux comment pourceaulx. Et a dire verite regnault de des-sus ce mur tua des sarrazins a tout son grant bois ainsi quil passo-ient cessuy Jour plus de cent. Quat maugis vist que regnault fai-soit si bien Il prit son bourdon et sen vint sus le mur a coste luy. Et commenca a frapper a deux mains si gras coups que ceulx quil ac-teignoit Il lectoit mors par terre. Ainsi que regnault et maugis faisoient ses armes Il arriua le conte de rames et geoffroy de naza-reth qui suiuoient les sarrazins a pointe desperos. Si virent le grat nombre de mors que regnault et maugis auoiet tue sur le chemin entant q lon ne pouuoit plus passer que sus les mors. Lors le con-te rames monstra a geoffroy de nazareth le grat murtre q les deux pellerins auoiet fait sur le chemi et monstroit comet cessuy q tenoit le grant leuier estoit moult grant hôme et moult vaillant. Et lault tre qui pourtoit le bourdon pareillement nonpas si grant. Voez cõmẽt le chemin est tout couuert de cestez maulditctes gens Je croy que Jlz sont compaignons. He dieu dist geoffroy Je mesmerueille quelz gens ce sont Je croy que dieu les nous a enuoyez pour nostre sauuement. Ou Je cuyde quilz sont folz veu quilz sont tous desarmez et ne craignent point la mort. Sire dist le conte rames quoy quil en soit Jlz sont vaillans gens et nostre seigneur les gard de mort et de combrement. Car Jlz ont bien greue noz ennemis et si ne seray Jamais aise Jusques a ce que Jaye parle a eulx pour scauoir qlz gens ce sont ne dont Jlz viennent.

Oult fust grande la chasse que le viel conte de rames et gal serant et geoffroy de nazareth et le conte de Jaffes firent es turcz et persans. Car moult grande occision en firent auant quilz fussent retraitz dedens Jherusalem. Car Jlz ne greppirent oncques la chasse Jusques a ce quilz furent dens la porte fore. Quant regnault vist que les sarrazins eurent tous passe Jl leut Jecta son grãt leuier apres car Jl ne leut scauoit aultre chose que faire. Puis Jl se rauisa et descent abas du mur et dist quil ne le voloit mye perdre car Jl en reffera sa loge qui estoit par terre si le prent et sen retorne luy et maugis pour reffaire leur loge. Ce pendãt le conte de rames sen tourna pour les trouuer pour parler a eulx. Si les trouua quilz faisoient leur loge. Lors les commẽca a regarder sans leur sonner mot. Quant Jl vit quilz estoient si grans et si bien taillez principalement regnault quil ny failloit riens. Lors Jl descent a terre et les prit par la main et les fist asseoir de coste luy. Quant Jlz furẽt assiz le conte dist a regnault. Mon amy Je vous prie que me diez verite de ce que Je vous demanderay par la foy que vous deuez au temple que vous venez adorer ce est que vous me dies vostre non et qui vous estes ne de quelle terre ne pour quoy vous alez ainsi pouuremẽt abille comment vous estes. Sire dist regnault puis quil vous plait de scauoir mon estre et mon nom Je le vous diray tresuolentiers

Or saches que Jay non regnault de mont auban mais charlemaigne men a jecte a moult grant tort. Le duc aymon si est mon pere Or suis Je venu en la terre sainte pour seruir nostre seigneur contre ses ennemis. Car ainsi la commande charlemaigne mon souuerain seigneur quant Je fis paix a luy. Et qui pis est Il ma este force de estre venu en si pouure habit comment vous me voyez querant mon pain a la quelle chose nay volu aler au contraire pour auoir paix.

Quant le conte de rames entendit regnault Il en fust moult Joyeux si se dressa en piedz et Joigt les mains vers le ciel et dist. He noble cheuallier regnault de mont auban le meilleur cheuallier du monde tenez mon homage car Je me donne a vous moy et mes biens. Quant regnault vit ce Il dist au conte de rames leuez vous sus sire car vous me faictes oultraige. Par dieu dist le conte Jamais ne me leueray que ne mayez donne vng don. Sire dist regnault Je le vous donne de bon cueur grant mercy dist le conte et lors se leua et dist a regnault. Sire est Il vray que vous aues paix au grant roy charlemaigne. Helas ou sont voz freres les vaillans cheualliers et maugis vostre bon cousin ou vous auiez si grant fiance et vostre bon cheual baiart. Sire dist regnault sachez q̄ Jay eu paix a charlemaigne de la guerre qui a si longuement dure par telle maniere comment Je vous diray ce est que Je dois venir deca la mer en tel habit que me voyez. Et vecy maugis mon consin qui est venu de son bon gre non mye comment contraint car charlemaigne cuide q̄ soit mort passe a long temps. Et mes freres sont demourez auecques ma femme et enfans car le roy leur a tourne tout nostre heritaige. Quant le conte ouyt du tout la verite Il en fut moult Joyeulx. Si commenca a crier a haulte voix. Ha conte Regnault de montauban que vous soyez le bien venu comme le plus proudomme du monde. Loue soit nostre p̄ q̄ vous a conduit par deca sire po² dieu mercy recepuez mon homaige si sauuerez loneur du roy thomas q̄ est prisonnier la dedens a ses felons mescreans le quel Il ont prins depuis que sommes cy devant car si vous estes nostre conduicteur Je ne fois nul doubte que en brief nayōs Jherusale et le roy thomas delivre

Illecques arriverent tous les barons de surie qui furent moult joyeux de la venue de regnault & mont auban au ql Ilz firent grant acueil et bonne chiere. Et a brief parler Ilz luy prierent tous quil fust leur seigneur et guide comment auoit fait le cōte de rames. Quant regnault vist que tous les barons de surie le prioient tant de receuoir leurs hommages Il leur dist. Seigneurs puis quil vous plait de moy faire cest honneur que Je preigne voz hōmaiges Je les prens saulue lōneur du roy thomas qui est vostre roy et vostre souuerain seigneur. Sire dirent les barons nous le volons ainsi et lors Il receut les hommaiges. Quant Il les eut receuz le conte de rames se agenoilla deuāt luy et luy dist. Sire Je veulx que vous me dōnes le don que vous mauez oustroie Sire dist regnault dictes ce quil vous plaira car vous laurez. Sire dist le conte rames ce est que vous venez loger en mon pauillon. Et que vous ne prendres riens daultruy fors que du mien. Et si vous voles riens donner Je vous feray deliurer tout tant que vous demāderes. Et si vous donray trois de mes cheualliers pour vous faire compaignie les quelz vous seruirōt de tout leur pouuoir. Sire duc de rames dist regnault grāt mercy de lonneur que vous me faictes de moy faire de si beaux dons car Ilz ne sont mye a reffuser. Quant le duc de rames eust ce dist Il prēt regnault par la main et le mena son pauillon. Et le fist seruir comment son souuerain seigneur. Quant tous les barons eurēt conuoye regnault Jusques au pauillon du conte rames Ilz prirēt conge de luy et sen alerent chescun en son pauillon louans dieu de ce quil leur auoit enuoye vng si bon chief.

Et alors quant le bon conte rames vist q̄ tous les barōs sen estoiēt alez e leurs pauillōs lors Il fist venir de moult beaulx cheuaulx et palleffroiz. Et tous abillemens de diuerses coulleurs fourres & moult riches fourrures. Plusieurs aubers et maintes bonnes espees et vaisseaulx dor et dargent et tout ce fist presenter a regnault mais regnault nen volut riens fors que vng cheual et vng aubert et vne espee. Et tout le remanant fist departir aux poures cheualliers. Quant le conte vist que regnault nauoit retenu que vng cheual vng aubert et vne espee Il luy dist. Sire pour dieu prenez aultre vestement. Car vous scauez que il ne appertient point a vng tel homme comment vous estes de aler en celluy point en si poure habit. Sire dist regnault pardonnes moy. Car jamais je ne vestiray aultre drap que celuy que jay que je naye baise le saint sepulcre ou dieu fut mis au departir de la croix. Sire dist le conte Je men tairay puis quil vous plait. Et lors sen vint a maugis et luy dist vous soyez le tresbien venu seigneur maugis Je vous prie que vous ostes celle chappe si serez aultremēt abille. Sire dist maugis Je vous prie ne vous desplaise si Je ne faitz a ceste fois vostre volente Car Je vous prometz que Jay voue a nostre seigneur que Jamais ne vestiray aultre drap en toute ma vie.

Lors quant le conte vist que regnault ne maugis ne voloient vestir aultres abillemens en nulle maniere Il en fust moult dolant. Si les laissa a tant ester si commanda que lon mist les tables pour soupper. Quant Ilz eurent soupe le conte rames appella galleran de saiecte et geoffroy de nazareth et le conte de Jaffez et leur dist. Seigneurs or penses de bie faire puis que dieu nous a enuoye vng tel secours que de regnault et de maugis. Et me sēble que en lonneur de dieu nous deuons faire ceste nuyt chescun en sa tēte grāt lumiere de sierges en louāt dieu du secours qil nous a enuoye. Quant les barons ouyrent le conte rames ainsi parler Ilz luy dirent quil disoit bie. Et lors chescun sen ala en son pauillon et firēt alumer grāt plante de torches & sire en tant que cestoit grant merueilles de la grāt clartez estoit e lost. Et chescū se mist a dācer etc.

leurs temptes et pauillons moult longuement. Quant les turcz qui gardoient la tour de dauid virent si grant lumiere en lost des crestiens Ilz en furent moult esmerueillez lors aucuns deulx se alerent dire a leur maistre et seigneur. Quant lamiral ouyst ces nouuelles Il comenca a crier et dist mahon que ont trouue ses meschans qui font si grant feste Je croy quilz sont comment le signe qui chate quant Il doit mourir. Car Je suis seur quilz seront vng de ces Jours mors et pour ce font Ilz si grant Joye. Quant lamiral barbas eust ce dist Il Jura par mahomet viant tous ses gens quil Istra de mai de hors pour destrancher tous les crestiens. Sire dist vng paien gardes. Vus bien dung grant villain qui tient vng leuier en sa main car se Il vous actainge vous estes mort Je suis bien seur que ceulx de lost font ceste feste pour ce villain qui leur vint hyer tant seullement Je ne scay qui est dist lamiral mais si Je lactaings de ma main Il lairra sa teste pour gaige. Car Il est desarme et pour ce ne pourra durer contre moy. Quant le roy thomas qui estoit prisonnier vist la grant Joye que les crestiens menoient Il ne sceut que penser. Puis dist a luy mesme. Beau sire dieu et que ont maintenant mes gens q si grant Joye mainent. Helas se recordent Ilz point de moy Je cuyde que ouy. Car la feste quilz font ne peult estre sans quelque occasion. Saches que ceulx de rames et de Jaffes et de tout le pais en tour quant Ilz virent si grande lumiere Ilz cuydoient que Jherusalem fust tout empris les aultres auoient moult grant paour que lost neust quelque grant affaire.

Out le pais et tour la cite de Jherusalem fust moult esmerueille pour sa grant lumiere quilz veoient mais ceulx de lost ne se soucioient que de dancer. Quant ceulx de lost eurent asses fait bonne chiere lon ordonna le guet et puis sen alerent reposer. Quant le Jour fust venu tous les barons se leuerent et puis sen alerent au pauillon de regnault le quel Ilz trouuerent qui estoit Ja leue. Si se saluerent moult honnorablement et puis luy dirent ainsi. Sire que vous

semble Jl que nous deuons faire si nous assaulderons la ville ou nō
Seigneurs dist le duc regnault jl me semble que ouy. Car nous a
uons grant auantaige. Car qui mourra en lassault & la saincte ci
te jl sera saune sans nulle doubte. Ainsi que les barons seuisoiēt
pour assaillir la cite ladmiral de perse fist ouurir la porte soure et se
Jssit hors a tout dix mille cōbactans bien armez. Quant regnault
et les barons de surie jlz coururent a leurs armes regnault fust ar
me Incontinent puis prist son heaulme et son espee puis monta sur
le cheual que le conte rames luy auoit donne. Quant regnault fut
monte maugis se arma cōment luy et puis monta sur vng bon che
ual qui Jllecques luy fust baille. Puis commenca a crier barons
de surie ne vous esmaiez. Car Je prometz a dieu que Jamais ne tour
neray estre hermite si les turcs ne sont descōfiz. Quāt Jl eut ce dist
Jl sen ala a geoffroy de nazareth et luy dist baron tenez vous pres
de regnault. Car si tous les aultres cheualliers estoient cōmēt vo9
estes barbas seroit desconfit auant nōne. Quāt tous les barōs fu
rent armez et bien montez Jl ordōnnerent les batailles au mieulx
quilz peurent· Et alors arriua ladmiral barbas qui se mist dedēs
lost des crestiens. La premiere bataille des sarrazins conduysoit
vng roy qui auoit nom margaris qui estoit seigneur de la tour de
talle q̃ estoit moult felon et pourtoit en son escu vng dragon paint
de orrible figure.

Quant le roy margaris vist quil estoit temps de frapper sur
les crestiens jl picqua son cheual des esperons et ala courir
contre regnaut. Quant regnault se vist venir Jl dist au conte ra
mes sire cestuy vient querir sa mort a moult grāt haste cōme auez
fait grant honneur mais ce roy en aura le deshonneur pour amo2
de vous pour le premier. Quant regnault eut ce dist Jl picqua son
cheual des esperōs et ala courir moult asprement cōtre le roy marga
ris et le frappa si durement q̃l ne demoura pour escu ne pour aubert
quil ne luy passast la lāce par my la poictrine et tūba mort par terre

Quant Il eut fait ce coup Il luy dist glouton dieu te maudie va faire compaignie a tes predecesseurs en enfer. Puis mist la main a son espee et en frappa ung sarrazin si durement par my son heaulme quil le fendit Jusques aux dens. Puis en frappa de rechief ung aultre soubz la banière et luy osta la teste de dessus les espaulles Quant Il eut occis ses trois Il escria son enseigne mont auban. Quant maugis le ouyst Il se mist dens la meslee si fierement que le premier quil rencontra Il le mist mort par terre. Puis mist la main a son espee et se mist en la greigneur presse. Et lors comenca a frapper a dextre et a senestre. Et faisoit si grant abatement de sarrazis que regnault et tous les barons en estoient tous esmerueillez. lors regnault dist au conte rames. Sire que vous semble de mon cousin maugis vistes vous Jamais si bon hermite. Sire dist le conte Il est moult a priser benoit soit le ventre qui le pourta. Et heure que vous estes venuz en ce pais. Car maintenant suis Je a sseure que Jherusalem sera pris et le roy Thomas deliure de prison.

Uant se se conte rames eut ce dist a regnault Il picqua son cheual des esperos et frappa ung turc par my le gros du pis si durement quil luy fist passer le fert de la lance par derrière et le tomba mort a terre. Puis mist la main a son espee et commenca a crier rames tant comment Il peust. En disant ferez barons ferez Car ses cheualliers sont mors auant q̃ la bataille faille. Se dieu nous gard le vaillant regnault de mont auban et son vaillant cousin maugis. Or est seure que se traictre barbas sera desconfit qui a ainsi trahy la sainte cite de Jherusalem par son faulx engin. A tãt vez venir les barons du pais et se mirent en la presse et commencerent a faire merueilles darmes cõtre les sarrazins. Qui vist adõc regnault et maugis comment Ilz faisoient voye a ceulx qui leur venoient apres Il sen fust esmerueille. Car Je vous promets que nesunne se osoit trouuer deuant eulx qͥl ne prist mort. Apres regnault et maugis aloit le conte rames geoffrey de nazareth galseraut de saiectes et le conte de Jaffes auecques leurs gens et faisoient merueilleuses armes a lencontre de leurs ennemys. Quant les sarrazins virent quilz ne pouuoient endurer le grant dommaige que regnault et maugis leurs faisoiēt Ilz se mirent en fuicte deuers la cite pour auoir garison. Et disoient que a mahommet ne pleut quilz actendissent le grant villain. Car Il les mectoit toꝰ a mort

Quant lamiral barbas vist que ses gens estoient desconfiz si en fust moult dolant et dist filz de putains pour quoy fuyez vous ainsi ne scauez vous mye que Je suis vostre pꝛ qui vous deffendray contre ses meschans crestiens. Que est deuenu margaris que Je ne voꝰ mye. Sire dist vng des sarrazins Il est mort a la premiere Iouste qͬl fist. Quant lamiral ouyst ce Il cuyda forcener et dit Qui est celluy ꝗ ma fait si grant oultraige de auoir tue le roy margaris est ce point le villain a la grant fourche. Ouy sire dirent ses gens car cest le meilleur cheualier du monde. Et si a mis auiourduy a mort grāt nōbre de voꝛ homes. Moſt fust dolāt lamiral de la mort du roy margaris. Lors Iura le dieu mahō ꝗl perça le cueꝛ au ventre au grāt villain. Quant Il eut fait son seremēt Il dōna de les peron a son cheual et se mist en la meslee. Le premier quil encontra fust gallerant de saiectes au ꝗl Il donna par my son escu si durement quil luy fist passer le fert de la lance par derriere et tomba gallerant mort par terre. Quant lamiral eut fait ce cop Il mist la main a son espee et se mist en la greigneur presse criāt a haulte voꝛp perse barōs frappez sus ses meschans crestiens car a ceste heure sont desconfiz Quant le conte de Jaffes et geoffroy de nazareth virent que lamiral menoit si mal les crestiēs Ilz se mirēt par my la meslee moult asprement. Et la eut grant occision de gens dune part et daustre mais a la fin les crestiens eussent este mal menez si ne fust regnault et maugis qui suruindrent.

Egnault qui veoit celle dure bataille se mist par dedens comment vng loup sus les brebiz. Et frappa vng persan
·J.i.

q̃ estoit cousin de lamiral qui auoit nom orrent et luy donna si grant cop de son espee par my le heaulme quil luy fist voler la teste plus loingt dune lance. Puis en frappa vng aultre qui estoit nepueu de mallon quil tua homme et cheual. A dire verite regnault fist Il lecques tant darmes que tous les payens en furent esbahiz. Car Il auoit Iecte son escu sus ses espaulles et tenoit la renne de son cheual entour son bras et tenoit son espee a deux mains. Et lors haban donna son corps et frappa a dextre et a senestre tellement quil ne frap poit cop quil ne tuast vng paien. Quant lamiral barbas vist le grāt dommaige que regnault faisoit a ses gens Il Jura son dieu apolin que Il ne mengera Jamais Jusques a ce quil aura tue le grant vil lain. Sire dist le roy alebrondy Je vous prie que vous laisses ceste entreprise. Car Je vous dis de voir que si vous alez deuant luy Il vo occira dung seul cop. Luy dist lamiral si Je auoye vng bon planson en ma main Il doutera autant deuant moy que vng garson. Car si Je ne le abatz Je ne quiers Jamais pourter escu ne lance ne monter sus cheual

Oult fust aspre la meslee dune part et daultre maugis y estoit qui faisoit grant occision dung coste et puis daultre Quant regnault vit maugis qui faisoit si bien Il en fust moult Io yeulx. Si frappa vng turc si grāt cop sur son heaulme quil luy mist la teste en deux pieces. Puis en frappa vng aultre par my les costes tellement q̃ luy mist le corps en deux moyties. Puis en frappa vng aultre a qui Il osta la teste auecques le bras. Quant Il eut tue ses trois dune pointe Il escria mont auban disant ferez barons ferez car les payens sont mors et desconfiz. Messeigneurs penses de ven ger vostre seigneur le roy thomas q̃ est vng si excellent roy. Quant lamiral barbas ouyst crier mont auban celluy mot se esbahit plus que aultre chose car Il congneut a celle heure que celluy que lon ap peloit le grant villain que cestoit regnault de mont auban dont plu sieurs fois auoit ouy parler quil estoit le meilleur cheuallier du mō de. Quant Il vist ce Il eut bien volu estre en perse. Et lors prist sa voye devers la cite comment homme desconfist. Et sen ala vers la porte fore pour entrer dedens pour soy garentir de regnault mais le vaillant conte de rames le suiuoit de si pres qͥl ne le laissa mye aler a sa guise. Quant lamiral vist quil estoit si fort poursuit Il eust moult grant paour destre pris si donna des esperons a son cheual et se sauua dedens la cite. Et laissa tous ses gens dehors dont Il en y eut la plus grāt partie de occis. Car regnault et maugis et le cōte de rames et geoffroy de nazareth et le conte de Jaffes en firent si grāt destruction que peu en eschappa. Quāt regnault vist q̄ lamiral luy estoit eschappe Il en fust moult dolāt lors regarda au pres de luy et vist vng gros cheuron de bois qui auoit p̄ v. piedz de long si descent a pie et prent le dist cheurō et le troussa deuant luy aussi legieremēt comment vne perche de fause dessus le col de son cheual deuant luy

Lors dist a ceulx q̄ auoient eu victoire comment luy. Seigneurs suiuez moy sil vous plait. Volētiers dirent ses barōs Car Jamais ne vous lerrons pour mort ne pour vie.

Present vous veulx dire pour quoy regnault auoit pris le cheuron. Vous deues scauoir que Il se pensa que lamiral batbas qui cestoit sauue dedēs Jherusalē ne feroit point fermer la porte a loccasion de recueillir ses gens qui estoient demourez dehors et po̅ ce pourtoit Il le cheuron a celle fin se Il trouuoit la porte ouuerte quil mectroit le dist cheuron dessoubz la porte colisse pour garder q̄l ne peust du tout descendre. Quant Il se fust de ce aduise Il se mist a la voye luy et tous les aultres barōs a bride abactue deuers la porte par ou lamiral cestoit sauue. Quant Il fust Illecques Il vist la porte ouuerte dont Il fust moult Joyeux. Si prent son cheuron et le bouta dessoubz la porte colisse si que elle ne peust tomber Jusques a terre ne la porte ne se peust cloure. Vous deuez biē scauoir que regnault ne fist point cella sans endurer grant trauail. Car Il auoit tant de corps emy la voye que vifz que mors quil ne se pouuoit aider. Mais vne chose luy aida bien car quant ses paiens se veoient Ilz luy faisoient tous voye et fuioient deuant luy.

.J.ii.

Quant le noble cheuallier regnault vist que la porte colisse estoit arrestee sus le cheuron quil auoit apporte. Sans faire aultre demourance Il mist la main a son espee. Et se mist dedens Jherusalem. Quant Il fust dedens Il commenca a crier tant comment Il peult mont aubany. Et tant fist darmes a la porte que maugis et se conte rames entrerent dedens. Quant les payens virent que les crestiens estoient dedens la cite Ilz se mirent en fuite et sen aloiet muffat dedés les maisós pͬ sauuer leurs vies Touteffois regnault ne se bouga oncques de la porte pour garder lētree. Ceulx qͥ estoiēt sus la grāt tour du portal crioient es aultres sarrazins qͥlz sarrassent la porte disans que se le grant villain entroit dedens qͥlz seroient tous desconfiz. Quāt regnault vist q̄ vne grant partie de crestiens estoient dedens Jherusalē Il dist a maugis Cousin gardes bien ce pas et Je men Iray a vne aultre porte pour la deliurer. Sire dist maugis ales a dieu et poͥt ne doubtes car Je garderay bien ce pas. Lors regnault se part acompaigne de plusieurs vaillās crestiēs et sen ala a vne aultre porte la qͤlle Il trouua moult bien garnie de paiens mais regnault par sa prouesse les mist Incontinēt en fuite et pour ce gaigna le portal ainsi q̄ ouy auez fust fait car tous les payens perdirent la vie. Et reprise la cite de Jherusalē par la prouesse du noble regnault de mont auban. Quant lamiral barbas vist ce Il cuyda sortir hors de son scens si maudist son dieu mahommet et se arrachoit ses cheueux et sa barbe. Quant Il eut assés demene son dueil Il dist. Par appollin souuerai dieu se le roy thomas ne mayde a sauuer la vie Je le feray occire tout a presēt. Et lors manda qͥr le roy thomas et luy dist. Roy thomas Je voͬ fois vng

Ieu ce est que vous me sauues la vie deuers regnault et que Je me puisse aler quicte moy troisiesme en mon royaulme de perse ou a present vous feray Iecter par ses fenestres. Lors dist le roy thomas. Sire si vous plait vous aures pacience que Je parle a mes gens. Ales dist lamiral a ses fenestres parler a culx et vous deliures. Lors le roy thomas vint es

feneſtres et viſt venir regnault & montauban et maugis tous les premiers qui venoient aſſaillir la tour david ou Il eſtoit priſonnier a lamiral. Quant Il viſt regnault et maugis des premiers Il ne les congneut point. Si regarda apres et viſt venir le conte rames quil ne congneut point bien. Et puis geoffroy de nazareth et le conte Jaffes dont Il fuſt moult Joyeux quant Il les viſt. Et lors ſe priſt a crier. Seigneurs regardes voſtre roy qui eſt Icy pour priſonnier lamiral barbas vous mande que ſe vous ne ſen laiſſes aler en ſon royaulme de perſe luy troiſieſme quil me Jectera contre val ſes feneſtres. A bon roy diſt le cõte rames dieu vo9 ſauue mais vous ſcauez que nul homme de bien ne doit mentir Il eſt vray que nous fiſmes hier de ce ſeigneur q̃ veeſla noſtre gouuerneur et maiſtre. Et deuez ſcauoir que ceſt le meilleur cheualier du monde Il cõuient que vous luy dies voſtre affaire. Car ſans luy ne pouuons nous riens faire. Quant le roy thomas ouyſt ſes nouuelles a poy quil nentaga de dueil pour ce q̃l cuydoit mourir de malle mort lors diſt au conte de rames par grant Ire. Ha conte de rames me auez vo9 Ja trahy que auez fait ſeigneur de aultre que de moy. Sire diſt le conte ne ayez doubtance. Car nous lauons fait ſauue voſtre honneur. Et ſi ny perdrez riens du monde du voſtre car le bon cheualier a aſſes du ſien en france. Vous deuez ſcauoir quil a pris ceſte cite luy et ſon compaignon. Et ſi nayez nulle ſouſpecion de luy ne de nus. Car Je ſuis ſeur quil fera du tout voſtre voulente car Il neſt Icy que pour vous deliurer. Car Incontinent quil aura viſite le ſaint ſepulcre Il ſen tournera en france.
Lors diſt le roy thomas. Seigneurs commẽt a nom ce cheualier. Sire diſt le conte de rames Il ſe appelle regnault de montauban filz du duc aymon le meilleur cheualier du monde car Il eſt tel que Jamais le grant roy charlemaigne ne le peult greuer et ſi ont maintenu la guerre .vvii. ans lung contre laultre. Et ſi a fait tant de belles armes en ceſte guerre que la renommee en eſt par tout le monde. Conte diſt le roy Je vous prie que luy dies de par
.J.iii.

moy ce que Je vous ay dist. Sire dist le cõte tresuolentiers. Et lors
sen vint a regnault et luy dist tout ce que le roy luy mandoit seig-
neurs dist regnault nous ne le ferons mye ainsi mais vous prie que
nous assaillons la tour. Car au pis venir la pointement que lami-
ral demande laurons nous bien. Et si vous dis que si nous assail-
lons bien la tour quelle sera Incõtinent prise et si aurons le roy tho-
mas a nostre guise. Et si occirõs le traictre amiral q̃ a ceste cite pri
se. Sire dist le conte rames nous ferons vostre cõmandement point
nen doubtes. Moult estoit regnault preudomme car Il ne vouloit point
de mauluais plait lors cõmanda a assaillir la tour par force de to9
costez. Si fist appourter des eschelles po2 escheller la tour. Et luy
mesmes monta le premier son escu au col pour soy couurir apres mõ
ta maugis et le conte de rames et puis geoffroy de nazareth et bien
vp. aultres cheualliers. Le viel conte de Jaffes demoura au bas
auecques les archiers et arbalestiers. Quant lamiral vist reg-
nault qui vouloit monter en la tour Il eut moult grant paour si ne
sceust q̃ faire mais sen courust au roy thomas et le prist par la gor
ge et luy dist. Par apolin roy thomas vous et moy saulterons di-
cy abas. Sire dist le roy pour dieu ne vous occies ne moy aussi car
Je feray lassault cesser Je le veulx bien dist lamiral mais vous vie
dres auecques moy. Si le mena a la fenestre et le prist par les Jam
bes et se mist contre val la fenestre. Et commenca a crier tant cõ-
ment Il peult regnault de mont auban Je vous courrosceray car Je
vous Jecteray le roy thomas si ne me pardonnes et puis me occiray
moy mesmes car Je puis bien mourir apres ce roy.

Quant regnault vist que le roy thomas auoit la teste contre
val la fenestre Il en eut grant pitie si dist a soy mesmes
He beau sire dieu et que feray Je si Je laisse lassault ce sera grant hõ
te. Car la tour est pres q̃ prise aussi ce sera grant meschief se le bon
roy thomas prent mort ainsi que regnault estoit sus leschelle pen-
sant a soy mesmes quil deuoit faire tous les barõs du pais commẽ-

cerent a crier a regnault. Tresdoulx sire pour dieu ne souffres que nostre roy preigne mort si honteusemêt car ce seroit grant honte pour vous et pour nous. Seigneurs dist regnault par la foy que Je doy a mes freres et a mon cousin maugis Je ne vouldroie que le roy pst mort pour moy. Quant Il eut ce dist Il descêt de leschelle a terre puis cria a lamiral. Amiral laisses le roy thomas et ne luy faictes nul mal car vous serez deliure. Par tel couuenant que vous et voz troys hommes vous en Irez a pie en perse et laisserez toutes voz bagues Par mahom dist lamiral non feray mais men Iray a cheual moy et mes trois hommes. Et si me dôtres saufconduit sus vostre foy Et se ainsi ne volez faire Je laisseray tomber le roy. Amiral dist regnault ce q vous demâdes Je vous oultroye par ma foy car vous auez tel gaige dont par moy ne serez touche a ceste fois.

Amiral fust moult Joyeux quant Il ouyst parler Regnault si tira le roy arriere et luy dist roy Thomas vous estes quicte de moy. Adont Il descent de la tour auecques le roy et ouurit la porte et sortist dehors luy et ses gens Illecques fust faicte vne grât chiere entre le roy et regnault et en apres a tous les barôs de surie. Et ne fault demâder les grans remerciemens q le roy fist a regnault et a maugis. Long seroit a racompter les sengaiges qui furent Illecques ditz par vngs et aultres. Apres ce lamiral prent son saulconduit et sen ala en perse Icy de luy ne fait aultre mencion. Apres quil sen fust party le roy et regnault ensêble les aultres barons sen monterent en la tour. Quant Ilz furent en hault le roy thomas se agenoilla deuât regnault. Sire dist regnault vous auez tort de cecy faire nô ay dist le roy par ma foy. Quât regnault vist ce Il rougist tout de hôte si prist le roy par la mai et le releua adôc le roy le acolla et luy dist. Benoit soit nre pere qui en ce pais vous amena. Car vous auez recoux Iherusalem la sainte cite et moy oste de prison. Or me dictes sil vous plaist si vous auez eu paix a charlemaigne roy de france qui vous a fait tant dennuy. Sire dist regnault ouy et a loccasiô

.J.iiii.

& la paix suis venu Jcy en pouure abit mon pain quetát cóme voyez Quant le roy thomas ouist ce Jl en eut moult grant pitie. Si Jura le saint sepulcre quil le fera retourner si honnorablement comment appertenoit a vug tel homme comment Jl estoit.

Apres que le roy eut ce dist Jlz sen descendirent de la tour dauid pour eulx aler au saint sepulcre. Et deuez scauoir que lon faisoit grát feste par toute la cite de la chose qui estoit auenue lors sen alerent tous au saint sepulcre pour rendre graces a nostre seigneur de ce que la cite estoit recouuree des mains des felons payens Quant tout ce fust fait les barons de surie pridrent conge du roy et de regnault et de maugis puis sen alerent chescun en sa maison Et le roy prit regnault et maugis et les mena en son palais la ou Jl les festoya cent Jours moult honnorablement. Et ce pendant Jl leur móstra tout le pais. Quát regnault se fust asses sostoye auecques le roy thomas en Jherusalem Jl sen volust partir pour soy entourner es marches de france. Quant le roy vist ce Jl donna a regnault de moult riches dons comment palleffrois draps dor et dargent et plusieurs aultres garnimens. Et grant plante dor monnoye et non monnoye. Et deuez scauoir que maugis ne volust oncqs riés prendre ne changer sa chappe mais se remist en habit de pestleri tout nudz piedz dont regnault estoit moult dolant. Le roy fist apprester vne nef moult honnorablement au port de Jaffes pour enmener regnault. Quant tout fust prest le bon roy thomas conuoya regnault Jusques au port de Jaffes. Et aussi le conte rames et geoffroy de nazareth qui estoient bien dolans du departement de regnault. Quant Jlz furent au port de Jaffes regnault prist conge du roy thomas et des aultres barons en plourant tendremét et se mist en mer. Et sachez quilz demouerent par fortune de mer bien huit moys sans peuuoir prédre terre. Touteffois a vug Jour dung ludy Jlz prirent mer et port en vug lieu qui se appelle a palerne. Quant

Ilz eurent pris port regnault commanda que lon le mist a terre et que toute la nef fust deschargee ainsi que lon deschargoit la nef le roy de palerne estoit a ses fenestres de son palais et vist comment lon deschargoit la nef. Lors dist a vng cheuallier qui la estoit le quel se appelloit symon de pueille et a ceulx q entour luy estoient Je voy Illecques sus le riuaige de la mer vne nef qui se decharge en terre Il ne peult estre que quelque grant homme ne soit leans. Car Je voy que lon descharge des cheuaulx et du bagaige largement Je ne scay que ce peult estre se Ilz ne sont pellerins. Lors dist que lon luy mist la selle a vng cheual car Il vouloit aler sus la mer pour congnoistre que ce seroit pour le loger auecques luy

E vaillant cheuallier symon de pueille qui estoit roy sans faire de meure sen vint sus la mer sus son cheual et en sa compaignie maints vaillans cheualliers. quant Il fust sus le port Il trouua regnault qui estoit descendu en terre. Si tost comment symon le vist Il le congneut bien dont Il fust moult Joyeux. Et aussi regnault congneut bien symon le bon roy. Si se acollerent et se firent moult grant chiere. Sire dist symon vous soyez le tresbien venu Je vous prie que vous venez auecques moy. Car lamiral de perse est entre en ma terre qui me destruit. Je me combactiz hier a luy Mais Il me Jecta du champ honteusement. Et fist grant dommaige a mes gens. Et suis seur quil me viendra demain assiger. Et auoye pense de enuoyer querir secours vers Charlemaigne. Mais puis que dieu vous a amene Icy Je nay garde du roy de perse. Sire dist Regnault Je vous ayderay de tout mon pouoir. Et se lamiral vient demain Il ne fauldra point a Bataille. Et si vous Jure sur ma foy que se Il vient que Je ne mengeray Jamais pain que Je ne laye desconfit. Mal entra oncques en peulle luy et ses gés. Lors le roy symon enmaine regnault en son palays la ou Il luy fist bonne chiere et honneur. Ainsi come symon le roy de peulle faisoit grat feste pour lamour de regnault a tāt va arriuer vng cheuallier q auoit nom ymes qui dist au roy symon. Sire lamiral de perse nōme barbas est venu a si grāt gēs deuāt paserne q̄ toute la terre ē est plaine

Uant le roy symon entendist ses nouuelles Il en fust moult Irez et regnault Joyeulx lors regnault dist au roy. Sire Je vous prie que ne soyez de riens esbahy. Car auiourduy en serez venge sil plait a dieu et au saint sepulcre lequel Je viens de adourer. Quant le roy ouyst ainsi parler regnault Il fist crier que chescun se alast armer et fist esmouuoir sa ville. Quant regnault vist ce Il demanda ses armes pour soy armer et Jura le corps de dieu que cestuy Jour Il feroit dommaige a lamiral Irreparable puis que Il lauoit recouure. Quāt maugis vist que regnault se vouloit armer et combactre Il luy dist mon cousin pour lamour de vous Je suis delibere de pourter encores armes car Je ne vous pourroye souffrir en danger. Quant le roy symon ouyst maugis ainsi parler Il luy en sceut moult bon gre si le courust acoller et luy dist. Par ma foy vecy vng bonher mite. Car quant mestier est Il mest bien la main a lespee. Sire dist regnault vous dictes verite. Et vous promets que a paine trouueroit son vng meilleur cheuallier sur terre.

Pres toutes ses choses dictes chescun se mist en armes le roy tout arme sen ala a maugis et luy dist tout en riant mon amy maugis Je vous prie que vueilles pourter mon enseigne car a meilleur cheuallier que vous ne la scauroie bailler. Sire dist maugis si vous la me bailles Je vous Jure sus tous les sais que Je la mectray en tel lieu dont Je vous feray eschauffer le fronc. Quāt le roy entēdist maugis ainsi parler Il en fust moult Joyeulx et lors luy fist bailler sa banniere. Quant maugis eut la banniere Il sen vit au roy et luy dist Sire or me suiue q̄ vouldra car lamiral sera descōfist sil ne fuit quant maugis eut ce dist Il donna des esperons a son cheual et se mist dedens les sarrazins comment vng lion regnault la soit suiuant de pres et Incontinent recontra vng persant et luy dōna

& sa lance par my son escu si durement quil le jecta mort par terre. Puis mist la main a son espee et se bouta en la greigneur presse et commenca a frapper a dextre et a senestre & si grans coups que les payens en estoient tous esbahiz. Car tous ceulx quil acteignoit Il les mectoit tous a fin. Quant lamiral vist le grant effort darmes que regnault faisoit contre ses gens Il dist a ung sien nepueu par mahom Je ne vis oncques hier celluy grant homme ne celluy qui porte la banniere dont diable sont Ilz venuz qui si fort nous domma gent Je congnois bien quilz sont chevalliers estranges Jay si grãt paour & culx que tout le sang me fremye. Ce pendant le roy symon et regnault avecques leurs gens faisoient grãt abacement de payés Et Illecqs eut vne merveilleuse meslee dune part et daultre mais quant lamiral vist que ses gẽs se portoient si mal Il ne sceut que faire & fouyr ou de actendre. Adont fez venir regnault qui aloit derompant la presse qui crioit tant quil povuoit montauban quãt lamiral ouyst crier montauban Il eut si grant paour quil ne sceut q̃ faire et dist. Par mahõ et par appoli Je croy que ce diable se ait & de art diabolicq car Je le laissay en Jherusalẽ. Et mainte nant Il est Icy ou Je lay trouue par mon peche et sommes en voye de estre parduz se mahom ne nous ayde.

Lors quant lamiral congneut que celluy qui faisoit tant de mal a ses gens estoit regnault & montauban Il trembloit tout de paour lors dist a son nepueu. Par mahõmet mõ dieu nous auõs mal fait de estre Icy venuz pour faire guerre au roy symon puis quil a ce diable avecques luy regnault de mõtaubã. Car Il est le non pa reil du monde de chevallerie or vouldroie Je bien estre dedens la mer en ma naviere car si Je lactẽ Il me toulra la vie sire dirẽt ses gẽs na yez doubtance po² ce grãt villain car seIl frappe entre noz mains Il na garde de nous eschapper. Seigneurs dist lamiral vous ne saves que vous dictes vous ne congnoissez pas la grant prouesse de reg= nault car si nous estions dix fois autant de gens que nous som= mes si naurions nous pas contre luy duree et pour ce ne veulx plus

Jcy demourer foy que Je dy a mahommet. Quant Jl eut dictes ses parolles Jl tourna bride et le plus tost qʼl peult sen ala vers ses gallees et tous ses gens apres. Quant regnault vist que les payens estoient desconfiz Jl commenca a crier or apres maugis apres. Car les paillars sont tous mors. Quant Jl eut ce dist Jl se mist a la chasse et le roy symon apres luy. Et aloient abatant payens comme bestes. Saches quilz en occirent tant auant quilz peussent estre es gallees que lon ne pourroit croire le nombre mais Jlz ne sceurent tant faire que lamiral ne se sauuast dedens sa nef. Quant Jl se vist eschappe Jl en fust moult Joyeux si en rendist graces a son dieu mahommet.

Arbas lamiral de perse quant Jl se vist sauue dedens la nef Jl commenca a regarder vers terre et vist le grant dommaige que regnault et maugis faisoient a ses gens. Car tout le riuaige de la mer estoit plain de payens q̃ gisoient mors a terre dont Jl en eut moult grant dueil. Si commenca a arracher ses cheueux et sa barbe et maudisoit leure que oncques fust ne. Regnault arriua sus le port et vist que lamiral sestoit sauue dont Jl fust bien marry si ne sceust aultre chose que faire si non quil fist Jecter des fusees de feu dedens la nef de lamiral. Entant quil en fist bruler la plus grant partie. Et fut force a barbas de changer nauiere. Et deuez scauoir q̃ de tous ses payens qui estoient demoures sur terre en vie Jl nen eschappa pas vng qui ne perdist la vie. Quant le roy symon vist qʼl estoit au dessus de ses ennemis Jl en fust moult liez si courust embrasser Regnault et luy dist. Sire Je congnois bien que Je suis roy pour amour de vous. Car si vous ne fussiez lamiral barbas meust destruit et mis a mort dont Jl est raison que vous en ayes le guierdon tel quil vous appertient pour quoy sire regnault Je vous fais seigneur de mes biens et de ma terre.

T lors dist regnault sire Je vʼ mercie humblement de vrẽ courtoisie mais nouʼ ne somes pas qui auons desconfist la gẽt payenne se a fait dieu non aultre. Car nous ne sommes pas si puissans moy et maugis pour le faire sans luy. Quant Ilz eurent parlé vne grant piece sur le riuaige & la mer le roy prist regnault a lune des mains et maugis a laultre et sen alerent vers la cite. Quant Ilz furent la le roy fist appourter tout le guain quil auoient et le presenta a regnault et a maugis dont regnault et maugis nen voulsirent riens prendre mais le donnerent aup poures cheuallier. Et Incontinent maugis se mist en son premier estat dermite. Puis apres la feste commenca et les dances et tous aultres esbatemes par toute la cite pour la victoire que dieu leur auoit donne Il ne fault dire quelle chiere le roy faisoit a regnault en son palais. Car elle estoit Innumerable. Pour faire brief quant regnault se fust festoie lespace de quatre Jours Il sen voulust partir et demanda conge au roy dont grantement le roy fust marry & ce quil ne vouloit demourer plus longuement. Quant Il vist quil sen vouloit aler Il luy donna de moult riches dons et fist auictailler la nef de regnault de toutes bonnes viandes. Quant ce fust fait regnault prit conge du roy et de tons ses barons. Le roy prit regnault et le connoya Jusques a la nef. Quant ce vint au departir le roy simon briza regnault et puis maugis en plourant puis se tourna devers palerne Puis regnault leua ses voilles et prit la mer et ne cessa Jusqs a ce quil fust a romme. Et la Ilz prirent terre et luy et maugis sen alerent confesser au pape. Quant Ilz furent confessez Ilz sen tournerent dedens leur nefz et prirent leur chemin vers france. A brief parler Ilz firent tant par leurs Journees quilz vindrent a dordonne enuiron heure de nonne. Quant les gens de dordonne sceurent que regnault et maugis estoient arriuez Ilz en furent moult Joyeux. Si sen alerent a alart et luy dirent Sire sachez que vostre frere regnault nostre seigneur est arriue et maugis vostre cousin en tresbon point.

¶ Alors quant alart et ses aultres freres ouyrent les nouuelles de leur frere regnault qui estoit venu peu sen faillust quilz ne cheurent pasmes a terre de Joye quilz eurent. Puis sen alerent au portal de la ville au deuant de leur frere mais Ilz le trouuerent quil estoit desia dedens la ville. Quant Ilz le virent Ilz luy coururent au deuant. Et alart sembrassa en plourant puis se baisa par grant amour. Et pareillement guichart et richart. Puis baiserent maugis leur bon cousin. Quant Ilz eurent demenez grant feste Ilz sen monterent au palais. Quant Ilz furent au palais. Alart dist a regnault. Beau frere vous soyez le tresbien venu comment auez trouue maugis nostre cousin. Frere se dist regnault Je le trouuay en constantinoble par bonne auenture. Et lors leur commença a compter toutes ses auentures et tout ce quil auoit eu depuis quil estoit pellerin. Puis quant Il eut tout compte Il regarda son frere alart au visaige quil auoit tout passe. Et se donna aucune souspecion et dist. Beau frere comment va a ma femme et a mes enfans Je mes merueille moult que ne les voy Jcy auecques vous. Sire dist alart nayez doubtance car Ilz sont tous sains et en bon point a mont au ban. Car saches que depuis vostre departement nous auons fait reffaire le bourt et garnir le chastel pour doubtance que guerre ne nous suruint. Et alors quant regnault ouyst bonnes nouuelles de sa femme et enfans Il en fust moult Joyeux si se agenoilla et en remercia dieu et tous les sains.

Quant regnault sceut que sa femme et ses enfans estoient en bon point Il se reconforta moult. Et cōmença a faire bonne chiere et soy reiouir. Mais quant Il vist que ses freres ne faisoient point de feste mais faisoient macte chiere Il sen esmerueilla moult. Si se tourna vers alart q ne faisoit que souspirer et luy dist Frere Je me actens dauoir mauluaises nouuelles Je cuyde que ce q mauez dist nest point verite. Si ne me dictes tout le vray Je sauldray hors de mon sens Je vous prie chierement que vo9 me dies tout car Je le veulx scauoir. Quant alart vist que regnault le tenoit de si court Il cōmença a plourer moult tendrement et puis dist sire

Puis quil vous plait que Je vous die la verite Je la vous diray. Saichés que ma dame vostre femme est alee de vie a trespas. Car oncques puis que vous partites ne fina de plourer pour chose que nous luy sceussions dire ne faire. Puis mist au feu toutes ses robbes, et ne volust oncques pourter drap si non vng mantel de telle sarge come nous et tant demena son dueil nuyt et Jour quelle morut dont poise a moy ainsi mait dieu. Car cestoit la plus vaillant femme et la plus belle du monde. Quant regnault entendit ce Il cheust pasme a terre du grant dueil quil eut au cueur de la mort de sa femme. Quant Il fust revenu Il se mist a plourer et dist. Ha roy charlemaigne que Je vous dois bien hair pour vous Jay pardue ma femme. Car elle est morte pour ce quelle vist que me chassastes hors de france a si grant honte comment de moy faire aler de la la mer a pie comment vng truant mais Je congnois bien que ce a fait mes pechez. Adont qui en fust liez maugis ne fust pas Joyeux. Si fust si marry quil ne scauoit que faire Quant regnault eut beaulcop demene son dueil si dist a alart son frere. Beau frere Je vous prie que me vueilles aler monstrer la tombe de ma femme. Sire dist alart tresuolentiers. Et lors le mena en lesglise sus la tombe de la bonne duchesse. Quant regnault la vist Il se pasma dessus par trois fois. Quant Il fust revenu Il commenca a demener grant dueil et dessiroit ses vestemens et arrachoit ses cheueux Quant Il eut asses demene son dueil Il commenca a dire comment vng homme ramply de Ire. He dieu quel pesserin Je suis Je croy quil nen a point au monde de si malereux que moy. Or voy Je bien que Jay perdu tout mon bien fait puis que Jay perdu la plus noble dame du monde. De tous les biens que oncques fis dieu ne men scet ne gre ne grace. Ainsi quil disoit ses paroilles vecy arriuer ses deux enfans yonnet et aymonnet qui se agenoillerent deuant leur pere. Quant Regnault les vist a genoulx deuant luy le cueur luy cuyda creuer si les releua et les baisa plus de cent fois tout enplourant et puis leur dist. Mes beaulx filz si penses de bien faire car le cueur me dist que Je vous fauldray bien tost sans nulle doubte.

Et lors quant regnault eut ce dist a ses enfans Il recommença a faire plus grant dueil que par auant. Et pareillement faisoit maugis. Alors le dueil commença par toute la ville moult grant et dura par lespace de dix Jours sans cesser Quant ce vint a lonziesme Jour regnault se mist a la voye pour aler a mont aubā le quel estoit a peu pres aussi peuple quil estoit auant la guerre. Oncques maugis ne habandonna regnault quelque part quil alast mais Il aloit tousiours a pie en son habit dermite. En alant a mont auban ses freres de regnault et ses deux enfās alerent a pie pour tenir cōpaignie a maugis. Quant ceulx de mont auban sceurent la venue de leur seigneur Ilz en furent moult Joyeux. Si firēt tēdre toutes les rues de beaulx linges et de plusieurs riches draps tant de soye que de laine. Et puis luy viennent au deuant tous ensemble menans grant feste et luy firent grant reuerēce dont regnault les receupt moult honnorablemēt et leur fist grāt chiere. Car a celle heure Il dissimulla son dueil quil auoit pour lamour de ses gens qui luy faisoient si grant feste. Puis ceulx de mōt auban firent grant bien venant a maugis. Car tousiours lauoient bien ame de bonne amour. Apres ce Ilz menerent regnault menans grāt feste dinstrumens Jusques au chastel. Quant regnault se vit dedens son chastel de mont auban Il fust bien Joyeux si se mist a vne fenestre et regarda contre val le chastel et vist quil estoit peuple cōment par auant. Et fust esmerueille dont estoiēt venuz tant de gēs Si en fust moult Joyeux car Il ne le cuydoit Jamais voir en tel point Ce pendant ceulx de mont auban demenoient grant feste merueilleusement mais regnault ne pouuoit faire bonne chiere pour chose quilz sceussent faire.

Apres ce que la feste fust finee regnault appella ses freres et leur dist. Seigneurs Je me tiens destruit pour la mort de la noble dame la duchesse la quelle Jay perdue. Et pour lamour du bien q̄ Jay sceu a elle Je fois veu a dieu que tant comment Je viuray

Je nauray aultre femme. Cousin se dist maugis vous auez droit mais Je vous prie q̃ vous vʳ vueilles recõforter. Car vous scauez que vne chose que lon ne peult amender lon la doit laisser estre a nõ chaloir. Cousin se dist regnault vous dictes bien et Je le feray ainsi. Quant regnault et ses freres et maugis eurent fait grant chiere celluy Jour a montauban. Lendemain au matin maugis prist congé de ses cousins et sen ala en son hermitaige. Quant Il voulut partir Il dist a regnault. Sire remembres vous que par vous sont mors tant de gens dont vous estes tenu de prier quil plaise a dieu de les oster de paine perdurable. Quant Il eut ce dist Il se mist a la voye pour soy en aler et ne souffrist mye que nessun le conuoyast. Et tant fist par ses Journees quil arriua en son hermitage la ou Il cõmēca a mener moult sainte vie. Car depuis quil fust en son hermitaige Il ne menga que herbes et racines de bois. Et en ceste maniere vesquit maugis lespace de sept ans sans voir homme ne femme. Quant ce vint au huitiesme an le bon maugis trespassa enuiron pasques Jhūs par sa pitie aye son ame. A tant laisse le cõpte a parler de maugis a qui dieu face pardõ et retourne a parler de regnault et de ses freres et de ses enfans comment Ilz furent cheualliers.

Omment regnault enuoya ses deux enfãs au roy charlemaigne moult honnorablemēt pᵘ estre cheualliers a paris Le .xxvi. chapitre.

N ceste partie dist le compte q̃ depuis que maugis sen fust retourne en son hermitaige que regnault demoura moult dolant a cause de maugis et de sa femme mais Il se reconforta auecques ses freres au mieulx quil peult. Long tēps demoura regnault auecques ses freres menant la meilleur chiere qᵘ peult. Et deuez scauoir que en celluy temps mourust leur pere aymon lequel fist heretiers ses enfans de tous ses biens. A brief parler regnault mespartit tous les biens de son pere et les siens a ses freres
.Z.i.

et ne retint pour luy que montauban. Puis trouua maniere de les marier tous haultement. Qui vouldroit parler des freres de reg̃naust longuement Il seroit long a racompter. En effect regnault demoura longuement a mont auban auecques ses enfans lesquelz Il Jnstruit en toutes bõnes meurs au myeulx quil sceust et les nourrist Jusques a ce quilz furent grans et quilz pouuoient bien pourter escu et lance. Vng Jour regnault mena ses enfãs sur les chãps a cheual et fist pourter des escuz et des lances pour les essayer a Jouster et mena auecques luy vy cheualliers aupquelz quant Ilz furent sur les champs regnault fist Jouster ses enfans. Et deuez scauoir que ses duy enfans Jousterent aussi bien que silz eussent estez en la guerre dix ans. Quant regnault vist quilz se pourtoient si bien Jl les appella deuant les cheualliers et leur dist. Mes beaux enfans la dieu mercy vous estes grans et bien mẽbres or est Jl tẽps que vous soyez cheualliers pour quoy Je veulx que vous aillez seruir le roy charlemaigne vostre souuerain seigneur le quel vous fera cheualliers car de plus haulte main ne le pouues vous estre.

Pere dist aymon net nous sommes tous prestz a faire vr̃e volente et tout ce que nous commanderez. Pere vous auez tresbien dist de nous faire suiure les guerres Il en est temps. Pere dist yonnet huy ne pourres auoir mal puis que auez dist que nous serons cheualliers mais puis quil vous plait de nous enuoyer a charlemaigne Il nous y fault aler honnorablemẽt mais ce ne sera pas sans grans despens. Mon filz dist regnault de cella ne vous souciez car nous auõs des biens assez pour vous y enuoyer honnorablemẽt Et vous prometz que Je vous y enuoyeray auant huit Jours aussi honnestement que point ny est ale de tout mon temps. Pere dirent les enfans nous sommes prestz de y aler quant vous plaira. Quãt regnault eut ce dist a ses enfans Il sen tourna a mont auban menant grant Joye. Quant Il fust en son chastel Il appella son seneschal et luy dist. Seneschal Je vous commãde que vous fasses mes enfans honnorablemēt habiller & moult riches vestemēs et de plusieurs sortes. Car Je les veulx enuoyer a la court du roy charlemaigne pour estre cheualliers. Et gardes quilz y aillent aussi honnestement quil en y ala Jamais point. Sire dist le seneschal bien feray vostre commandement puis quil vous plait car sceans a moult de riches draps et de plusieurs sortes.

Quant le seneschal ouyst le commandement de son maistre sans faire longue demeure Il fist moult bien ce q̄ luy estoit cōmandé par regnault. Car Il fist apprester et bien barder de moult beaulx palleffrois et coursiers couuers de riches voulsures et campannes. Puis trouua deux bons arnois esprouuez pour les deux Josnes bachelliers. Pour faire brief Il nestoit pas possible, de myeulx adouber deux Josnes escuiers ne plus tost q̄ le seneschal fist les deux enfans de regnault. Quant Il eut tout appresté Il monstra tout le conroy a regnault son maistre. Quant regnault vist ce Il en fust moult Joyeux et dist. Par dieu seneschal Je vous ayme bien de ce q̄ vous auez si bien adoubbé mes enfans. Apres ce fait regnault fist apprester cinq cens cheuaulx et des plus gēs de bien q̄ leust pᵘ acōpaigner ses filz. Quāt tout fust appresté Il appella ses filz et leur dist. Mes beaux enfans vous estes bien apointes la dieu mercy. Et vecy belle compaignie de gens de bien pour vous acompaigner. Et pour ce vous vous en Irez a charlemaigne nostre grant roy le quel vous fera grant chiere et honneur pour amour de moy mes enfās vous estes de moult noble lignaige pour quoy Je vous prie que vᵒ gardes de faire chose qui tourne a reprouche ne a moy ne a mes parēs Je vous commande sus la foy que vous me deuez que largent que Je vous baille que le despendes honnestemēt. Et ne le espargnez point a pouures gentilz hommes ne bachelliers. Et quāt vous nē aurez plus mandes en querir et vous en aurez assez. Encores plus Je vous commande que seruez dieu sur toutes riens quelque chose que ayez a faire Je vous recommande les pouures crestiens ne que de vostre bouche ne saille vne villaine parolle ne a dame ne a ancelle

.Z.ii.

Pourtes honneur a gens de bien et de chescun serez prise. Encores vous commande plus que lung en riens ne mesdie laultre. Et pour tes foy et amour lung a laultre ainsi que ay fait a mes chiers freres. Et a vous yonnet beau filz Il convient que vous pourtes honneur et reverence a aymonnet vostre chier frere car Il est plus aisne que vous ce scavez vous bien.

Lors dist yonnet. Sire soyez asseure que Je serviray mon chier frere comment Je vouldroye faire vous qui estes mon seigneur et mon pere. Par ma foy beau filz se ainsi le faictes vous aurez honneur toute vostre vie quelque part que vous soyez. Mais Je vous commande encores que vous vous gardes de trop parler car si vous parles trop les francois diront que vous ne ressembles pas vostre pere ne voz oncles car Jamais nous ne sermonoyent volentiers Pere dirent les enfans nous auons telle esperance a nostre seigneur quil nous gardera de mesprendre ains ferons telle chose dont volentiers nous auoyeres pour voz enfans. Et tous ceulx qui sont a la court de charlemaigne nous aymeront silz nont bien tort. Quant regnault ouyst ses enfans ainsi respondre Il en fust moult Joyeux si les tira a part et leur dist. Mes beaulx filz vous vous en alez en france. Or vous souviengne de ce que Je vous diray a present. Vous deuez scauoir q'la ung grant lignaige de gens a la cour de charlemaigne q onecques ne nous aymeret guieres lesquelz sont de grant pouuoir ce sont ceulx de mante Je vous commande que vous ne alez ne venez auecques eulx pour chose quilz vous dient. Et si Jamais vous dient oultraige penses de vous en venger et leur monstres que vous estes filz de regnault de mont auban Pere diret les enfans nayes doubtance que nous soufftros que lon nous oultraige a nre pouuoir Beaulx enfans dist regnault agenoillez vous deuant moy. Lors les enfans se agenoillerent deuant leur pere et regnault leur donna sa benoisson puis les baisa en plourant par plusieurs fois et leur donna conge puis se tourna deuers ses cheualliers et leur dist. Mes

seigneurs Je vous commāde a dieu et vous prie que vous pensesbien
de mes enfans et ne souffrez mye que lon leur face oultraige car
vous scauez q̄ nous sommes hayz en frāce Je vous prie que leur don
nes tousiours bon conseil et quil soyent larges et courtois car Ja-
mais auaricieux prince ne fust exaulce en prix. Quant regnault
eut tout ce dist Il se retira en plourant. A tant laisse le cōpte a par-
ler de regnault et de ses freres. Et tourne parler de ses deux
enfās q̄ sont alez a la court de charlemaigne

Comment apres ce que le roy Charlemaigne eust moult
doulcement receup les filz de regnault comment Ilz se com
battirent aux filz de fouques de morillon. Et les desconfirent en
lisle nostre dame pour ce quilz auoient charge regnault de trahison
Car Il auoit occis fouques de morillon es plaines de vaulx
coulseurs.   Le. pv vi. chappitre

Et dist le compte que depuis que aymonet et yonnet partirēt
de montauban de leur pere quilz cheuaucherent tant par leurs Jour
nees quilz arriuerent a paris. Et se logerent au pres du palays
Quant Ilz furent logez les deux enfans se vestirent moult hon-
nestement eulx et leurs gens. Puis sen alerent au palais tenans
les deux enfans par les mains. Et deuez scauoir quilz ressemblo-
ient bien enfans de prince. Quant les barons de charlemaigne vi
rent venir les deux freres si richement vestuz apres eulx si belle cō
paignie Ilz se esmerueillerent moult quilz pouuoient estre. Si di-
rent lung a laultre vecy beaux enfans. Et si deuroient estre freres
car Ilz se ressemblēt moult bien. Or ne peult estre quilz ne soyent de
grant lignaige et de grande parente. Lors ses barons les suyuirent
quant Ilz monterent au palais pour scauoir quilz estoient. Ce pen
dant les deux freres mōterent au palais et entrerent dedens la grāt
salle la ou Ilz trouuerent le roy charlemaigne qui se deduisoit auec
ques ses barons. Et y estoit le duc naymes richart de normandie et

L. iii.

Salomon de bretaigne Le dannois ogier de dannemarche et le cōte ganelson et constans et rohars qui estoient de malle part. Car Ilz auoient bien a qui ressēbler car Ilz estoient filz de fouques de morillon que regnault auoit occis aux plais de vaulx couleurs. quant Il se deffendist si bien en la roche mombrum. Les deux freres constans et rohars estoient de grant renommee mais Ilz estoient traictres comment payens. Et charlemaigne les amoit moult pour leur cheuallerie. En celle compaignie auoit moult daultres princes et barons de quoy le liure ne fait mencion.

Ores quant les deux freres furent en la salle Ilz virent le roy entre les aultres barons. Si sen vindrent a luy et se agenoillserent deuant luy et baiserent les piedz. Puis aymonet parla le premier et dist. Sire dieu vous sault vous et toute vré compaignie. Sire nous sommes venuz a vous pour auoir lordre de cheuallserie. Car de meilleur main que de vous ne le pourrions nous estre dont nous vous requerons pour dieu et pour lamour de nostre pere quil vous plaise que nous soyons en vostre seruice Jusques a ce que vous nous donnes lordre de cheuallerie. Qui estes vous dist charlemaigne qui ainsi parles. Sire sachez que nous sommes filz de regnault de montauban a qui dieu doint bonne vie. Quant charlemaigne entendist que cestoient les deux filz de regnault de mōtauban Il se leua sur les piedz legierement. Et les receupt en grant honneur et puis leur dist. Mes enfans vous soyez les tresbiē venuz et comment fait vostre pere. Sire dirent les enfās Il fait bien la dieu mercy et se recomande a vostre bonne grace vous suppliant quil vous plaise nous auoir pour recommandes. Et si lauons laisse a montauban mais Il sen va fort enclin. Ainsi va le monde mes enfans ūg chescun Il conuient passer.

Oult fust Joyeux le roy charlemaigne de la venue des deux filz de regnault de mont auban. Et moult les regardoit vou ſentiers pour amour de leur pere. Car tant plus les regardoit et plus beaux les trouuoit. Et bien les amoit pour ce quilz reſſembloient leʳ pere. Quant Il les eut aſſez regardez Il diſt a ſes barōs. Signeurs ſi ſes enfans voloient regnier leur pere ſi ne pourroient Ilz car Jamais filz ne reſſemblerent ſi bien leur pere comment ceulx cy Et eulx de quilz ſeront vne fois bonnes gens ſe Ilz viuent leur eage. Quāt Il eut ce diſt Il ſe tourna deuers les enfans et leʳ diſt beaulx enfans vous ſerez cheualliers toutes les fois quil vous plaira poʳ amour de voſtre pere mon bon amy. Et ſi vous donray plus de terres que voſtre pere nen tient. Et pour amoʳ de vous feray cent aultres cheualliers. Car vous eſtes de telle geſte que lon vous doit bien hōnorer et priſer et tenir chier. Et lors quāt ſe duc naymes et rolant et oliuier qui Illecques ſuruindrent et tous les aultres pers virent que ceſtoient les deux filz de regnault de montauban Ilz en furent moult Joyeux. Lors cheſcun les baiſa par grant amour. Lors leur demanderent comment regnault et ſes freres faiſoient. Seigneurs qui eſtes vous qui demonſtres eſtre ſi Joyeux de noſtre venue enfās diſt ſe duc naymes nous ſommes tous voz parens de bien pres. Et lors ſe duc naymes leur diſt le non de tous. Quant les enfans ſceurent quilz eſtoient Ilz ſe humilierent deuant eulx moult honneſtement. Puis yonnet leur diſt. Seigneurs noſtre pere voʳ ſalue tous et vous prie que nous vous ſoyons pour recommandes comment voz parens.

T lors quant les barons ouyrent les deux enfans ſi ſagement parler Ilz en furēt moult Joyeux et de ſeʳ venue mais les deux filz de fouques de moriſſon neſtoient bien triſtes et doulēs par ma foy diſt conſtans a ſon frere rohars le pere de ſes deux enfans occiſt noſtre pere dont Jay bien le cueur enfle de ce que Je les vois Icy. Car Je nay oeil dont Je les puiſſe regarder. Et ſi ne ſeray Jamais liez Juſques Je naye vng occis. Frere diſt rohars aiſi moy par mon ſerement mais Je ne loue mye que nous les aſſaillons Icy car ce ſeroit folie mais atendons lieu et temps car puis quilz de

L.iiii.

mourront par deca nous nous en vengerons bien. Frere dist constans faisons vne aultre chose que Je vous diray qui sera legiere a faire ce est que vous appelleres lung de trahison et moy laultre disant que leur pere occist le nostre par trahison. Et si leur prouuerons que leur pere commist trahison enuers le roy charlemaigne. Frere se dist rohars vous parles bien mais Il fault que nous les laissons vng peu Jusques a ce que nous verrons comment Ilz se pourteront en court car se Ilz mespreignent en riens nous les pourrons occire sans mesprison. Apres ses choses faictes vo‘ deuez scauoir que les enfans de regnault de montauban se pourtoient moult honnestemét en court. Car tous les barons les amoient moult et tenoiét chiers fors que les deux filz de fouques de morillon. Dont aymonnet et yonnet sen apperceurent bien. Et ne parloient Jamais a eulx ne ne conuerserent ensemble. Cestoit grans merueilles des dons que les enfans de regnault faisoient aux barons et gentilz hommes de la court de charlemaigne. Comment de beaulx cheuaulx et arnois et de plusieurs draps de soye et diuerses coulleurs. Et pareillement donoient es dames et damoyselles belles robes de draps dor et dargét. Et daultre part Ilz tenoient moult grant estat en despence a tous pouures gentilz homes et escuiers et faisoient tant de biens quilz estoient moult prises dung chescun.

De vous diroie Je plus les enfans de regnault firent tant en la court de charlemaigne que de tout le monde Ilz estoient aymez et principallement du roy. Quant charlemaigne vist quilz se contenoiét si bien et si saigemét en sa court Il en fust moult liez. Si les prist moult fort a aymer et ne aymoit tant Josnes chenalliers de toute sa court. Si commanda quilz le seruissent de trancher et de couppe a son menger. Et lors quant les deux filz de fouques de morillon virent que le roy Charlemaigne les aimoit tant Ilz en furent fort dolans tant quilz en enragoient tous vifz. Si Jurerent par grant Ire quilz les occiroient auant quilz partissent de la court. Aduint que vng samedi de penthecostes. Carlemaigne estoit a paris et voloit tenir court planiere. Et y estoit yonnet et aymonnet auecques les aultres barons en la salle. Ce pendant arriua vng cheuallier dalemaigne qui presenta au roy vng moult bel coustel a la mode du pais. Lors le roy appella yonnet et le luy donna de grant amour. Quant yonnet eut receu son don du roy en sen tournant en sa place Il hurta a constãs cuydant nõ le faire. Quãt constans vist que yonnet lauoit hurte Il en eust moult grant despit si dist quest cecy fault Il faire si grans loubans pour deux garcõs traictres qui ne valent pas vne pomme pourrie. Et si est cestuy si fier quil mest ale pousser pour son enuie plusieurs aultres oultrages dist constans a yonnet qui nestoient pas de dire. Quãt yonnet ouyst que constans lauoit appelle traictre Il enfust moult Irez si sen vint a luy et luy dist. Constans moult auez apris vil mestier ce est q̃ de mesdire car ie vous ay ouy que vous mauez appelle traictre moy et mon frere. Et encors plus que le roy scet bien comment mon pere occist le vostre en trahison dont Ie vous dis que vous mentes desloyaulment. Ains vostre pere assaillist le nostre en trahison coment traictre extraict de lignage de traicteurs mais a nostre seigneur ne pleust point que mon pere mourust ainsi ne mes oncles mõ pere occist le vostre cest verite prouue mais ce fust son corps deffendant et fist comment noble et vaillant cheualier quil est et si vous estes si hardy de dire que ce fust par trahison vecy mon gaige tout a present disant que mentes faulcement.

Lors quant le roy charlemaigne vist que nessun des barõs ne disoient mot du debat de yonnet et de constans Il enfust moult Irez et dist. Constans vous auez grant tort de dire que moy et les douze pers de france scauons bien que regnault de montaubã tua vostre pere par trahison. Taises vous de cela dist charlemaigne car si vous scauiez comment la chose ala ien parlissiez Ia dont vous commande sus paine de ma grace que vous emendes a

yonnet ce que auez dist. Ou Incontinent vuydes ma court et mon roy
aulme. Car vous aues toute ma court troublee dont Je suis fort mal
content. Quant rohars ouyst ce que charlemaigne auoit dist a con
stans son frere Jl en fust moult Jrez. Si se leua sur ses piedz et dist.
Sire roy Je suis prest de prouuer sus yonnet ou aymonet que leur pe
re occist le nostre par trahison et vez Jey mon gaige. Constans dist
Charlemaigne Jcy vous prenes vng mauluais plait dont vous en
seres tard arepentir. Quant aymonet et yonnet enfans de regnault
entendirent ses parolles Jlz se agenoillerent deuant le roy charle
maigne et luy dirent. O noble roy empereur pour dieu nous vous pri
ons que vous prenes ses gaiges que rohars a Jectez. Car a l'ayde de
dieu nous deffendrons bien nostre pere de la trahison que Jlz luy ont
mise sus. Enfans dist charlemaigne puis q'l vous plait q̃ Je les prei
gne Je les prendray mais sur ma foy Je ses fois moult enuifz. Et
lors le roy prist ses gaiges. Puis constans sault et dist. Sire nous
entendons que nous serons deup contre deup chescun au sie

Dant charlemaigne eust pris les gaiges de constans et de
rohars Jl leur demanda pleges. Alors saillist en piedz le
traictre ganelson et berengier et escouf de morellion et pinabel et grif
fon de haulte fueille qui dirent au roy charlemaigne. Sire nous ple
gons constans et rohars car Jlz sont de nostre lignage si ne leur de
uons faillir. Seigneurs dist charlemaigne Je les vous baille en gar
de et vous commande que les ramenes a court quãt temps sera. Sire
diret les pleges nous les plegons ainsi q̃ aues deuise. Quãt le roy eust
receup les pleges de constãs et de rohars aymonet et yonnet se auã
cerent et dirent. Sire roy vecy noz gaiges comment nous volons
deffendre que nostre pere ne occist oncques fouques de morillon par
trahison. Enfans dist le roy charlemaigne vous parles bien mais
Jl conuient auoir pleges comment Jay eu des aultres se Je veulp
faire raison. Adont sault auant Rolant et Oliuier et le duc Nay
mes de bauieres et ogier le danois et richart de normãdie et escouf

le filz oedon lesquelz dirent au roy. Sire nous plegeons les filz de regnault que nous les vous presenterons au mesme jour de la bataille. Seigneurs dist charlemaigne Il me plaist bien mais ses enfans ne sont mye chevalliers comme scavez: mais par la foy que je doiz a dieu Ilz le seront demain de ma main. Puis manderons a regnault quil viengne pour regarder la bataille de ses enfans car de huy en quarante jours Je la devise.

Quant ce vit a heure de vespres charlemaigne fist appeller son seneschal et luy dist. Alez et me faictes venir les enfans de regnault car Je veulx qlz soient demain nommez chevalliers et faictes quilz soient bien honnorez car Je veulx faire avecques eulx cent pour lamour de leur pere. Et gardez bien que ung chescun aye bon cheval ou palefroy et bonnes armes. Quant le seneschal ouyt le commandement de charlemaigne Il fist bien le contenu. Quant se vint au matin le seneschal amena aymonet et yonnet moult bien en point et tous les aultres ensuyvant q devoient estre chevalliers Lesquelz Il avoit fait veiller celle nuyt en leglise de nostre dame. Puis apres quant Ilz furent devant le roy aymonnet et yonnet requirent lordre de chevallerie au quelz le roy donna de bon cueur et aux aultres pareillement pour lamour deulx. Puis fut faicte vne grant feste Icelluy Jour. Quant la feste fut finee charlemaigne prist ung messagier le quel Il envoya a regnault a montauban et luy manda quil venist a la court a bonne compaignie. Car ses filz estoient appellez de trahison des enfans de fouques de morillon et ses qlauoit occis leur pere par trahison. Et coment ses enfans avoient Iectes leurs gaiges disans qlz avoient faulcement menti comment gens traiatres extraitz do traictres par droicte ligne.

Donc quant le duc regnault de motauban ouyt les nouvelles que Charlemaigne luy mandoit Il nen fist point bonne chiere. Lors manda querir tous ses freres par ces lectres. Et leur manda quilz venissent en armes car Il nestoit mestier. Et lors quant les freres de regnault ouyrent les nouuelles sans faire son‍que demeure Ilz vindrent a montauban. Quant regnault leur fre‍re les vist Il en fust moult Joyeulx. Si les baisa lung apres laul‍tre et puis leur compta ce que le roy charlemaigne luy auoit man‍dé. Quāt les freres de regnault ouyrēt ce Ilz en furēt tous esmerueil‍lez. Frere dist richart nayez doubtance car se fait Ira aultrement que vous ne pensez. Je cōseille q̄ nous alons a la cour du roy char‍lemaigne. Car quant nous serons la nous congnoistrons bien q̄l se volente a charlemaigne enuers vous et nous. Et vous promets que se Il a en riens mespris enuers mes nepueulx Ja dieu nait mer‍cy de mon ame si Je ne soccis quoy quil men diue aduenir. Frere dist regnault Je veulx bien que nous alons a paris. Et quant nous serons la nous scaurons comment le roy charlemaigne se pourte en‍uers mes enfans. Frere dist alart vous parles bien et saigement et si me semble selon mon aduis que nous denous aler la sans plus actendre. Et lors quant Ilz se furent a ce acordez Ilz se partirent de montauban a moult noble compaignie. Et tant alerent par leurs Journees quilz arriuerent en la cite de paris. Quant Ilz furent la venuz tous les douze pers sceurent leur venue et leur alerent Incon‍tinent au deuant. Et menoyent aymonet et yonnet et receurent reg‍nault et ses freres a moult grant Joye et honneur. Et lors quant regnault vist ses deulx beaulx enfans Il leur dist par ceste maniere. mes enfans or parla Il se vous estes mes enfans ou non. Car si vous estes mes filz vous me vengerez de ce grant honte que ses tra‍icteurs me medent sus a tort et sans cause. Pere dirent les enfans nayez doubtance car si les traicteurs estoient dix si nauroient Ilz pas contre nous duree. Car chescun scet que vous estes le plus lo‍yal cheuallier du mōde. Quant le roy charlemaigne sceust la ve‍nue de regnault qui estoit venu sy bien acompaigné Il en fust moult Joyeulx. Si luy manda quil vint Incontinent a luy la quelle chose fist regnault de bon vloir. Quant charlemaigne le vist Il luy fist

merueilleusement bonne chiere et de grant cueur aussi a ses freres.
Quant regnault eut demoure vne grant piece auecques le roy Il
prist congé de luy et sen tourna en son logis. Quant il fust en son
logis Il appella ses freres et ses enfans et leur dist. Mes filz ve-
nez auant dictes moy comment se preuue charlemaigne enuers vo⁹
de ceste querelle que vous auez Il fault que Je sache le vray. Pere
dirent les enfans sachez q̃ charlemaigne nous ayme moult et no⁹
entretient sur tous moult honnorablemẽt pour amour de vostre per-
sonne quil ayme moult comment Il dist. Et puis luy compterent cõ
ment Il les auoit faitz cheualliers moult honnorablement. Et cõ
ment Il soustenoit leur querelle contre ses traicteurs et contreaul
tres.

Quant regnault et ses freres ouyrent les enfans ainsi par
ler Ilz en furent moult Joyeux. Car Ilz auoient doubtant
ce que charlemaigne ne les voulsist maulmener. Puis que regnault
de montauban sceust que le grãt roy charlemaigne sestoit bien prou
ue vers ses enfans Il dist quil le seruiroit a tousiours mais com-
ment son souuerain seigneur. Le lendemain au matin regnault ala
voir le roy charlemaigne a son leuer et luy mercya moult de lõeur
quil auoit fait a ses enfans. Lors charlemaigne luy dist regnault
depuis que Je vis que fistes mon commandement de bon voloir et que
me fustes obeissant a lors Je oubliay toute ma felonnie que Jauoye
encontre vous. Et veulx bien q̃ vous sachez que Je suis vostre et se-
ray toute ma vie car Je vous tiens pour mon amy. Quant reg-
nault ouyst la debonnairete de charlemaigne Il se Jecta a ses piez
et ses freres pareillement et luy mercierent moult la grant bonte q̃
en luy estoit. Sachez que regnault et ses freres demourerẽt a paris
menans grant Joye Jusques au Jour que la bataille deuoit estre de
ses filz. Et ce pendant regnault auoit fait faire des arnois despreu
ue pour ses enfans et fait prouision de leur bons cheuaulx de pris.
Quant le Jour de la bataille fust venu les enfans de Fouques

de morillon se vindrent presenter devant le roy appareillez pour faire armes. Quant le roy les vist Il leur dist enfans vous avez eu mauluais conseil de faire vng si fort appel car Je suis seur que vo9 en serez tard a repentir. Mais ce nest mye la premiere faulcete que vostre lignage a fait aussi ne sera Il pas la derniere. Quant le conte ganellon et tous ceulx du lignaige ouyrent le roy charlemaigne ainsi parler Ilz en furent moult esbahiz tant quilz ne sceurent que respondre. Ains se tindrent tous sans sonner mot. Et lors constãs dist au roy charlemaigne. Sire no9 vous prions pour dieu que no9 signifies le lieu ou nous devons combactre contre noz ennemiz et comment nous devons faire cestassauoir se nous combactrõs deux contre deux ou vng contre vng adont se dressa en piedz le duc naymes de bauiere et dist au roy. Sire constãs a moult biẽ dist Il fault que vous deuises que lon doit faire. Naymes dist le roy Je le veulx bien mais de ce Jugement Je veulx quil en soit fait ce que vous en direz. Sire dist le duc naymes puis quil vous plait que Je le die Je le diray pour quoy sire Il mest aduis pour ce que constans a appellez les filz aymon traictres sans riens nommer et rohars laultre que Ilz se doiuent combactre deux a deux tous ensemble. Sire dist regnault le duc naymes a bien dist et Juge leaulment par ma foy dist charlemaigne regnault vous dictes biẽ et Je loctroye mais Je veulx que la bataille se fasse en lisle nostre dame devens sceine demain au matin. Quant charlemaigne eut ce dist les barons prirent congie de luy et chescũ sen ala en son lougis. Et regnault aussi le quel enmena ses deux enfans avecques luy les deux enfãs de fouques de morillon sen alerent pareillement avecques tous leurs parens et amyz. Quant regnault et ses freres eurent souppe et fait bonne chiere Il fist apourter des arnois et fist armer alart et richart et ses deux enfans. Et lors Il fist monstrer a aymonet et a yonnet cõment Ilz se deuoient deffendre de leurs ennemiz. Et comment Ilz les deuoient assaillir. Apres cecy fait regnault enuoya ses enfans veiller a saĩt victor. Et les traictres alerent veiller a saint germaĩ des prez. Quant le jour fust venu ung euesque qui estoit du lignaige de constans et de rohars leur chanta la messe et vng aultre uesque turpin la chanta a saint victor deuant les enfans de regnault de montauban et la estoit regnault de montauban et les douze pers de france. Quant les jostres cheualliers eurent ouye la messe Ilz sen vindrent tous armez au palais presenter au roy charlemaigne. Quant le roy charlemaigne les vist Il appella rolant son nepueu et Oliuier et le duc naymes et le duc richart de normandie et leur dist. Seigneurs vous estes tous a moy la dieu mercy Je vous commande sus la loyaulte que vous me deuez que vous alez garder le champ par telle maniere que mon honneur y soit sauue et que lon garde a chescun son droit. Car par la foy que Je dois a dieu se Il y a nul si hardy qui vueille faire nul oultraige Je le luy vendray chierement Je veulx que vous passes en lisle auecques les combatans et que vous portes les sains auecques vous pour les faire Jurer auant quilz entrent au champ quilz y entrent chescun en bonne querelle loyaulment. Sire dirent les barons nous ferons vostre commandement. Et si maintiendrons bien vostre droit car nous y sommes tenuz. Seigneurs dist charlemaigne vous parlez bien et loyaulmet mais Il vous fault bien aduiser en tout car dune part et daultre Il y a grans gens assemblez dot Jay grat doubtance q meslee ny suruiegne car rohars est plain de grande trahiso ce scay Je bien et tous ses amiz. Daultre part regnault et ses freres sot puissas et saiges et ne souffriroient mye que lon seur fist tort ne aussi leurs parens mesmement richart le frere de regnault car puis que Il est courrouce Il nespargne nul ne roy ne conte. Et pour ce le doubte Je plus que les aultres car vne fois me voulsist Il moy mesmes occire dont bien me souuient de regnault Je ne me doubte mye car Il est moult raisonnable et bien amesure. Sire dist le duc naymes ne vous esmayez de riens car nous garderons bien vostre droit et honneur sans faire tort a nully. Ce pendant les enfans de fouques de morillon sen alerent en lisle la ou le roy auoit ordonne. Et lors quant

Ilz furent passez en lisle a tout leurs cheuaulx Ilz descendirent et les atacherēt et puis se assirent sur le pre en actendant le² aduerse partie. Or ouyez que ses traictres auoient ordonne vous deuez sca-uoir que ce pendant que charlemaigne auoit parle a ses barons be-rengier et ardrez et griffon & haulte fueille se embucherent au pres de lisle. Par telle Intencion que se les filz de regnault auoient le meilleur a lencontre des aultres deux quilz sourtiroient sus a tout grant compaignie & gens pour les occire villainemēt.

Quant regnault vist quil estoit temps que ses filz deussent aler en lisle pour acomplir leur bataille Il appella aymo-net et luy dist. Venez auant beau filz vous estes laisne et pour ce de-uez auoir plus de honneur que le plus Jeusne. Tenez Je vous donne flamberge ma bonne espee de la quelle vous prendres vengance des-sus ses traictres car vous auez le droit et eulx le tort. Pere dist ay-monet soyez tout asseure que vous verrez huy telle chose dont vous serez bien liez car nous mectrons les traictres a mort. Quant reg-nault ouyst son filz ainsi vaillamment parler Il en fust moult Jo-yeup si le baisa et puis luy donna sa benedicio et pareillement a you-net. Quant Il eut ce fait Il mena ses freres et ses deux enfans jus-ques en lisle nostre dame. Quant Ilz furent oultre passez luy et ses freres se mirent a retour pour venir deuers le roy. Ainsi quilz y volo-ient aler vecy venir vng messagier qui cria a regnault tant com-ment Il peult. Regnault ayez mercy de tes enfans car si tu ny pen-ses Ilz sont perduz. Saches que griffon de haulte fueille cest em-buche auecques grant nombre de gens au pres de lisle pour tuer tes enfans. Quant regnault entendist ses parolles Il noircist tout de mal talant et dist. Ha dulce france comment cest grant domma-ge a vous que ne pouues Jamais estre sans traicteurs. Quant Il eut ce dist Il appella son frere richart et luy dist. Beau frere alez sans faire longue demeure vous armer et faictes armer tous noz gens et puis les menez en lisle et se le mauuais traictre griffon de haulte fueillle vient pour grever mes enfãs si le occies en leute. Et quant vous y serez faictes que chescun vous voye. Et vous gardes pour dieu que si les deux filz de fouques ont le meilleur que vo' n'ay de point a mes enfans mais laisses les mourir si a tant vient car ce seroit grant deshonneur pour nous si vous le faisies. Frere dist richart ne vous souciez car Je ne le feroie pour tout lor du monde car nous nautions reprouche de tout n're lignage. Quant richart eust ce dist Il se part de ses freres et s'en ala armer luy et tous leurs gẽs et puis monterent a cheual et s'en ala la ou regnault luy auoit dist. Ce pendãt regnault s'en ala a paris deuers le roy au palais. Quãt le roy le vist Il luy dist. Regnault vous soyez le tresbien venu. Sire dist regnault dieu vous acroisse honneur. Quant charlemaigne ne vist point richart auecques ses freres Il en eut aucune souspecion si dist a Regnault ou est vostre frere richart q'l nest auecques vous commẽt les aultres. Sire dist regnault Il est ale en aucun lieu po' certain affaire mais ne ayez de luy souspeciõ non ay Je dist Charlemaigne tant que vous serez en vie mais Il nous conuient aler sus la tour de seynne pour voir la bataille de voz enfãs. Alons y sire dist regnault quãt vo' plaira. Adoncqs s'en alerent sus la tour et y alerent auecques eulx l'arceuesque turpin et salomon de bretaigne et le dannois ogier et guisellon de bauiere et moult d'aultres barons.

Insi que charlemaigne fust monte dessus la tour pour voir la bataille Il regarda et vist venir richart le frere de regnault et grant compaignie de gens en armes. Quant Charlemaigne le vist Il le congneut bien car Il portoit ses propres armes et richart l'auoit fait tout a essient a ceste fin que l'on le congneust. Quant charlemaigne vist ce Il en fust tout esbahy si appella regnault et luy dist. Quest ce regnault que vous volez faire me volez vous deshonnorer comment auez vous oublie vostre leaulte. Sire dist regnault neny saulue vostre honneur mais vous veulx seruir et honnorer comment mon droicturier seigneur. Pour quoy dist le

.M.i.

roy charlemaigne est ale richart en lisle tout arme auec si grande
compaignie pour le champ briser & sa quelle chose Je ne pourroye estre
mieulx diffame. Sire dist regnault & ce nayez nulle doubtance car
Jen prens nre seigneur a garet et pour plege qui scet tout car sire par
richart ne sera faicte chose qui vous tourne a deshonneur ny a dom-
maige mais Je vous diray pour quoy mon frere richart sest mis en
armee. Vous deuez scauoir sire que le traictre griffon de haulte
fueille est embuche soubz saint marcel en vng vergier auec grant
compaignie de gens qui veulent briser vostre champ pour occire mes
enfans. Et pour ce sest arme richart mon frere pour les secourir seJl
en est besoing. Et si vous voyez que richart fasse chose oultre vostre
vouloir et commandement vez moy Jcy prenez en sur moy le ven-
gement. Est ce vray dist charlemaigne que griffon ait fait ce que
vous dictes. Ouy dist regnault seurement car aultrement
ne le vouldroye dire.

Oult fust Jrez le roy charlemaigne quāt Jl ouyst ce que reg-
nault luy auoit dist. Lors Jura dieu et tous les sains que
se Jl peult tenir griffon de haulte fueille que luy et ses gens fera to9
pendre. Lors appella salomon et le conte de poitiers et guichon de
lauiere et leur dist. Seigneurs tost faictes moy armer mille che-
ualliers. Car Je veulx aler en lisle pour voir lorgueil de ses trai-
tres. Car par saint Jaques si Je puis Jlz ne me feront point de honte
Et si Je les puis trouuer Jlz le compareront chierement. Sire dist
regnault or auez vous bien dist. Passes vo9 mesmes en lisle et qui
fera oultre vostre commandement quil soit pugny a la rigueur telle-
ment que vng chescun y preigne exemple. Lors les gens du roy se
alerent sus lisle ainsi que le roy lauoit commande la ou Jz trouue-
rent richart qui sestoit mis en tel lieu que chescun le pouuoit bien voir
Quant rolant apperceust richart qui estoit en armes Jl en eust moult
le cueur dolant si dist aux aultres barons qui estoient auecques luy
pour garder le champ. Quest ce que richart veult faire ho nn y soit
le roy seJl ne prent sus regnault vengement de ce que Jlz ont trans-

grēde son commandement. Par ma foy dist Olivier et le duc Nay‑
mes vous dictes voir. Seigneurs dist ogier Je vous prometz sur ma
foy que regnault ne scet riens de ce que richart a fait. Ainsi que les
pers parloient de ce que richart estoit venu au champ. Lors griffon
de haulte fucille sourtist de son embuchement avecques ses gens
pour ce quil avoit paour que richart ne oultragast les enfās de fou‑
ques de morillon. Quant rolant le vist Il luy cria a haulte voix.
par dieu traictre tout ce ne vous vauldra riens, car avant que nulz
coupz soient feruz Ilz feront tous serement et si comparerez moult
chierement ce que avez fait.

Oult fust dolant rolant quant Il vist la villaine trahyson
que griffon vsloit faire. Ce pendant veez venir charlema‑
igne avec belle compaignie de gens bien armez. Quant Il vist Ro
lant Il luy dist. Comment nepueu souffrez vous soustraige que les
filz de fouques de morillon veullent faire aux enfans de regnault
de montauban Je blasmoye regnault de ce que son frere sestoit mis
en armes mais Je congnois quilz ont raison. Sire dist rolant nul
ne se peult garder de traictres. Nepueu dist charlemaigne vous dic‑
tes verite mais par la foy que Je dois a dieu Je les feray tous pen‑
dre villainemēt en despit de tout le lignage seullemēt pour la trahy
son quilz ont auiourdhuy faicte. Par dieu se dist rolant sire vous fe
rez bien. Et atant veez venir regnault monte sus vng palleffroy
sans espee. Quant rolant le vist Il luy dist. Sire regnault est ce de
vostre volente que vostre frere richart soit venu Icy en armes. Sire
rolant dist regnault seurement ouy. Car Ja chose que Jaye faicte ne
vous sera celee. Vous avez veu la trahyson que les traictres vslo‑
tent faire pour occire mes enfans. Et pour ce quant Je sceup le fait
Je commāday a richart mon frere quil se alast mectre en armes pour
les secourir si les traicteurs y venoient. Et se Il vous semble que ri
chart ne moy ayons de riens mespris si en fasse le roy la Justice par
ma foy se dist rolant ne vous ne vostre frere navez en riens mespris

mais aues fait comment bons cheualliers doiuent faire. Et bous prometz que boz ennemiz seront anuyt confuz Quant richart de montauban vist charlemaigne qui estoit venu Il congneut bien quil venoit pour garder le champ et que les traictres ne pourroient desormais faire riens ne nul mal a ses nepueux si dist a ses gens alons nous en desarmer car puis que le roy y est nous ny faisons plus riens adont sen ala richart et ses gens desarmer. Puis monta a cheual et sen reuint sus sceyne et se bouta dedens la riuiere et passa oultre a la noue la quelle chose vist charlemaigne. Quant Il fust oustre passe Il fist deux ou trois saulx deuant toute la compaignie puis sen ala a charlemaigne et le salua honnestement. Quant le roy vist richart Il luy dist. Et comment richart me voliez vous diffamer qui vintes en armes pour briser monchamp. Sire dist richart sauluee soit vre grace car oncques Je ny pensay mais bien saches de voir que si griffon de haulte fueille y fust venu pour greuer mes nepueux Je luy eusse bien son front eschauffe. Sire vous estes nostre souuerain seigneur si nous deuez maintenir et garder. Et si vous diray vne chose voyant tous voz barons que si vous croyez les traictres de ma te que vous en serez tard a repentir et que vous vous clamerez encores roy dolant moult me plaist de ce que vous auez veu vous et les douze pers de france la trahyson de griffon de haulte fueille comment Il voloit occire mes nepueux. Ha par dieu richart dist charlemaigne tu dis voir bien Il a mespris mais Je vous dis que qui sera vaincu Il sera pendu ne Ja par lignage ne demourera. Sire dist richart Il me plaist moult bien mais Je vous dis pour voir que si Je deuoye mourir Je ne souffriroye que lon fist tort a mes nepueux.

Par mon chief dist le roy vous verrez que Je feray a tous raiso car Je les mectray ensemble et a q dieu en dora si en aye.

Ors quant charlemaigne eust ce dist Il sen vint aux deux enfans de fouques de morillon et leur dist. Or auant seigneurs deliures vous de ce que vous auez affaire. Ales et Jurez sus les sains que Justement vous entres en ceste querelle. Sire dirent les enfans nous le ferons volentiers. Car les enfans de regnault sont mors silz ne congnoissent que se² pere tua le nostre par trahyso̅ Adont parla larceuesque turpin et dist. Seigneurs venez auāt or Jurez Icy sur les sains mais gardes vous bien de pariurer. Car qui se pariurera Il sera mort et vaincu. Quant larceuesque turpin eust ce dist les deux enfans de fouques et morillon se agenoillerent deuant les sains et Jurerent que regnault de montauban auoit occis le² pere par trahyso̅. Quāt Ilz eurēt Jure Ilz baiserēt les sains et offrirent deux besans d'or et puis alerēt monter a cheual. Et ainsi q'ilz mōterēt Ilz estoiēt trop pres lu̅g de l'aultre et se churterēt si durement que peu sen failust quilz ne tomberent a terre. Quāt regnault vist ce Il dist es aultres barons vecy u̅g mauluais signe Je croy quilz se sōt pariurez. Ce pendāt viennēt les enfans de regnault qui se agenoillerent deuant les sains. Et Jurerēt que les deux enfans de fouques auoiēt mēty faulcement de tout ce quilz auoient dist. Et lors mirent les mains sus les sains et puis offrirent vng moult riche don. Et larceuesque turpin leur donna la benediction et pareillemēt charlemaigne et to⁹ les aultres barōs. Et puis regnault et ses freres et puis senalerent monter sur leurs cheuaulx actiuemēt.

Quant les quatre champions furent montez sur leurs cheuaulx Ilz ne firent aultre demeure mais donnerent des esperons a leurs cheuaulx et alerent courir les vngs sur les aultres et se donnerent des lances par my leurs escuz que les lances voulsterent en pieces sans que nessun deulx tombast par terre. Quant Ilz eurent leurs lances brisees Ilz mirent la main aux espees lors aymonnet qui tenoit flamberge dist a yonnet frere Je vous prie que pēses de bien faire car se vous me aydes honnys seront et coufuz les mauluais traictres frere dist yonnet ne vous souciez car Je ne vous fauldray Jusques a la mort. Et si nous deuons reconforter car no⁹ auõs le droit et eulx le tort Quant les deux freres eurent asses parlé Ilz alerent tous deux ensẽble courir sur leurs ennemis lespee au poing. Et lors aymonnet aconsceut constans de flamberge la bonne espee si durement que le cop aualla sus la visiere et la trancha et luy empourta la moytie du ne. Quant aymonnet vist le ne et son ennemy par terre Il luy en fist reprouche. Par dieu constãs Il vo9 vait pis que par auant car Jamais ne serez sans signe car ce coup vous a fait flamberge la quelle occist vostre pere aussi fera vous se dieu plait. Quant rohars vist que son frere estoit si fort naure Il courust sus yonnet et luy donna si grant coup sus le heaulme que si le heaulme neust este bon Il lauoit occis sans faille. Ce pendant aymonnet courust sus constans et luy donna si grant coup sus son heaulme si durement quil le fist encliner dessus la selle et conuint par la vertu du coup au cheual tomber sur ses genoulx et donner du museau a terre. Quant le cheual sentist le coup Il se redressa vistement tout effree et se mist a courir par my le pre comment sil fust enrage ne constans ne se scauoit gouuerner car Il estoit tout estourdy du coup quil auoit receu. Et lors aymonnet et yonnet alerent courir sus rohars et se commencerent fort a mal mener. Quant rohars ce vit sy mallement mal mene Il ce mist acrier a haulte vix tant comment Il peult Frere ou estes vous me lairres vous ainsi faulcemement tuer.

Constans qui couroit par my le pre fust vng peu reuenu et auoit vng peu appaise son cheual ouyst son frere ainsi crier Il sen vint celle part et frappa aymonnet sur son heaulme vng moult grant coup mais le heaulme estoit bon et ne se dommagast de riens. Quant constans vist quil nauoit pas occis aymonnet Il cuyda enrager de dueil et daultre part Il voit la place qui estoit du sang de son frere toute couuerte. Si ne sceut que faire ne ne pouuoit a cause que aymonnet se tenoit de si pres. Ce pendant yonnet auoit pris rohars par son heaulme et le estrangloit a fine force. Quant constans vist ce Jl picqua son cheual des esperons et se mist entre rohars et yonnet et fust force a yōnet de le lacher voulsist ou non. Quant aymonnet vist que costans auoit deliure rohars des mais de yonnet Jl ala courir sus constans et le frappa de flamberge sus son escu si durement quil en fist deux pieces. A brief parler les filz de regnault asteterent tant les deux filz de fouques de morillon qlz commencerent a perdre place et estoient tant trauaillez quilz ne demandoient que eulx repouser mais aymonnet et son frere nauoient volente que de combactre. Et vous dis pour voir quilz estoient tous quatre si naurez quilz perdoient habondamment leur sang car Jlz sestorēt combactuz longuement sans eulx repouser ne les vngs ne les aultres Quant constans vist quil auoit asses seiourne il courust sus aymonnet et luy donna vng grant cop sus lespaulle tant quil luy fist vne grant playe non mye mortelle. Quant aymōnet se sentit ainsi blece Jl donna vng si grant cop a constans sus loreille quil la luy emporta a tout la Joue. Quant charlemaigne vist ce cop Jl ne se peult tenir de dire par dieu or va Jl pis que par auant Car les deux filz de fouques de morillon sont honniz et confuz sire dist regnault Jlz sont bien desseruy car Jlz se sont pariurez faulcement. Ce pendant yonnet ala courir sus rohars et luy donna ūg si grāt coup sus son heaulme quil luy trencha le cercle et luy mist lespee dedens la teste biē ūg doy. Saches q̄ la bataille dura moult longuement les vngs contre les aultres. Et aduint que de force deulx combactre chescun au sien Jlz ne sceurent nouuelles quilz se furēt bien eslongnez vng traict darc les vngs des aultres et estoient en deux batailles car aymonnet se combactoit a constans et yonnet a rohars mais a rohars aloit trop mallement car yonnet lauoit mis par terre. Quant yonnet vist quil auoit mis rohars par terre Jl dist que ce seroit vilenie destre a cheual et sa partie a pie. Si mist le pic a terre pour combactre a rohars mais quant Jl eust habandonne son cheual Incontinent le dist cheual courust au cheual de rohars et le cuyda estrangler.

.M.iiii.

Quant charlemaigne vist ce Il se mist a rire et dist. Par ma foy or auons nous trois batailles Je congnois que yonn et a tant malmene rohars quil ne peult plus aler en auant mais va en reculant car Il ne peult plus souffrir les grans coups que yonet luy donne. Quant rohars vist qˉl ne peult plus endurer yonnet Il se mist a crier et dist. Ha beau frere constās ou estes vous que ne me venez aider vous estes si bon cheuallier et si pristes la querelle vous mesmes dont Il me va moult mallemēt car si vꝰ ne me secourez tout a present me fault mourir. Quant cō stans ouyst son frere ainsi parler Il laissa aymonet et sen ala vers yonnet pour secourir son frere mais bien sachez quil ne departist guieres sain ƺ aymonnet car Il luy auoit fait plus ƺ vint playes Quāt costās fust venu vers son frere Incōtinent Il courust sus yō net a tout son cheual. Quant aymonnet vist ce Il comenca a crier apres constans. Par ma foy mal vous baptisa celluy qui vꝰ mist nom constans car Jamais ne fust veu homme si couhart que vous estes qui ainsi vous en fuiez. Quant Il eust dictes ses parolles Il courust apres pour secourir son frere. Quant Il fust la Il courust vers constans et constans contre luy se quel luy donna vng moult grant coup sus son heaulme mais le coup aualla sur le cheual et tōba le dist cheual mort a terre. Quāt aymōnet se vist par terre Il se redzessa vistement et frappa constans dessus son heaulme mais Il fust si dur q̃ flaberge ny peult entrer et le coup glissa sus la vi siere et la trācha et la plus part du visaige tāt q̃ les dens luy paris soiēt et puis le coup tōba sur le cheual deuāt larcō de la selle et mist le cheual en deux pieces et constans cheust a terre moult felonneu sement mais Incōtinēt se releua au mieulx quil peust.

Qust fust essahy costans et lors aymonnet luy dist. Par dieu mauluais traictre or vous conuient mourir mal pen sastes oncqs de appeller mon pere de trahison q̃ est le plus loyal che nallier du monde mais amourdhuy est venu le Jour que vous le cō paterez chier. Quãt regnault ouyst sõ filz ainsi parler Il en fust fort Joyeux si en rẽdit graces a nr̃ẽs̃ & bõ cueur. Quãt aymõnet vist constans releuer Il luy couruft sus et se commenca moult a haster ⁊ grans coups entant que constans nauoit pouuoir ⁊ frapper ũg seul coup mais sen aloit ça et la au mieulx quil pouuoit pour euicter les coups. Quant constans vist quil ne scauoit plus que faire Il iecta son escu a terre et prist aymonnet a plain bras a mõs̃ ⁊ suite quãt aymonnet vist ce Il nen fust ⁊ riens esbahy car Il estoit fort et ẽliure si prist constans par son heaulme et le tira a luy ⁊ si grãde puissance que Il le luy osta ⁊ la teste quant constans se vist si mal mene Il cria son frere rohars et dist. Ha frere secoures moy car Je nay pouuoir de moy deffendre. Quant rohars ouyst son frere ainsi crier Il en fust moult dolant ⁊ ce quil ne le pouuoit secourir. car Il auoit perdu tant ⁊ sang quil ne se pouuoit plus soustenir. Toutesfois Il se perforsa tant quil vint Jusques a son frere constans et cuyda frapper Aymonnet par derriere mais Il ne peust car aymonnet se vist et le ala frapper si durement par my les espaulles quil le fist tomber a terre puis sen ala sus constans et luy donna si grant coup quil luy trancha tout le visaige lors constãs se mist a crier et dist. Ha beau frere secoures moy ou aultrement Je suis mort. Frere dist rohars Je ne vous puis donner ayde car moy mesmes suis tout esbahy. Quant chaslemaigne vist ce Il dist par dieu or sõt mors les deux filz ⁊ fouques ⁊ morillon par leur mauluais sens. Sire dist ogier Il ne peult challoir car Ilz maintenoiẽt faulce querelle. Vous dictes voir dist le roy charlemaigne. Or per Il bien leur mauluaise ⁊ sloyaulte quant regnault vist que ses enfans estoient au dessus Il en fust moult Joyeux mais nõ estoit pas ganellon car Il estoit si Irez quil deuint noir comment vng more lors appella le dist guanellon berengier et gardres et harnoist ⁊ ses ⁊ leon et pinakel et les tira arriere a part et leũ dist. Seigneurs or sommes nous tous honniz car les enfans ⁊ fouques ⁊ morillon sont desconfiz Je les secourisse ⁊ sentiers mais Je dubte moult fort le roy qui est Illecques a moult grāde puissance. Sire dist hardres ce poise a moy mais aultre chose ny pouuons faire quant a present Et si fault que nous reffreignons nostre Ire et que nous demonstrons que nous nen sommes point courroucez a celle fin que Il neust meslee sur nous et endurons Iusques a ce quil viendra le tēps de nous en venger.

Cependant aymonnet vist quil auoit frappe constans mortellement Il en fust liez grandement lors son frere yonnet luy dist. Par dieu frere vous auez mal fait de auoir occis ce mauuais traictre car Je le voloie occire de mes deux mains mais puis qil est ainsi alez le acheuer et Je Iray tuer rohars. Frere dist aymonnet vous parles bien or alez tuer lung et moy laultre car ainsi doit lon faire de traictres. Quant les deux freres se furent acordes Ilz alerent courir sur leurs ennemis qui estoient a terre aymōnet ala sus constans et luy dist tout haultement a celle fin que chescun le ouyst. Dictes moy constans mauluais traictre pour quoy appellastes vous mon pere de trahison et Ja scet lon biē que mon pere est lung des loyaulx cheualliers du mōde et qil occist vostre pere son corps dessendant la ou vostre pere sauoit pourchasse de le occire par trahisō Or tost dictes vostre felonnie et congnoissez vre mauuaistie deuāt le roy ou aultremēt vous estes mort aymonnet dist constans pour dieu ayez mercy de moy car Je me rens a vous et lors luy rēdit son espee Quāt aymonnet eust lespee du dit constans Il le print et le mena deuant charlemaigne au quel Il dist. Sire tenez ce traictre car Je le vous rens et si en faictes ce que rayson vouldra. Quant charlemaigne vist ce Il en fust moult Ioyeux et luy dist. Amis vous en auez assez fait tant que lon ne demande aultre chose. Et saches quant laultre sera vaincu Je les feray tous deux pendre. Sire dist aymonnet faictes en vostre volente quant Il eut ce dist Il sen tourna vers son frere yonnet pour luy ayder lespee en sa main et dist a rohars Par dieu traictre vous y mourres mauluaisement. Et lors aymōnet luy courust sus pour le frapper. Quant yonnet vist ce Il luy dist. Beau frere ne le occies mye et si ne le touches mais vous en alez repouser car Je le vueil conquerre a par moy comēt vous auez le vostre. Frere dist aymonnet vous dictes mal Je vous vueil ayder car Il a este ordonne. Quant yonnet vist que son frere luy vouloit ayder oustre son gre Il luy dist. Beau frere Je voue a dieu se vous touches rohars Jamais Je ne vous aymeray. Frere dist aymonnet vous ne dictes mye bien mais Je men departeray puis ql vo° plait mais Je vous prometz si Je vois que vous ayez dangier Je vous ayderay et me deussies vous occire. Frere dist yonnet Je le vueil bien. Et lors se tresta aymonnet vng peu arriere lors yonet courust sus rohars q̄ estoit releue pour soy deffendre. Lors vint yonnet et luy donna vng si grant coup sus lespaule quil luy trancha tout oustre et tomba le bras a terre ensemble lespee. Quant yonnet eust fait ce coup Il remist son espee au fourreau et dist a rohars. Traictre desloyal Il te conuient congnoistre de ta bouche que regnault de mont auban mon pere nest mye traictre mais est lung des loyaulx cheualiers du monde. Et si tu ne le vueil faire tu mourras tout a presēt Quant Il eut ce dist Il prist rohars par son heaulme et le tira a luy si rudement quil le luy arracha de la teste puis le commenca a bactre du pommel de son espee par my la teste de moult grans coups. Quant rohars vist quil estoit si mal mene Il commenca a crier et dist beau sire dieu ayez mercy de mon ame car Je cōgnois bien que de mon corps est fait. Quant constans ouyst ainsi parler son frere Il comenca a plourer car Il ny pouuoit aultre chose faire.

Quant yonnet vist que rohars ne se vouloit desdire ne luy crier mercy Il le frappa de son espee si durement quil luy osta la cuisse puis luy mist le pie sur le corps et luy dist or tost mauuais traictre dictes vre mauuaistie ou maitenāt vo° estes mort a la q̄le chose rohars ne voulust mot dire. Quant yonnet vist quil ne sonnoit mot Il luy trancha la teste. Quant aymonnet vist que son frere auoit tue rohars Il en fust moult Joyeux si sen ala celle part et dist a son frere. Frere vous auez fait vaillamment la dieu mercy de auoir occis ce mauluais traictre. Lors se prirent par la main les deux freres et sen alerent vers charlemaigne auql aymonnet dist. Sire vous semble il que nous en ayons asses fait car nous somes tous prestz den faire encores plus se vre le nous comandes. Beaulx filz dist charlemaigne il ne vous en couient plus faire car vous en auez asses fait. Car constans est reseneu et rohars mort. Or vous en alez repuuser et ayez de bons mires pour vous saner de voz playes. Et Je vous prometz que Je feray des traictres ce quil en appertient. Et lors charlemaigne commanda que constans fust pendu et le corps de son frere au pres de luy. Quant le roy eust ce comande Incontinent lon prist constans et le corps de son frere et les traina lon a la queue dung rouncin par deuant tout leur lignage et puis furent penduz et bien sauoient desseruy. Quant Ilz furet penduz charlemaigne dist. Segneurs sachez que Je ne voudroye pour grat chose quil alast aultrement. Sachez que quant Guenellon vist pendre les deux filz de fouques de morillon qui estoient ses nepueux Il en eust moult grant dueil et en cuyda perdre le scens lors appella hardres et berengier et malgu qui plus scauoit de mal que lucifer et henry de lion et pinabel et geoffroy gens qui oncques ne firent que mal et leur dist. Seigneurs vous voyez comment charlemaigne nous a fait grant deshonneur si nous le congnoissons bien car Il a fait pendre noz amiz charnelz moult villainement maulgre nous mais nous verrons encores seure que ceste honte sera vengee Il dist verite le traictre. Car Il trahist les douze pers de france. et les fist tous mourir a ronceuaulx.

Pres ses choses dessus dictes regnault de montauban vist que ses enfans auoient vaincuz les enfans de fouques de morillon Il en fust moult Joyeux si en rendist graces et louenges a nostre seigneur et puis sen vint luy et ses freres a eulx lors regnault leur demanda coment Il leur estoit pere dirent les enfans Il nous va bien la dieu mercy lors alart et guichart regardoient leurs playes et furent bien joyeulx quelles nestoient point mortelles. Ce pendāt veez venir charlemaigne et ses enfans luy alerent a lencōtre et se agenoillerēt devant luy lors charlemaigne leur demanda. Enfās comment va Il estes vous grandemēt naurez. Sire dirent les enfans Il nous va bien la dieu mercy aussi de vous nous serons tantost gueriz. Lors le roy māda tous ses mires et leur dist qlz visitassēt les playes de aymonnet et de yonnet la quelle chose Ilz firent sās demeure et puis dirēt au roy qlz nauoiēt nulle doubte de les mectre tātost en bon point. Messeigneurs dist regnault dieu le vueille aps ce q̄ la justice fust faicte des filz de fouques de morillon regnault demoura a paris jusques a ce que ses enfans furent gueriz apres quilz furent bien gueriz Ilz se alerēt au palais pour voir le roy charlemaigne lequel leur fist grant acueil et bonne chiere et si leur donna de moult beaulx dons comment chasteaulx et forteresses de grant reno. Lors regnault et ses freres demandèrent congé au roy lequel le leur donna moult enuifz. Et en le leur dōnāt Il leur pria que en brief retournassent a luy. Sire dist regnault volentiers ferōs vre cōmādemēt. Quāt regnault eust pris conge du roy aussi ses freres et enfās Ilz se mirent a leur voye pour eulx en aler a montauban et tant firent par leurs journees quilz arriuerent a bourdeaulx quāt regnault fust ūg peu repouse Il appella ses enfās et ses freres et leur dist. Mes enfās oyez q̄ Je vous veulx dire Je ordone de maintenāt q̄ yonet aura vordōne pour sa part et aymōnet montanban car Il a grant temps que jay ouy dire que nostre seigneur dist que labre q̄ pourteroit fruit jamais ne mourroit. Sachez q̄ Jay dieu courrouce dōt Il mest aduis que le tēps est venu q̄ Je me dois amender car Jay moult grant paour de mon ame dont Je feray mon deuoir de la rendre a celluy p̄ q̄ la crea a son ymaige. Quāt ses freres le ouyrēt ainsi parler Ilz cōgneurent aussi bien sa pensee cōme luy mesme lors cōmēcerēt a demener vng moult grant dueil quāt regnault vist ce Il leur dist par dieu seigneurs vous auez tort de demener ūg si grāt dueil car vous ne scauez pas que Je veulx faire ne soyez vous pas q̄ Je suis

encores auecques vous de quoy vous esbahyssez vous nestes vo9 pas
asses riches Il ny a nessun de vous qui ne puisse maitenir mille che
uaulx fault le plus. Daultre part si Je suis sain et en bon point la
dieu mercy si veulx Je departir a mes enfans chescun sa part en ma
vie affin q̃lz ne soient en nul discord apres ma mort et po² ce veulx
Je que chescun sache sa part doresenauant comét quil naille.

Quant Regnault eust ordonne sa cheuance a ses enfans yon
net sen partit de son pere et sen ala a do̅rdonne la ou ceulx
du pais le receuprent pour leur seigneur et luy firent foy et homma
ge. Apres que yonnet sen fust party regnault et ses freres sen alerẽt
a montauban. Quant ceulx de montauban virent leur seigneur
Ilz en furent moult Joyeux et luy firent grãt feste. Quant la feste
fust passee regnault commanda a tous ses subiectz quilz fissent hõ
mage a son filz aymonnet. Quant tout ce fust fait et la nuyt fust
venue chescun sen ala coucher. Lors regnault sen ala en sa cham-
bre et se pourmena Jusques a la mynuyt. Quant ce vit a la mynuyt
regnault se vestit dune grãt chappe sus vne cocte et ne prist chemise
ne petitz drapz ne soulliers ne nulle armeure mais que vng baston
po² soy deffẽdre des chiẽs. Quãt Il fust ainsi appareille Il sourtist de
sa chambre et sen sourtist du palais et sen vint a la porte de la ville
et la se fist ouurir. Quant le pourtier vist son seigneur si pouure-
ment abille Il luy dist. Sire pour dieu ou alez vous si pouurement
abictue Je men vois esueiller voz freres et vostre filz car vous estes
en grant dangier pour les larrons car vous ne pourres riens pour
vous deffendre. Amis dist regnault point ny alez car Jay grant fi-
ance en dieu quil me gardera de tous dangiers mais tu diras a mes
freres quant tu les verras demain au matin q̃ Je leur mande salut
et a mon filz aussi et quilz pensent tousiours de bien faire et quilz
ne portent poit hayne lung a laultre. Et quilz facent ce que Je leur
ay deuise. Et si leur dis que Jamais ne me verront come Je croy car
Je men vois mon ame sauluer se dieu si vult consentir et si mourray

quant dieu plaira car pour moy sont mors maints hommes dont Je me sens moult coulpable dont Je dois souffrir paine en ma vie car se Je puis tant faire q̃ mon ame soit sauluee Je ne demãde aultre chose. Quant regnault eust ce dist Jl regarda en son doy et vist son annel ou Jl auoit vne pierre q̃ valoit bien cent marcz dargent et la donna au pourtier et puis luy dist. Mon amy vous estes bien reguerdonne de ce que vous mauez seruy. Sire dist le pourtier mille mercy de ce beau don. Helas sire que vous mectez bien ce pais en grãt perdicion. Or nous est grant mal aduenu car nous sommes du hault ou bas. Et lors se mist tendrement a plourer. Ce pendant regnault se mist a la voye en lestat que ouy auez. Ainsi quil sen aloit le pourtier le choisist tant quil peust. Et quant Jl ne le peust plus voir Jl cheust pasme a terre la ou Jl demoura vne grant piesse en pasmoyson quãt Jl fust reuenu de pasmoyson Jl commenca a demener moult grant dueil et puis dist. Ha dieu ou va mon seigneur si pourement abictue Et lors quant Jl eust demene son dueil vne grant piece Jl sen entra dedens la porte et puis la farra a la clef et sen ala en son hostel quãt Jl fust en sa maison Jl se mist a regarder lanel que regnault luy a uoit donne et cogneust bien quil estoit moult riche dont Jl fust moult liez. A present laisserons vng peu a parler de regnault qui sen est ale pour son ame saulver pour faire penitence de ses pechez par my ses bois la teste enclinee et parlerons de ses freres et de aymonet son filz.

Comment apres ce que regnault sen fust ale de montauban en guise de pellerin pour non Jamais tourner apres ce quil eust departiz ses biens a ses enfans ses freres et son filz aymonet firent grant dueil quant Jlz sceurent quil estoit party.

Le .xxvii. chapitre

E dist le compte que quant le Jour fust apparceu que aymonet et ses oncles furent leuez Jlz sen alerent a la messe la ou Jlz cuydoient trouuer regnault comment Jlz auoient acoustume

Quant Ilz ne se trouuerent Ilz en furent moult esmerueillez car regnault auoit tousiours de costume de ouyr matines a tant arriua son chappellain qui estoit venu pour luy ayder a dire son seruice. Quant le chappellain ne trouua son maistre Il se prist a le demander et fust tout esbahy ou Il estoit. Sire dist alart Je cuyde qͥl est malade pour dieu alõs veïr quil fait. Et lors se alerent chercher en sa chambre la ou Ilz ne le trouuerent point dont tous cuyderent desesperer. Seigneurs dist alart or sommes nous tous hõnyz. Car vez Icy ses robbes ses soulliers et son espee et toutes ses armes or sen est Il ale hors de sceans Je le vis bien en pouure abillement et dieu le vueille conduire. Ainsi quilz se guementoient la arriua le pourtier qui faisoit grant dueil pour la perte de son maistre regnault Quant Il fust dedens la chambre Il se mist a crier comment vng homme forcene et dist. Ha beaulx seigneurs que ferons puis que auons perdu nostre seigneur car Il sen est ale tout nudz piedz en la ge vng baston en sa main. Et si vous mande pour moy et prie pour dieu que si oncques laimastes que vous vous pourtes honneur lug a laultre. Et que chescun aye sa part tout ainsi quil la deuise. Et si vous mãde q̃ Jamais ne le verrez car Il sen va pour son ame sauluer Et si me donna lanel de son doy que vez Icy.

Dant alart guichart et richart et aymonet ouyrent ce Ilz eurent si grant dueil quilz cheurent tous pasmes a terre Quant Ilz furent reuenuz de pasmoyson Ilz commecerent a demener vng moult grant dueil si grant et si merueilleux que celluy qui leust veu eust eu bien le cueur dur q̃ neust ploure de pitie. Helas dist Alart mon beau frere regnault bien nous auez destruitz certes my eulx vaulsist pour nous q̃ vous nous eussiez tous occis que de noꝰ au oir laissez en telle maniere car desormais ne valons riens sans vous. Quant Il eust ce dist Il tomba de rechief a terre et puis quãt Il fust reuenu Il commença a arracher ses cheueux et sa barbe et esgraffiner son visaige moult peteusement. Helas mon frere se dist

Richart et comment viurons nous sans vous. Helas or auons nous perdu celluy par qui auons eu tant donneur en ce monde. Helas mon frere vous esties le non pareil du monde qui oncques portast espee escu ne lance. Puis que nous vous auons perdu nous pouuons bien dire a dieu la Joye de ce monde. Quant Jl eut ce dist le cueur luy esfla si fort qͥl en perdist la parolle tellemēt qͥl n'eust pouoir de parler dune grant heure. De Aymonnet et de guichart q̄ dirōs nous Je vous prometz que nul ne scauroit dire la moytie du dueil qͥlz demenoiēt car Jlz estoiēt moult piteux aregarder. Grant dueil fust mene de toꝰ quatre pͦ lamoͬ de regnault se qͥ sen estoit ale aīsi que ouy auez pͣnt nrē pͤ qͥl le vueille cōduire et ses freres recōforter. Mais a present laisse le cōpte a parler de alart guichart richart et aymonnet qui sōt a mōtaubā demenāt leur dueil et retourne a parler de regnault qui sen estoit ale a son āuēture son pain querant pour son ame sauluer.

Comment apres ce q̄ regnault fust party de montauban poͬ son ame sauluer Jl sen ala a colongne sus le rin et trouua q̄ lon massonnoit le mostier saint pierre et Jllec luy prist volente et deuocion de seruir les ouuriers pour amour de nostre seigneur et aīsi le fist mais a la fin les aultres magneuures eurent si grant enuie sur luy de ce quil estoit mieulx ayme que eulx de tous les maistres pour le bō seruice quil faisoit quilz le occirent puis le mirent en ung sac et le Jecterent dedens le rin mais par la volente de dieu son corps appareust sus leaue faisant de beaulx miracles guerissant de toutes maladies tellemēt quil fust nomme corps saint le Jour de son enterrement.

Le .vvviii.

EN ceste partie dist le compte que quant regnault fust party de montauban que Jl se mist a cheminer par dedens les bois tout a trauers et chemina tout le Jour quil ne mēgea que des pommes sauuaiges et de nessles. Quāt la nuyt fust venue Jl se coucha a dessoubz vng arbre et ainsi quil se vouloit endormir Il fist le signe de la croix et puis se recommanda a nostre seigneur puis sendormist Jusques au Jour. Quant le Jour fust venu regnault se leua et se mist a la voye par dedens les bois et demonta bien a trauers des bois lespace de huit Jours sans menger que de fruitz sauuaiges. Tant erra par ses Journees quil sortist hors des bois et Incōtinent trouua vne maison de religion la ou Il demoura celle nuyt. Les freres de leans luy voulurent donner a menger mais Il ne voulust oncques que du pain et de leau Lendemain au matin Il se mist a la voye et tāt ala par ses Journees quil arriua a coullongne sus le rin. Quant regnault fust a coullongne Il trouua que lon faisoit le moustier saint pierre la ou Il auoit maiz ouuriers de plusieurs sortes quant Il vist ce Il entra dedens et sen ala duant lentree et se agenoilla et fist son oraison a nostre seigneueur par grande deuocion ainsi quil faisoit son oraison Il luy vint vne volente de demourer Illec pour seruir les massons pour lonneur de dieu et de saint pierre. Quant Il eust faicte son oraison Il se leua et se mist a regarder par leans les ouuriers qui besoingnoient. Lors dist a soy mesmes quil vauldroit mieulx de seruir Illecques au moustier de nostre seigneur que de estre par my les bois auecques les bestes sauuaiges. Quant regnault eust beaucop pensé Il sen vint au maistre de loeuure et luy dist maistre Je suis vng homme destrange terre et si nay nulz biens de ce monde sil vous plait Je seruiray leans et porteray pierres et mortier quant temps sera. Quant le maistre ouyst regnault ainsi parler Il se mist a le regarder et se vist quil estoit moult grant et moult bien taille de tous ses membres. Lors luy respondit moult doulcement par ceste maniere. Mon amy vous ne me ressembles mye estre homme de pouure maison car vous ressembles mieulx estre roy que vng masson pour quoy Je ne vous oseroye vous mectre en oeuure nullement nonobstāt que soyez vestu pouurement maistre dist regnault de cela ne vous souciez que Je soye car sil vous plait Je seruiray leans et vous seruiray loyaulment mon amy puis quil vous plait Il me plait bien se dist le maistre mais Je ne vous veulx point tenir au pris de ses villains mais vous pieray a ma conscience selon loeuure que vous ferez. Maistre dist regnault Il me plait bien. Lors le maistre luy dist mon amy alez ayder a ses quatre que veez la qui ne peuuent apporter celle pierre car ce ne sont que truans. Maistre dist regnault ne vous courroucez poit es poures gens et Je la vous vois querir tout a present. Amis dist le maistre ne vous astes point tant car si aultre que vous ny mest la main la pierre demourera la ou elle est Je le scay bien car elle est de pesant fais. Maistre dist regnault vous aurez la pierre Incontinent sans ayde daultruy que de moy si dieu plait et tous les sains. Quant regnault eust ce dist Il despoulla sa chappe et sen vint aux quatre hommes qui tenoient la pierre et leur dist. Seigneurs sil vous plait alez pourter vne aultre pierre et Je pourteray ceste cy. Amis dirent les quatre hommes vous dictes bien nous vous lairros faire volentiers. Lors regnault prist la pierre et la charga dessus son col et la pourta au dessus de la muraille la ou on la vouloit mectre. Quant les aultres maneuures virent ce Ilz en furent moult esbahiz et commencerent a dire lung a laultre vecy grant merueille dont peust estre venu ce diable nous ne gaignerons Jamais riés tãt ql sera auecques nous en ceste oeuure Quant le maistre vist venir regnault q pourtoit si pesant fais Il en fust moult liez. Quant regnault fust au dessus a poine de decharger sa pierre le maistre luy dist amis ne mectes poit encores Jus la pierre. Sire dist regnault Je la tiendray tant ql vo[us] plaira lors le maistre appareilla la place pour mectre la pierre. Quãt Il leust faicte Il dist a regnault mectes Jus la pierre mon amy que soue soit n'ép[s] que fustes oncques ne.

Quant regnault eust mise Jus la pierre le maistre luy cõmãda quil luy alast querir du mortier. Volentiers se dist regnault lors deuallu abas et charga du mortier plus que dix aultres neussent pourte et le pourta au maistre et luy dist maistre ne vous esmayez de riens car Je vous seruiray bien de tout ce que aurez mestier a laise & nostre seigneur. Pensés de bien ouurer car vous ne scaues tant asseoir matiere comment Je vous en apourteray. Quāt le maistre ouyst ainsi parler regnault Il en fust moult esbahy et dist. Par ma foy amis se vous faictes la moytie de ce que vous dictes vous en ferez asses. Lors regnault tourna arriere et apourta tant de pierres et de mortier quil en fist vng grant monceau sur les murailles & uant les maistres et puis leur dist. Beaulx maistres pensés de bien labourer car quant ses pierres seront assises Je vous en apourteray des aultres. Quant les maistres ouyrent ce Ilz commencerēt a dire entre eulx que lesgliese saint pierre auoit trouue vng bon ouurier. Bien doit auoir vng bon loyer. Par ma foy se dist regnault maistre Je nay cure dargent. Quant ce vint au vespre que loeuure se deuoit laisser le maistre se mist sur vng siege pour payer les manneuures les quelz prenoient .viii. deniers. Puis le maistre appella regnault et luy dist. Venez auant mon bel amy prenes Jcy ce quil vous plaira car vous auez mieulx serui que point des aultres lors regnault se mist auant et prist vng denier bien maulgre luy quant le maistre vist ce Il luy dist. Par le corps dieu mon bel amy vous en aurez encores vint saulue le plus car Je ne veulx pas auoir peche de vous et si vous volez ouurer vous naurez tous les Jours autant Car Jamais ne fust si bon onurier comment vous estes. Maistre se dist regnault si vous volez que plus Je euure si ne me donnes qung denier le quel sera pour moy auoir du pain pour ma substance car ce que Je fois Je le fois pour lamour de dieu et non pour aultre amys se dist le maistre Je ne vous veulx mye courroucer faictes a vostre volente lors regnault prist conge du maistre et sen ala en la ville pour heberger et acheta pour vng denier de pain et ne menga ce soir que pain et eaue. Quant Il eust menge Il se ala dormir sus vng peu de paille. Quant ce vint lendemain au matin regnault se leua et sen ala a seuure et quant Il y fust Il ny trouua ame qui fust en cores venu quāt Il vist ce Il sen entra dedens le moustier pour dieu prier deuant vne ymaige de nostre dame. Ce pendant les maistres arri-

uerēt pour eulx mectre ē oeuure. Quāt Ilz furēt sus la muraille Ilz
cōmōcerent a demāder si le fort homme estoit point venu maistre se
dist regnault vez moy Icy que vous plait Il volez vous riens amis
se dist le maistre apourtes moy des pierres et du mortier maistre se
dist regnault Je le feray tresuolentiers. Et lors ala qrir des pierres
et du mortier a grant plante. Et v9 pmetz q regnault apour.oit
plus de pierres ou de mortier que ne faisoient v v des aultres et ainsi
ouura regnault maintes Journees en lesglise saint pierre. Quant
Il auoit ouure tout le Jour le soir Il prenoit son denier sans plus po2
achecter du pain ainsi que ony auez car Jamais ne mengeoit q pain
et eaue. En ce point demoura regnault vne grant piece le quel ser-
uit moult bien en loeuure saint pierre. Entant que les aultres ma
neuuresenrēt grāt ēuie sur suy car Ilz estoiēt des maistres de
boutez pour amour de luy du grant seruice quil faisoit.

Qust furent Irez les aultres maneuures quant Ilz virēt
quilz estoient ainsi deboutez. Si commencerent a dire lūg
a laultre par dieu no9 sommes diffamez pour ce grant villain qui
fait tant doeuure nous en sommes tous deboutez arriere de tous
les maistres le grant diable la bien amene Icy car Jamais ne gai-
gnerons riens. Car Il sert les maistres de ce de quoy Il ont mestier
luy tout seul tant que Ilz ne nous prisent riens lors parla ūg deulx
et dist mes compaignons si vous me volez croire nous le occirons.
Comment se dist vng aultre v9 scauez quil nest possible car Il est
moult fort. Et si nous luy faisons chose qui luy desplaise Il nous oc
cira tous. Amis dist le premier Je vous diray comment nous le fe-
rons voyez v9 celle grant voulte au pres de celle maison. Ouy di-
rēt les aultres. Saches dist le traictre que tous les vespres le grāt
villainy va dormir toutes les nuitz quant nous nous en sommes
alez. Et si v9 me volez croire anuyt quāt Il sera endormy Je y Iray
et luy doray du q marteau par my la teste tāt q Je le luy mectray Jus
ques aux seruelles. Et quant Je lauray occis nous le mectrons de
dens la riuiere dens vng grant sac ne Jamais ney sera nouuelles

.N.iiii.

Quant les aultres maneuures ouyrent ce traictre ainsi parler Ilz se acorderent tous a cella quil auoit dist. Et firent leur chose plus tost quilz ne pensoient. Quant ce vint a heure de disner les maistres laisserent loeuure et sen alerent disner. Ce pendant le pouure regnault se ala repouser dessoubz la voulte la ou Il auoit acoustume. Quant les traictres virent ce Ilz vindrent a celluy qui deuoit faire le murtre et luy baillerent vng marteau de masson en sa main et lors en frappa regnault sus la teste si durement quil luy mist le marteau Jusques a la ceruelle. Quāt regnault sentist le coup que le traictre luy auoit donne Il mist les mains en croix sur sa poictrine et dist. Beau pere Jhūcrist ayez mercy de mon ame et vueilles pardonner a ceulx qui me donnent la mort. Quant Il eut dictes ses parolles lame luy partist du corps. Quāt les traictres desloyaulx eurent occis le noble regnault Il le mirēt dedens vng grant sac quilz auoient appreste. Puis le chargerent sus le charret sur quoy lon menoit la pierre et lenmenerent sus le riuet le Jecterent dedens. Quant Ilz eurent ce fait Ilz chargerent le charret de pierre et le menerēt au mostier comēr Ilz auoient acoustume de faire ainsi quilz venoient Ilz recōtrerēt le maistre de loeuure q̄ leꝰ dist Par dieu gallans vous vous emendes grandemēt dauoir si tost disne et dauoir charge le charret. Maistre dirent les traictres ne voꝰ mocques point de nous mais nous donnes de largent pour aler boire

Moult fust esmerueille le maistre de ce quil veoit ses maneuures plus habilles quilz nauoient acoustume. Lors ses maneuures commencerent a dire au maistre par maniere de mocquerie ou estoit le grant villain et disoient quil sen estoit ale sans conge pour ce quil ne pouuoit plus trauailler et dist quil ne finera Jamais Jusques a ce quil aura trouue sa femme. Quant le maistre ouyst ce Il en fust moult courrouce et dist aux maneuures par ma foy Je croy q̄ lauez dechasse mais Je vous pmetz si vous lauez fait Il vous vaulceroit mieulx estre dedens Jherusalem. Maistre dirent les ma

neuures vous pouues dire ce quil vous plait mais nous ne luy dis﹀
mes Jamais riens qui luy despleust. Quant le noble regnault fust
Jecte dedens le rin par les maneuures du mostier saint pierre vous
deuez scauoir quil n'alla poit au fond de leauue mais sen ala moult
roydement contreual la riuiere parmy le fil de leauue. Et a celle heu
re nrē pꝰ y demonstra vng bel miracle car tous les poissons du rin
se assemblerēt entour le corps. Et par la force du poisson se arresta
le corps par la vertu de nrē seigneur. Et les gros poissons se mecto
ient dessoubz et leuoient le corps si grandement ql paissoit tout sus
leauue et la le tindrent les poissons Jusques a la nuyt. Quant la
nuyt fust venue par la vertu de nostre pꝰ vint vne grande quantite
de torches sur le corps. Et les anges qui chantoient alentour si me
lodieusement q̄ nul qui leust ouy ne sen vulsist Jamais partir. A di
re la verite Il y auoit si grande clarte enuiron le corps quil estoit ad
uis a tous ceulx qui le voient que la riuiere du rin ardoit. Quant
les gens de la cite virent vng si grant miracle Ilz coururent tous
celle part hommes et femmes et enfans de saint pierre Il y vint lar
ceuesque a tout son clergie en belle procession chātāt par grāde deuo
cion et se arresterent sus le rin car Ilz nosoient plus aler auant et
voient le corps que les poissons souruient sus leauue.

Quant ceulx qui la estoient virent ce Ilz en furent moult es
bahyz et commencerent a dire lung a laultre dieu que peult
estre celluy par qui nostre seigneur fait si bel miracle. Seigneurs
dist larceuesque Je le vous diray si comment mest aduis. Saches q̄
cest aucū corps saint que nrē seigneur ayme grandemēt q̄ vient dau
cune part le quel dieu ne veult quil se perde ne voyez vous comment
les poissons se tiennent sus leaue pour la vertu de nostre seigneur.
Lors larceuesque commanda que lon alast voir que cestoit. Et In
continent on y ala a force de bateulx et trouua lon q̄ cestoit le grāt
homme qui seruoit par maneuure ou mostier saint pierre. Quant
les maistres de loeuure virent ce Ilz en furent moult esbahyz et sen

.T.iiii.

aserent vers ceulx qui l'auoient occis et leur virent. Filz de putain mauluais gloutons vous auez occis le preudomme dictes la verite car si vous le nyez Je le prouueray bien. Quant les maneuures ouyrent ainsi parler ses maistres Ilz commencerent tous a crier Par dieu maistre nous l'auons fait sans nulle doubte pour enuie q̃ nous auions encontre luy. Et pour ce faictes nous noyer ou pendre ou trainer ou ardoir car nous l'auons bien desserui. Quãt l'arceuesque ouyst les traictres ainsi parler Il commenca a plourer moult tendrement et tout son clergie aussi. Et fust conseille a l'arceuesque quil laissast aler les murtriers a leur aduenture faire penitence de leurs pechez la quelle chose fist l'arceuesque volentiers. Puis l'on mist le corps de regnault sus vng charret pour le pourter au mostier et y fust pourte moult honorablement en belle procession. Quãt le corps fust au mostier l'arceuesque se reuestist et chanta la messe par grãt deuocion. Quant le seruice fust fait l'arceuesque vouloit faire la procession a tout le corps et commanda a quatre barons qui Illecques estoient quil pourtassent le corps Lors les barons mirent la main au corps pour le pourter mais Il ne fust en leur puissance de le leuer ne de luy faire bouger ne pie ne main.

Oult furent esbahyz les barons quant Ilz virent ce et dirent l'ung a l'aultre. Or pouuons nous bien congnoistre que nous ne sommes pas dignes de toucher a ce saint corps car nous sommes pecheurs et mauluais. Pour quoy alõs nous confesser et noz mectre en bon estat. Ce pendant que les barons parloient le charret se partist tout seul par l'aide de nostre seigneur nõ d'aultre et se mist a cheminer moult fort au deuant de tout le peuple. Quant le clergie vist ce Ilz commencerent a plourer tendrement apres le charret qui s'en aloit ainsi que ouy auez. Vous deuez scauoir que quant le charret se mist a cheminer quil passa deuant la tombe la ou son le vouloit enterrer mais Il passa tout oustre que sen ne le peust arrester et sortist hors de la cite de Couloingne. Quant le clergie vist ce Il en fut tout esbahi. Quant le charret fut hors de la cite Il ce mist a aler le grant chemin. Quant le peuple vist ce Ilz commencerent tous a plourer de ce que le corps ne se vouloit arrester. Lors larceuesque leur dist. Seigneurs or pouuez vous bien voir que cestuy est vng saintiesme corps pour les beaulx miracles quil a fait auiourduy deuant nous tous pour quoy alons apres pour le adorer car ce nest mye bien fait de ainsi le laisser aler. Sire respondist le peuple vous dictes bien

Et lors tout le clergie et tout le peuple petiz et grans se mirent a aler apres le corps saint

Ous deuez scauoir que en toute la cite de coulongne ne demoura homme ne femme qui peust aler qui nalast apres le corps et le clergie aloit apres chantant par moult grande deuocion. Tant ala le charret quil arriua en vne petite ville que lon appelle croyne. Et Illecqs sarresta et deuez scauoir que nostre seigneur y demostra plusieurs beaulx miracles pour amour du corps saint car tous malades de quelque malladie que ce fust qui Illecques venoient a adourer le corps saint Ilz estoient gueriz. Ainsi aduint du noble cheuallier regnault comment ouy auez et deuez scauoir que la renommee du corps saint fust si espanchee par tout que lon venoit a croyne la ou le corps sestoit arreste pour la volente de dieu. Et faisoit illecqs tant de beaulx miracles que de tout le reaulme de france et dalemaigne lon y aloit et tant vallurent les offertes q̃ lon donnoit au corps saint que dune petite chappelle la ou le corps saint sestoit arreste qui estoit de nostre dame lon en fist vne moult noble et belle esglise

Quant le corps saint se fust arreste en celle petite chappelle faisant grans miracles continuellement. Larceuesque de coulongne et tout son clergie sarresterent a croyne. Quant larceuesque vist que le corps estoit deliberé de demourer Illecques il vit au corps et luy descouurist le visaige a celle fin q̃ chescũ le vist pͬ scauoir si aucũ qͥ vieͥdroit le scauroit cõgnoistre et pͬ scauoir sõ nom; car nul ne le scauoit nommer si non le corps saint mais oncqs ny vint homme q̃ le coigneut. Quãt larceuesque vist q̃ nul ne venoit a croyne q̃ coigneut le corps saint ne qui sceut dire son nom Il en fust moult doulant. Car sil leust peu scauoir Il leust fait mectre en vne chasse dor pour les miracles quil faisoit car tous iours faisoit ouyr aueugles veoir boicteux aler et plusieurs muetz parler. Et souuent patissoiẽt sierges ardans dessus le corps. En celluy temps que larceuesque et tout son clergie gardoient a croyne le corps saint ainsi que vous ay compte. Maintenant orrez cõment le noble regnault fust cogneu. Vous deuez scauoir que les freres de regnault alart guichart et richart estoient vng Jour sus vne fontaine si doullãs quilz ne se puuoient reconforter pour ce quilz ne puuoient aprendre nouuuelles de leur frere regnault. Lors veez venir vng pellerin qui passoit Illecqs q̃ salua les barons. Pellerin se dist alart dont venez vous si vous scauez nulles nouuelles si les nous dictes. Seigneurs dist le pellerin volentiers Je vous cõpteray ce que Je scay sachez que Je viens dallemaigne dune cite qui a nom croyne aupres coullongne sus le rin la ou Jay veu de beaulx miracles grandement lesquelz y fait vng homme q̃ vint a coullongne na guieres le ql estoit desmesurement grant car chescun qui le veoit disoit que cestoit vng geant et deuez scauoir q̃ quãt Il fust a coullongne Il vist que son massõnoit en lesglise saint pierre si se presẽta au maistre pour ouurer leãs pour manœuure le ql le maistre receut volẽtiers. A brief parler ce grãt hõme faisoit merueilles de pourter pierres et mortier car Il en pourtoit plus a vng cop que ne faisoiẽt dix des aultres sãs soy responser ne sans mãger. Et quant venoit a la nuyt Il achetoit pour vng denier de pain quil mẽgoit anecqs de leaue tãt seullemẽt et si ne voloit gaigner qung denier pour Jour de toute la labeur quil faisoit et si deuoit plus auoir que dix des aultres car Il faisoit plus de labeur et deuez scauoir que ce grant homme estoit moult ayme des maistres de locuure de saint pierre et luy presentoient souuent a boire et a menger et aussi de largent mais Il nen voloit Jamais point

prendre si non son denier p̄ jo̅ pour auoir du pain Jl seruoit si bien
les massons que chescun estoit plus content de luy que des aultres
Quant les aultres maneuures virent quilz estoient si fort debou-
tez pour lamour de luy Jlz en furent moult doullans si conspirerent
entre eulx de le occire villainement. Si le espieret la ou Jl dormoit
dessoubz vne grant voulte sus vng peu de paille entredeux que ses
maistres sestoiēt alez disner. Et aucun deulx luy donna si grāt coup
sus le seruceau dung martel de masson agu quil le occist puis se mi-
rent dedēs vng sac et le chargerent sus le charret de la pierre et le
menerent dedēs le rin. Saches quant Jlz feurent mis dedēs la ri
uiere nostre s̄ y demonstra vng bel miracle. Car tous les
poissōs du rin se assemblerēt dētō' le corps et se arresterēt
Jllec par fine force

Lors quāt ce vint a la minuyt les anges vidrent sur le corps
a moult grāde lumiere de torches. Et si chantoient le ser-
uice des mors moult haultement entāt que chescun de la cite le pou
uoit bien ouyr. Puis vint larceuesque de couslongne et tout son
clergie pareillement. Lors fist prendre le corps et mectre dessus vng
charret et lemmenerent Jusques en lesglise. Quant Jl fust dedēs
lesglise larceuesque se reuestit et puis chanta la messe car cestoit ja
sus le matin. Quant le seruice fust fait larceuesque commanda a
quatre barons quilz se prissent pour se pourter sepulturer. Mais les
quatre barons ne le peurent oncques leuer ne temuer ne tāt ne quāt
Et en ce faisant le charret sen partist dillecques tout a par soy et
sen sortist hors de la ville le grant chemin et aloit aussi tost que se
dix cheualx le tirassent maulgre le peuple le quel plouroit moult tē
drement de ce quil ne se vloit Jllecques arrester. Mais Jlz le suiui
rent petiz et grans chantās en procession Jusques en vne petite vil-
le ou le corps saint sarresta qui sappelle croine en vne petite chappel
le de nostre dame la ou Jl fait a present moult beaulx miracles car
tous malades qui y viennent sen retournent gueriz et sains et si
y ay laisse larceuesque de couslongne q̄ y est encores a tout son clergie

se q̃ a fait faire ses offrādes qui viēnēt au corps sait et vne moult belle et noble esglise la ou estoit la chappelle de nostre dame. Quant alart guichart et richart ouyrent le pellerin ainsi parler Ilz se mirēt tous a plourer de la pitie quilz eurent de leur frere regnault car Ilz congneurēt bien que cestoit luy de quoy le pellerin parloit. Helas se dist richart mes freres or sommes nous bien honnis et destruitz. Car Je congnois bien que cest nostre chier frere que tant nous auons quis. Saches que les trois freres deme nerent Illec moult grant dueil si grant que plus ne pourroit son di re. Quāt Ilz eurent demene leur dueil Ilz prirent conge du pellerin et se alerent aprester puis prindrēt le chemin vers croyne ou pres de coullongne sus le rin. Et tant firent par leurs Journees quilz arri uerēt a croyne et alerent descēdre au deuāt de lesglise eulx et leurs gens la ou Ilz trouuerent si grant peuple q̃ a poine peurēt Ilz entrer dedēs lesglise. Quāt les cheualliers furēt dedēs Ilz se approuche rent pres du corps saint q̃ estoit sus vne belle biere tout descouuert et virēt si grāt clarte e tout du corps comēt sil y eust cent torches lors se approucherent bien pres et commencerent a regarder et cōgneurent bien q̃ cestoit regnault leur frere lors eurēt si grāt douleur au cueur q̃ ilz cheurēt tous pasmes a terre. Quant larceuesq̃ vist ce Il en fust moult esbahy et dist a aucuns de son clergie. Segneurs Je croy que nous scauros a present ce que tant auons desire car Je croy q̃ ses seig neurs q̃ Icy sont congnoissēt bien cestuy corps saint. Ce pendant les trois freres furēt reuenuz de pasmoison et cōmecerēt a crier et a brai re lors alart cōmeca a dire tout en plourāt par ceste maniere. Helas q̃ feros chetifz cheualliers poures de honneur et de tout bien puis q̃ nous auōs perdu nr̃e frere par q̃ nous estiōs tant crains et doubtez Helas q̃ a este si hardy dauoir mis la main a vo⁹ nostre beau frere Je croy quil ne cōgnoissoit mye vostre grant bonte et valleur car Il ne vous eust mie si cruellement occis lors se tourna uers ses freres et leur dist mes beaulx freres bien deuōs estre doullans puis q̃ nous auōs perdu nr̃e frere regnault qui estoit nostre cōfort et nostre ayde

Helas se dist richart frere regnault pour quoy eustes vous Jamais couraige de aisi nous habandonner comment vous fistes veu que nous amies tant. Helas vous emblastes vous de nous de nuyt pour venir entre les mains des murtriers qui vous ont si cruellement occis. Helas Ilz ne sceuent pas le grant dommaige le quel sera de vostre mort. Quant les trois freres eurent asses ploure et fait grans lamētaciōs pour amour de leur frere regnault Il se approucherent du corps et le baiserent en la bouche lung apres laultre et quant Il leurent baise de rechief se pasmerent. Quant Ilz furent reuenuz guischart commenca a crier et a dire. Helas beaulx freres. Or quien drons nous bien doulans et esgares: car nous ne serons crains ne doubtes plus que garsons. Dont Je dis que nous nous occions a ceste fin que nous soyons auecques vous: car nous ne deuons viure apres vostre mort. Saichez que qui Illec eust este Il neust eu si dur cueur qui neust ploure de voir le dueil que les troys freres faisoyēt et non sās cause.

Quant larceuesque et les bourgois qui Illeques estoyent virent faire si grant dueil aux troys freres le bon arceuesque sen vint a eulx et leur dist. Seigneurs or ne vous desplaise de ce q Je vous diray Il mest aduis que vous auez grant tort de ainsi vous desconforter. Car vous deussies demener Joye pour vostre frere qui est corps saint le quel a souffert martire ou seruice nostre seigneur dont vous voyez quil luy en rend bon loyer. Car vous voyez deuant voz yeulx les beaulx miracles quil fait pour quoy vous prie que vous vueilles reconforter. Et nous dictes sil vous plait que vous estes et comment se appelle ce sanctiesme corps saint et comment lon lappelloit en sa vie a ceste fin que fassons mectre son nom dessus sa tōbe. Quant les freres ouyrent larceuesque ainsi parler Ilz commencerent a amodurer leur dueil. Et lors Alart qui estoit laisne aps regnault dist par ceste maniere. Seigneurs puis quil vous plait de scauoir qui nous somes et comment ce corps a nom Je le vous diray sās faille. Vous deuez scauoir que ce corps fust appelle regnault de montauban le vaillāt et preux cheuallier et nous troys qui somes cy somes ses freres et bien scay q̄ vo⁹ auez ouy parler des quatre filz aymō q̄ charlemaigne roy de france guerroia si longuement. Lors quant larceuesque et le peuple ouyrent que sestoiēt les quatre filz aymō de qui tout le monde parloit et que le corps saint estoit regnault de montauban le noble et vaillant cheuallier Jlz se mirent tous a plourer de pitie et de Joye de ce quilz veoient deuant leurs yeulx le plus noble et vaillant cheuallier du monde qui estoit plus a doubter quant Jl estoit en vie que homme du monde q̄ estoit mort ou seruice de nostre seigneur faisant penitance. Apres ce que les trois freres eurent vng peu delaisse leur dueil Jlz firent ensepulturer leur frere moult honnorablement et le mirent dedens vng moult riche tombel le quel tombel larceuesque auoit fait faire la ou le corps saint est encores comment chescun scet et est appelle saint regnault le martir la memoyre de luy fust mise en escript autentiquement. Et en fait lon chescun an grande solennite et feste au pais de parde lla. Apres lenterrement du corps sait ses freres sen tournerent en leur pais

Es beaulx seigneurs qui ce present liure lirez nous prieros dieu et le glorieux corps saint quil nous doint grace de perseuerer en bonnes oeuures par les quelles nous puissons auoir a la fin de noz Jours vie eternelle en gloire celestielle de paradis. Amē

Cy finist listoire du noble et vaillant cheuallier regnault de mont
auban   Deo gracias

www.ingramcontent.com/pod-product-compliance
Lightning Source LLC
Chambersburg PA
CBHW051821230426
43671CB00008B/793